TZADIK

TZADIK

(Jaiei Moharán)
Un Retrato Del Rabí Najmán

Por
Rabí Natán de Breslov

Traducido al Español por
Guillermo Beilinson

Publicado por
BRESLOV RESEARCH INSTITUTE
Jerusalem/New York

Copyright © 2007 BRESLOV RESEARCH INSTITUTE
ISBN 978-1-928822-15-8

Ninguna parte de esta publicación podrá ser traducida, reproducida o archivada en ningún sistema, o transmitida de ninguna forma, de ninguna manera, electrónica, mecánica, fotocopiada o grabada o de cualquier otra manera, sin el consentimiento previo, por escrito, del editor.

Primera edición

Título del original en Inglés:

Tzaddik
A Portrait of Rabbi Nachman

Para más información:
Breslov Research Institute
POB 5370
Jerusalem, Israel.

Breslov Research Institute
POB 587
Monsey, NY 10952-0587
Estados Unidos de América.

Breslov Research Institute
c\o G.Beilinson
calle 493 bis # 2548
Gonnet (1897)
Argentina.
e-mail: abeilar@Yahoo.com.ar

INTERNET: http//www.breslov.org

Impreso en Israel

A la memoria de mi madre

Miriam bat Nathan Horowitz z"l

Por el amor a mis hijos
Ariel, Laura y Andrea

Rosa M. Fleicher

Índice

Prefacio del Editor   ix
Introducción del Traductor al Inglés   xi

Introducción del Autor   3

Primera Parte. Su Vida (*Jaiei Moharán*)

I.	Su Nacimiento, Residencias y Viajes	13
II.	El Viaje a la Tierra Santa	45
III.	El Viaje a Novorich, Zaslov, Dubno y Brody	61
IV.	El Viaje a Lemberg	76
V.	Umán	87
VI.	Conversaciones Relacionadas con Sus Lecciones	126
VII.	Conversaciones Relacionadas con Sus Cuentos	188
VIII.	Nuevos Relatos	203

Segunda Parte. Su Alabanza (*Shivjei HaRan*)

IX.	Sus Luchas Espirituales	247
X.	Sus Logros	254
XI.	Sus Seguidores	282
XII.	La Grandeza de Sus Libros y Enseñanzas	301
XIII.	Sus Opositores	328
XIV.	Su Rosh HaShaná	335
XV.	Evitar la Filosofía y la Importancia de la Fe	340
XVI.	Su Ingenio	359
XVII.	Contra la Obstinación y la Impaciencia	361
XVIII.	Hitbodedut: Reclusión y Meditación	368

Tercera Parte. Sus Conversaciones (*Sijot HaRan*)

XIX.	Devoción a Dios	375

Prefacio del Editor

"Y Abraham era anciano, entrado en *días*, y Dios había bendecido a Abraham..." (Génesis 24:1).

Desde el momento en que Abraham comenzó a reconocer a Dios, se esforzó constantemente por obtener un mayor conocimiento de Él, pues cuanto más sabía, mejor podía servir a su Creador. Cada instante de su vida estuvo dedicado a anhelar a Dios, buscando maneras de revelar Su presencia en el mundo, tanto para él mismo como para los demás. Así, cuando anciano, la Torá dice de él, "Y Abraham era anciano...". El *Zohar* (I, 129a) comenta, "Abraham estaba avanzando constantemente hacia niveles cada vez más elevados con todos sus *días*... cada día contaba para ello".

Enseña el Rabí Najmán: "Hay gente que pasa sus días durmiendo... Aunque parezca que están despiertos, en realidad están dormidos. Cada persona debe buscar 'una larga vida'. Esta 'larga vida' se logra extendiendo cada día, trayendo a cada día y a cada hora mayores niveles de santidad. Mediante esto uno puede alcanzar una gran riqueza y niveles muy elevados de comprensión de la Torá" (*Likutey Moharán* I, 60).

Jaiei Moharán fue el último texto escrito por el Rabí Natán sobre el Rabí Najmán. En él incluyó información biográfica, cuentos, Torá y sus conversaciones. Sin embargo, el texto es mucho más que un retrato de este gran maestro Jasídico. Claramente, hay un concepto subyacente que une muchos de los temas tratados en el libro: la *vida*. A lo largo de sus enseñanzas, el Rabí Najmán buscó imbuirle a cada persona la comprensión de que *también ella* puede lograr una buena vida, simplemente utilizando cada momento.

Luego de una vida de tan sólo treinta y ocho años y medio, el Rabí Najmán dejó una serie de logros sin paralelo. Aunque no tuvo un heredero, el movimiento Jasídico de Breslov continúa creciendo. Sus pensamientos y su guía son estudiados y aplicados en todos los ámbitos del judaísmo. Sus cuentos son clásicos mundiales, sus lecciones son provocadoras, estimulando y movilizando el pensamiento. Pero ante todo, sus axiomas contienen la más clara e importante de las doctrinas: ¡*manténte vivo*!

El mensaje del Rabí Najmán - ¡*manténte vivo*! - suena claramente en los oídos de todos aquellos que verdaderamente buscan vivir. Que el Todopoderoso nos permita hacer un uso apropiado de nuestros días, *vivir* y ver la llegada del Mesías y la reconstrucción del Santo Templo, pronto y en nuestros días, Amén.

Jaim Kramer

1 de Elul, 5747
26 de Agosto, 1987

Introducción del Traductor al Inglés

Tzadik es una traducción del *Jaiei MoHaRán*, literalmente "Las Vidas de Moreinu HaRav Najmán". Esta obra, la fuente más importante sobre la vida del Rabí Najmán de Breslov (1772-1810), fue escrita por su discípulo más cercano, el Rabí Natán (1780-1844). El mismo Rabí Najmán dijo que el Rabí Natán lo conocía mejor que nadie (ver la Introducción del Autor).

El *Jaiei Moharán*, título general del texto original en hebreo, fue compilado a partir de tres manuscritos separados. La Primera Parte es una narración de la vida del Rabí Najmán, el único relato detallado que poseemos. Esto corresponde sólo a la mitad de toda la obra, pues esta parte también contiene el registro de una cantidad de sueños y visiones del Rabí Najmán, junto con descripciones de eventos conectados con algunas de sus lecciones de Torá más importantes, pues para el Rabí Najmán, la Torá *es* vida. La Segunda Parte consiste en las conversaciones del Rabí Najmán agrupadas de acuerdo con el tema. En la Tercera Parte, el Rabí Natán relata otros eventos y episodios de la vida del Rabí Najmán, junto con numerosos dichos y conversaciones, citados normalmente de manera literal. Cada vez que un acontecimiento o una conversación no fuera presenciada personalmente por él, el Rabí Natán aclara que la escuchó de alguien o en nombre del Rebe. Las diferentes partes componen así un retrato de primera mano del Rabí Najmán.

Aparte de la sección correspondiente a la historia de la vida del Rabí Najmán, la obra no está ordenada de manera cronológica. En muchos casos, y a partir de evidencias internas o externas, los eventos y las conversaciones pueden ser ubicadas, o al menos adscriptas a un período específico en la vida del Rabí Najmán. Allí donde el material no está ordenado cronológicamente, las diferentes partes están parcialmente ordenadas por tema. En otros casos, parece no existir una conexión intrínseca entre párrafos adyacentes, y en muchos lugares la obra tiene algo de la cualidad de un "álbum" biográfico que recopila diferentes eventos y episodios, cada uno igualmente memorable.

Las conversaciones abarcan una enorme variedad de temas de Torá y de la vida en general. El *Jaiei Moharán* puede ser visto como una obra hermana del *Shivjey HaRan* y *Sijot HaRan*, traducidos como "Alabanza del Tzadik" y "Sabiduría y Enseñanzas del Rabí Najmán de Breslov" (Breslov Research Institute, 1995), que también contienen datos biográficos juntamente con dichos y conversaciones. Sin embargo, y en comparación con las enseñanzas en esas obras, la tendencia general del *Jaiei Moharán* es dar luz, directa o indirectamente a la vida espiritual y a los logros del mismo Rabí Najmán, y de su significado para el pueblo judío.

Una de las enseñanzas centrales del Rabí Najmán es la importancia del Tzadik en la vida espiritual judía. Más que cualquier otra obra del Rabí Najmán y de la literatura de los jasidim de Breslov, el *Jaiei Moharán* se centra en el Tzadik que fuera el mismo Rabí Najmán. Es por esto que hemos elegido *Tzadik* como el título para esta traducción.

Conocer algo de la historia del *Jaiei Moharán* ayudará al lector a comprender algunos de los aspectos de esta traducción.

El Rabí Natán compiló la obra después del año 1823 (ver *Nevei Tzadikim* p. 76). Antes se había ocupado personalmente de la impresión de las obras del Rabí Najmán. Luego, sin embargo, sus actividades en la imprenta fueron detenidas por la oposición, de modo que el *Jaiei Moharán* no pudo ser impreso durante su vida. El manuscrito quedó en manos de sus discípulos.

La obra fue impresa por primera vez en Lemberg, en el año 1874, por un seguidor del Rabí Natán, el Rabí Najmán Goldstein, el Rav de Tcherin. Él firma sus notas de editor en la obra impresa como "*Hamaatik*", que significa el Copista. Esto podría indicar que él transcribió personalmente el manuscrito. De todas maneras, el Rav de Tcherin agregó historias y anécdotas adicionales que había escuchado de su abuelo, el Rabí Aarón, el Rav de Breslov y uno

Introducción del Traductor al Inglés

de los discípulos del círculo interno del Rabí Najmán, al igual que de su padre el Rabí Zvi Arie y de otras fuentes. También agregó explicaciones a algunas de las afirmaciones del texto que podrían dar lugar a una mala interpretación. En esta traducción hemos indicado los comentarios y los agregados del Rav de Tcherin mediante las palabras *Nota del Editor*.

Aparte de sus agregados al *Jaiei Moharán*, el Rav de Tcherin dejó fuera una cantidad de párrafos o parte de párrafos que se encontraban en el manuscrito original tal como había sido compilado por el Rabí Natán. Este material fue omitido debido a que era considerado demasiado "delicado" para ser publicado. En una época de intensa oposición al movimiento de Breslov, podía ser fácilmente malinterpretado.

Desde la época del Rav de Tcherin, el *Jaiei Moharán* ha sido publicado al menos en siete ediciones diferentes, algunas en Europa oriental y el resto en Israel. Algunos de los pasajes omitidos fueron reinsertados en varias de estas ediciones. Otros se mantuvieron en forma manuscrita en manos de los principales jasidim de Breslov, con notas marginales indicando en muchos casos el lugar en donde se ubicaban originalmente. El manuscrito original también incluía material que el Rabí Najmán solicitó explícitamente que no fuese revelado fuera de los círculos de Breslov. Nosotros tuvimos acceso a estos manuscritos al preparar la presente traducción.

La mayor parte del material omitido ha sido incluido en esta edición, traducido por Moshé Mykoff. Allí donde hay indicaciones en el manuscrito con respecto al lugar del pasaje omitido, ellos han sido insertados donde correspondía. Otros pasajes han sido ubicados a discreción del Editor. En esta edición, el material previamente omitido aparece entre signos especiales < >. El resto del material omitido que no ha sido reinsertado en este texto consta principalmente de párrafos que el Rebe Najmán pidió que no circulasen y han sido dejados fuera en deferencia a la voluntad del Rebe.

Una importante edición del *Jaiei Moharán* fue publicada en 1982 por *Agudat Meshej HaNajal*, en Jerusalén, incluyendo por primera vez el texto hebreo completamente puntuado. También difiere de otras ediciones previas en su sistema de numeración de los párrafos. En ediciones anteriores, cada uno de los diferentes encabezamientos inauguraba una nueva numeración de los párrafos, pero no existía una continuidad general desde el comienzo del libro hasta el final. En la edición puntuada, se mantuvo la antigua numeración y cada párrafo llevaba su número bajo la numeración del encabezamiento correspondiente. Pero se introdujo además un sistema de numeración general continuo, con cada párrafo numerado de manera consecutiva desde el comienzo al final del libro. La cantidad de párrafos suman un total de 613.

En esta traducción hemos seguido el sistema de numeración de la edición puntuada para facilitar la referencia cruzada con el texto hebreo.

Sin embargo, hemos hecho un cambio importante con respecto a las ediciones previas del *Jaiei Moharán*. Mientras que las ediciones originales comienzan con "Conversaciones Relacionadas con Sus Lecciones" (aquí las secciones VI-VIII), consideramos que al lector que carece de un conocimiento previo de las lecciones del *Likutey Moharán*, y que llega por primera vez al *Jaiei Moharán*, le resultará más conveniente tener primero un retrato general de la vida del Rabí Najmán. Por lo tanto hemos ubicado primero los datos biográficos (aquí las secciones I-V), antes de entrar en los detalles conectados con la enseñanza de sus Lecciones y Cuentos. Con esta finalidad, hemos utilizado los números de los párrafos de la edición puntuada de *Meshej HaNajal* de 1982, colocando antes el número correspondiente: por ejemplo, 229 es 126 (229).

Las notas al pie fueron elaboradas a partir de una amplia gama de fuentes. En particular, destacan las diferentes obras de Breslov donde pueden encontrarse incidentes adicionales e información relacionada con el tema. En general, hemos utilizado las ediciones más recientes.

Es necesaria una cierta cuota de imaginación de parte del lector para ir más allá del texto en español y tener una percepción de la realidad de varios de los episodios y conversaciones tal cual tuvieron lugar. Uno debe tratar de imaginar el mundo preindustrial de Ucrania, las comunidades judías y el mundo del misticismo Jasídico. Aun así, nos encontramos muy alejados de la realidad tal cual era. El Rabí Natán enfatiza repetidamente lo inadecuado del lenguaje para describir lo que él realmente experimentó. Una y otra vez habla del Rabí Najmán como de un *jidush*, de la palabra hebrea *jadash*, nuevo. No hay un equivalente en otro idioma: describir al Rabí Najmán como "original" o incluso "único" no transmite plenamente lo que estaba afirmando el Rabí Natán.

El *Jaiei Moharán* contiene muchos superlativos y hoy en día la gente sospecha de los superlativos. Esto es comprensible en una cultura marcada por el extendido abuso del lenguaje por parte de los publicistas, de los medios, etcétera. Hoy en día se proclaman las más extravagantes alabanzas sobre los productos más mundanos. Los políticos, los deportistas e incluso los terroristas son descritos como si hubieran alcanzado la cima de los logros de la humanidad. Es fácil así caer en una actitud cínica en donde todo es visto como una broma y uno no cree en nada. Ésta no es la manera de contemplar el *Jaiei Moharán*, el cual, con todas sus alabanzas del Rabí Najmán, fue escrito manifiestamente con una extrema preocupación por la precisión y la verdad. La verdad, la honestidad y la sinceridad son los fundamentos del sendero del Rabí Najmán y se evidencian en cada página de los escritos del Rabí Natán.

El Rabí Najmán enseña que por cada historia que se cuenta de un Tzadik existe una historia correspondiente de los malvados. Esto se debe a que el ámbito del mal, el "Otro Lado", fue creado para contrarrestar el Lado de la Santidad, en todos sus aspectos (ver *Likutey Moharán* I, 234). Si bien la cultura que nos rodea utiliza toda clase de falsas alabanzas y elogios, no tenemos por qué pensar que no existe tal cosa como un logro humano genuino. Por el contrario: a la luz de sus enseñanzas, debemos creer que así como existen falsificaciones que son alabadas por sus logros vacíos, de la misma manera existen verdaderos Tzadikim que han alcanzado los niveles espirituales más elevados a los cuales pueda aspirar el hombre.

Uno de los aspectos más desconcertantes del Rabí Najmán es el hecho de que él mismo habló tan directamente sobre sus propios logros espirituales. Así, en varios lugares del *Jaiei Moharán* encontramos que el Rebe se "enorgullece de" o "se vanagloria" de sus logros, etcétera. Estas expresiones en español son un pálido reflejo de la palabra hebrea *hitpaer*, una forma reflexiva de la raíz *peer*, que significa belleza revelada. En nuestra cultura, vanagloriarse y enorgullecerse por los propios logros es considerado algo de mal gusto. Parece que la modestia exige que no nos alabemos a nosotros mismos. (A veces lo hacemos, ¡pero nos sentimos molestos si otros no nos respetan tal como lo merecemos!). La gente presupone que el Tzadik debe estar libre de todo orgullo humano.

Es importante recordar la enseñanza del Rabí Najmán de que "la humildad no significa que uno tiene que andar con la cabeza baja, siendo pisoteado... La genuina humildad implica sabiduría" (*Likutey Moharán* I, 197). De este modo, es posible que la gente común no comprenda la genuina humildad del verdadero Tzadik, en especial si estas personas no están libres del orgullo. Fue Moisés quien escribió en la Torá (Números 12:3), "El hombre Moisés era más humilde que todos los hombres". ¿Cómo pudo Moisés decir que él era el más humilde de todos?

Un tema recurrente en la literatura de Breslov es la necesidad de buscar al Tzadik, porque sólo a través de las enseñanzas del Tzadik el judío puede encontrar su camino hacia la verdadera espiritualidad. La búsqueda del Tzadik no es necesariamente sólo física. Creo que uno de los lugares para buscar al Rabí Najmán es en *Tzadik*. Si lo encaramos de manera abierta, con la voluntad de considerar cuidadosamente y con honestidad aquello que leemos, podremos superar el desafío.

Una tradición oral entre los jasidim de Breslov relata que el Rabí Natán explicó por qué denominó su obra sobre el Rabí Najmán *Jaiei Moharán*, "Las Vidas del Rabí Najmán", mientras que a su propia autobiografía le puso el título de *Iemei Moharnat*,

"Los Días del Rabí Natán". Dijo el Rabí Natán: "El Rebe realmente *vivió* una vida plena: constantemente tenía una *nueva* vida y constantemente alcanzaba las percepciones más asombrosas de Torá, ¡y la Torá es la única vida verdadera! Es por eso que la palabra 'vida' era apropiada para el título del relato de su vida. En cuanto a mí", continuó el Rabí Natán, "yo no he vivido una vida plena como la del Rebe. Yo sólo he vivido *días*".

Podamos todos merecer recibir fuerzas del Rabí Najmán, "El arroyo fluente, fuente de sabiduría", y llenar nuestros días con luz, alegría y vida, con la llegada del Mashíaj, pronto y en nuestros días. Amén.

Abraham Greenbaum

3 de Tamuz, 5747
30 de Junio, 1987

TZADIK

Introducción del Autor

"¿Quien podrá relatar las poderosas obras del Señor? ¿Quién podrá contar todas sus alabanzas?" (Salmos 106:2). ¿Quién puede describir o siquiera hacerse una idea de las grandes y tremendas maravillas llevadas a cabo por nuestro guía, maestro y Rebe, la luz de las luces, el brillo de los brillos, la atesorada y oculta luz? Tremenda en verdad fue la obra del Rebe en aras de la comunidad de las almas de Israel, de las que dependen todos los mundos. Más aún fueron sus logros en beneficio de sus seguidores, aquellos dignos de tomar refugio bajo su santa sombra y escuchar las palabras que salieron de sus labios, palabras ocultas por el Anciano de Días. Y lo más grande de todo fue lo que él hizo por mí, pobre y necesitado como soy. Me elevó del polvo y del barro y me acercó a él. En su amor me acercó más que a ningún otro y me escogió para recibir y registrar sus enseñanzas de Torá, sus conversaciones y sus cuentos. Me otorgó el privilegio de ser quien las dejara por escrito. Y dijo abiertamente que no había nadie que supiera algo de lo que él era, sólo yo sabía un poco. Esto lo dijo varias veces.[1]

Sé muy bien en el fondo de mi corazón que en verdad es imposible decir nada de él. Nada de lo que uno diga será adecuado. Yo ya he escrito abundantemente y más aún he transmitido de manera oral a mis amigos y discípulos. Gracias a Dios, mis palabras han dejado alguna marca con la ayuda de la gran fuerza del Rebe. La verdad ha penetrado en sus corazones como un fuego ardiente y ellos se han despertado hacia el servicio a Dios. Algunos ya han dejado este mundo en santidad y pureza, partiendo con un buen nombre en medio de palabras de Torá y de plegaria y con una fe perfecta. ¡Su porción es vida! Y en cuanto a aquéllos que aún

---

[1] *Iemei Moharnat*, Introducción, 10; *Tovot Zijronot* 8; *Aveneha Barzel* p.24 #10.

permanecen (sean ellos bendecidos con largos días y años), con la ayuda de Dios se mantienen fuertes en la verdad y en la fe, "fuertes como un espejo fundido" (Job 37:18); nunca serán movidos.

Pero aun así, yo sé en mi corazón que hay mucho que ellos deben aprender. La radiante luz aún no está fija tan fuertemente en sus corazones como en el mío. En palabras de nuestros Maestros, de bendita memoria: "Mucho he aprendido de mis maestros, pero sólo he podido tomar de su conocimiento tanto como un perro que lame el océano. Y mis alumnos han tomado de mi conocimiento no más que un pincel al sacarlo del tubo de color" (*Sanedrín* 68a).

¿Qué puedo decir? Todo esto se relaciona con el conocimiento del agradable brillo de la Divinidad y el corazón es el asiento de este conocimiento. De modo que es algo individual: cada persona puede comprender sólo de acuerdo con la capacidad de su corazón.[2]

En cuanto a los grandes poderes y tremendos logros del Rebe - trabajó y luchó tanto en el servicio a Dios que se elevó a niveles en donde pudo tomar una profunda sabiduría - "aguas profundas es el consejo en el corazón del hombre" (Proverbios 22:5); "extremadamente profundo, ¿quién puede encontrarlo?" (Eclesiastés 7:25). Con su exaltada sabiduría y tremenda fortaleza fue capaz de irradiar una asombrosa luz de Divinidad incluso en el corazón de la persona más quebrantada. Esto es algo que no tiene paralelo en la historia del mundo. El Rebe alude a esto en su lección del *Likutey Moharán* I, 30, donde escribe sobre la necesidad de tener un gran maestro, un notable artesano, un médico fidedigno... con el poder de llevar la comprensión de la Divinidad al corazón de los más pequeños, de los enfermos y de aquellos que están distantes de Dios.

Los labios, la pluma y el papel resultan inadecuados para expresar incluso una milésima parte de lo que hay en mi corazón. Pero dejar pasar esto en silencio también es imposible. Así, desde el día en que fui digno de acercarme y convertirme en su seguidor, Dios me dio fuerzas y el Rebe me alentó a ocuparme

---

[2] *Zohar* I, 103b.

de pasar por escrito las tremendas revelaciones que componen sus santas enseñanzas de Torá. Dios me dio la fortaleza para registrar los eventos que rodearon sus discursos y también todas las conversaciones relacionadas con ellos, pues yo sabía que cada palabra era pura Torá.

Al comienzo no tuve el suficiente cuidado de pasar por escrito todas sus santas palabras y conversaciones. Sólo registraba aquello que tenía una relevancia obvia con relación a sus discursos más formales, no así sus otras conversaciones. Pero desde que comencé a comprender su tremendo y santo nivel, siempre pensé que debía haber alguien que escribiese cada palabra que salía de sus santos labios con tanta pureza y santidad. En verdad, todo lo que él decía tenía la gracia y la belleza de la verdad y era expresado con un tremendo temor al Cielo y un ardiente fuego. Hasta sus conversaciones diarias, incluyendo aquellas relacionadas con sus necesidades personales, eran dignas de ser registradas. Todas sus palabras quemaban como fuego. Aun así, comprendí que sería imposible registrar todo, de modo que mi decisión se debilitó y no hice el esfuerzo de escribir cada una de sus palabras de Torá. Sólo pasé por escrito las conversaciones que expresaban un pensamiento completo de Torá o que tenían alguna relevancia con respecto a uno de sus discursos.

Recién varios años después de convertirme en su seguidor, Dios despertó mi corazón para comenzar a registrar un número de conversaciones y de ideas que escuchábamos de él al igual de otras que habíamos escuchado previamente. También escribí sobre algunas de las cosas que le habían sucedido a él o a sus seguidores, y registré algunos de sus relatos sobre los trabajos y esfuerzos en el servicio a Dios que lo llevaron a lograr lo que logró. Escribí sobre su viaje a la Tierra de Israel y registré algunos de los episodios conectados con sus diferentes cuentos y discursos de Torá, incluyendo la cadena de eventos que llevaron a despertar su misericordia al punto en que abrió los labios y reveló lo que reveló.[3]

---

[3] Cf. *Sabiduría y Enseñanzas del Rabí Najmán de Breslov*, p.162

Es imposible dejar por escrito lo que uno verdaderamente sentía cuando sucedían estas cosas. Sin embargo, decidí asentar al menos aquello que *sí podía* ser registrado. En base a lo que he escrito, todo aquel que tenga comprensión podrá formarse alguna idea de lo que realmente era.

Quizás... quizás... las generaciones venideras también serán dignas de conocer las grandes maravillas que el Señor de Todo nos ha hecho, Aquél que guía cada generación en Su amor, los pensamientos de Cuyo corazón son de generación en generación y Quien constantemente obra nuevas maravillas para que Su nombre pueda ser alabado en toda la tierra, de modo que en todas las generaciones los hombres puedan despertar y retornar a Él. Pues Dios ya nos ha abierto un sendero recto como resultado de los trabajos del Rebe, de bendita memoria. Ahora todo aquel que así lo desee podrá acercarse fácilmente a Dios, siguiendo los senderos revelados en los santos libros del Rebe. Feliz de aquel que los guarda. Estúdialos y medita en ellos, una y otra vez. Contémplalos y envejece con ellos, y no te alejes de ellos. Porque no hay mejor camino que éste.[4]

"Todo esto vieron mis ojos"... porque es el deseo de Dios que yo presente todo esto en un libro. Por tanto, hace un tiempo que me he dedicado a registrar toda conversación, evento y cuento que pudiera recordar, y es esto lo que contiene este libro. Le he dado el título de *Jaiei MoHaRáN* [literalmente "Las Vidas de Moreinu HaRav Najmán", porque la palabra Hebrea para vida, *jaim*, tiene la forma plural] porque en su mayor parte se ocupa de su santa vida y de lo que le sucedió en ella. Porque él era el verdadero "hombre vivo", como nunca nadie lo fue. En todo momento estaba verdaderamente vivo. Su vida era siempre *nueva* vida, y esto lo escuché de sus propios labios. Una vez dijo: "Hoy he vivido una vida que nunca antes viví".[5]

Muchas veces lo escuché expresar su orgullo por la vida que tenía y su pobre opinión sobre la vida de la mayor parte de la

---

[4] Cf. *Avot* 5:22
[5] Adelante: 134, 400.

gente de este mundo, quienes no reparan en su destino final. Existen innumerables gradaciones de vida y de vitalidad en el mundo. La vida real es la vida de la verdadera sabiduría, como está escrito: "La sabiduría le da vida a quien la posee" (Eclesiastés 7:12). Y la esencia de la sabiduría es trabajar y dedicarse a conocer y reconocer a Dios, Quien es la Vida de la vida. Cuanto más cerca está uno de Dios, más genuina es su vida. Lo contrario también sucede. Es por esto que "los malvados son llamados muertos incluso durante su vida y, por el contrario los rectos son llamados vivos incluso luego de su muerte" (*Berajot* 18a). Los rectos están constantemente unidos a la verdadera vida, como está escrito: "Y ustedes están unidos al Señor su Dios, todos ustedes están hoy *vivos*" (Deuteronomio 2:4). Esta es la vida por la que constantemente oramos en Rosh HaShaná y en Iom Kipur: "Recuérdanos para la vida"; "Inscríbenos para la vida"[6] etc. Todo el resto es vanidad: no es vida en absoluto. Se dice de la verdadera vida: "para que ustedes puedan vivir" (Deuteronomio 16:20; 30:19); "para que sus días sean muchos" (*Ibid.* 11:21); "para que ustedes puedan vivir" (*Ibid.*5:30; 8:1), etc.

Pero la vida que alcanzó el Rebe estaba en un nivel mucho más elevado y exaltado, <el cual ningún hombre ha probado>. Feliz de aquel que es digno de sentir algo del agradable brillo de su vida. Porque el Rebe vivió una larga vida, una verdadera buena vida, tal como puede comprenderse del cuento de "Los Siete Mendigos".[7] Y ésta fue la vida por la cual oró el rey David: "Hazme conocer el sendero de la vida..." (Salmos 16:11).

Este libro contiene las diferentes cosas que escuché de sus santos labios, incluyendo muchas conversaciones y cuentos, pues sus conversaciones eran absolutamente Torá. También se incluyen una cantidad de eventos que tuvieron lugar entre el Rebe y sus seguidores. De todas estas cosas, aquel que posea inteligencia será capaz de comprender su formidable grandeza y santidad, que la boca no puede expresar ni el corazón concebir.

---

[6] *Rosh HaShaná*,16b, *Tosafot*, v.i. *veNejtamim*.
[7] *Los Cuentos del Rabí Najmán*, #13

Pero en último análisis, incluso aquél que comprende debe guardar silencio, pues toda su comprensión no es más que una gota en el gran océano. Incluso de aquello que escuchamos y vimos personalmente sólo somos capaces de presentar aquí una pequeña parte, y eso en la forma de alusiones e insinuaciones. Y debido a la terrible controversia que se desató a su alrededor nos hemos visto obligados a frenar nuestras lenguas y evitar la alabanza. Incluso lo poco que hemos sido dignos de conocer sobre su tremenda santidad e inconcebible grandeza es imposible relatarlo debido a la gran oposición.

Si lo he registrado, es para las generaciones que vendrán y los tiempos futuros, (¡que puedan llegar en paz!), para que no sea olvidado de nuestros labios y de los labios de nuestra simiente, para que las generaciones futuras puedan saber del gran amor de Dios por Israel: pues hemos sido dignos en estas últimas generaciones de una pura y radiante luz como la suya, la luz oculta y guardada. Feliz del ojo que lo ha visto. Feliz el oído que ha escuchado sus santas palabras. Si profundizas en sus santos libros comprenderás un poco de su tremenda santidad.

Las palabras del autor, el pequeño: NATÁN, el hijo de mi señor, padre y maestro, Rabí NAFTALI HERTZ (que su Roca lo guarde y le dé vida) de Nemirov.

***

Me gustaría pedirle al lector que no se sorprenda si a veces encuentra en el libro ciertas conversaciones o cuentos del Rebe que parecen simplistas u otros temas que aparentemente no tienen explicación. No te asombres de que estén escritos. La verdad es que existe una razón para todo lo que se encuentra registrado aquí, las palabras del Rebe, sus conversaciones y sus cuentos. Todo aquél que fue digno de estar ante él y de escuchar personalmente estas cosas recibió alguna iluminación y pudo comprender que estas palabras eran muy elevadas y exaltadas. Cada palabra de los santos labios del Rebe inspiraba al acercamiento a Dios.

Introducción del Autor

Por esta razón no pude evitar asentar por escrito ciertos cuentos y conversaciones para dejarlos registrados, aunque en algunos casos no se espera que el lector pueda llegar a comprender el verdadero significado que hay detrás de ellos. Sin embargo, "Una *Mishná* no se mueve de su lugar" (*Iebamot* 30a), y todo aquél que desee la verdad podrá encontrar en la mayor parte de estas conversaciones enseñanzas que son realmente extraordinarias. Será capaz de recibir una gran inspiración y encontrar la guía y el aliento para fortalecerse y nunca perder la esperanza. Pues "no es algo vacío para ustedes (מכם, *mikem*)" (Deuteronomio 32:47), y "si es vacío, es *mikem*, ¡debido a ustedes!" (*Ierushalmi*, *Pea* 1). Aun las palabras más simples del Rebe irradiaban luz. Tenían el poder de despertar al mundo entero hacia el servicio a Dios. Este fue el único propósito del Rebe durante todos los días de su santa vida. En verdad, le escuchamos decir que incluso sus conversaciones simples debían ser registradas por escrito, pues cada observación contenía las más profundas intenciones y reglas para la vida. Todos pueden tomar de ellas la guía y los consejos más asombrosos para la verdadera conducta en el servicio a Dios.[8]

---

[8] Ver más abajo:243; Cf. *Avoda Zara* 20b, «Hasta las más simples conversaciones de los sabios necesitan ser estudiadas».

PRIMERA PARTE

JAIEI MOHARÁN

SU VIDA

I. Su Nacimiento, Residencias y Viajes:[1]

1 (104). El Rebe Najmán nació en la ciudad de Medzeboz, en Shabat, el primer día del mes de Nisán 5532 (4 de abril de 1772)[2] y entró en el Pacto el Shabat HaGadol[3] (11 de abril). Dejó su vida y ascendió en el año 5571 (1810), el 18 del mes de Tishrei, un martes, el cuarto día de la festividad de Sukot (16 de octubre). Falleció en Umán, la ciudad que eligió como su lugar de descanso para la vida eterna.[4] Vivió, por lo tanto, un total de treinta y ocho años, seis meses y dieciocho días.

2 (105). Desde el día en que nació hasta que llegó a ser bar mitzvá[5] y se casó, vivió en Medzeboz. Ya hemos registrado en otro lado[6] el relato de sus devociones, aunque menos que una gota en el océano es lo que se sabe de ello. Ya de niño se había despertado en él una ferviente devoción al servicio a Dios.

---

[1] En el texto original, las secciones I-V de la Primera Parte aparecían luego de las secciones VI-VIII.. Como se explicó en la Introducción del Traductor, los primeros 103 párrafos fueron cambiados de lugar para facilitar la lectura de las personas poco familiarizadas con las enseñanzas del Rebe Najmán. De aquí el doble sistema de numeración cuyos números entre paréntesis corresponden a la edición Hebrea utilizada para esta traducción.

Puede encontrarse información biográfica adicional en la cronología, *Until The Mashiach*, y en *Sabiduría y Enseñanzas del Rabí Najmán de Breslov*.

[2] *Kojavey Or, Sijot veSipurim* p. 128 #42, dan como fecha alternativa Shabat, primero de Nisán 5531 (16 de marzo de 1771).

[3] El Shabat que precede inmediatamente a Pesaj es conocido como Shabat HaGadol. *Gadol*, que significa grande, hace referencia a los grandes milagros realizados para los judíos antes del Éxodo.

[4] Más abajo 88, 94, 114; *Iemei Moharnat* 58, 66.

[5] 1º de Nisán 5545 (11 de marzo de 1785). De acuerdo con el *Kojavey Or* esto fue un año antes, el 24 de marzo de 1784.

[6] *Alabanza del Tzadik*, p.3-28.

Se casó en la región de Medvedevka con la hija[7] del gran Rabí Efraim, de bendita memoria. El Rabí Efraim, famoso por su erudición y temor al Cielo, era un hombre muy respetado proveniente de una conocida familia. Originario de Zaslov, se mudó a Ossatin, uno de los numerosos poblados alrededor de la ciudad de Medvedevka, tomando a su cargo la responsabilidad sobre estos pueblos. Tenía un buen nombre entre los Tzadikim famosos, quienes solían visitarlo y hospedarse en su casa. Su esposa, la suegra del Rebe, era una mujer de extraordinaria piedad.

El casamiento del Rabí Najmán tuvo lugar poco después de su bar mitzvá. En el mismo día de su boda, al salir de la *jupá* al final de la ceremonia, fue sobrecogido por un tremendo anhelo y deseo por Dios. En ese mismo día entabló amistad con el Rabí Shimón el hijo de R. Ber.[8] De ahí en delante vivió en la casa de su suegro y trabajó en sus devociones en los pueblos de los alrededores de Medvedevka. Se esforzó y trabajó con todas sus fuerzas. De vez en cuando solía viajar a Medzeboz.

Solía hablar con la gente sobre el servicio a Dios, y era capaz de encender su entusiasmo y de evocar en sus corazones una fuerte pasión por Dios. Pasaron varios años. El Rebe Najmán continuó con sus devociones, ayunando, meditando y luchando sin respiro, enfrentando innumerables pruebas. Mientras tanto, seguía viviendo en la casa de su suegro. En este período algunas personas comenzaron a seguirlo aunque aún era sólo un joven de menos de veinte años. Sin embargo, era extremadamente diligente y enérgico en sus devociones, las que comenzó cuando era literalmente un niño.

3 (106). El Rabí Shimón me relató que en el día del casamiento del Rebe, inmediatamente después de cubrir el rostro de su novia de

---

[7] Aunque en ningún texto se la llama por su nombre *Sashia*, se la nombra en una carta escrita por el Rebe. Ver *Until The Mashiach*, p.7.

[8] El primer discípulo del Rebe Najmán. El Rabí Shimón era un estudioso y comerciante. Se trasladó a la Tierra Santa en el año 1820, asentándose en Safed. Ver *Kojavey Or*, p.23-24; *Until The Mashiach* p.297-299.

acuerdo con la costumbre, llamó a varios jóvenes y habló con cada uno individualmente. Con sutileza los examinó para descubrir cuál era su verdadera disposición. Finalmente llamó al Rabí Shimón y comenzó a hablar con él de la misma manera velada, dando la apariencia de que estaba interesado en las vanidades de este mundo. El Rabí Shimón quedó asombrado sin responderle, pues no estaba interesado en tales cosas. El Rebe le dijo: "¿Qué quieres decir? Después de todo eres humano. ¿Por qué no quieres todas las cosas que tiene para ofrecer este mundo?". "Yo soy una persona simple", respondió el Rabí Simón, "y mi deseo es de pureza". "Me parece", dijo el Rebe, "que va a surgir una gran relación entre nosotros".

Él le contó entonces que había hablado con los otros jóvenes, examinándolos, y que todos estaban muy lejos de Dios. Sus pecados los habían corrompido. El Rebe llevó inmediatamente al Rabí Shimón afuera, al campo, y hablaron largamente sobre el servicio a Dios. Estaban llenos de entusiasmo y el Rebe habló con gran fervor. "No hay otro propósito en este mundo más que abandonar nuestros deseos mundanos y servir a Dios. Esto se aplica especialmente a mí, siendo que éste es el día de mi boda en el que se me perdonan todos mis pecados.[9] En verdad debo examinarme muy cuidadosamente". Continuaron hablando de esta manera hasta que llegó el momento de la ceremonia del matrimonio. Cuán afortunado es el novio que verdaderamente reflexiona sobre el propósito de la vida en el día de sus esponsales.

Desde ese momento el Rabí Shimón se apegó mucho al Rebe. El Rebe le hablaba de manera muy persuasiva, sobre cómo debía seguir su ejemplo y separarse por completo del mundo, para poder así luchar y trabajar exclusivamente en el servicio a Dios. El Rabí Shimón le dijo: "Ciertamente te volverás un Tzadik famoso. Mi deseo es ser siempre tu asistente". Esto es lo que de hecho sucedió.[10] Aun así, el Rabí Shimón era de por sí un hombre de una notable santidad. Hace algunos años escuché decir al Rebe que el

---

[9] *Ierushalmi, Bikurim* 3:3

[10] Ver más adelante: 534.

Rabí Shimón ya había quebrado por completo todos sus rasgos malos de carácter.[11]

4 (107). El Rabí Shimón relató que en cierta ocasión, luego de que el Rebe se volviera famoso, estaban viajando juntos cerca del lugar donde el Rebe se había esforzado con sus devociones cuando vivía en la casa de su suegro. Iban andando por el campo cuando el Rebe dijo con voz llena de emoción: "Qué bueno era para mí estar aquí. Con cada paso que daba sentía el sabor del Jardín del Edén". Era entre estos caminos y senderos que el Rebe solía andar y recluirse en plegaria y meditación. Al seguir viajando, el Rebe dijo con gran tristeza y emoción: "Aquí estaba bien, muy bien. ¿Para qué necesito la fama que tengo hoy?".

En otra ocasión yo estaba presente cuando el Rebe dijo que siendo joven, luego de orar y meditar en algún lugar del bosque o de los prados, solía retornar con el sentimiento de que el mundo era completamente nuevo. El mundo parecía ser totalmente diferente a lo que había sido previamente. No era en absoluto el mismo mundo que parecía ser antes.

5 (108). Luego de esto, ocurrieron eventos que hicieron necesario que el Rabí Najmán se fuese del hogar de su suegro. Su suegra había fallecido y su suegro se había vuelto a casar. Su nueva esposa era de Mohelov. El Rebe mismo fue responsable de formar la nueva pareja. Pese al hecho de que aún era muy joven, viajó con el Rabí Efraim a Mohelov e hizo los arreglos necesarios. Me parece recordar que tenía aproximadamente dieciocho años (cerca del año 1790). Aun así, había algunas personas que lo respetaban debido al hecho de ser el bisnieto del Baal Shem Tov,[12] y porque podían ver que era por sí mismo una joya de persona. Los más perceptivos se dieron cuenta incluso entonces que llegaría a ser una figura notable y original.

---

[11] *Sabiduría y Enseñanzas del Rabí Najmán de Breslov*, 44; SHiMON tiene las mismas las letras que *avON MaSH*, "borrar el pecado".

[12] El Rabí Israel (ben Eliezer) Baal Shem Tov (1698-1760), fundador del movimiento Jasídico. Fue el bisabuelo del Rebe Najmán, padre de Odel, la abuela materna del Rebe. Ver *Until The Mashiach*, p.225- 226.

La historia dice que en Mohelov fue invitado a quedarse en la casa de un hombre muy respetado, que era uno de los seguidores del tío del Rebe, el santo Rabí Baruj.[13] El anfitrión del Rebe era un hombre rico que lo trató con gran respeto y organizó una cena en su honor, a la cual invitó a varios de los más importantes seguidores del Rabí Baruj. En la cena se sirvió vino. En esa época el Rebe era aún algo reservado y no estaba acostumbrado a enseñar Torá públicamente. Pero mientras estaban allí sentados tomando vino, se encendió el entusiasmo del Rebe, quien comenzó a hablar y reveló las ideas más notables. Los presentes observaron este espectáculo con asombro y quedaron muy impresionados. Entonces llegó el momento del casamiento del suegro del Rebe y todos volvieron a sus casas.

Fue entonces que llegó a la ciudad el santo Rav Dov de Zaslov, un Tzadik muy famoso, conocido por todos como Reb Ber beReb Binim.[14] La gente le comentó a Reb Ber lo que habían escuchado del Rebe durante la cena y éste quedó muy asombrado. Luego dijo que el Rebe se volvería una figura notable y original.

Por el momento el Rebe aún era miembro de la casa de su suegro y la gente de las localidades cercanas comenzaba a acercarse a él y a visitarlo de vez en cuando. El Rebe sabía cómo inspirar sus corazones en el servicio a Dios. Mediante su guía se acercaron a Dios y alcanzaron los elevados niveles de espiritualidad que hoy tienen. ¡Felices de ellos!

El Rebe aún vivía en el hogar de su suegro, pero poco tiempo después su suegra comenzó a comportarse hacia él de una manera poco amistosa. El Rebe tenía una habitación para él en la casa de sus suegros, una especie de buhardilla donde solía sentarse a meditar, a orar y a practicar sus devociones. Periódicamente solía ir a meditar en los campos o en el bosque. Cierto día en que

---

[13] Rabí Baruj de Medzeboz (1757-1810). Fue el segundo hijo de Odel, la hija del Baal Shem Tov, y hermano mayor de Feiga, la madre del Rebe. Ver *Until The Mashiach*, p.231- 232.

[14] Rabí Isajar Dov de Zaslov (m. c. 1795), discípulo del Baal Shem Tov y del Maguid de Mezritch, que se asentó en Israel en 1794 y está enterrado en Tiberia. Ver *Until The Mashiach*, p.243.

el Rebe había salido de viaje, su suegra trasladó su propia cama a la buhardilla pues quería el cuarto para ella. Apenas el Rebe retornó y vio que ella había tomado su habitación, y dado que para él el cuarto tenía su propia santidad, no pudo ya quedarse en la casa de su suegro. Dejó entonces el pueblo y se fue a la ciudad de Medvedevka.

6 (109). En verdad miles y cientos de miles de historias pueden relatarse sobre todos los detalles de este período de la vida del Rebe en Medzeboz y Medvedevka, etc. Allí lidió y trabajó en sus devociones con tremenda energía, debiendo luchar grandes batallas todos los días y a cada momento, antes de lograr subyugar y quebrar todos sus rasgos y deseos.

Sin embargo, yo me acerqué el Rebe luego de que él llegara a Breslov, de modo que sólo supe sobre todo este período, a partir de los relatos del Rebe mismo y de los demás que lo conocieron por ese entonces. Y esto de manera intermitente y sin ningún orden en particular. Por tanto no puedo presentar un relato sistemático y no hay más opción que saltar de un tema a otro. Ciertamente relataré todo aquello que recuerde, pero incluso aquello que escuché casi lo he olvidado por completo.

7 (110). Permítaseme relatar algunas de las cosas que escuché del Rebe mismo sobre su infancia y su juventud. Él solía trabajar muy duro en sus devociones, anhelando que Dios le mostrase una señal para fortalecer todavía más su fe. Reiteró plegarias y súplicas implorándole a Dios y presionándolo para que hiciera esto por él. El Rebe relató tres incidentes milagrosos que tuvieron lugar en este período.

Había un lugar en particular, en el campo, adonde el Rebe solía ir para meditar y practicar sus devociones. A un costado del camino había un gran crucifijo, algo muy común en las zonas rurales. Esto era algo que distraía mucho al Rebe, quien sufría al verlo allí al caminar mientras meditaba. Entonces le oró a Dios para que hiciese un milagro y eliminase el crucifijo. "Y Él hará un decreto y será establecido" (cf. Job 22.28). De pronto el crucifijo se desplomó.

El segundo incidente estuvo relacionado con los peces del río junto al cual el Rebe solía andar. Él quería que los peces nadasen

Su Nacimiento, Residencias y Viajes 19

en dirección a su mano, sin necesidad de una red, y eso fue lo que sucedió.

No estoy seguro sobre el tercer incidente, pero creo que estuvo relacionado con su deseo de ver [el alma de] una persona muerta. El Rebe le oró a Dios con fervor para esto, y sucedió: de pronto un muerto se le acercó mientras estaba acostado en la habitación que tenía en la casa de su suegro. El Rebe estaba aterrorizado pues era la primera vez que veía un alma muerta con sus propios ojos.[15] Esto porque aún era muy joven y además, según comentó luego, este muerto había sido un malvado. Es por eso que estaba tan aterrorizado. Entonces se puso a gritar y a clamar y la gente de la casa vino corriendo y trató de entrar a su habitación. Pero no pudieron pues el Rebe había cerrado la habitación de adentro y no tenían otra manera de entrar. No recuerdo si el Rebe dijo que derribaron la puerta o si entraron por el techo. Recién más tarde logró calmarse. Entonces dijo que sintió tanto temor pues la persona muerta había sido un malvado. Posteriormente vio numerosas almas muertas y nunca tuvo temor, especialmente en el último período de su vida, cuando se transformó en el "Señor del Campo"[16] y miles y miles de almas llegaron a él para recibir su *tikún*. Pues se esforzó especialmente en trabajar y llevar a cabo el *tikún* de las almas de los muertos y de las almas desnudas que aún no habían entrado a un cuerpo.[17]

Otra historia que relató el Rebe es que cierta vez, cuando era pobre, no tenía nada que comer para la noche. Estaba en los prados, como siempre, cuando encontró un poco de sémola envuelta en un pañuelo. La llevó a su casa y la cocinó. Según sus propias palabras esto fue tan valioso para él como "encontrar un gran botín" (Salmos 119:162), pues había confiado en Dios y Dios había provisto sus necesidades en medio del campo. Le escuché decir que él conocía el significado de la confianza: aunque viviese en medio del campo tendría confianza en que

---

[15] Cf. *Kojavey Or* p.56, #34

[16] Ver *Likutey Moharán* I, 65:1-2, que existe un campo en el cual crecen hermosos árboles, es decir almas santas. Ver más abajo: 48.

[17] Ver *Sabiduría y Enseñanzas del Rabí Najmán de Breslov*, 195. *Iemei Moharnat* 58, 66.

Dios le proveería todo aquello que necesitase. Dijo que había un nivel de confianza que era mucho más difícil de obtener, es decir, cuando un verdadero Tzadik retiene el dinero sin distribuirlo inmediatamente.[18] También contó que había recibido trescientas monedas de oro como regalo de bodas y que estuvo viviendo de ello hasta que acabó por gastarlas. Fue después de esto que tuvo lugar el episodio mencionado arriba, cuando se le acabó el dinero. Pero al comienzo, cuando aún tenía dinero, no pensaba en absoluto en el futuro. Continuaba con sus devociones y vivía de los fondos que tenía guardado.

8 (111). El Rebe habló mucho sobre las ideas que tenía de joven, cuando estaba ocupado con sus devociones. Se dijo a sí mismo que no deseaba en absoluto ser famoso y que no quería recibir dinero de nadie. Tenía toda clase de ideas sobre cómo ocultaría de la gente lo que él era y de qué viviría. A veces incluso pensaba que iría mendigando sin que nadie supiese quién era.

9 (112). Luego de esto llegó a Medvedevka, donde varios jóvenes de los pueblos de los alrededores instituyeron un fondo para darle un *rendel* por semana. El Rebe vivió en Medvedevka relativamente tranquilo y en paz, y comenzó a atraer seguidores. El número crecía día a día y la gente de las localidades vecinas comenzó a acercársele. Al poco tiempo la gente viajaba casi doscientos kilómetros para visitarlo, pues la gente de Dashev comenzó a seguirlo desde la época en que él estuvo viviendo allí.[19]

Todo aquel que se le acercaba se sentía imbuido del temor al Cielo. El Rebe era capaz de alejar a la gente de la transgresión y

---

[18] Más abajo: 499, 500.

[19] De aquellos que se le unieron, los más eminentes fueron el Rabí Iudel (m. 1838) y el Rabí Shmuel Isaac (m.1826), ver *Until The Mashiach*, p.299-305. Ambos formaron parte del grupo de discípulos más cercanos del Rabí Najmán. Rev Dov, también era de Dashev y fue debido a él que el Rabí Iudel y el Rabí Shmuel Isaac se acercaron al Rebe Najmán; ver *Until The Mashiach*, p.316-317. Ver *Sabiduría y Enseñanzas del Rabí Najmán de Breslov*, 292; más abajo:14, 32, 89, 263, 291, 395, 441, 447, 610, 611; sobre la historia de cómo llegaron al Rebe Najmán, ver *Kojavey Or* p.24-29; *Until The Mashiach*, p.18-20. El Rabí Aarón, el Rav de Breslov, también se hizo seguidor en esa época (*Tovot Zijronot* 7).

Su Nacimiento, Residencias y Viajes

de acercarla a Dios con gran devoción. El Rebe encontró también una cierta oposición en Medvedevka, pero todos sus enemigos cayeron ante él. Hubo algunos incidentes con los rabinos del lugar, pero no tengo en claro los detalles.

10 (113). Luego de esto el Rebe viajó de Medvedevka a la Tierra Santa.[20] Al volver arregló el compromiso de su hija Odel[21] con [R. Ioske, el hijo de un] erudito muy conocido, el santo Rabí Abraham Dov, Rav de la comunidad de Chmelnick.[22]

Al volver de Israel el Rebe continuó viviendo en Medvedevka durante más de un año. Inmediatamente después de su regreso de Israel viajó a Liadi para visitar al Rabí Shneur Zalman,[23] líder Jasídico y luminaria de la Torá, con quien mantuvo una larga conversación en torno a los asentamientos en Israel. El Rebe fue recibido muy calurosamente y fue invitado a quedarse con él. Con respecto al tema de su viaje de ida y vuelta a Israel y de su estadía allí hay muchas historias que pueden contarse. El Rebe estuvo con el santo Rav de Neskhiz[24] cinco días antes de que éste falleciera. El Rebe se había apurado a verlo porque quería encontrarlo con vida, llegando inmediatamente antes de su muerte.

Es imposible describir la alegría del Rav de Neskhiz debido a la visita del Rebe y el amor que le demostró. El Rav había estado en cama debido a una enfermedad muy grave, tal como es sabido. Durante medio año había estado confinado a una habitación oscura pues era incapaz de aguantar el mínimo rayo de luz de sol.

---

[20] Esto fue en 1798- 1799. Ver más abajo: 26-47; *Until The Mashiach*, p.24-55.

[21] Odel, (1787-1864) la hija mayor del Rebe, nació en Ossatin y lleva el nombre de su abuela, la hija del Baal Shem Tov. Ver *Until The Mashiach*, p.330-33.

[22] El Rabí Abraham Dov de Chmelnick fue discípulo del Maguid de Mezritch y del Rabí Iaacov Iosef de Polnoie. Estaba casado con la nieta del Rabí Iaacov Iosef y ayudó a publicar el *Toldot Iaacov Iosef* en 1780.

[23] Rabí Shneur Zalman de Liadi (1745-1813). Un importante discípulo del Rabí Dov Ber de Mezritch, fue el fundador del movimiento Jasídico Jabad. Ver *Until The Mashiach*, p. 239-240.

[24] Rabí Mordejai Shapiro de Neskhiz (1742-1800) fue discípulo del Rabí Ijiel Mijel de Zlotchov y autoridad rabínica en varias ciudades. Ver *Until The Mashiach*, p.236.

No podía moverse ni comer alimentos cocidos pues no soportaba el olor. Tomaba sopa que debía ser colada varias veces antes de que la pudiera tragar. Nadie podía traer ninguna comida a la casa debido al olor. El Rav sufría mucho. Pero cuando el Rebe llegó a visitarlo le devolvió literalmente la vida. Apenas el mensajero del Rebe llegó con la noticia de que el Rebe estaba en camino para visitarlo, el Rav se sintió lleno de alegría y dijo que las noticias lo habían vuelto literalmente a la vida. Al llegar el Rebe el Rav lo recibió con gran honor, amor y una calidez sin paralelo. Hablaron mucho durante largo tiempo y de acuerdo con la información del asistente del Rebe, trataron el tema de las visiones y de las percepciones alcanzadas por los verdaderos Tzadikim. También conversaron sobre el ángel Metatrón[25], etcétera.

Más tarde, el Rav dio instrucciones explícitas de que se sirviese una cena en honor al Rebe en su propia casa, pese al hecho de que estaba prohibido traer alimentos debido a su enfermedad. Pero "el amor quiebra todas las barreras" (*Bereshit Rabah* 55:11). Se organizó una gran fiesta y el Rebe se sentó a la cabecera de la mesa. El Rav se levantó de su lecho y fue al salón vestido con el saco tradicional tejido con adornos de hilos de oro. Se unió a ellos en la mesa en honor al Rebe aunque hacía medio año que no se levantaba de la cama ni se sentaba a la mesa.

La intención del Rebe era pasar el Shabat en la zona. El Rav lo persuadió para que ese Shabat comiese en su casa. El Rebe no quería, pero el Rav insistió con vehemencia y aparentemente lo logró. El Rav le envió al Rebe diez monedas de oro para una redención. El Rebe vio que el Rav estaba obligado a distribuir todo su dinero, pero esto era algo imposible, por lo que comprendió que debía fallecer. El Rebe emprendió el viaje de regreso antes de que falleciera.

En Kremenchug hablé con un hombre cuyo padre había sido asistente del Rav de Neskhiz en la época en que el Rebe estuvo de

---

[25] El ángel a cargo de la Resurrección (*Zohar* I, 181b). También ver *Julin* 60a, donde Metatrón es presentado como el ángel más importante y Ministro de la Gloria de Dios.

visita. El hombre me dijo que su padre había relatado que el Rav trató al Rebe con un honor extraordinario y que pese a su gran debilidad lo acompañó por el camino cuando salió de su casa. Al retornar a la casa luego de acompañar a sus invitados durante un trecho, el Rav dijo, "Si sólo hubiera venido al mundo para que el Rabí Najmán pudiese cruzar el umbral de mi casa, habría sido suficiente".

Luego de despedirse del Rav de Neskhiz, el Rebe visitó al Rav Zvi Arie de Alik,[26] reconocido líder Jasídico. De acuerdo con los informes de los seguidores del Rebe, el tema más importante de que se ocupó el Rebe durante estos encuentros fue el tema de las visiones. El Rebe no estaba de acuerdo con ellos con respecto a lo que ellos consideraban que eran visiones. Había tenido grandes discusiones con el Rav de Neskhiz, que era famoso por sus visiones. El Rebe discutió largamente con él sobre este tema. No estoy seguro sobre los detalles, pero el punto principal era que el Rebe decía que la forma en que ellos veían no era correcta. El Rav de Neskhiz le una vez envió un mensaje que decía, "Díganle que antes de que llegase a la ciudad yo vi al ángel Metatrón" y describió lo que había visto. Según lo que recuerdo, escuché que el Rav dijo que él había *visto* literalmente a Metatrón. Parece ser que en otra ocasión el Rav le dijo el Rebe, "Yo vi esto y aquello", pero que el Rebe no lo aceptó y dijo, "Así no es como aparece Metatrón. Yo lo he visto de tal y tal forma, y ésta es la verdadera manera de ver a Metatrón".

Varios otros temas se presentaron relacionados con esto, pero yo no estaba con el Rebe cuando habló sobre ello y no escuché nada directamente de él al respecto. Todo lo que pude oír era que había visitado al Rav de Neskhiz y una cantidad de otras historias que él había oído entonces sobre la relación del Rav con su maestro, el santo Rav Mijel,[27] de bendita memoria, y cómo luego, al retornar,

---

[26] El Rabí Zvi Arie (Hirsh Leib) de Alik (1759-1811). Fue un discípulo del Rabí Ijiel Mijel de Zlotchov y autor de *Or Jajamim*. El Rebe Najmán lo encomió mucho y dijo, "Estaba muy bien en Idishkait y era muy sabio y piadoso". Ver *Until The Mashiach*, p.242.

[27] El Rabí Ijiel Mijel de Zlotchov (1721- 1781). Discípulo del Baal Shem Tov y del Maguid de Mezritch, era primo del padre del Rebe.

había visitado al Rav de Alik. El Rav ya estaba al tanto de todos los puntos presentados en los argumentos del Rebe en contra del Rav de Neskhiz, pues la disputa era un tema familiar en la región. Cuando el Rebe pasó un Shabat con el Rav de Alik, éste habló largamente durante cada una de las comidas del Shabat sobre el tema de las visiones. En cada comida dio discursos de Torá, conectando todo con la cuestión de las visiones. Quería mostrar que él tenía visiones reales. El Rebe estaba completamente en desacuerdo pero no dijo absolutamente nada. Antes de su visita había orado a Dios y había pensado cuidadosamente cómo debía comportarse con el Rav. Es por eso que no dijo nada durante todo el Shabat. Luego, el sábado a la noche, el Rebe fue a su habitación en la casa del Rav y el Rav mismo se le unió y le dijo, "Aún no me crees cuando digo que he tenido visiones. Te daré una prueba definitiva de que sí las tuve". Nuevamente el Rav se embarcó en un discurso de Torá con la intención de probarle al Rebe que había tenido visiones. Recién entonces el Rebe le respondió, "Muchos han tratado de explicar la Carroza (Ezequiel 1) pero aun así nunca la vieron en toda su vida" (*Meguilá* 24b).

11 (114). Un día, en el año 5560 (1800) el Rebe vio que debía ir a vivir a Zlatipolia. Hacia fines de año, en el primer día de Elul se casó su hija Odel. La boda tuvo lugar en Chmelnick y el Rebe estuvo presente junto con toda su familia. Su madre, la santa Feiga, de bendita memoria, también estuvo allí. En el momento de la ceremonia matrimonial ella vio al Baal Shem Tov, pues poseía *ruaj hakodesh* y una gran percepción y era aceptada como tal por todos los Tzadikim y en particular por sus hermanos, quienes eran Tzadikim muy conocidos, el santo Rabí Efraim de Sudylkov[28] y el Rabí Baruj de Medzeboz. Ambos consideraban que era una profetisa.

---

[28] El Rabí Moshé Jaim Efraim de Sudylkov (1740-1800), el hijo mayor de Odel, la hija del Baal Shem Tov. Es autor del *Deguel Majané Efraim*, una obra jasídica de importancia. Ver *Until The Mashiach*, p.231-232.

En ese mismo período, justo antes de la boda, Miriam,[29] la hija del Rebe, se comprometió con el hijo del Rabí Leibush de Volochisk.

Al retornar de la boda de Odel junto con su familia, el Rebe viajó inmediatamente a Zlatipolia y llegó a la ciudad sin que lo supieran los miembros de la comunidad. De hecho no los había consultado en absoluto. Simplemente alquiló habitaciones y de manera inesperada se asentó allí. Pese a esto, la comunidad lo recibió con gran honor. Una considerable cantidad de gente llegó a Zlatipolia para estar con él para Rosh HaShaná. Había más de cien personas. El Rebe no había hecho ningún preparativo para recibirlos, dado que él mismo recién había llegado. Sin embargo, los miembros de la comunidad recibieron a todos los visitantes con gran honor y persuadieron al Rebe para que orase en la sinagoga principal junto con todos sus seguidores, pues había mucho lugar. Allí oró en Rosh HaShaná y en Iom Kipur, y le confirieron autoridad absoluta para decidir sobre los arreglos de quién guiaría los servicios y tocaría el shofar, etcétera. Allí pasó los Diez Días de Arrepentimiento y todo transcurrió en paz.

Sin embargo, el servicio de Neilá de Iom Kipur fue conducido por una persona que no tenía la aprobación del Rebe. En medio del servicio el hombre se quedó mudo. Simplemente no podía abrir los labios. Finalmente y para su gran vergüenza, tuvo que descender y otra persona tomó su lugar.

Luego, durante la noche siguiente al ayuno, el Rebe habló de una manera desenvuelta, tal como era su costumbre, sobre la gente que había conducido los servicios de Iom Kipur. Trajo a comparación la medalla de Abraham que de un lado tenía un anciano y una anciana y del otro lado un joven y una joven.[30] Las plegarias de apertura habían sido conducidas por el suegro, y Neilá

---

[29] Miriam (1792-1822), la tercera hija del Rebe. Se casó con el Rabí Pinjas, en el mes de Jeshvan 5565 (octubre de 1805). Se mudó a la Tierra Santa en 1809 y falleció allí sin dejar hijos. Está enterrada en el antiguo cementerio de Safed. Ver *Until The Mashiach*, p.336-337.

[30] *Bereshit Rabah* 39:16.

por su yerno. Ambos habían orado con sus esposas en mente, para obtener su aprobación.

El Rebe dijo entonces que su preocupación durante el servicio había sido el problema de los esfuerzos de los terratenientes por quitarles el sustento a los agentes.[31] "¡Si tan sólo supieran cómo el Satán mismo se opone a toda tarea Santa y trata de poner obstáculos en el camino y crear confusión! Este hombre subió a orar... y yo lo empujé a un lado".

El hombre se puso furioso con el Rebe y viajó al pueblo de Shpola. Allí lo denunció ante el Rabí Leib, el Zeide de Shpola,[32] quien comenzó su gran conflicto con el Rebe. Fue entonces que se originó una gran oposición al Rebe, llegando al punto en que casi todo el pueblo se puso en su contra. La oposición y el sufrimiento que debió soportar el Rebe son indescriptibles. Para él era como estar sentado sobre espinas. Luego de Sukot el Zeide de Shpola fue a Zlatipolia y sin ningún reparo habló en contra del Rebe, despertando una gran oposición en su contra.

Antes de esto el Zeide de Shpola había sido muy amigable con el Rebe, mostrándole gran deferencia y respeto. Sin embargo, ahora el Rebe había entrado veinte kilómetros dentro de su propio territorio y había sido calumniado por el hombre que tuvo que descender durante las plegarias de Iom Kipur. Esto transformó al Zeide de Shpola en un formidable opositor. Finalmente las calumnias más inimaginables fueron inventadas contra el Rebe. Pero él dijo que estaba obligado a quedarse porque ésa era la voluntad del Cielo. Pues su tarea allí era remediar el pecado de Ieroboam ben Nevat (Reyes I de 12:25sg.).

---

[31] Decretos de Pripinatzia. Parte de los "Estatutos concernientes a los judíos" decretados bajo el zar Alejandro I (1801-25). Ver *Until The Mashiach*, Contexto Histórico, p. xxix.

[32] El Rabí Arie Leib de Shpola (1725-1812). Discípulo del Rabí Pinjas de Koretz, era el líder jasídico más anciano de ese momento y a quien por lo tanto se miraba con respeto. Esto fue lo que le agregó peso a su constante oposición al Rabí Najmán. Ver más abajo: 43; *Until The Mashiach*, p.62, 70-73, 240.

Su Nacimiento, Residencias y Viajes

El santo Maguid de Terhovitza,[33] quien era uno de los seguidores del Rebe, le preguntó por qué no lo había enviado antes para hablar con los líderes del pueblo, quienes lo habrían recibido con el mayor respeto. El Rebe respondió: "Si hubiera querido esperar, habría llegado a Zlatipolia en un carruaje con pompa y dignidad. Pero no podía esperar. Desde el Cielo me obligaron a entrar allí".

Mucho podría escribirse sobre todo esto, pero consumiría tomos y tomos. Durante esta época el Rebe dijo: "Tal como existen ciudades aquí debajo, también hay ciudades arriba". Fue en este período que el Rebe dio la lección sobre "*Éstos son* los viajes de los Hijos de Israel" (Números 10:28, 33:11) del *Likutey Moharán* II, 62. Allí el Rebe trata sobre el remedio para la idolatría y la expiación por haber dicho "*Éstos son* tus dioses, oh Israel" (Éxodo 32:4) ante el Becerro de Oro. Aquí hay sólo una alusión al pecado de Ieroboam ben Nevat.[34]

El Rebe vivió en Zlatipolia por un lapso de dos años consecutivos y atrajo una gran cantidad de gente hacia Dios. Fue ahí que el santo Rabí Itzjak Isaac[35] se volvió seguidor del Rebe. Allí el Rebe dio muchas tremendas y elevadas lecciones de Torá.

Nota del Editor: Es necesario refutar la falaz información de que la oposición del Zeide de Shpola comenzó inmediatamente después del retorno del Rebe de Eretz Israel. Esto no es verdad en absoluto. Por el contrario, al volver de Israel el Rebe visitó al Zeide de Shpola en su hogar y fue recibido con gran honor.[36] Incluso luego hubo una gran amistad entre ambos y el Zeide de Shpola le demostró al Rebe un excepcional honor y respeto. Así fue hasta

---

[33] El Rabí Iekutiel, el Maguid de Terhovitza (fechas desconocidas). Fue un prominente líder jasídico, con autoridad por sobre 84 ciudades y poblados. Se puso bajo la tutela del Rabí Najmán cuando éste aún tenía poco más de veinte años, en Medvedevka (1790). Ver *Until The Mashiach*, p.312- 314.

[34] Ver adelante: 20.

[35] El Rabí Itzjak Isaac (m.1804), era originalmente discípulo del Maguid de Terhovitza. El Rabí Najmán lo llamaba "un verdadero estudioso de la Torá", ver adelante: 313. Ver *Kojavey Or* p.31 #25; *Until The Mashiach*, p.315- 316.

[36] Ver adelante: 43.

que el Rebe llegó a Zlatipolia, lo cual tuvo lugar aproximadamente un año y medio después de su regreso de Israel.

12 (115). En el año 5562 (1802), en el mes de Elul, el Rebe llegó a Breslov. Su primer Shabat allí fue el de la lectura de la Torá *Ki Tetzé*. Cuando las noticias de su arribo llegaron a la cercana ciudad de Nemirov [la ciudad donde vivía el Rabí Natán] pareció asombroso el que hubiera venido a esta zona. Pero Dios en el Cielo tuvo piedad. Su plan era para nuestro bien último, para que un remanente quedase sobre la tierra tal como lo es en este día y sustentar así a una gran nación (cf. Génesis 50:20). Pues fue aquí, en Breslov, donde fueron completadas las obras publicadas del Rebe,[37] y donde él compuso los libros que fueron ocultados de los ojos de toda la humanidad, el *Sefer HaNisraf* ("El Libro Quemado")[38] y el *Sefer HaGanuz* ("El Libro Oculto").[39] Mi acercamiento a él comenzó inmediatamente después de su llegada a Breslov. Esto está descrito en detalle en otro lugar.[40] El Rebe dijo que si su único propósito al venir a Breslov hubiera sido el que yo me acercara a él, esto sólo habría bastado.

El Rebe dijo: "¿Y qué importa si también me echan de aquí? No importa adónde vaya, no importa adónde pise, yo siempre reparo las cosas".

Al partir de Zlatipolia, cuando los carruajes ya habían arribado para llevarlo a Breslov, dijo: "Aquí en Zlatipolia sufrí un doble Guehinom. La sentencia para los malvados en Guehinom es de doce meses (*Shabat* 33a) y yo he sufrido aquí durante dos años".

También dijo: "Hasta ahora he estado viviendo solo, fuera del campamento de Su verdadera habitación (Levítico 13:46). Pero ahora Él está comenzando...". No estoy seguro de cómo continuaba esta frase, pero lo que quería decir es que ahora Dios estaba comenzando a mostrar bondad.

---

[37] El *Likutey Moharán*, *Sefer HaMidot*/ El Libro de los Atributos y *Sipurei Maasiot*/ Los Cuentos del Rabí Najmán.

[38] Ver adelante: 66, 159.

[39] Ver adelante: 68, 70. *Until The Mashiach*, p.295.

[40] Ver *Iemei Moharnat* 2; *Tovot Zijronot* 5; *Kojavey Or* p.10 #3; *Aveneha Barzel* p.8 #5.

Su Nacimiento, Residencias y Viajes

Nota del Editor: Escuché que el Rebe dijo: "Nosotros conquistamos Breslov aplaudiendo y bailando". (En verdad, no bien el Rebe entró a Breslov comenzó a hablar sobre aplaudir al orar, afirmando que ésta era la manera de sacar el aire de las tierras del exilio y atraer el aire de la Tierra de Israel.[41] Ese año el Rebe bailó mucho para anular los decretos sobre la conscripción de los judíos al ejército que el gobierno estaba tratando de introducir.[42] En el invierno el Rebe dio la lección, "Y éstas son las Leyes" (*Likutey Moharán* I, 10, que trata sobre el tema de bailar y aplaudir).

También escuché que en una ocasión, poco después de la llegada del Rebe a Breslov, se le sirvió una copa de vino para el *kidush* y ésta se volcó. Se le sirvió una segunda copa y él hizo la bendición sobre ella. Más tarde dijo: "Hoy he establecido el nombre de los Jasidim de Breslov. Este nombre nunca desaparecerá, pues mis seguidores siempre serán llamados con el nombre del pueblo de Breslov". Esto es lo que ha sucedido en verdad, tal como todos saben.[43]

Cierta vez estaba él en la casa de su tío, el santo Rabí Baruj, y dijo: "Mi tío quería vivir en Breslov, pero nunca lo hizo. Pero yo sí vivo en Breslov".[44] Muchas otras cosas que dijo el Rebe sobre el tema de estar viviendo en Breslov han sido preservadas entre sus seguidores. La síntesis de todas ellas es que existían tremendos secretos y profundos significados en su elección de Breslov como lugar para vivir.

13 (116). En el año 5563 (1803) el Rebe celebró la boda de su hija la santa Sara,[45] quien se casó con el Rabí Itzjak Isaac, el hijo del Rabí

---

[41] Ver adelante: 204; ver *Likutey Moharán* I, 44.

[42] Ver adelante: 127 y nota 3 para los detalles.

[43] Ver adelante: 339. ברסלב, BreSLoV, tiene el valor numérico de 294. רבי נחמן בן פיגא, Rabí NaJMáN BeN FeIGA, también equivale a 294 (*Rabí Shmuel Moshé Kramer*).

[44] Breslov era uno de los pueblos que estaban bajo la jurisdicción del tío del Rebe, el Rabí Baruj. Fue el Rabí Baruj quien hizo los arreglos iniciales para que el Rebe fuese a Breslov. Ver adelante: 19.

[45] Sara (1790-1832) era la segunda hija del Rebe. El Rebe la tenía en gran estima, ver adelante: 581-583. Ver *Until The Mashiach*, p.332-335.

Leib Dubravner. El casamiento tuvo lugar en Medvedevka pese al hecho de que el Rebe ya estaba viviendo en Breslov.[46] La boda fue un jueves por la noche, el primer día de Nisán. Luego de la ceremonia hablaron sobre Mashíaj y el Rebe mencionó de manera alusiva que era adecuado que fuera uno de sus descendientes.[47]

En el Shabat siguiente, durante la tercera comida, el Rebe dio la elevada lección del *Likutey Moharán* I, 49: "En ellos Él colocó una tienda para el sol" (Salmos 19:5). La lección contiene alusiones a Nisán, a Sara, a Itzjak, a la novia y a la boda. El Rebe dijo que no había dado esta lección para nosotros sino sólo debido al decreto de conscripción que había sido emitido recientemente en contra de los judíos, debido a nuestros muchos pecados.[48] Allí el Rebe trata el tema de subyugar a las naciones paganas, "Porque Yo haré una *kaláh*, un final, para todas las naciones" (Jeremías 30:11; 46:28). Éste es el concepto de la novia, KaLáH, que está conectado con el concepto de eKheLeH, que "consume todo y trae el fin de todo". "Pero ustedes que están unidos al Señor, su Dios, todos ustedes están vivos este día" (Deuteronomio 4:4). Las palabras del Rebe son muy profundas y exaltadas.

Luego de terminar la lección el Rebe bailó mucho en honor de su hija, la novia. Aquel que no lo vio bailar nunca vio nada bueno en su vida. Pues aunque, gracias a Dios, fuimos dignos de ver una cantidad de Tzadikim bailar delante de la novia, nada podía compararse con la manera en que danzaba el Rebe. Todos los presentes eran llevados ciertamente a un genuino arrepentimiento de todos sus pecados. Es absolutamente imposible describir por escrito la tremenda atmósfera de fervor y de elevación entre los presentes durante esta danza. El Rebe dio una gran cantidad de lecciones muy elevadas sobre el tema de bailar y aplaudir. El asunto de bailar también está tratado en la lección mencionada del *Likutey Moharán* I, 49.

Normalmente el Rebe solía bailar muy de vez en cuando. Pero en el curso del año en cuestión (1802-3) el Rebe bailó muchas

---

[46] Pese a la costumbre prevaleciente de realizar la boda en el pueblo de la novia.

[47] Ver adelante: 247, 612.

[48] Ver adelante: 263; *Iemei Moharnat* 3; *Tovot Zijronot* 5.

veces: en Simjat Torá;⁴⁹ en el Shabat durante Jánuca, luego de dar la lección "Yo vi un candelabro de oro" que aparece en el *Likutey Moharán* I, 8; en Purim, cuando el Rebe estaba en Medvedevka; y luego durante la boda de su hija. El Rebe mismo dijo: "Este año he bailado mucho". Esto se debió a que durante ese año llegaron noticias sobre los decretos de conscripción que querían introducir. Es por esto que el Rebe bailó varias veces, porque a través de la danza es posible endulzar los juicios severos y anular los malos decretos (ver *Likutey Moharán* I, 10, que fue enseñado el mismo año en Terhovitza).⁵⁰

14 (117). En el año 5565 (1804) el Rebe celebró la boda de su hija Miriam en Volochisk. En el *forshpiel*, que fue en el Shabat de la lectura de la Torá *Noaj*, Rosh Jodesh Jeshvan, el Rebe bailó prácticamente todo el día. Nunca vimos al Rebe bailar como lo hizo en ese Shabat. No hay manera de describir o de explicar las cosas que sucedieron ese día. El Rebe oró con nosotros con solo un pañuelo atado alrededor de la cintura de su abrigo.

Luego, durante la tercera comida, el Rebe se sentó con nosotros y nos pidió que recordásemos esa tercera comida. Nos dijo entonces que en el Rosh HaShaná de ese año le habían asignado mil monedas de oro por sobre sus necesidades básicas. Él había ascendido a un cierto lugar. Ahora bien, el Rebe era un gran amante de la Torá y en ese lugar se decían las palabras más exaltadas de Torá. El Rebe llegó allí. En la entrada había un guardián que no le permitía pasar. El Rebe le dio al guardián sus mil monedas de oro para que lo dejase entrar. Pero su mala inclinación estaba puesta sobre estas mil monedas de oro y el Rebe se las dio de mala gana. Él conocía incluso el exaltado significado de esta mala inclinación. Luego entró al lugar y escuchó lo que escuchó. La lección que dio en ese mismo período, "Un sello dentro de un sello" del *Likutey Moharán* I, 22, está basada en las enseñanzas de Torá que escuchó en ese lugar, aunque sólo es una pequeña porción.

---

⁴⁹ En la diáspora, Simjat Torá es el noveno día de la festividad de Sukot.
⁵⁰ *Sabiduría y Enseñanzas del Rabí Najmán de Breslov*, 131; *Iemei Moharnat* 3.

El Rebe dio entonces la lección sobre las palabras "Y Dios dijo, he perdonado de acuerdo a tu palabra" (Números 14:20). Las letras iniciales del versículo, "*Vaiomer IHVH Salajti Kidvareja*", forman la palabra "*KOSI*", mi copa (ver *Likutey Moharán* I, 177). Yo mismo había terminado de decir el kadish por mi madre, que falleciera un año antes.[51] El Rebe incluyó en el discurso las palabras del kadish, "Que Su gran nombre sea exaltado y santificado". Es imposible describir la gran alegría que reinaba. Felices de aquellos que la presenciaron.

Ese Shabat el Rebe había bebido un poco de vino como es costumbre al celebrar una boda próxima. El Rebe estaba muy contento y bailó prácticamente todo el día. Entonces se apoyó en el Rabí Iudel y bailó. En ese momento estaban cantando una melodía muy hermosa e inspiradora cuyo sentimiento era de tremendo respeto. El Rebe bailó al son de esta melodía, pues generalmente cuando danzaba, solía hacerlo al ritmo de melodías con esa misma clase de sentimiento de inspiración y respeto.[52] El Rebe dijo entonces que esa melodía era de llamado y de convocación: este *nigún* es utilizado para llamar a todos a reunirse para la boda. Ellos estaban llamando a todas las almas de los fallecidos y de los santos Tzadikim de su familia, al Baal Shem Tov, al Rabí Najmán Horodenker, su abuelo[53] y a la madre del Rebe, para asistiesen a la boda.[54]

El Rebe oró entonces con nosotros el servicio de la tarde en el mismo lugar en donde habíamos tenido el almuerzo, que era en el salón de estudio. El Rebe dijo la oración, como ya he relatado, con

---

[51] Ella falleció el día 2 Kislev, 5564 (17 de noviembre de 1803); *Iemei Moharnat* 4.

[52] Hay una tradición que indica que la melodía con la cual bailó el Rebe en esta ocasión fue la melodía usada generalmente en las comunidades de Breslov para el *Birkat HaJodesh*, la Santificación de la Luna Nueva.

[53] El Rabí Najmán Horodenker (1680-1766) fue uno de los discípulos más cercanos del Baal Shem Tov. Se asentó en la Tierra Santa en el año 1764, donde falleció poco tiempo después. Esta enterrado, junto con otros grandes maestros jasídicos, en el cementerio de Tiberia.

[54] Ver *Zohar* II, 219b, 220a. En el momento de la boda se reúnen todas las almas de la familia.

Su Nacimiento, Residencias y Viajes

un pañuelo alrededor de su cintura. Luego se sentó con nosotros para la tercera comida y comenzó a cantar *Bnei Heijala*.[55] El clima era de alegría.

Dijo el Rebe entonces: "Aquel que sabe beber puede expiar por los pecados" y fue entonces que dio la lección mencionada más arriba (*Likutey Moharán* I, 177). Más tarde, durante la noche, el Rebe se enorgulleció por el hecho de no haber utilizado todavía el mérito de sus antepasados.[56] En cuanto a lo que sucedió en Eretz Israel, ello fue, por el contrario, para beneficio de ellos.

15 (118). En el año 5567 (1807) el Rebe viajó a Novorich, Ostrog, Zaslov, Dubno y a algunas otras comunidades, y también visitó Brody.[57] Este viaje le llevó cerca de medio año, y nadie sabe qué es lo que hizo durante ese tiempo. En ese viaje no aceptó dinero de nadie y en la mayoría de los lugares que visitó nadie sabía quién era, y en especial en Brody, donde entró en gran secreto. Fue durante este viaje que falleció su esposa en Zaslov, adonde había ido buscando tratamiento médico. Allí estuvimos nosotros para la festividad de Shavuot. Luego del fallecimiento de su esposa, durante el verano, el Rebe se comprometió para volver a casarse. Fue entonces que contrajo tuberculosis. No bien comenzó a toser predijo que esa enfermedad le costaría la vida. En el mes de Elul se casó con su segunda esposa.

16 (119). Inmediatamente después de Rosh HaShaná del año 5568 (1807) el Rebe viajó a Lemberg,[58] donde se quedó hasta mediados del verano siguiente. Luego retornó a su hogar a tiempo para el Shabat de la lectura de la Torá *Balak*. El Rebe viajó a Lemberg pasando por Volochisk. Allí quiso cruzar la frontera pero no pudo

---

[55] "Habitantes del Palacio", una canción del Shabat cantada durante la Tercera Comida, escrita por el Ari.

[56] Cf. *Alabanza del Tzadik* p. 74. Ver *Tovot Zijronot*, donde se afirma que el Rabí Najmán utilizó tres veces el mérito de sus ancestros: Una vez, al retornar de la Tierra Santa, la segunda al traer al Rabí Aarón para ser el Rav en Breslov, y la tercera se desconoce.

[57] Ver adelante: 48-63.

[58] Ver adelante: 64-81.

y debió esperar cerca de dos semanas. Una noche tuvo un sueño en el que un gran número de soldados del zar estaban frente a un gran número de soldados del emperador austro-húngaro. El zar y el emperador se encontraban allí en persona. El Rebe le pidió a uno de los oficiales que le permitiese cruzar. Éste le respondió, "¿Tú? De seguro que *a ti* no te voy a permitir pasar a nuestro país". Parece ser que le dijo que tenía miedo de que el Rebe llevara la confusión al país. Entonces el Rebe le preguntó personalmente al emperador. Éste le respondió, "Yo no tengo miedo. Te doy permiso para pasar". Cuando el Rebe despertó por la mañana le contó el sueño al hombre que estaba con él y le dijo: "Yo sé que hoy voy a poder cruzar la frontera". Y así fue que ese día el Rebe cruzó la frontera. Había otros aspectos de este sueño, pero la mayoría fueron olvidados debido a que en ese momento no fueron puestos por escrito.

17 (120). En el año 5570 (1810) el Rebe fue a Umán y allí falleció en 5571 (16 de octubre de 1810).[59] Hubo muchos incidentes conectados con cada uno de sus viajes y con los lugares en los cuales vivió. Algunos de ellos han sido registrados en otra parte, pero la mayoría han sido olvidados. Además, hubo muchos otros eventos de los cuales no sabemos nada en absoluto. Porque no hay nadie en el mundo que pueda conocer el propósito final de los santos viajes del Rebe.[60]

18 (121). En el año 5565 (1805) entre Pesaj y Shavuot el Rebe viajó a Sharograd,[61] donde se quedó dos semanas. Este viaje también fue muy misterioso. <Mientras estuvo en Sharograd le dijo a su ayudante: "El mundo anhela un líder del calibre del Baal Shem Tov. Pero incluso aunque lo tuvieran, buscarían a alguien mejor".> De pronto el Rebe se fue de Sharograd y dijo que estaba huyendo como de un incendio. Luego y en numerosas ocasiones hubo allí varios incendios. El Rebe Najmán dijo: "Si la gente de

---

[59] Ver adelante: 82-126.
[60] Ver adelante: 50-52.
[61] *Iemei Moharnat* 6.

Sharograd supiese del favor que les hice... Incluso así, al menos esto es mejor que pudrirse, Dios no lo permita". La inferencia de esta frase es que con su estancia allí los salvó de la podredumbre y la decadencia, Dios no lo permita. "Estos son los viajes de los Hijos de Israel" (Números 10:28; 33:1).[62] Feliz de aquel que es digno de conocer uno solo de los secretos de sus misteriosos viajes. Es imposible explicarlos de manera simple. En el momento de su viaje a Novorich dijo: "Si la gente supiese el significado de mi viaje, besarían mis huellas. Con cada paso de mi viaje yo vuelco al mundo entero de la escala del juicio hacia la escala del mérito".[63]

19 (122). En el verano de 5562 (1802), antes de partir de Zlatipolia rumbo a Breslov, el Rebe estaba en Berdichov junto con su padre, el santo jasid, Rabí Simja, de bendita memoria.[64] Esto era en el tiempo en que la oposición generada por el Zeide de Shpola se encontraba en su apogeo. En el curso de la controversia el Zeide de Shpola dijo que traería cartas de todos los Tzadikim conocidos, quienes se oponían al Rabí Najmán. En verdad sucedió todo lo contrario. Llegaron cartas para el Rabí Najmán de todos los Tzadikim conocidos, quienes le daban su apoyo con gran afecto y escribían amargamente en contra del Zeide de Shpola. Estas cartas provenían del Rabí Levi Itzjak de Berdichov,[65] del Rabí Guedalia de Linitz,[66] del Rabí Baruj, el tío del Rebe, del Rabí

---

[62] *Likutey Moharán* I, 40: II, 62.

[63] Ver adelante: 52; *Iemei Moharnat* 17.

[64] El Rabí Simja (c. 1750-?) era el hijo del Rabí Najmán Horodenker, uno de los discípulos más cercanos del Baal Shem Tov. Huérfano desde muy niño, fue criado en el hogar del Baal Shem Tov, casándose con su nieta Feiga. Hay una tradición oral que indica que sobrevivió al Rebe. *Until The Mashiach*, p.322-324.

[65] El Rabí Levi Itzjak de Berdichov (1740-1809). Fue uno de los discípulos más importantes del Maguid de Mezritch y considerado como el decano de los líderes jasídicos de esa época. Ver adelante: 171. También ver adelante: 211 sobre el sacrificio del Rabí Levi Itzjak por el Rebe.

[66] El Rabí Guedalia de Linitz (m. 1804) fue un importante discípulo del Maguid de Polnoie. Se le acredita haber compilado el *Shivjei Baal Shem Tov*. Ver *Until The Mashiach*, p.244.

Zev Wolf de Charni-Ostrov,[67] del Rabí Abraham Kalisker,[68] y de los consuegros del Rebe, el Rabí Leibush de Volochisk y el Rabí Abraham Dov de Chmelnick. Todos estos Tzadikim escribieron cartas mostrando gran respeto y profundo amor por el Rebe y enojo con el Zeide de Shpola. Sin embargo, por su parte el Zeide de Shpola no les prestó ninguna atención sino que continuó con su oposición injustificada.

Ese verano el Rebe fue a Berdichov. Una cantidad de líderes se habían reunido allí debido a que el suegro del Rebe, el Rabí Leibush de Volochisk iba a celebrar la boda de su hijo.[69] Yo sé de algunos de ellos, el Rabí Leibush de Volochisk, su hijo el Rabí Iosef Ioske, el rabino de Iassi, el Rabí Zev de Charni-Ostrov, el Rabí Moshé de Krasnoi (el hijo del Rabí Jaim de Krasnoi), el Rabí Itzjak de Nueva Konstantin y varios otros. Todos se reunieron en Berdichov para excomulgar al Zeide de Shpola con *nidui* y *jerem* [las formas más graves de sanción rabínica] por haber mostrado menosprecio hacia un verdadero estudioso de la Torá, es decir, el Rebe. Ya estaba decidido proceder con la excomunión con la aprobación total de todos ellos. Pero un individuo de Berdichov trastornó todo el asunto yendo a hablar con el Rabí Levi Itzjak de Berdichov a quien logró persuadir de que no era apropiado que tal cosa se hiciera en Berdichov. Debido a esto la idea fue abandonada. En ese entonces el Rebe estaba con el Rabí Levi Itzjak, quien lo trató con gran honor, amistad y afecto, y quien apoyó al Rebe desde el comienzo hasta el final. Sin embargo,

---

[67] El Rabí Zev Wolf de Charni-Ostrov (m.1823) fue un importante discípulo del Maguid de Mezritch. Estuvo con el Rabí Najmán en Estambul durante la peregrinación del Rebe a la Tierra Santa; *Alabanza del Tzadik* p. 44-45. Ver *Until The Mashiach*, p.235-236.

[68] El Rabí Abraham de Kalisk (m. 1810) era un discípulo del Gaon de Vilna antes de volcarse a la jasidut. Se unió al Rabí Menajem Mendel de Vitebsk en la peregrinación masiva a Eretz Israel en el año 1788. Luego del fallecimiento del Rabí Menajem Mendel, asumió el liderazgo del movimiento jasídico en Israel. El Rebe Najmán dijo de él: "He visto muchos Tzadikim, pero perfección sólo en este Tzadik". Ver *Until The Mashiach*, p.233-234.

[69] Aparentemente éste es el Rabí Shmuel, el Rabí de Resha. Ver *Until The Mashiach*, p.59, nota #12.

no quería que la excomunión fuera llevada a cabo en su ciudad, habiendo sido persuadido por algunas personas. Es por esto que el plan no fue llevado a cabo.

Más tarde, al partir de Berdichov, el Rebe se fue a Tulchin, donde tuvo una reunión con la gente de Breslov. Ellos lo invitaron a ir a ese pueblo, con el acuerdo del Rav, el santo Rabí Baruj, de modo que el Rebe llegó a Breslov a mediados de Elul.[70]

20 (123). Antes de su viaje a Berdichov, el Rebe reunió un *minián*, un quórum de diez hombres y discutió en su presencia con el Malo. No tengo en claro los detalles del incidente. Pero el Rebe dijo que desde ese momento, en todo aquello que él quisiera lograr, el Malo tenía la libertad de viajar a lo ancho y a lo largo del universo para arruinarlo. Es por esto que es tan difícil llevar a cabo los consejos e instrucciones del Rebe. Sin embargo, dijo el Rebe, Dios era su ayuda. Todo aquel digno de ser un seguidor del Rebe puede apreciar esto. El Rebe nunca tuvo un momento de paz en toda su vida. Estaba constantemente luchando la Guerra de Dios. "Pues yo soy el Anciano del lado de la santidad", dijo.[71]

<Nota del Editor: Escuché que en una ocasión alguien reunió al Rabí Najmán y al Zeide de Shpola con la esperanza de que hubiera paz entre ellos. El Zeide se volvió hacia el Rebe y le dijo: "¿Cómo es posible que un anciano sin dientes como yo pueda querer un conflicto?". Entonces tomó la mano del Rebe Najmán y se la puso en la boca para demostrar que no tenía ningún diente.

"Pero me gustaría preguntarte sobre algunas cosas que has dicho", continuó el Zeide de Shpola.[72] "¿Es verdad que tú dices que existe otra Zlatipolia [la ciudad natal del Zeide] en el Cielo?". El Rebe contestó enfáticamente: "¡Por supuesto! Esto es precisamente

---

[70] *Biur HaLikutim*, Introducción. Ver *Until The Mashiach*, p.72. Ver arriba:12, nota 42.

[71] Ver adelante: 272; *Rimzei Maasiot* 7; *Likutey Halajot, Arba Parashiot*, final.

El resto de esta afirmación se encuentra en un manuscrito que el Rabí Najmán dijo que sólo debía quedar dentro de los círculos de Breslov. Ver adelante: 217 nota 24.

[72] Ver arriba: 11.

lo que enseñan nuestros sabios: 'Grandes ciudades y fortalezas en el Cielo' (Deuteronomio 1:28), 'tal como hay ciudades abajo, también hay ciudades arriba' ".[73] "Dime entonces esto", insistió el Zeide, "¿no dijiste acaso que en Zlatipolia estabas rectificando el pecado de Ieroboam ben Nevat?". "Sí", contestó el Rebe y entonces relató su enseñanza sobre remediar el pecado de la idolatría, expiando el pecado de los judíos que habían exclamado, "*Éstos son tus dioses, oh Israel*" (Éxodo 32:4) al cumplir con "*Éstos son los viajes de los Hijos de Israel*" (Números 10:28).[74] "Finalmente", insistió el Zeide de Shpola, "¿es verdad que dices haber estado en el palacio del Mashíaj?". "¿Y qué hay con ello? ¿Quizás tú estuviste allí y no me encontraste?", replicó el Rabí Najmán. "Pero dado que lo has preguntado", continuó, "si vienes a mi casa y tomas conmigo una taza de té o de café y anuncias públicamente que te retractas de lo que dijiste sobre mí y lamentas el conflicto que causó, te explicaré el tema y su significado más profundo". Ante esto el Zeide de Shpola dijo que primero tenía que ir a su casa y que más tarde iría a lo del Rebe. Cuando el Zeide estaba saliendo, el Rebe lo escuchó decir para sí mismo, "¿Y cómo podré mirar a los ojos de mis acaudalados seguidores si hago la paz con él?".

El Rebe Najmán concluyó diciendo: "Si él me hubiese escuchado y hubiera venido a mi casa, tal vez habría habido haya paz entre nosotros, pero ahora ciertamente no hará la paz conmigo. Él continuará con el conflicto. Aun así, sea lo que fuere, no le tengo ningún temor. Ya me ha mostrado que no tiene dientes". (Esto concuerda con lo que Rebe cuenta en la historia de "La Araña y la Mosca" sobre los enemigos de la montaña a quienes se les cayeron los dientes cuando trataron infructuosamente de ascender a la montaña).[75]

En su último Rosh HaShaná, en el 5571 (1810), cuando dio la lección "Sonar el Shofar - Reproche",[76] el Rebe tosió una gran

---

[73] Cf. *Taanit* 5a.
[74] *Likutey Moharán* II, 62.
[75] *Los Cuentos del Rabí Najmán* #7.
[76] *Likutey Moharán* II, 8.

cantidad de sangre.[77] Luego dijo: "¡Qué enemigo que tengo! Su ardiente ira en mi contra sólo puede calmarse cuando ve mi sangre".

Agrega el Rabí Natán: Pero no dijo quién era este enemigo.>

21 (124). En el Shabat Jánuca[78] 5569 (invierno de 1808), luego de su retorno de Lemberg (el Rebe había vuelto de Lemberg el verano anterior) el Rebe dio la lección, "Los días de Jánuca son días de perdón" del *Likutey Moharán* II, 2. Les pidió entonces a los que estaban en la mesa que cantasen el Salmo 124, "Una Canción de Ascensos; de David, 'De no haber estado el Señor por nosotros', diga ahora Israel...". Ellos cantaron este salmo una y otra vez sentados a la mesa ese viernes a la noche. También hubo otra ocasión, cuando el Rebe todavía estaba viviendo en Medvedevka, en que él cantó este salmo varias veces. Luego se volvió hacia los demás y les dijo: "Aún no pueden considerarse mis seguidores. Vendrá un tiempo en que el mundo entero me enfrentará y se pondrá en mi contra. Todo aquel que me apoye *en ese momento* y se quede conmigo, será considerado como uno de mis verdaderos sostenes".

No tenemos a nadie en quien apoyarnos excepto nuestro Padre en el Cielo (*Sotá* 49a). Pues muchos se han levantado contra él y contra nosotros. "De no haber estado el Señor por nosotros...".

22 (125). Escuché de alguien que el Rebe había dicho que cuando estuvo en Berdichov durante el verano del 5562 (1802) había comprendido finalmente todo el significado y el carácter del Zeide de Shpola. Hasta ese momento no había dicho ni una palabra sobre él, porque había decidido que no quería mencionar nada sobre él hasta poder comprender todo su significado y carácter.

---

[77] Ver adelante: 116.

[78] El Shabat que coincide con uno de los Ocho Días de Jánuca es llamado Shabat Jánuca y era uno de los tres momentos específicos en que el Rebe quería que sus seguidores estuviesen con él. Cuando en Jánuca había dos Shabatot, solían juntarse en el segundo Shabat. Ver adelante: 23.

Recién entonces comenzó a hablar sobre él un poco, muy de vez en cuando.[79]

23 (126). Nuestra costumbre era estar con él para Rosh HaShaná, Shabat Jánuca y la festividad de Shavuot. Desde el momento en que se radicó en Breslov nunca dejamos de estar con él en esas tres ocasiones. Él mismo nos dio instrucciones para que fuésemos en esas tres fechas, sobre lo cual era muy insistente. Siempre daba largas y asombrosas lecciones. En Rosh HaShaná solía dar la lección al final de la tarde del primer día continuando muy entrada la noche del segundo día de Rosh HaShaná. En el Shabat Jánuca daba un discurso durante la tercera comida. En Shavuot solía hacerlo como en Rosh HaShaná, comenzando al final de la tarde del primer día y continuando muy entrada la noche del segundo día.

El Rebe era extremadamente insistente en el hecho de que debíamos estar con él para Rosh HaShaná. Dijo que quería que en Rosh HaShaná todos sus seguidores estuviesen con él como un solo hombre. Nadie debía faltar. Es imposible imaginar la fuerza de su insistencia para que estuviésemos con él en Rosh HaShaná. Repitió su advertencia varias veces y dijo que su única misión era Rosh HaShaná.[80] También en el último Rosh HaShaná en Umán habló sobre esto y sobre el gran privilegio que era estar con él para Rosh HaShaná. Dijo: "¿Qué puedo decirles? No hay nada más grande que esto".[81] Dijo el Rebe: "Es posible que entre otros Tzadikim no sea una obligación tan importante estar con ellos precisamente en Rosh HaShaná. ¡En ese caso esto le dará a la gente algo más para preguntar sobre mí!"

En otras palabras, no quería dar ninguna respuesta o explicar el motivo excepto que aparte de esto había muchas otras preguntas en torno a él. Simplemente sería otra cuestión más sobre por qué, más que todos los otros Tzadikim, insistía tanto sobre el hecho

---

[79] Más adelante: 43.

[80] Ver *Parparaot LeJojmá* 61; Cf. *Alim LeTrufá*; *Sabiduría y Enseñanzas del Rabí Najmán de Breslov* 215; *Likutey Moharán* II, 94; adelante:117, 403- 406.

[81] Más adelante: 117.

de que sus seguidores estuviesen con él para Rosh HaShaná. La gente iba a estar con los Tzadikim para Rosh HaShaná, pero ninguno insistía tanto como él. En otro lado se explicará que el Rebe nos dijo que hiciéramos un anuncio público sobre esto.[82] El Rebe dijo entonces que todo aquel que fuera digno de estar con él para Rosh HaShaná debía en verdad sentirse muy feliz. "Vayan y coman delicias" (cf. Nehemias 8:10).

Había tres momentos más en el año en los que el Rebe daba regularmente una lección. Cada invierno solía viajar una vez a Tcherin y otra a Terhovitza. En estas ocasiones daba su lección en la tercera comida del Shabat. Estas visitas las realizaba en el Shabat Shirá[83] y en algún otro Shabat. También solía viajar allí durante el verano, pero sólo daba un discurso, en Tcherin en el Shabat Najamu.[84] De modo que había seis ocasiones fijas en las cuales daba discursos regulares de Torá, tres en casa y tres en otro lugar. Aparte de estas ocasiones no tenía un momento fijo para dar sus discursos. Nunca se unía con nosotros para la tercera comida del Shabat excepto para los Shabatot que he mencionado. El resto del año hacía la tercera comida solo, en su habitación.

Sin embargo, pudimos escuchar muchas de sus lecciones a lo largo del año, aunque nunca en un momento predeterminado. Cualquier momento podía ser una oportunidad para que Dios nos hiciera dignos de escuchar de sus labios las más extraordinarias lecciones. A veces podía ser un viernes por la noche o el Shabat por la mañana, o luego de la partida del Shabat, después de la *havdalá*. Otras veces podía ser durante la semana. Muchas veces sucedía que a continuación de sus conversaciones sobre temas mundanos, sobre sucesos corrientes, etc.[85] -pues él solía hablar mucho con nosotros sobre estas cosas y nosotros, por nuestro lado, decíamos

---

[82] Más adelante: 403.

[83] El Shabat en el cual se lee en la sinagoga la *Shirá*, la Canción de Moisés (Éxodo 15:1-19).

[84] El Shabat luego del ayuno del 9 de Av es llamado Shabat Najamu. El término *najamu*, conforta, es la primera palabra de la *haftará* leída en ese día.

[85] Ver adelante: 243 donde esto se explica en detalle.

aquello que se nos ocurría en el momento- escuchábamos de él muchas enseñanzas de Torá que estaban conectadas a todo lo que habíamos estado hablando. Esto sucedía muy seguido. Finalmente comenzamos a percibir con nuestros propios ojos que todo lo que él decía era totalmente Torá, incluso sus conversaciones cotidianas. Cada vez que prestábamos cuidadosa atención a lo que estaba diciendo comprendíamos que cada palabra contenía extraordinarias enseñanzas. Finalmente comenzamos a registrar por escrito algunas de sus conversaciones, pero esto fue menos que una pequeña fracción. Feliz el tiempo, feliz la hora, feliz el momento en que fuimos dignos de estar ante él y escuchar sus palabras. ¡Si pudiéramos tener una hora como ésas ahora! Nos arrastraríamos por el barro durante miles de millas para ser dignos de estar delante de él y escuchar palabras de sus santos labios, pues ellas eran exaltadas por sobre toda santidad.

24 (127). Cierta vez iba él camino a Medvedevka cuando tuvo que detenerse y no pudo llegar a la ciudad a tiempo para el Shabat. Se vio forzado a pasar el Shabat en el pueblo de Halavkievka no muy lejos de Medvedevka. Esto fue debido a que los caballos estaban exhaustos y no podían continuar. Se había hecho tan tarde que el Rebe arribó a Halavkievka poco antes del momento de encender las velas.

Luego, cuando volvió a Breslov, nos contó la historia en gran detalle. Dijo que a medida que se acercaba la puesta del sol él quería que los caballos corrieran a todo galope. El Rebe lo comparó con el sueño tan familiar en donde uno trata de escapar y no puede hacerlo. Uno está convencido de que debe huir, pero simplemente no puede moverse. Así era para el Rebe en ese momento. Estaba extremadamente preocupado por la posibilidad de llegar a infringir el Shabat, Dios no lo permita. Se sentía como alguien que era arrastrado hacia el infierno. En ese momento el horror era interminable. Este era el grado de temor que sentía por el hecho de estar en una situación en donde existía la mínima sospecha de infringir las leyes del Shabat. De la manera en que él hablaba pude tener una mínima comprensión del terrible horror que la persona siente al ser arrastrada hacia el infierno, Dios no lo permita. Es imposible describir esto por escrito. El Rebe lo repitió dos veces para enfatizar el tremendo y terrible horror que siente la persona al ser llevada al infierno. Este era literalmente el temor que el Rebe tenía en su ansiedad por no llegar a infringir el Shabat, Dios no lo permita.

Este incidente tuvo lugar en el invierno justo antes del Shabat Shirá. El retraso del Rebe no fue algo de poca importancia. Por el contrario. El propósito de su viaje era pasar el Shabat Shirá en Medvedevka, donde ya se habían reunido seguidores de diferentes ciudades. Se suponía que iba a dar una importante lección de Torá, realizar varios *tikunim* y hacer el trabajo que tenía que hacer con sus seguidores a través de sus enseñanzas de Torá. El Rebe dijo que cada vez que debía dar una lección de Torá ante una reunión de sus seguidores, literalmente sentía el mismo temor y aprensión que sienten todos los judíos en la víspera de Iom Kipur, al acercarse la noche. Ese mismo sentimiento descendía sobre él cuando tenía que enseñar Torá públicamente en un Shabat o en una festividad.

Éste era su estado mental entonces, mientras viajaba hacia Medvedevka para el Shabat Shirá, tal como lo había venido haciendo regularmente durante varios años. De pronto se vio forzado a pasar el Shabat en un pueblo junto con aquellos seguidores que habían viajado con él y los pocos pobladores que habían venido a recibirlo. Todos se vieron obligados a pasar el Shabat en Halavkievka. No habían traído nada para comer ni para beber y se vieron forzados a comer *jalot* hechas de maíz y hacer el kidush sobre el pan pues no tenían ni siquiera una copa de vino para hacer el kidush. No tenían cuchillos ni otros utensilios para comer. El Rebe describió más tarde todo este Shabat paso a paso y en gran detalle. Luego del Shabat viajó a Medvedevka. El lunes era Tu BiShevat. Hicieron una comida festiva y el Rebe se sentó allí con sus seguidores y dio la lección que debía haber dado el Shabat. Feliz de aquel que es digno de comprender una sola cosa de lo que le sucedió al Rebe. En todo lo que le sucedía estaban implícitos los más tremendos y misteriosos secretos.

25 (128). Luego de su retorno de Lemberg, el Rebe ya no viajó más por Ucrania para enseñar, tal como solía hacerlo. Cierta vez en el Shabat Shirá habló sobre cómo en otras épocas él viajaba en ese momento del año y daba maravillosas lecciones de Torá. Habló de ello con un sentimiento de nostalgia y emoción. Habló sobre cómo el hecho de sentarse en el carruaje durante el viaje era en sí mismo algo de importancia. Luego, cuando llegaba a los límites de la ciudad a la que estaba viajando y la gente salía a recibirlo y presentarle sus respetos, eso era otra cosa. Cuando le daban dinero, eso era otra cosa más. El Rebe hacía una lista de los diferentes aspectos de cada viaje y explicaba cómo cada uno era algo en sí mismo, de lo cual podemos inferir que en cada simple detalle de cada viaje había una tremenda y mística tarea que él debía cumplir.[86]

---

[86] Ver *Likutey Moharán* II, 38.

II. El Viaje a la Tierra Santa:[1]

26 (129). Antes de su viaje a la Tierra Santa, el Rebe viajó a Kaminetz. Antes de partir para Kaminetz el Rebe le dijo al Rabí Shimón: "Hay un viaje delante de mí, pero no sé adónde". El Rabí Shimón se rió y dijo: "¿Cómo es posible que alguien salga de viaje si no sabe adónde está yendo?". El Rebe le respondió: "La verdad es que realmente no lo sé". El Rabí Shimón preparó entonces un carruaje, caballos y provisiones para el viaje, y partió junto con él. Durante el camino le pidió al Rebe que pasaran por el pueblo de Volkhovitz, donde se les unió otra persona. Llegaro a Medzeboz, pero aún no sabían hacia dónde iban.

Cuando el Rebe llegó al hogar de sus santos padres en Medzeboz ellos se llenaron de alegría. Su madre le dijo, "Hijo, ¿cuándo vas a ir a lo de tu bisabuelo, el Baal Shem Tov?", es decir a su tumba. El Rebe le respondió: Si mi bisabuelo quiere reunirse conmigo, que venga él aquí". Más tarde a la noche, el Rebe se fue a dormir. Por la mañana su madre se levantó, se acercó a él y le dijo: "Bueno, tu bisabuelo ya vino a verte. ¿Cuándo vas a ir tú a reunirte con él?", el Rebe le respondió: "Por el momento no voy a su tumba. Cuando retorne, si Dios quiere, iré a su tumba". Eso fue lo que en verdad sucedió.

Antes de llegar a Medzeboz el Rabí Shimón se sintió mal y llegó a la ciudad gravemente enfermo. El Rebe se vio obligado a dejarlo allí y R. Shimón no pudo acompañarlo a Kaminetz. Cuando el Rebe se fue a despedir de él antes de partir rumbo a Kaminetz, el Rabí Shimón no lo dejó ir hasta que el Rebe le prometió explícitamente que al retornar lo iba a encontrar con vida y en buen estado. Esto fue lo que en verdad sucedió.

---

[1] Puede encontrarse información adicional sobre el viaje del Rebe en *Alabanza del Tzadik*.

Antes de salir de su casa el Rebe le había dicho al Rabí Shimón, "¿Puedes venir conmigo en un viaje?". Entonces el Rebe agregó que el viaje podía llevar una o dos semanas, o podría alargarse por un mes, o tres meses, seis meses o incluso un año entero. Al comienzo el Rabí Shimón no dijo nada, pero cuando vio que el Rebe tenía la intención de hacer ese viaje le dijo que iba a dejar todo de lado y que iría sin importar cuánto tiempo llevase. Como he dicho, viajó con el Rabí Shimón. Así, cuando el Rebe fue a despedirse antes de irse de Medzeboz, el Rabí Shimón le preguntó, "¿Te volveré a ver? Pues este viaje puede ser muy largo" (pues el Rebe había dicho que no sabía cuánto tiempo podría llevarle). El Rebe le dijo entonces que no se iría por más de ocho o diez días. El Rabí Shimón le dijo, "Tú me dijiste, cuando estabas en casa, que no sabías cuánto tiempo llevaría este viaje". El Rebe le respondió: "La verdad es que cuando estaba en casa no lo sabía. Pero ahora sé que debo viajar a Kaminetz y que esto no me tomará más que lo que te dije". Esa noche el Baal Shem Tov había venido a él y le había informado adónde debía ir, es decir Kaminetz. El Rebe salió inmediatamente para Kaminetz y lo que hizo allí es un completo misterio que nadie en la tierra podrá comprender hasta la llegada del Mashíaj, pronto y en nuestros días, Amén.

27 (130). Luego de su retorno de Kaminetz, durante el Shabat, el Rebe dio una lección sobre el versículo, "Mi alma anhela por Ti" (Salmos 63:9). [Esta lección no existe en la actualidad]. Fue una notable lección. El Rebe dijo de manera triunfal: "Si ésta es la clase de enseñanza que yo doy luego de volver de Kaminetz, ¿cuánto más tremendas serán las enseñanzas de Torá que seré capaz de revelar cuando vuelva de la Tierra Santa?".

28 (131). Luego de que el Rebe volviera de Kaminetz, falleció una de sus hijas. El Rebe dijo: "Es posible que pierda más que esto, Dios no lo permita, en aras de un solo movimiento. Porque hay una diferencia entre lo que yo era antes de estar en Kaminetz y lo que soy luego de haber estado allí. Que Dios nos proteja".

29 (132). En su viaje hacia la Tierra Santa el Rebe atravesó Nikolayev y Kherson para llegar a Odessa. Pasó Shavuot en

El Viaje a la Tierra Santa   47

Kherson y allí dio una cantidad de notables lecciones, incluyendo una sobre el versículo, "Él calmó la tormenta" (Salmos 107:29). [Esta lección no existe en la actualidad]. En la ciudad había una cantidad de seguidores del Rabí Shneur Zalman de Liadi que le llevaron algunas de sus enseñanzas para que el Rebe las viese. El Rebe discrepó con las enseñanzas del Rabí Zalman y les mostró a sus seguidores que lo que él decía no era correcto.

Durante la primera noche de Shavuot, el Rebe se mantuvo despierto estudiando, como es costumbre. Luego fue a la *mikve* junto con uno de sus seguidores. El hombre que lo acompañó a la *mikve* en esa ocasión me contó que cuando estaban yendo hacia la *mikve* el Rebe le preguntaba constantemente si escuchaba sonidos. Él le respondió que no escuchaba nada. El Rebe estaba asombrado de que no escuchara nada y dijo: "¿Cómo es posible no escuchar sonidos en un momento como éste?". Entonces dijo el Rebe: "Quizás es el sonido de la orquesta lo que estoy escuchando". El hombre le respondió que no podía escuchar ningún sonido de orquesta ni de ninguna otra cosa y estaba muy sorprendido en verdad. El hombre comprendió que el Rebe estaba escuchando el trueno y los relámpagos de la Entrega de la Torá (Éxodo 19:16, 20:15).

Más tarde, cuando el Rebe salió de la *mikve* dijo: "Ahora, en el momento de la entrega de la Torá, comprendo lo que encontramos en el santo *Zohar* sobre como 'hay temor... y temor' (*Tikuney Zohar* 30,73b). Ahora sé que existe otra clase de temor aún más elevado que el Temor Superno mencionado allí. Pues ahora conozco el temor a la Divinidad. Este temor y miedo es extremadamente exaltado y poderoso".

30 (133). Durante el Pesaj anterior a la partida del Rebe de Medvedevka hacia su viaje hacia la Tierra Santa, se le escuchó decir que quería ir a la Tierra Santa para cumplir allí los 613 preceptos. Quería combinar todos los mandamientos que sólo se aplican en la Tierra Santa con todos los preceptos que también se aplican en la diáspora, para unirlos y cumplirlos en el nivel espiritual. Así, después sería capaz de cumplirlos apropiadamente en el nivel

material. El Rebe habló mucho sobre esta idea y hubo una cierta cantidad de incidentes conectados con ello, o así al menos pude comprender de la gente que me lo contó. Sin embargo, yo no estaba allí, por lo cual no soy capaz de dar ningún detalle.[2] Sólo pude registrar una pequeña fracción de todo lo que dijo el Rebe.

Dijo que otro de los motivos para su viaje a la Tierra Santa era que antes, cada vez que necesitaba algo de su abuelo el Rabí Najmán Horodenker, solía enviar al santo Rabí Ishaia de Ianov, quien estaba enterrado en Smela.[3] Ahora ya no podía enviarlo. Por tanto estaba yendo a la Tierra Santa parar hablar con su abuelo y establecer un medio para poder saber siempre aquello que necesitara aprender de él.

A juzgar por ciertas palabras del Rebe, tenía muchas razones para viajar a la Tierra Santa además de los motivos secretos que nunca reveló. Sea lo que fuere que el Rebe hiciera, nunca tenía un solo motivo para hacerlo. Siempre existían innumerables razones para todo aquello que hacía, todas tremendamente profundas y exaltadas. Éste fue especialmente el caso de su viaje a la Tierra Santa, durante el cual mostró el más extremo grado de auto sacrificio.

31 (134). Escuché de alguien más que antes de su viaje a la Tierra Santa el Rebe dijo que su motivo para ir allí era alcanzar la Sabiduría Superior.[4] Porque existen dos niveles de sabiduría, la superior y la inferior. Él ya poseía la Sabiduría Inferior pero aún necesitaba alcanzar la Sabiduría Superior, y por ello iba a viajar a la Tierra Santa. Más tarde se lo escuchó decir que apenas dio cuatro pasos en la Tierra Santa[5] fue digno de alcanzar todo lo que

---

[2] La peregrinación del Rabí Najmán tuvo lugar entre 1798 y 1799. El Rabí Natán se convirtió en su discípulo en 1802. Es por esta razón que la mayor parte de la información sobre los primeros años de la vida del Rebe Najmán es algo oscura, pues nadie pensó en registrar algo sobre el Rebe hasta que llegó el Rabí Natán.

[3] El Rabí Ishaia de Ianov fue uno de los primeros discípulos del Baal Shem Tov y autor del *Tzavaat HaRibash*.

[4] Ver *Likutey Moharán* I, 30.

[5] Ver *Ketubot* 111a que trata el concepto de caminar cuatro codos en la Tierra de Israel.

había querido al emprender ese viaje. Yo mismo le escuché hablar personalmente sobre la tremenda alegría que experimentó en el momento en que hizo pie en la Tierra Santa. Allí se cumplió todo lo que había anhelado.

32 (135). El Rebe le dijo al Rabí Iudel que deseaba visitar la Tierra Santa. El Rabí Iudel le dio su bendición y dijo, "Rabeinu, sin duda quieres lograr algo muy grande allí. Sea la voluntad de Dios ayudarte a tener éxito y lograr lo que deseas allí". El Rebe afirmó con la cabeza en reconocimiento de la bendición del Rabí Iudel. Entonces dijo: "La tarea que anhelo cumplir en la Tierra Santa también podría lograrla aquí con la plegaria y las súplicas sin tener que viajar hasta allí. La única diferencia es que cuando logre estar en la Tierra Santa seré capaz de alcanzar mis percepciones por medio de vestimentas. Aquí, en la diáspora, no puedo alcanzar mis percepciones por medio de vestimentas, sino sólo sin vestimentas. Y ésta es la diferencia entre la santidad del Shabat y la santidad de una festividad. El Rebe abrió entonces un *Sidur HaAri*[6] y le indicó al Rabí Iudel que la sección que explica las intenciones de las plegarias afirma, "Ésta es la diferencia entre el Shabat y las festividades, que en el Shabat la luz se encuentra dentro de vestimentas y durante la festividad la luz no tiene vestimentas, tal como se trata en los escritos místicos".

33 (136). Al comienzo del viaje del Rebe a la Tierra Santa, poco después de irse de su casa, pasó un Shabat en el pueblo de Sokila. Allí vio al renombrado Tzadik, Rabí Manajem Mendel de Vitebsk [quien había fallecido hacía poco tiempo].[7] Él le reveló al Rebe que el Nombre Divino *ATA* (אתה) tenía propiedades místicas que

---

[6] III:37b; ver *Shaar HaKavanot*, p.77b. El *Sidur HaAri* es también conocido como el *Sidur Rabí Shabtai*, un libro de plegarias de acuerdo con las intenciones místicas del Ari, editado por el Rabí Shabtai de Rashkov.

[7] El Rabí Menajem Mendel (1730-1788) fue un importante discípulo del Rabí Dov Ber, el Maguid de Mezritch. Encabezó un masivo peregrinaje a la Tierra Santa en el 1777 y, asentándose en Tiberia, fue el líder de la comunidad Jasídica. Ver *Until The Mashiach* p.232.

eran efectivas en el mar,[8] tal como está escrito: "*Ata*, Tú, dominas la bravura del mar" (Salmos 89:10). También escuché otras cosas que el Rebe dijo en relación con esto, pero no las recuerdo ahora: sería necesario preguntarles a aquellos de los seguidores del Rebe que las escucharon del Rabí Shimón.

Nota del Editor: Alguien me dijo que escuchó del Rabí Shimón que el tema puede ser explicado como sigue: el término *ata* está compuesto por las letras *alef* (*elef* =1000), *tav* (=400) y *hei* (=5). Uno debe tomar cinco hojas de pergamino y escribir en cada una de ellas las palabras *uRaV JeSeD* - "y abundante en misericordia" (Éxodo 34:6). El valor numérico de las letras de esta frase es 280. Ahora bien, 280x5 =1400, el valor de la *alef* y la *tav* en *ata*. La *hei* de *ata* alude a las cinco hojas de pergamino. En el caso de una tormenta, Dios no lo permita, uno debe arrojar las cinco hojas de pergamino al mar y eso será de mucha ayuda. El Rabí Shimón dijo que él mismo había usado esto y que lo había ayudado mucho. Antes de su segundo viaje a la Tierra Santa, él estaba aquí en Breslov y visitó al escriba quien le escribió una cierta cantidad de hojas de pergamino con los caracteres cuadrados utilizados en el rollo de la Torá.[9]

34 (137). No bien el Rebe zarpó de Odessa para cruzar el Mar Negro se desató una terrible tormenta y un tremendo huracán. Entonces alguien que había fallecido recientemente visitó al Rebe. El Rebe le preguntó a su asistente, "¿Haz visto que el joven de Volkhovitz estuvo aquí?". Sin embargo no había nada inusual en tal incidente, pues más tarde el Rebe mismo se ocupó de realizar *tikunim* para cientos de miles de almas fallecidas. Ésta era su principal misión, como él mismo dijo, y éste fue el propósito de su fallecimiento.[10]

---

[8] Ver adelante: 156: ver *Likutey Moharán* I, 256 citando, "Tú dominas la bravura del mar".

[9] *Parparaot LeJojmá ad. loc.*

[10] Ver adelante:88, 114; *Iemei Moharnat* 58.

35 (138). Antes del viaje del Rebe, los viajeros hacia la Tierra Santa no tomaban la ruta a través de Odessa pues temían ir por allí. El Rebe fue el primero en pasar por Odessa en camino hacia la Tierra Santa. Desde ese momento "la ruta fue conquistada" y todos viajaron así. Hubo una cantidad de otras cosas que el Rebe fue el primero en hacer y que ahora se han vuelto cosa común. Cuando estuvo en la Tierra Santa, visitando las tumbas, había una gruta donde estaba la tumba del *Ianuka*, el niño santo.[11] La gente temía entrar porque decían que adentro había una serpiente. Otra cosa extraña era un árbol que crecía dentro de la caverna. El Rebe fue el primero que no tuvo temor: entró a la caverna y tocó la raíz del árbol con sus manos, la raíz estaba bien afianzada en la tierra. El Rebe descendió a las profundidades de la gruta, donde no había serpiente alguna. Desde ese momento todos fueron a visitar esa tumba. Yo mismo fui digno más tarde de estar allí, y vi estas cosas con mis propios ojos. Alabado sea Dios.[12]

36 (139). Antes de llegar a la Tierra Santa el Rebe sufrió terriblemente y debió enfrentar los más tremendos obstáculos. Los problemas fueron indescriptibles. En Estambul el Rebe actuó de la manera más infantil. Se vistió con ropas andrajosas y anduvo por allí descalzo y solamente con la *quipá* en la cabeza. Anduvo vagando por las calles como la persona más abyecta y se dedicó a toda clase de infantilismos y humillaciones. Jugaba a la guerra con otros, tal como los niños suelen hacer. También se dedicó a otros juegos y actividades infantiles.

Sucedió también que había dos hombres en Estambul oriundos de nuestro distrito. Ya habían estado en la Tierra Santa y retornaban a casa cuando el Rebe pasó por Estambul en su camino hacia la Tierra Santa. Se encontraron con él pero no sabían quién era. El Rebe actuó con gran sabiduría y sutileza y les dio la impresión de que era alguien sospechoso. Durante varios días lo insultaron de todas las maneras posibles. El Rebe pacientemente se dejó insultar. En verdad incluso los manipuló

---

[11] Mencionado en el *Zohar* III, 186ssg. Este niño reveló una serie de profundas interpretaciones de la Torá.

[12] *Iemei Moharnat* II, 142.

para que lo insultasen. El Rebe dijo que sin ese infantilismo y esos insultos le habría sido imposible llegar a la Tierra Santa debido a los obstáculos que lo enfrentaban. Allí adonde iba había enfermedades y debilidad. Grandes guerras estallaban en ese momento y el ejército francés estaba cerca de la Tierra Santa. Es imposible describir los obstáculos que debió enfrentar el Rebe.

El Rebe dijo que el Baal Shem Tov y el gran erudito Rabí Naftalí Katz[13] no habían podido llegar a la Tierra Santa debido a los obstáculos que se les habían presentado en el camino. Él mismo se enfrentó con los mismos obstáculos, pero los superó a todos. Su infantilismo lo ayudó mucho y sin ello no habría podido llegar.

37 (140). Escuché de alguien más que el Rebe dijo que antes que uno pueda alcanzar la grandeza debe primero caer en la pequeñez. La Tierra Santa es la grandeza de las grandezas y por tanto es necesario primero caer en lo pequeño de lo pequeño. El Baal Shem Tov no pudo llegar a la Tierra Santa porque era incapaz de descender a ese grado de pequeñez. Sin embargo, el Rebe pudo llegar a la Tierra Santa a través de la extrema pequeñez a la cual descendió por medio de su formidable sabiduría. Él descendió al grado más bajo de lo pequeño, a lo pequeño de lo pequeño, hasta que pudo alcanzar la Tierra Santa, que es la grandeza de las grandezas, la esencia misma de lo grande.

En cuanto a las incomparables percepciones que el Rebe alcanzó en la Tierra Santa, "si todos los mares fuesen tinta, etc." aun sería imposible describirlo. No conocemos a nadie que al entrar a la Tierra Santa haya alcanzado una visión tan notable, poderosa y excelsa. El Rebe ascendió al nivel exaltado más elevado: está prohibido incluso hablar sobre esto no sea que uno disminuya su honor. Ni siquiera tenemos la capacidad de concebirlo ni las palabras adecuadas para expresar la grandeza de su percepción y de su nivel. Pues el Rebe era una figura completamente original

---

[13] El Rabí Naftalí Katz de Posen (m.1719) fue un antepasado del Rabí Najmán. Salió en viaje hacia la Tierra Santa pero falleció en Estambul. Ver *Likutey Moharán* I, 218. *Until The Mashiach* p.34.

El Viaje a la Tierra Santa 53

como nunca hubo en las generaciones anteriores.[14] El Rebe dijo explícitamente sobre él mismo que incluso si nunca hubiera habido una generación como la nuestra -y todos saben en su corazón cuán inferior es esta generación- aun así él habría sido una figura única. Pero nuestros muchos pecados nos hicieron indignos: la luz fue ocultada y ni siquiera una gota en el océano ha sido revelado de lo que era realmente el Rebe.

38 (141). Durante la travesía del Mediterráneo, en su viaje de retorno de la Tierra Santa, el Rebe tenía un ejemplar de la Mishná a bordo de la nave. El Rebe la estaba hojeando y llegó a la Mishná de *Sotá* 5:2, "¿Quién sacará el polvo de tus ojos, Rabí Iojanan ben Zakai?[15] Tú dijiste que llegaría una generación que declararía pura una hogaza que es pura sólo en tercer grado, sobre la base de que no existe un versículo en la Torá que la declare impura. ¡Pero Akiva, tu alumno, ha encontrado un versículo en la Torá que prueba que es impura!".

Cuando el Rebe llegó a esta Mishná se llenó de entusiasmo. Aplaudió y dijo: "¡Quién ve como veo yo! ¡Algo se me ha revelado en esta Mishná!". Pero no quiso revelar lo que era. Sin embargo hay algo que sí le reveló a su asistente. <Parece que le dijo que él había alcanzado un nivel que ni siquiera los Tanaim y los Amoraim habían alcanzado.>

39 (142). Al volver de la Tierra Santa dijo: "En este viaje he cumplido con toda la Torá en todos los aspectos. Aunque hubiese sido vendido a un ishmaelita en un área remota en donde no hubiera judíos y aunque me hubiese hecho cuidar su ganado, y aunque no supiera cuándo era Shabat o una festividad, y no hubiera tenido talet ni tefilín ni suká, ni ninguna otra mitzvá, aun así yo habría sido capaz de cumplir con toda la Torá".[16]

---

[14] Ver adelante: 246, 247; *Imei Moharnat* 65.

[15] Fue Presidente del Sanedrín justo antes de la destrucción del Segundo Templo. Debido a su intervención se salvó el Sanedrín, pudiendo trasladarse a Iavne; ver adelante: 602.

[16] *Alabanza del Tzadik* 22; Cf. *Likutey Moharán* I, 54; *Parparaot LeJojmá* 73; *BeIbei HaNajal* II, 78.

40 (143). A su retorno de la Tierra Santa el Rebe dio una lección el viernes por la noche sobre el versículo, "Haz una serpiente de fuego y colócala sobre una vara" (Números 20:8). [Esta lección no existe en la actualidad]. Luego, durante la tercera comida, dio una lección sobre el versículo, "Cuando pasares por las aguas, Yo estaré contigo" (Isaías 43:2; cf. *Likutey Moharán* I, 73). Esta lección era muy importante y valiosa para él.[17]

41 (144). Cierta vez, luego de que el Rebe regresara de la Tierra Santa, el Maguid de Terhovitza estuvo con él durante un Shabat en Medvedevka. El Rebe dio una lección sobre el versículo, "Ésta es la generación de *dorshav*, aquellos que Lo buscan a Él" (Salmos 24:6). [*DoRSHaV*, tiene la connotación de la palabra *DRuSH* que se refiere a buscar el significado de las escrituras a través de la interpretación y el comentario]. El Rebe enseñó que de acuerdo con la generación, así son sus comentaristas y maestros. Esta lección no fue registrada por escrito. El Rebe le dijo entonces al Maguid: "Por ejemplo, tú eres la generación y yo soy tu intérprete".[18]

42 (145). En el viaje de retorno de la Tierra Santa, cuando el Rebe y su asistente estaban viajando cerca del río Dniester, se vieron forzados a disfrazarse y a ponerse las vestimentas de moda entre los mercaderes. Como resultado los confundieron con gente común. Al llegar a la ciudad de Umán se vieron expuestos a la tentación.

Al salir apresuradamente de Umán el Rebe trató inmediatamente de encontrar mérito en la gente de allí, diciendo: "Deben saber que todo nuestro camino es ser conscientes de que éste es un mundo de pruebas.[19] ¡Es muy fácil caer, Dios no lo permita, *Oi va-voi*! ¡Ay!". Fue una gran pena que el cochero se detuviese allí, continuó diciendo. Habían visto cuán grande era la inmoralidad

---

[17] *Parparaot LeJojmá* 73.

[18] Cf. *Sanedrín* 38b.

[19] Ver adelante: 233; *Sabiduría y Enseñanzas del Rabí Najmán de Breslov*, 300; *Iemei Moharnat* II, 31.

en ese lugar. Pero dijo que con la ayuda de Dios, sería algo muy bueno el que él hubiese estado allí, porque al menos de ahora en adelante no habría más inmoralidad en la casa donde se habían detenido. Esto le dio algo de consuelo.

Tampoco en Teplik persona alguna supo quién era. Fue a la casa de cierto maestro y trató de persuadirlo para que lo invitase para el Shabat, pero éste no quería pues tenía la impresión de que el Rebe era un ladrón, Dios no lo permita. Fue adonde estaba el asistente del Rebe y le dijo... etcétera.

43 (146). Cuando llegaron a Shpola se pusieron sus propias ropas. El Rebe visitó la casa del Zeide de Shpola, quien más tarde se transformó en su gran opositor.[20] Sin embargo por ese entonces aún no estaba en su contra. Por el contrario, existía un gran amor entre ellos y el Zeide de Shpola mostró gran respeto y cariño por el Rebe. Realizó una cena festiva en su honor y los dos se sentaron a la mesa durante toda la noche junto con una cantidad de gente cercana al Zeide de Shpola. Había una atmósfera de gran regocijo. El Zeide de Shpola le pedía a todo aquel que llegaba a la casa que fuese testigo: "Puedes atestiguar del hecho de que no es común que tenga una comida durante la noche. Pero esta noche lo hago debido a mi gran amor por este estimado visitante, por quien tengo un gran afecto y respeto. Su visita me llena de alegría y deleite. ¡No puedo contenerme de tanta felicidad!".

A la mañana siguiente continuaron conversando con gran amor y afecto, porque siempre hubo amor entre ellos hasta el momento en que el Rebe se mudó de Medvedevka a Zlatipolia, algo que sucedió un año y medio luego del retorno del Rebe de la Tierra Santa. Fue entonces que ciertos buscadores de pleito fueron a ver al Zeide de Shpola y hablaron de manera tan ponzoñosa en contra del Rebe que el Zeide de Shpola se convirtió en su enemigo. El Zeide de Shpola se transformó en el instrumento del Malo, y la controversia llevó a las más amargas consecuencias. La

---

[20] Ver arriba: 11.

gran luminaria de Shepetevka[21] enunció terribles maldiciones en contra de estos personajes buscadores de pleito y dijo: "Que sus lenguas cuelguen hasta sus ombligos..." (*Sotá* 35a).

Cuando el Rebe escuchó estas increíbles mentiras dijo: "Me es muy doloroso que este papel le haya sido dado a él". Luego dijo, "Esta es la explicación de las palabras del rey David: 'Y yo miraré por quienes me odian' (Salmos 118:7). Parece existir un problema con el texto, porque David sabía con certeza que era Saúl quien lo odiaba. ¿Cómo podía haber querido la venganza contra él sabiendo que Dios le había dicho, 'Si tú hubieras sido Saúl y él hubiera sido David, yo habría destruido a muchos David delante de él' (*Moed Katán* 16b)? Lo que quiso decir David es lo siguiente: 'Señor del Universo, dame ojos para "mirar a aquél que me odia" y ver dónde está parado. Permíteme ver el nivel en el cual se encuentra ahora, y entonces conoceré su nivel, etcétera' ".

44 (147). Poco antes de que el Rebe partiera para la Tierra Santa alguien le preguntó por qué no trataba de acercarlos a Dios o hablar con ellos. El Rebe respondió que ahora no tenía nada que decir. Y agregó: "Ahora comprendo a partir del versículo 'Cuando pasares por las aguas, Yo estaré contigo' (Isaías 43:2) cómo es posible ver a los patriarcas Abraham, Itzjak y Iaacov cada vez que uno lo desee.[22] Para mí fue un descubrimiento comprender por qué uno puede saber esto a partir de este versículo en particular. Pienso que es porque he cruzado las aguas. Pero, ¿qué tiene que ver esto con *ustedes*? ¿Qué necesidad tienen ustedes de todo esto? Incluso si pudiera incluir esta enseñanza en alguna lección moral que fuera beneficiosa para todos... por ahora no tengo palabras".

El Rebe comenzó a caminar de aquí para allá en la habitación y entonces dijo: "Yo soy más pobre y necesitado que cualquiera de

---

[21] El Rabí Iaacov Shimshon de Shepetevka (m.1801). Discípulo del Maguid de Mezritch y del Rabí Pinjas de Koretz, se trasladó a la Tierra Santa y fue emisario en Europa para la recolección de fondos destinados a la comunidad jasídica de allí. Se encontró con el Rabí Najmán cuando éste estuvo en Tiberia. Ver *Until The Mashiach* p.233.

[22] Ésta no es la misma lección mencionada arriba: 40.

las grandes figuras de nuestro pueblo. Éste tiene riquezas; aquél, plata; ese otro tiene ciudades... Pero yo, ¡no tengo nada! Mi único consuelo es cuando recuerdo que en el Mundo de la Verdad todos me necesitarán e irán a escuchar mis enseñanzas originales. ¿Qué soy yo? ¡Nada más que las enseñanzas originales que surgen de mi alma!".[23]

45 (148). Lo siguiente también fue dicho antes de la visita del Rebe a la Tierra Santa:

"El mundo entero me necesita. No estoy hablando de ustedes, ¡ustedes mismos saben cuánto me necesitan! Estoy hablando incluso de los Tzadikim que ya saben orar. Yo tengo el poder de mostrarles que ellos no saben nada sobre la plegaria. Esto se aplica también a los Tzadikim muy grandes que han alcanzado el nivel de trabajar solamente con unificaciones. Yo puedo mostrarles una manera de hacer unificaciones...". Parece ser que el Rebe hizo mención de muchas otras cosas.

46 (149). Cuando el Rebe volvió de la Tierra Santa, el Maguid de Terhovitza caminó cerca de dos millas, lo más rápido que pudo, para ir a su encuentro. El Rebe estaba cerca de Kaniblad (ésta fue la ruta que tomó en el retorno a su casa) cuando uno de los seguidores del Maguid lo divisó cerca del puente justo fuera de la ciudad. El hombre se entusiasmó sobremanera. El Rebe le dijo que fuese y le dijese en voz baja al Maguid que debía ir a encontrarse con él en un pueblo cercano a dos millas de distancia. (El Rebe no quería detenerse y entrar en Kaniblad). Sumamente emocionado el hombre fue corriendo hacia el Maguid y le transmitió el mensaje.

El Maguid estaba afuera hablando con alguna gente y no llevaba puesto el sombrero ni el cinturón. Apenas escuchó las noticias de la llegada del Rebe gritó de alegría y le dijo al hombre: "¡Rápido! ¡Apúrate! Prepara mi carruaje y sígueme a ese pueblo lo

---

[23] Ver *Likutey Moharán* I, 22:5.

más rápido que puedas. Yo voy caminando adelante, hasta que me puedas alcanzar".[24] El Maguid estaba tan entusiasmado que salió corriendo sin detenerse siquiera a ponerse el sombrero ni el cinturón. Salió del pueblo y continuó corriendo hasta que llegó a pie al poblado. Llegó antes que su carruaje pese al hecho de que el hombre había enganchado a los caballos lo más rápido posible y fue corriendo al galope detrás del Maguid. Pero el Maguid había ido tan rápido que el hombre lo alcanzó poco después de que comenzase a hablar con el Rebe.

He registrado el incidente para mostrar el celo y la pasión de los hombres temerosos de Dios por ver el rostro de un Tzadik más grande que ellos.

47 (150). Copié textualmente una carta proveniente de la Tierra Santa enviada por el líder de la comunidad jasídica, el santo y renombrado Tzadik, el Rabí Abraham Kalisker.

Paz y gran prosperidad a aquél que se sienta dentro de las cámaras de mi corazón, el renombrado Rabí, santo se dice de él, con él está la sabiduría, la comprensión y el conocimiento divino, el honorable y santo Rabí, Rabí Najmán (que su luz brille), de santas raíces, bisnieto del Baal Shem Tov, de bendita memoria, que su mérito nos guarde por siempre, que la luz de Dios sea cada vez más brillante sobre él. Abundante paz para toda su familia y sus amigos. Amén, que así sea Su voluntad.

Te estoy enviando noticias desde la Tierra Santa, para informarte del retorno, en el pasado mes de Shevat, de nuestro representante de este año. Mucho nos regocijó escuchar de tu bienestar. Has llegado bien a tu hogar y hemos visto que el fuerte nudo de amor no ha sido retirado. Con todo corazón buscas nuestro beneficio, y has dirigido tus pasos viajando a la provincia de Reissin [Bielorusia], que Dios esté contigo.

---

[24] Cf. Génesis 46:29.

Seguramente ya has escuchado por medio de nuestro representante del último año, el honorable Rabí Eliezer, acerca del incidente que tuvo lugar desde el momento en que hablaste con nosotros y sobre el compromiso que habíamos alcanzado con la gente de Volhynia. Aún no hemos recibido [caridad] ni siquiera una sola vez y no sabemos cómo va acabar todo esto.

He aquí que estamos confundidos en la Tierra con gran tristeza y preocupación, esperando la salvación de Dios a cada momento, porque aún no hemos sido aliviados por ningún lado. Tampoco tenemos información alguna de la provincia de Reissin sobre lo que allí sucede a este respecto, luego de tu viaje cuando te reuniste con ellos y les relataste sobre todas las dificultades en las cuales nos encontramos. Esperamos que nos informes en detalle sobre lo que allí hiciste.

Debes saber que estamos endeudados con el gobernador local. Sea como fuere, tenemos obligación de pagar. Es muy difícil soportar la manera en la cual nos demandan constantemente el pago mediante tremendas amenazas.

Podemos ver que sólo con asombrosos milagros Dios encuentra la manera de proveer nuestras necesidades.

Confío en Dios aunque Él oculta Su rostro. Espero Su salvación. Confío en que Él nuevamente tendrá misericordia con nosotros. Y así como los días en los cuales hemos sufrido, así Él nos hará regocijar.

(De aquí en adelante fue escrito por la santa mano del mismo gran Rabí [Abraham Kalisker]).

Firme estoy en mi amor, un amor constante, sus alabanzas en mi boca con corona y abrigo. Mi alma está con Dios para que Dios irradie Su rostro hacia ti desde el lugar donde mora Su Shejiná y brille sobre ti, con un brillo cada vez más grande, con Su luz, la luz del mundo, irradiando sobre tu cabeza. Y puedas fortalecerte y tener fuerzas a partir de Dios, final en la acción y primero en el pensamiento. Mi alma conoce muy bien, y amorosamente por siempre, buscando constantemente tu bienestar y orando por ti. Por favor haz lo mismo y ora por mí a cada momento.

Firmado: el pequeño ABRAHAM, hijo de mi señor, mi padre, el Rabí Alexander Katz de bendita memoria.

Mi nieto, el joven Rabí Israel Eliezer, que él viva, busca tu bienestar con corazón y alma, te envía saludos con el corazón y el alma y anhela tus plegarias.

III. El Viaje a Novorich, Zaslov, Dubno y Brody:[1]

48 (151). El año 5566 (1805-6) fue el cuarto año del Rebe en Breslov y el cuarto año desde que yo me acerqué a él, pues me había vuelto uno de sus seguidores casi inmediatamente después de su llegada a Breslov. En el verano de ese año, en el mes de Sivan, falleció su pequeño hijo Shlomo Efraim.[2] El Rebe había tenido grandes expectativas para su hijo.[3] Luego de la muerte del niño fuimos a ver al Rebe y fue entonces que comenzó a hablarnos sobre la rectificación de las almas. El Rebe habló sobre un campo en el cual crecen las almas, y que ellas necesitan de un "Señor del Campo" que las rectifique. Aquel que toma la decisión de ser el Señor del Campo tiene que sobrellevar innumerables dificultades y sufrimientos.[4]

A partir de ese momento, el Rebe habló mucho sobre la rectificación de las almas, especialmente luego de su retorno de Lemberg y más aún cuando fue a Umán. Todo su propósito al elegir a Umán como el lugar en el cual quería fallecer y ser enterrado era realizar la rectificación de innumerables almas que habían estado esperando durante varios siglos. Pues Umán había sido el lugar de la masacre de innumerables almas y decenas de miles de niños habían sido asesinados allí antes de tiempo. Las intenciones del Rebe se hacían evidentes a partir de una cantidad de cosas que dijo en Umán, algunas de las cuales han sido registradas.[5]

---

[1] Puede encontrarse información adicional sobre los viajes del Rebe en la cronología *Until The Mashiach*, capítulo 19, p.132- 146 . Ver también *Iemei Moharnat* 17-26.
[2] Shlomo Efraim (1805-1806), el primer hijo varón del Rebe. Ver *Until The Mashiach* p. 340.
[3] Ver adelante:154, 583; *Iemei Moharnat* 11.
[4] Cf. *Likutey Moharán* I, 65.
[5] Ver adelante:87-88, 102, 114; *Iemei Moharnat* 46, 49, 58.

Fue en ese mismo año que el Rebe comenzó a relatar sus cuentos. Él dijo: "Ahora comenzaré a contar historias". En Rosh HaShaná del año 5567 dio la lección "El Rabí Shimón comenzó" que se encuentra en el *Likutey Moharán* I, 60, que incluye una disertación sobre el tema de los cuentos. Inmediatamente después de esto, en Iom Kipur, estalló un incendio en Breslov durante el servicio de Kol Nidrei.[6] Sucedió en el momento en que el cantor estaba comenzando los *piutim*, los poemas litúrgicos luego del servicio de la noche. Todos corrimos a tratar de salvar nuestras posesiones y el servicio fue interrumpido. Recién más tarde esa noche, luego de que el fuego se extinguió, nos volvimos a reunir un poco más de diez de nosotros, incluyendo al Rebe, y terminamos los *piutim*.

A la noche siguiente, el Rebe dijo que había algo que él había querido lograr durante ese Iom Kipur. <Él quería que Dios le revelara la Torá tal como se la había dado a Moshé en el desierto>. El Rebe había presentado numerosos argumentos a favor de su intención, que, de haber sido registrados por escrito habrían consumido muchas páginas. "Yo había hecho un gran plan", dijo el Rebe, "pero debido al incendio no se pudo lograr". El Rebe mencionó esto nuevamente al volver de Lemberg. Por lo que dijo pudimos comprender que debido a lo que había querido lograr ese Iom Kipur se elevó contra él una gran acusación arriba. Como resultado de esto sufrió la enfermedad y el dolor que lo afligió de ahí en más.[7] "Y esto", dijo, "pese al hecho de que toda mi intención era sólo en aras del Cielo".

El Rebe contó entonces la historia del hijo del Rav de Shepetevka. Este hijo se enfermó y sabía que ello se debía a que había pecado al no mostrarle a su padre el respeto debido. Aun así, él sabía en su corazón que no lamentaba nada. El Rebe se aplicó la historia a él mismo. Aunque sabía que su sufrimiento y su enfermedad se debían a lo que había tratado de lograr ese Iom Kipur, aun así no lamentaba nada en su corazón de corazones.

---

[6] Ver adelante: 547.

[7] Ver adelante: 74; *Sabiduría y Enseñanzas del Rabí Najmán de Breslov*, 189.

El Viaje a Novorich, Zaslov, Dubno y Brody

El Rebe dijo que el Rabí Shmuel Itzjak[8] ya le había informado de antemano que el incendio iba a tener lugar. Cierta vez hubo un incendio en Medvedevka, y también en esa ocasión el Rabí Shmuel Itzjak se lo había advertido con anticipación. El nombre Shmuel Itzjak tiene el equivalente numérico de la palabra fuego, *srefá*, tal como aparece en Deuteronomio 29:22, donde se deletrea como שרפה, sin una *iud*.[9] Ese mismo año [1807] yo mismo me vi obligado a estar lejos de mi hogar en Nemirov y viajar a Mohelov.[10] Fue un año inestable para varios de los seguidores del Rebe. El Rabí Abrahamje estuvo en Petersburgo y varios otros tuvieron un año muy malo. El Rebe mismo se volvió ese año un "fugitivo y vagabundo" (Génesis 4:12), cuando hizo su viaje a Novorich, Brody, etc., viaje que le llevó medio año.

Durante el invierno el Rebe salió para su visita anual a Tcherin para el Shabat Shira y de ahí a Kremenchug. Fue entonces que nació el nieto del Rebe, R. Israel,[11] hijo de Sara, su hija. El nacimiento tuvo lugar inmediatamente antes del viaje del Rebe a Novorich. El Rebe había estado en Kremenchug durante varias semanas antes del nacimiento. Allí esperó hasta que su hija dio a luz. Durante todo el tiempo antes del nacimiento el Rebe no mostró una sola sonrisa. Incluso se molestó cuando le sirvieron dos platos en una comida. Todos sus pensamientos estaban en que su hija diera a luz normalmente. Todo el período anterior al nacimiento le fue extremadamente difícil.

Inmediatamente después del nacimiento, el Rebe se sintió tremendamente feliz. Dio instrucciones para que se encendieran luces y preparasen vino con miel para beber. Se encontraba en un estado de gran felicidad. Dijo que le daba mucha alegría el que numerosas personas le hubieran hecho recordar que el nombre del niño, Israel ben Sara, fuese el mismo que el del Baal Shem Tov. Sin embargo, dos días después de la circuncisión su hija se debilitó mucho. Esto le produjo al Rebe una terrible angustia y

---

[8] Ver *Until The Mashiach* p.319.
[9] *Iemei Moharnat* 13.
[10] Ver *Iemei Moharnat* 17, 18.
[11] Ver adelante: 439; *Until The Mashiach* p.335.

partió rápidamente de Kremenchug. Dijo que debido a la angustia su vida misma se había detenido. El Rabí Shmuel de Teplik,[12] que estaba acompañando al Rebe, no salió a tiempo y el Rebe lo dejó atrás sin esperarlo. El Rabí Shmuel se vio forzado a contratar otro carruaje y a correr tras el Rebe.

Mucho puede decirse de todos estos incidentes, porque ellos contienen cuantiosos significados ocultos, los "tesoros ocultos del Rey". El Rebe era capaz de comprender el significado de sus viajes y del sufrimiento que debió soportar. Su único propósito era ayudar a rectificar los mundos y a corregir las almas y los espíritus de los vivos y, más aún, de los muertos. Hacia finales de su vida el Rebe se ocupó cada vez más de esto último. Dijo explícitamente que el trabajo que hacía con nosotros era algo pequeño para él y que en esto nosotros debíamos hacer nuestra parte. Su tarea más importante era corregir las almas de los muertos, porque hay algunas almas que están literalmente desnudas.[13]

No escuchamos más que una gota en el océano sobre los esfuerzos del Rebe en este ámbito, y aun así, es imposible de explicar lo poco que él estaba dispuesto a compartir con nosotros, excepto de la manera más alusiva. Sin embargo, yo he registrado lo que pude en aras de aquellos que anhelan la verdad y que aguardan pacientemente a las puertas del Rebe. Mucho los beneficiará saber lo que le sucedió y sus palabras sobre estos temas. Aquellos con el suficiente sentido como para mirar a la luz de la verdad lo que estoy diciendo comprenderán un poco de la grandeza del Creador y de los Tzadikim, y del dolor y del sufrimiento que deben soportar los Tzadikim en aras de corregir nuestras almas. Quizás esto los inspire a seguir sus santas sendas tal como se enseña en sus libros sagrados. Entonces volveremos a Dios sinceramente, rápido y en nuestros días. Amén.

49 (152). Ese mismo año, 5566 (1806), en que el Rebe comenzó a hablarme sobre su preocupación en rectificar almas, siendo ésta la

---

[12] Ver *Kojavey Or, Sijot VeSipurim* p. 150-153.

[13] Ver adelante: 288. Cf. *Sabiduría y Enseñanzas del Rabí Najmán de Breslov*, 23, 195; *Alim LeTerufá* 350; *Tikuney Zohar* 6; *Zohar Jadash* 37a.

tarea del "Señor del Campo",[14] me dijo: "En Zlatipolia comprendí algo de esto". En otras palabras, fue entonces que comenzó a comprender un poco sobre la tarea del Señor del Campo. Esto quería decir que antes había *comenzado* a comprender, mientras que ahora comprendía la raíz del tema. También dijo que el Rabí Shimón bar Iojai[15] había hecho una pequeña alusión a este tema en el santo *Zohar*.[16] La inferencia era que nadie <ningún Tzadik> había tenido hasta ese momento el mismo conocimiento del Señor del Campo que ahora tenía el Rebe.

50 (153). Antes de Purim de 5567 (1807) el Rebe partió de Breslov rumbo a Novorich. Nadie en el mundo puede comprender el significado de su viaje. Él había querido continuar viajando más allá de Novorich, pero tuvo que quedarse allí para Purim. Se hospedó en la casa del Rav de la ciudad, quien era un pariente lejano por el lado de su esposa. Luego retornó y fue a Ostrog. En Ostrog mandó a traer a su esposa, [Sashia], con el fin de consultar a un médico local, cuyo nombre era Gordon.[17] Su esposa estaba gravemente enferma de tuberculosis. Hasta que ella llegó, el Rebe estuvo solo en Novorich excepto por un hombre que contrató como asistente. Su esposa llegó a tiempo para el Shabat HaGadol, pero no quiso el tratamiento del Dr. Gordon y pidió viajar a Zaslov para ver a los médicos de allí. El Rebe fue con ella ese domingo, faltando cuatro días para Pesaj. El Rabí Shmuel de Teplik también estaba con ellos cuando viajaron a Zaslov, donde llegaron justo a tiempo para Pesaj. El viaje fue inimaginable y una larga historia en

---

[14] Ver arriba: 48.

[15] Autor del *Zohar*, el Rabí Shimón bar Iojai fue el discípulo más importante del Rabí Akiva. Ver *Ierushalmi, Sanedrín*, 1:2, el Rabí Akiva le dijo al Rabí Shimón bar Iojai, (cuando el Rabí Meir, y no él, fue nombrado director de la Ieshiva) "Es suficiente que Dios y yo mismo conozcamos tu grandeza". Cf. *Likutey Moharán*, Introducción; ver adelante: 86.

[16] *Tikuney Zohar* 14; *Zohar* II, 166b. El *Zohar* es considerado el clásico de toda literatura de la Kabalá, escrito cerca del segundo siglo de la era común. También incluye el *Tikuney Zohar* y el *Zohar Jadash*.

[17] El Dr. Gordon (m.1810), quien vivió en Ostrog y en Vilna. Era un seguidor del Maguid de Mezritch. Ver *Until The Mashiach* p.136-137.

sí mismo. El Rebe se quedó en Zaslov hasta después de Shavuot. Su esposa falleció en la víspera de la festividad. Un cierto número de seguidores, entre los que me encontraba, nos reunimos a su lado y pasamos Shavuot con él. Dios tuvo piedad de nosotros y escuchamos de sus labios las más extraordinarias enseñanzas, registradas en el *Likutey Moharán* I, 67.

51 (154). El viaje del Rebe a Novorich, etcétera, estuvo rodeado de misterio. Durante el viaje ocultó su identidad y no aceptó ninguna contribución de dinero. Dijo en ese tiempo: "En cuanto a mí, mis manos están sucias de sangre y de placentas, todo para purificar a una mujer y hacerla permitida para su marido" (cf. *Berajot* 4a). Ésta era una pequeña alusión al propósito de su viaje.

52 (155). Antes de su viaje dijo el Rebe: "Yo soy como un niño pequeño que no quiere ir a la escuela. Pero cuando entre a la clase podrá aprender. Si la gente conociera el propósito de mi viaje besarían hasta mis huellas. Con cada paso que doy inclino al mundo entero hacia el lado del mérito".[18]

53 (156). Dijo el Rebe: "Mi único lugar está en la Tierra Santa. Sea adonde fuere que voy sólo estoy yendo hacia la Tierra Santa. Sólo temporalmente pastoreo aquí en Breslov y alrededores".[19]

54 (157). Antes de su viaje el Rebe aplaudió de alegría y dijo: "Hoy es el comienzo de algo nuevo. Es como alguien que toca una melodía" continuó, "y todos bailan. Todo aquel que no comprende o no escucha la melodía es incapaz de entender por qué todos están corriendo y bailando detrás de esta persona. De la misma manera la gente no puede comprender por qué ustedes corren detrás de mí. Pero cuando vuelva del viaje seré capaz de tocar y ustedes, de bailar".

Luego de esto partió para Novorich y también visitó Zaslov, Ostrog, Dubno, Brody y una cantidad de otros lugares. Se disfrazó y la gente no supo quién era. En Brody visitó las casas

---

[18] Ver arriba .18; *Iemei Moharnat* 17.

[19] Cf. *Likutey Moharán* I, 61:2.

El Viaje a Novorich, Zaslov, Dubno y Brody

de las personas más importantes y trató con cada una de ellas. Cuando llegó a Brody toda la ciudad salió a recibirlo. (No es que su intención fuera honrarlo: ni siquiera sabían quién era. Pero Dios lo hizo de manera tal que esto fue lo que sucedió). "Y yo escuché el sonido del clamor de sus deseos y de su pasión: '¡Dinero! ¡Dinero!' ".[20]

Fue luego de esto, en la víspera de Shavuot, que su esposa falleció. Para Shavuot nos reunimos a su lado y él dio una lección.

55 (158). Ese Shavuot el Rebe estudió mucho durante la comida festiva de la mañana. El Rebe estudiaba entre cada servicio, entre plato y plato (estaba estudiando el *Idra Rabah*[21]). El Rebe estudiaba y cuando servían la comida tomaba un pequeño descanso de sus estudios y comía un poco. Luego volvía a sus estudios. Lo mismo sucedía luego de cada plato, y cada vez el Rebe estaba seguro de que ya no servirían más comida. Pero siempre volvían a traer un plato más, luego del cual el Rebe continuaba estudiando... ¡hasta el próximo plato!

Después de la comida dijo el Rebe: "Ellos tenían una discusión conmigo. Yo estaba seguro de que ya no traerían nada más para comer. Pero una y otra vez iban y traían un nuevo plato. La discusión se basaba en el hecho de que yo quería terminar mi comida estudiando. Ellos intentaban algo superior: querían terminar la comida con un plato final. Porque está la persona simple que come para tener fuerzas para estudiar. Están aquellos en un nivel más elevado que estudian para comprender cómo comer. Yo quería la simpleza, yo quería terminar la comida estudiando después de comer. Esta es la devoción simple, comer primero y luego estudiar: uno come para tener fuerzas para estudiar. Pero ellos me tomaban por alguien con mayores

---

[20] Cf. *Likutey Moharán* II, 1:4; *Parparaot LeJojmá* II, *ad. loc.* El Rabí Najmán compara los gritos de la gente por dinero al rebuzno de una mula.

[21] En el *Zohar* III, 127b-145a. Contiene los misterios más profundos de la Kabalá, definiendo las Personas Divinas. Se acostumbra a leer el *Idra* durante la noche del Shavuot.

ambiciones y continuaban trayendo más comida para yo que terminase comiendo. Es una devoción superior estudiar primero y comer después. Uno estudia para tener la comprensión y el entendimiento sobre cómo comer". Comprende esto.

56 (159). Mientras estuvo en Zaslov el Rebe sufrió un gran dolor y enfermó gravemente. Escribió una carta a todos sus seguidores urgiéndonos a que orásemos por él. Más tarde se recuperó y escribió una segunda carta pidiéndonos que no dejásemos que todo su trabajo por extraernos de los dientes del Satán fuese en vano.[22] Al retornar a casa el Rebe dijo que con nuestras plegarias habíamos logrado que se recuperase de la enfermedad que tuvo en Zaslov.

57 (160). Luego de la muerte de su primera esposa en Zaslov, el Rebe se comprometió con su segunda esposa en Brody. En su retorno a Breslov, durante el Shabat, el Rebe contó la historia del rey cuya vida fue salvada por la página del libro.[23] Antes de contar la historia, el Rebe dijo: "Les contaré de mi viaje". Así fue cómo comenzó el cuento. En la historia tal como está impresa falta la conclusión sobre la hermosa mujer que tuvo hijos.

58 (161). Al volver de su largo viaje a Novorich en el verano del 5567 (1807) el Rebe contrajo tuberculosis. Nos pidió que orásemos muchos por él. Pero debido a nuestros muchos pecados "los ángeles prevalecieron" (*Ketubot* 104a), y el Rebe falleció tres años después de haber contraído la tuberculosis. Él dijo que era un milagro que hubiera podido vivir durante esos tres años. Muchas historias pueden contarse sobre este período aparte de las innumerables cosas que nos están ocultas.

59 (162). El Rebe dijo que cuando comenzó su enfermedad, desde el momento en que tosió por primera vez, supo que iba a morir. Inmediatamente comenzó a hablar sobre su muerte, aunque

---

[22] Ver adelante: 63 para el texto de esta carta.

[23] *Los Cuentos del Rabí Najmán #7*; ver *Iemei Moharnat, Hashmatot*; adelante: 59.

El Viaje a Novorich, Zaslov, Dubno y Brody

Dios en un Su gran misericordia realizó grandes milagros para nosotros y el Rebe vivió un poco más de tres años. Se embargo, el Rebe comenzó a hablar sobre su muerte ya en ese momento, en el verano del 5567 (1807), no bien volvió de Novorich y Zaslov.

Dijo que tenía grandes temores y que necesitaba sesenta hombres[24] de valor como aquellos que tenía el Baal Shem Tov. El Rebe habló mucho sobre esto (pero yo no lo escuché directamente pues estaba de viaje en ese tiempo y mucho de lo que dijo fue olvidado).

Hubo una ocasión en que el Rebe lloró durante el Shabat. El Rabí Naftalí[25] estaba con él. En el mismo período el Rebe contó la historia de "El rey que tenía Grandes Guerras" [es decir, La Araña y La Mosca]. El Rebe hizo su acostumbrado viaje a los pueblos de Ucrania, pues siempre iba a Tcherin para el Shabat Najamú. En el camino, cuando estaba en Ladizin, el Rebe les dijo a sus seguidores de allí que tenía que morir. También mencionó el tema de los sesenta hombres de valor que necesitaba y cómo el Baal Shem Tov había tenido sesenta hombres de valor. Dijo que no había dudas de que entre sus seguidores había sesenta que madurarían y tendrían este papel como hombres de valor. Pero aún eran jóvenes y la guerra era muy pesada para ellos, "y yo no tengo en quien apoyarme" (cf. *Sotá* 49a). Hubo muchos otros momentos en que el Rebe habló sobre este tema (yo mismo escuché algo de lo que él dijo) y agregó que incluso si tuviese sesenta hombres de valor aun así no lo ayudaría a recuperarse de su enfermedad.

El Rebe dijo que le habría gustado viajar a la Tierra Santa para morir allí, pero le preocupaba la posibilidad de no poder llegar. Y aunque muriese allí, la gente no podría ir a su tumba. No tendrían una conexión directa con su tumba. Dijo: "Ningún bien habrá en la tumba. La gente no tendrá nada que hacer con la tumba".[26]

---

[24] Ver *Until The Mashiach* p.320.

[25] El Rabí Naftalí (m. 19 de Av, 5620 - 7 de agosto de 1860) fue el amigo más cercano del Rabí Natán, desde su niñez en Nemirov. En sus últimos años, se asentó en Umán y vivió sobre la sinagoga de Breslov. Ver *Until The Mashiach* p. 310-312.

[26] Ver adelante: 94; *Iemei Moharnat* 26, 41.

Por otro lado, si su lugar de descanso estuviera aquí, donde él vivía, nosotros indudablemente visitaríamos el lugar para estudiar y orar, lo que le daría a él gran alegría y deleite.

Desde ese momento comenzó a hablar sobre su muerte y su tumba, y dejó claro muchas veces y de diferentes maneras que era su deseo que la gente fuese a su tumba a decir salmos,[27] a estudiar, a recitar muchas plegarias y súplicas. Habló sobre esto con mucha gente. Cuando volvió de Lemberg dijo que ese podría ser un buen lugar donde morir y ser enterrado debido a los muchos grandes Tzadikim que allí estaban inhumados. Pero había un motivo por el cual él no quería morir allí y era debido a que ninguno de sus seguidores viajaría a ese lugar para visitar su tumba.

El Rebe dijo que sentiría gran placer con cada persona que llegase a su tumba y recitase un salmo con profundo fervor. Al decir esto hizo un gesto y movió su cuerpo como para sugerir la fuerza corporal que le daría allí en la tumba cuando la gente viniese a recitar salmos. Habló sobre esto muchas veces. Más tarde reveló los Diez Salmos del *Tikún HaKlalí* y dijo que todo aquél que fuese a su tumba, diese un centavo para caridad y recitase estos diez salmos, no importa cuán grandes hubieran sido sus pecados, "Yo haré todo lo que pueda, atravesando largo y ancho de la creación, para ayudar a esta persona". El Rebe nombró a dos testigos de sus palabras.[28]

60 (163). En Zaslov el Rebe le dijo al Rabí Shmuel de Teplik: "Para que sepas que yo sé lo que va a suceder, te estoy diciendo esto:

---

[27] Ver *Likutey Moharán* II, 109.

[28] Los dos testigos eran el Rabí Naftalí y el Rabí Aarón. El Rabí Natán estaba en Nemirov en ese momento. Ver adelante: 122. *Sabiduría y Enseñanzas del Rabí Najmán de Breslov*, 141; *Emunat Umán* #25; *El Tikún del Rabí Najmán*, p. 39-49.

Parece sorprendente que el Rebe no le pidiese al Rabí Natán que fuese el testigo de este evento tan importante, especialmente dado que estaba tan cerca de él. Es interesante notar por tanto que la primera palabra de los Diez Salmos, *mijtam*, מכתם, tiene el equivalente numérico de 500, el mismo que Natán, נתן. Esto parece inscribir al Rabí Natán como parte integral de los Diez Salmos.

El Rabí Natán fue el primero en publicar los Diez Salmos y también escribió una muy emotiva plegaria para ser dicha después de su recitado (*Rabí Najmán Burstein*).

Hay tres cosas. Dos de ellas son una (es decir, están unidas como una), y la que queda es una. Cuando las dos cosas se presenten la otra dejará de existir; cuando ésta se presente, las otras dos no existirán. Pero", agregó el Rebe, "yo deseo más". Lo que dijo el Rebe después fue olvidado, si es que dijo que quería más en el sentido de que deseaba que sucedieran las dos cosas, o viceversa.

Con respecto al carnicero ritual de Orinsk: "Esta noche estuve ocupado con un libro de remedios, aunque las medicinas no valen nada. Pero la esposa de mi juventud no está aquí.[29] De *meizar* (la palabra en arameo para medicina) se hará Mezritch. De allí ve a Ostrog y de ahí a Breslov, y busca a mi esposa para traerla aquí y ser tratada". Y así lo hizo. El Rebe dijo que esperaba que allí sucediese lo mismo que sucedió en Estambul cuando estaba en camino hacia la Tierra Santa.

Todo esto lo escuché del Rabí Shmuel de Teplik, quien contó lo que sucedió durante el viaje del Rebe a Novorich. Pero la mayoría falta y hay mucho que queda por decir sobre este viaje. Toda la travesía es un gran misterio y no hay nadie que sepa cuál fue el propósito del Rebe.

61 (164). Esta historia corresponde a las primeras etapas de la tuberculosis del Rebe, antes de su viaje a Lemberg. Fue durante la primera noche de Sukot del año 5568 (1807). El Rebe hizo una pregunta sobre la palabra *hust*, que en el Idish significar tuberculosis. "¿Qué significa la palabra *hust* en el idioma vernáculo?". Al comienzo nadie comprendió qué quería decir. Luego, comentó sobre el hecho de que en el lenguaje de los gentiles la palabra para visitante (en arameo: *ushpiza*) es *hust*. El Rebe no dijo más sobre esto, pero mencionó entonces la expresión utilizada por los sabios: "ellos solían usar el lenguaje de la sabiduría". Así encontramos (*Eruvin* 54a): "El Rabí Abahu habló entonces utilizando el lenguaje de la sabiduría", y la misma frase se encuentra en otra parte.

---

[29] Cf. *Aveneha Barzel* p. 39 #58. El Baal Shem Tov dijo que si su primera esposa hubiera estado viva, él habría ascendido al Cielo en una carroza de fuego tal como el profeta Elías. El Rebe Najmán dijo: "Si yo hubiese apreciado el valor de una primera esposa, le habría dicho, 'Enférmate [si así debe ser], pero vive'".

Parecería que el Rebe estaba haciendo una alusión al tema de los visitantes superiores que entran en la suká.[30] Pero nadie sabe la verdadera implicancia del comentario del Rebe. Lo que sí sabemos, y esto es un principio fundamental, es que es posible encontrar Divinidad en cada cosa del mundo, incluyendo el lenguaje de los gentiles. Esto está tratado muchas veces en las obras del Rebe[31] y él cita la afirmación de los sabios (*Ierushalmi, Taanit* 1), sobre la palabra *totafot* ("y ello será por señal entre tus ojos", Deuteronomio 6:8 etcétera): "*tot* en el lenguaje Katpi denota dos; *fot* en Afriki es dos".

La profundidad y la grandeza de la percepción del Rebe en este aspecto es imposible de imaginar o de explicar de manera alguna. Nosotros mismos vimos con nuestros propios ojos que para el Rebe, el mundo entero estaba literalmente abierto y revelado: en cada cosa él podía ver la vitalidad de la Divinidad envestida allí y podía formar las enseñanzas de Torá más maravillosas y tremendas a partir de cualquier cosa en el mundo. Es imposible explicar esto a alguien que no lo vio con sus propios ojos. Pero si andas por el sendero de la pureza y de la verdad y estudias las obras del Rebe en profundidad serás capaz de comprender un poco de esto.

62 (165). Copia textual de una carta escrita por el mismo Rebe a su hermano, el Rabí Ijiel,[32] en Kremenchug, donde sufrió una gran oposición por parte de los antagonistas al movimiento jasídico:[33]

> Con la ayuda de Dios: lunes, semana de la lectura de la Torá *Bejukotai*.
>
> A mi querido, preciado y amado hermano, el destacado estudioso de Torá y sabio Rabí Ijiel Zvi, que su luz brille e irradie.

---

[30] En cada noche de Sukot, uno de los Siete Pastores Fieles (Abraham, Itzjak, Iaacov, Moisés, Aarón, Iosef y David) viene a la suká como visita, *ushpiza*.

[31] Ver *Likutey Moharán* I, 33:2; *Ibid.*, 54:2; *Likutey Moharán* II, 12.

[32] El Rabí Ijiel Zvi era el hermano menor del Rebe Najmán. Ver *Until The Mashiach* p. 327-328.

[33] *Alim LeTerufá*, comienzo.

Tu carta me llegó aquí en Zaslov. Me causó gran dolor enterarme de cómo estos malvados se han opuesto a ti de una manera tan descarada. Me sorprende que no haya bien para contrarrestar la maldad a fin de enfrentarlos y anular el mal. Querido hermano, mi propia alma y corazón, no tengas miedo y no les temas. Manténte firme y fortalécete todo el día en la Torá y en el temor a Dios, tal como hemos hablado entre nosotros, y el mérito de nuestros padres te ayudará. Todo esto es para ayudarte a crecer, a hacerte más grande y aumentar tu santa sabiduría. Es lo mismo que sucede con las plantas. La única manera en que una planta alcance su grandeza final es poniendo la semilla primero bajo tierra. La semilla debe entonces pudrirse y recién después germina y crece, llegando a ser un gran árbol.[34] Lo mismo sucede contigo. Por el mismo hecho de que ellos te arrojan al suelo tú crecerás, germinarás y florecerás. Si estos malvados comprendiesen esto de seguro no te tratarían con tanta perversidad, pues toda su intención es el mal.

Quiero que sepas que es mi propósito quedarme aquí en Zaslov tres meses más; luego de ello sabré en qué dirección dirigirme. Me gustaría hacerte saber que la condición de mi esposa mejoró al comienzo, pero ahora se está deteriorando nuevamente y cada día disminuye su fuerza. Los gastos aquí son muy grandes: he debido gastar cincuenta y cuatro monedas de oro. No hay nada más para decir: continuamos viviendo.

De tu hermano, quien ama tu alma, con los mejores deseos para tu éxito en la Torá. Esperando escuchar buenas noticias de ti y verte con vida y bien.

NAJMÁN, el hijo de R. Simja. Que su Roca lo proteja y le dé vida.

Mi esposa le envía buenos deseos a tu esposa. Mi hija Miriam les envía buenos deseos a todos ustedes. Con buenos deseos para aquellos que te sostienen y que están

---

[34] Ver adelante: 503.

cerca de ti. Se fuerte y ten ánimo. Hay recompensa para tu esfuerzo tanto en este mundo como en el Mundo que Viene. Najmán.

63 (166). Carta del Rebe a sus seguidores. Escrita por el Rebe mismo durante su estadía en Zaslov 5567 (1807).[35]

Debo informarles a todos mis seguidores que me ha disgustado vivir en Breslov debido a las grandes dificultades y problemas que tuve que soportar. Por ahora voy a ir de tienda en tienda, no para asentarme sino para pernoctar. Lo que les pido es que mi tarea y trabajo en pos de cada uno de ustedes no haya sido en vano. Porque he tomado mi vida en mis manos en aras de sus almas. Dios es el justo, y yo fui quien hizo mal. Fueron mis propias acciones las que causaron mis sufrimientos, la muerte de mis preciados hijos, la oposición y las acusaciones. Pero sé muy bien que también fue el trabajo que hice con ustedes para sacarlos de los dientes del Satán lo que hizo que él clavase sus ojos en mí y rechinara sus dientes en mi contra. Por lo tanto, queridos hermanos y amigos, manténganse firmes y háganse fuertes en el temor a Dios, cada uno de acuerdo con su fuerza y con su nivel. Que mi trabajo no haya sido en vano. Manténganse en la Torá de Moisés, siervo de Dios (cf. Ioshúa 22:5) como les he enseñado, y sepan que aunque por ahora estoy lejos de ustedes, ésta es una distancia puramente física. No existe distancia espiritual, Dios no lo permita. Porque estamos cerca, mis queridos hermanos y amigos. Por favor, que estas palabras que he escrito estén junto a ustedes día y noche (cf. Reyes II 8:59).

Esto es para informarles que por el momento estoy en Zaslov, y que aquí me quedaré, Dios mediante, cerca de tres meses.

Escribo con lágrimas de alegría al pensar que Dios me ha dado la fortaleza del hierro para soportar el yugo del sufrimiento y del andar errante.

---

[35] *Alim LeTerufá*, comienzo; arriba: 56.

El Viaje a Novorich, Zaslov, Dubno y Brody 75

Quien los ama, NAJMÁN, el hijo de R. Simja, que su Roca lo proteja y le dé vida.

Esto es para hacerles saber que estoy bien, gracias a Dios, sin necesidad de recurrir a remedios físicos. Najmán.

También hubo otra carta que el Rebe les escribió a todos sus seguidores desde Zaslov, en la cual pidió que cada uno de nosotros recordase cómo estaba cuando llegó por primera vez a Breslov y cuánto él había beneficiado a cada uno de nosotros al sacarnos de entre los dientes del Satán. El Rebe escribió: "Dios mediante, cuando me recupere, espero en Dios que puedan ser capaces de volver a recibir de mí". El Rebe terminó diciendo que debíamos orar por él. Su principal deseo era "contemplar la gloria del Señor y visitar Su templo" (Salmos 27:4).

Esta carta fue escrita antes que la carta anterior. Cuando la escribió sufría de un gran dolor y había enfermado en Zaslov, por lo cual nos pidió que orásemos por él. Fue después de recuperarse que escribió la carta anterior, y al retornar a casa dijo que mediante nuestras plegarias habíamos permitido que se recuperase de la enfermedad que tuvo en Zaslov. El fallecimiento de su esposa tuvo lugar luego de esta segunda carta. Ella falleció en Zaslov. Más tarde, en Brody, se comprometió en matrimonio por segunda vez. Fue luego de esto que contrajo la tuberculosis, y entonces nos pidió muy encarecidamente que orásemos mucho por él.[36] Pero debido a nuestros muchos pecados "los ángeles prevalecieron" y falleció tres años después de contraer la enfermedad. Él dijo que era un milagro el haber sobrevivido durante esos tres años. Hay muchas historias que podrían contarse sobre todo esto aparte de las innumerables cosas que nos están ocultas.[37]

---

[36] Ver adelante: 264.

[37] Ver arriba: 59, adelante: 115; *Iemei Moharnat* 27, 53, 56.

IV. El Viaje a Lemberg:[1]

64 (167). En el año 5568 (1807) luego de Sukot, el Rebe partió apresuradamente rumbo a Lemberg. Yo mismo salí tras él hasta Krasnoy. Allí el Rebe me dijo: "¡Nos volveremos a ver! Nos veremos una y otra vez. Esto lo repitió varias veces. Entonces dijo: "Si quieres ser puro y sincero, ¿de qué te preocupas? El mundo entero trabajará para ti. Aquél irá a Breslau (una ciudad en Alemania), algún otro irá a otro lado, otra persona a otro lugar, todo por ti".

A la mañana siguiente el Rebe dejó súbitamente Krasnoy. Yo corrí detrás y logré alcanzarlo en un puente. El Rebe parecía muy contento, y habló sobre el propósito de su viaje, conectándolo con la idea del santuario que construye cada uno de los Tzadikim.[2]

65 (168). En Lemberg el Rebe pasó por una condición muy crítica y se sometió a un tratamiento médico. Durante mucho tiempo sólo pudo yacer sobre un solo lado pues le era imposible recostarse sobre el otro. Luego, Dios hizo milagros y maravillas y comenzó a mejorar un poco. De pronto, una noche se dio vuelta hacia el otro lado y fue capaz de apoyarse sobre él. Dijo que esta mejora no se debía en absoluto al médico. En verdad lo que sucedió es que esa noche alguien había llegado y le había dicho que existía un decreto real proveniente del Cielo de que debía recostarse sobre su lado derecho, de modo que él se apoyó sobre su lado derecho, tal como siempre había hecho. Hacía mucho tiempo que no lo podía hacer. La persona que llegó esa noche era el famoso y santo

---

[1] Puede encontrarse información adicional sobre este viaje en *Until The Mashiach* p.150-158; Ver también *Iemei Moharnat* 26-28.

[2] Ver *Likutey Moharán* 282; *Cuatro Lecciones del Rabí Najmán de Breslov, Azamra*. P. 11.

Rabí Aarón de Tetiev,[3] nieto del Baal Shem Tov. El Rebe dijo que el Rabí Aarón era ahora su amigo fiel y le demostraba gran amor.

66 (169). En Lemberg, entre Purim y Pesaj del año 5568 (1808), el Rebe solía encerrarse en una habitación donde lloraba continuamente. Hizo llamar al Rabí Shimón y con lágrimas corriendo por las mejillas suspiró y dijo: "No hay nadie a quien pueda pedirle consejo". El Rebe le dijo que tenía un libro en su casa debido al cual había perdido a su esposa y a sus hijos. Debido a ese libro ellos habían fallecido y él mismo se había sacrificado en extremo. Ahora no sabía qué hacer. Había visto que sería forzado a morir allí, en Lemberg. Sólo podría sobrevivir si quemaba el libro. Era por esto que el Rebe estaba inseguro y no sabía qué decidir. Le producía una gran angustia pensar en quemar este tremendo y santo libro por el cual había sacrificado tanto. No hay manera de expresar lo exaltado de ese libro que, de haber sobrevivido, habría hecho que todos vieran con sus propios ojos la grandeza del Rebe.

El Rabí Shimón respondió: "Si hay alguna base para suponer que tu vida depende de esto, no hay duda de que sería mejor quemar el libro y que tú sigas con vida". El Rebe le respondió: "Al menos tendré un poco más de tiempo". En otras palabras, si ese libro fuese quemado, al menos su vida en este mundo continuaría durante un tiempo más. "Pero aún así, será doloroso para mí quemarlo. Tú no comprendes lo valioso y santo que es este libro. Perdí a mi primera esposa y a mis hijos debido a él. Por él tuve que soportar terribles sufrimientos". El Rebe lloró una y otra vez.

Un rato después el médico llegó a la casa. El Rabí Shimón y el Rebe aún estaban conversando. El Rabí Shimón le comentó al médico su preocupación por el hecho de que el Rebe estuviese llorando en un momento en que su condición era tan grave. El médico quedó perturbado con el aspecto del Rebe. Habló con él algunas palabras y luego salió.

---

[3] El Rabí Aarón de Tetiev (m.1827) era hijo del Rabí Zvi Hirsch (m.1780), el único hijo del Baal Shem Tov. Era primo de Feiga, la madre del Rebe Najmán. Ver *Until The Mashiach* p.245.

El Rabí Shimón y el Rebe continuaron conversando. El Rebe lloró más aún que antes. Luego, le dijo al Rabí Shimón, "Si así es el caso, aquí está la llave de mi armario. Ve rápido. ¡Corre! ¡No te demores! Alquila un carruaje y viaja a Breslov. No te detengas ni por la lluvia ni por la nieve. Corre a Breslov tan rápido como puedas y cuando llegues toma los dos libros. Uno de ellos está en el cajón, el otro en el baúl de mi hija Odel. Toma ambos y quémalos". (Estos dos libros eran dos ejemplares del mismo texto, porque uno era copia del otro. Yo mismo había hecho la copia en su presencia, pero no bien la terminé él tomó ambos ejemplares, el original escrito por su propia mano y mi copia, y los escondió. Fueron estos los dos libros que ordenó quemar.) "Pero por Dios, ¡hazlo lo más rápido posible!".

El Rebe le advirtió al Rabí Shimón que no tratase de ser listo y de ir en contra de las órdenes del Rebe, ocultando parte del libro en lugar de quemarlo todo. Debía cumplir con las instrucciones del Rebe lo más rápido posible.

El Rabí Shimón contrató un carruaje y partió inmediatamente hacia la casa del Rebe en Breslov. Pero al llegar a Dashev, cerca de Breslov, cayó súbitamente enfermó. Quedó postrado en cama y simplemente no podía levantarse. Comprendió que ésta era la obra del Malo, quien quería impedirle llevar a cabo las instrucciones del Rebe. (Ya habíamos descubierto que todo lo que el Rebe nos decía que hiciéramos inevitablemente encontraba innumerables obstáculos, especialmente algo tan importante como esto, de lo cual dependía la vida misma del Rebe[4]).

El Rabí Shimón dio órdenes de que lo colocasen en el carruaje y continuaran el viaje a Breslov. Había decidido que yacería en el carruaje y viajaría a Breslov mientras le quedase algo de vida. Lo único en lo que podía pensar era llegar a Breslov, donde al menos podría decirle a alguien que quemase los libros en su presencia.

Lo pusieron en el carruaje y continuó hacia Breslov. Tan pronto como llegó se recuperó inmediatamente y recobró la salud. Tomó los dos libros y los quemó.

---

[4] Ver adelante: 253; *Sabiduría y Enseñanzas del Rabí Najmán de Breslov*, 185.

Es trágico para nosotros el que no hayamos sido dignos de que sobreviviese un libro tan grande como éste. Debido a nuestros muchos pecados fue decretado desde el Cielo que el libro fuese quemado. El Rebe dijo que este libro no volvería otra vez al mundo. Debido a nuestros muchos pecados perdimos algo que nunca volverá. El Rebe dijo que este libro tenía que ser quemado y que su otra obra, el *Likutey Moharán*,[5] debía ser impreso y difundido por el mundo.

67 (170). Recuerdo estar sentado delante de él, escribiendo la copia del libro que finalmente ordenó quemar. El Rebe dijo: "Si supieras lo que estás escribiendo". Me sentí realmente humilde y dije, "Realmente no tengo idea". El Rebe dijo, "Tú no sabes qué es lo que no sabes".

68 (171). Había otro libro del Rebe que era de un nivel superior incluso al del *Sefer HaNisraf* (El Libro Quemado). Este era el *Sefer HaGanuz* (El Libro Oculto). El Rebe dijo que al escribir este libro se desprendió de su propio cuerpo. Nunca nadie pudo ojear sus páginas. El Rebe dijo que estaba en el nivel del "misterio de los misterios" (vale decir, para él, en comparación con las otras cosas que él revelara). Dijo que Mashíaj explicaría el significado del libro.

El *Sefer HaGanuz* ya estaba terminado para el comienzo del año 5566 (1805), que fue cinco años antes de que falleciera. ¡Detente y piensa sobre el nivel que el Rebe alcanzó después! Porque nunca se mantuvo en el mismo nivel hasta el día de su muerte. A cada momento el Rebe iba alcanzando nuevos niveles, literalmente, y logrando nuevas percepciones, aunque ya se encontraba en los niveles más asombrosos. Entiende bien esto, pues la grandeza del *Sefer HaGanuz* se encuentra más allá del poder de comprensión

---

[5] "Colección de Enseñanzas del Rabí Najmán", es el título del *magnum opus* del Rebe Najmán. Un segundo volumen, el *Likutey Moharán Tiniana* (ó II) fue impreso por el Rabí Natán en el año 1811 luego del fallecimiento del Rebe Najmán. Incluyó todas las lecciones que fueron dadas desde la impresión del primer volumen. Ver *Iemei Moharnat* 80.

del pensamiento.⁶ Mashíaj mismo lo explicará. Trata entonces de contemplar la grandeza del Rebe.

69 (172). El Rebe dijo del *Sefer HaNisraf* que nadie podría comprender algo de ese libro excepto aquél que fuese un Tzadik tan grande como para ser la luz rectora de su época y ser al mismo tiempo tan erudito como para estar completamente versado en las siete sabidurías.⁷

70 (173). También le escuché decir al Rebe sobre el *Sefer HaNisraf* que alguien que fuese un Tzadik, pero no un sabio, no comprendería nada de él, ni tampoco aquel que fuese sólo un erudito pero no santo. Sólo el que fuese tanto un Tzadik como un sabio podría comprenderlo. Como Tzadik debía ser sobresaliente, y además tendría que ser muy versado en las siete sabidurías. De modo que al menos habría alguien que podría llegar a comprenderlo. Pero en cuanto al *Sefer HaGanuz*, que para él era "el misterio de los misterios", ningún ojo ha visto ese libro. El Rebe dijo que este libro no podría ser comprendido por nadie en el mundo. Sólo el Mashíaj explicaría su significado.

71 (174). El *Sefer HaNisraf* consistía de cuatro partes. El Rebe le encomendó este libro a dos de sus seguidores,⁸ encargándoles que viajasen de ciudad en ciudad, leyendo un poco en cada una de ellas. También les dijo que tomasen secciones de la copia del manuscrito de las lecciones que había dado públicamente (luego publicadas en el *Likutey Moharán*) y que dejasen algunas páginas en cada ciudad. En esa época todavía no se había impreso ninguna de sus santas obras. Hay varias historias sobre estos dos hombres. Fue en el verano del 5566 (1806) que el Rebe les dijo que viajasen con el libro.

---

⁶ Cf. *Tikuney Zohar*, Introducción.

⁷ Las "siete sabidurías" son: matemática, gramática, retórica, música, geometría, astronomía y lógica (*Rabí Moshé Butril*, Introducción al *Sefer Ietzirá*). Se dice que el Rabí Natán ya era un erudito en estas siete sabidurías antes de llegar a ser el discípulo de Rebe Najmán, a los 22 años de edad (tradición oral).

⁸ El Rabí Iudel y el Rabí Shmuel Isaac, *Kojavey Or* p.52, #25

72 (175). La copia que llevaron fue la que yo mismo había hecho del *Sefer HaNisraf*. Solíamos referirnos a este libro como el "Segundo Libro". Todos los libros impresos más tarde fueron llamados el "Primer Libro", en el sentido de que contenían las enseñanzas del Rebe sobre el *nigle*, la Torá Revelada.

(Es posible que al mundo en general estas enseñanzas le resulten mucho más elevadas que los "misterios de los misterios", pues cada palabra de sus obras impresas está repleta de infinitos secretos y misterios, como puede comprender todo aquel que posea algo de inteligencia. Pero en cuanto al Rebe mismo, incluso estas exaltadas enseñanzas aún estaban en el nivel de lo Revelado frente al *nistar*, la Torá Oculta).[9]

El libro que ordenó quemar mientras estaba en Lemberg, el "Segundo Libro", se encontraba para él en el nivel de los "misterios". Éste fue el libro que yo copié bajo su dictado en el año 5566 (1806), y fue mi copia la que puso en manos de los dos hombres que fueron de ciudad en ciudad leyendo pequeñas secciones. El Rebe les hizo jurar que nunca le revelarían este tema a nadie.

También estaba el "Tercer Libro" del Rebe, el *Sefer HaGanuz*, que ninguna mano tocó ni ningún ojo vio. Para el Rebe, este libro estaba en el nivel del "misterio de los misterios". Este libro ya había sido completado al comienzo del año 5566 (1805), porque fue entonces que el Rebe me dijo todo esto.

Ahora mira lo que el Rebe logró luego de esto, porque él se preció muchas veces de que nunca se mantenía en un mismo nivel. Dijo que si alguna vez llegaba a pensar que aún se encontraba en el mismo nivel del día anterior ya no habría encontrado sentido para él. A cada paso solía decir que no comprendía nada en absoluto[10], pues quería alcanzar más y más. Ahora es posible quizás que comprendas cuán lejos llegaron los logros y las percepciones del Rebe. Luego de esto vivió cinco años más, durante los cuales enfrentó severas dificultades y sufrimientos. Hizo varios viajes a Novorich, Brody, Lemberg y demás. Todo le

---

[9] Ver *Likutey Moharán* I, 15:4.

[10] Ver adelante: 107, 112, 150, 283, 341; *Alabanza del Tzadik* p.92.

servía como un medio para lograr, alcanzar y percibir. Todo aquel que tenga cerebro en su cabeza será capaz de alcanzar un atisbo de comprensión de la grandeza del Rebe. Nunca hubo nadie como él en el mundo entero.

73 (176). En cuanto a la copia del *Sefer HaNisraf* que el Rebe les dio a estos hombres, yo no sabía nada de esto. El Rebe lo hizo en gran secreto y nadie supo nada al respecto. Más tarde, al comienzo del verano del 5566 (1806), fui a ver al Rebe y él me dijo: "Te he dado la oportunidad de una mitzvá al hacer que copies ese libro". Y continuó: "Tu libro ya ha comenzado a producir un impacto en el mundo".

74 (177). El Rebe me exhortó entonces fuertemente a que orase por su preciado hijo Shlomo Efraim,[11] que en ese momento estaba enfermo de tuberculosis. Me pidió que orase mucho por él. Dijo: "Al darles el libro a ellos dos, supe que ellos (los acusadores) se fortalecerían en un ataque en contra de este pequeño niño.[12] En el momento en que se lo di insté a uno de los dos a que orase y pidiese por la vida del niño". Pero nuestros muchos pecados les dieron poder a las fuerzas acusadoras y el infante murió ese verano.

75 (178). Ese verano el Rebe me envió a Zorin (Dzerin) con una nota para el Rabí Ioshúa. Esto fue poco antes del fallecimiento del Rabí Ioshúa. El Rebe quería que él aprendiese los santos nombres que había escrito en la nota hasta que le quedasen fijos en la mente. Esto sería por su bien en el Mundo que Viene. El Rebe dijo que por medio de esto el Rabí Ioshúa sería capaz de llegar a él inmediatamente después de su muerte. Y así fue: el Rabí Ioshúa vino a él inmediatamente.

76 (179). Cuando el Rebe retornó de Lembreg dijo: "Yo soy como Joni HaMeaguel quien durmió setenta años (*Taanit* 23a). Yo

---

[11] *Iemei Moharnat* 11.

[12] Cf. *Sabiduría y Enseñanzas del Rabí Najmán de Breslov*, 189.

supuse que ellos ya me habían olvidado. Pero cuando llegué a Voronovitsa uno de mis seguidores vino corriendo hacia mí tan pronto como me vio. Literalmente me devolvió la vida".

77 (180). "Fue como si alguien, de quien el mundo tiene una tremenda necesidad, fuera retirado y puesto en una habitación: '¡Ahora te sientas *aquí*!'. ¡Lo toman y lo ponen arriba en el tercer o cuarto piso! ¿No era yo acaso como un ocupado mercader que va a la feria con toda clase de cosas para hacer, siempre buscando oportunidades para realizar negocios...? Aunque me decían que necesitaba tomarme un respiro y descansar, yo no les hacía caso, ¡No sabía lo que era el descanso! ¡Todo el tiempo tenía que hacer... hacer...! Y ahora debo cuidarme de lo que ingiero; tengo que asegurarme de poder dormir y demás, todo debido a la enfermedad".[13]

78 (181). "Yo solía tener un cuerpo hermoso. Nunca me exigía nada ni se ponía al frente. Ahora necesito tener cuidado cuando como y demás. No puedo describir el sufrimiento que tuve que pasar allí, por supuesto sufrimiento mental. Recibí tratamiento médico. Solía tomar *jenna* [un remedio chino]. La gente que vive en donde crece el *jenna* es absolutamente atea. Ellos dicen, 'No hay ley y no hay Juez' (*Valkra Rabah* 28). Yo solía tomar remedios de otros lugares en donde hay diferentes clases de herejías. Cuando estos entraron en mí, se transformaron en lo que se transformaron".

Las drogas de cada uno de los lugares entraron en su estómago para que el ateísmo de esos lugares fuera aplastado. Esto era verdad de varias de esas drogas.[14]

---

[13] El Rabí Najmán exhortó a sus seguidores a poner mucho esfuerzo en el servicio a Dios, tanto como fuera posible, siempre que estuvieran sanos. Sin embargo, cuando uno está enfermo, es necesario cuidar mucho la salud (cf. *Aveneha Barzel* p.44 #64).

[14] Ver *Sabiduría y Enseñanzas del Rabí Najmán de Breslov*, 50. Ver también *Likutey Moharán* I, 64, donde el Rebe Najmán advierte de manera similar sobre las sabidurías ateas. Sin embargo, él dijo (*Ibid.*) que el gran Tzadik debe entrar en estas áreas para anular las fuerzas del mal que allí se encuentran.

Nota del Editor: De aquí es posible obtener una pequeña comprensión de porqué el Rebe se sometió al tratamiento médico, aunque también había razones ocultas, tal como las hubo detrás de todas sus acciones y de su comportamiento. Pero su consejo a los demás fue muy enfático al indicar que se alejaran de los doctores y del tratamiento médico.

79 (182). Cierta vez luego de su retorno de Lemberg el Rebe dijo: "Yo soy ahora 'como un niño destetado en el seno de su madre'" (Salmos 131:2).

80 (183). En el verano del año 5568 (1808) el Rebe retornó de Lemberg. Llegó a Breslov un domingo, la semana de la lectura de la Torá *Balak*. El Shabat inmediatamente anterior había estado en Ianov. Al volver de Lemberg tuvo que pasar por Brody, donde hubo de quedarse dos semanas. Los médicos dijeron que era peligroso que viajase debido a la gravedad de su condición. A lo mucho sólo podía hacer diez kilómetros por día. El Rebe no les prestó atención y se apuró, con gran velocidad, cubriendo decenas de kilómetros cada día, tal como solían hacer los mercaderes. El día en que arribó a Breslov había partido bien temprano de Ianov. La noche anterior, luego del Shabat, no había dormido; nunca dormía en la noche después del Shabat.[15] Con la primera luz del alba salió de Ianov, llegando a su casa en Breslov mucho después de entrada la noche. Más tarde en su casa también ignoró el consejo de los médicos sobre lo que debía comer. Él vio que no tenían ningún conocimiento real y ellos mismos se lo habían admitido abiertamente. El Rebe trató esto en profundidad y advirtió seriamente sobre no tener nada que ver con los médicos ni con el tratamiento médico.[16]

81 (184). Durante la estadía del Rebe en Lemberg le entregó el *Likutey Moharán* a una persona que había venido de Medvedevka a visitarlo, y le dio instrucciones de que viajara a nuestra región

---

[15] Ver Likutey Moharán I, 117; *Parparaot LeJojmá ad. loc.*
[16] *Sabiduría y Enseñanzas del Rabí Najmán de Breslov*, 50; adelante:194 nota 14.

El Viaje a Lemberg

y mandara imprimir el libro, cosa que hizo.[17] Antes de esto el Rebe ponderó muy cuidadosamente la cuestión de imprimir, dedicándose mucho tiempo a pensar sobre el tema. Durante los primeros años, siempre tuvimos mucho cuidado de ocultar del público las versiones escritas de sus enseñanzas. Más tarde, me dio instrucciones para que hiciera una copia de sus lecciones dispuestas en orden, pues anteriormente yo las había registrado por separado, sin orden alguno.

En el año 5565 (1805) me dio instrucciones de que las copiara en orden y las agrupara en un tomo. Me dijo que trabajase en esto lo más rápido posible. Dios me ayudó y pude hacer una concienzuda y ordenada copia que le llevé para que viese antes de encuadernarla. Estuvo muy contento con ella. Luego, le di las hojas al encuadernador en Breslov para que las preparase. Esto fue un viernes. Tuve que quedarme junto al encuadernador mientras trabajaba para asegurarme de que ningún extraño pusiese sus manos en el libro. Más tarde el Rebe envió a otro de sus seguidores para que hiciese guardia junto al encuadernador de modo que yo pudiera ir a hablar con él. Tan pronto como llegué habló mucho conmigo y me alentó tremendamente. Fue ese día que escuché la primera revelación de la enseñanza del Rebe sobre los Diez Salmos, el *Tikún HaKlalí*,[18] que son un remedio para una experiencia impura durante la noche.

Debido a nuestra preocupación con todo esto el Rebe no pudo dormir ese viernes. Al comienzo pasó mucho tiempo hablando conmigo, acostado en su cama. Luego se levantó y se sentó a la mesa en la habitación más grande, hablando conmigo y con otros más hasta la tarde. Su costumbre era ir a la casa de baños

---

[17] Ver *Iemei Moharnat* 9, que éste era el Rabí Iaacov de Medvedevka. La copia llevada para imprimir había sido encuadernada por el Rabí Natán. Junto con el Rabí Naftalí, estuvo trabajando durante un cuarto de año, hasta luego de Shavuot del año 1805, para llegar a tener la primera copia escrita a mano completa y encuadernada. Fue esta copia que el Rebe había llevado consigo a Lemberg. Ver *Until The Mashiach*, Apéndice A, carta #6 p.217.

[18] *Sabiduría y Enseñanzas del Rabí Najmán de Breslov*, 141; *Parparaot LeJojmá* II, 92..

inmediatamente después del mediodía. Ese día, sin embargo, se sentó y habló con nosotros hasta bien entrada la tarde.

El Rebe dijo entonces: "Qué difícil es ser líder. Es posible que la encuadernación del libro les parezca algo de poca importancia. Pero mundos sobre mundos dependen de esto".[19] (Parecía que su intención al decir esto era que él mismo estaba obligado a cargar incluso con el peso del *tikún* generado por la encuadernación del libro.)

La encuadernación se completó el jueves de la semana siguiente. Durante toda la semana el Rebe habló mucho conmigo sobre la alegría y me alentó a estar contento todo el tiempo.[20] Dijo: "Cuando una persona está enferma, en cama, se la alienta y se le dice que no esté triste ni deprimida. Le dicen que sea positiva de la manera que fuere. Así, de este modo, alguien enfermo puede recuperarse puramente por medio de un estado mental positivo". El Rebe me habló mucho sobre esto todos esos días. El jueves, cuando la encuadernación estuvo lista y yo le llevé la copia terminada, él dijo: "Aún no estás alegre. Llegará un momento en que sabrás de mi grandeza".[21] Fue entonces que me habló por primera vez sobre su otro libro, aquél que más tarde copié y que finalmente fue quemado. Aún hay mucho para relatar sobre esto.[22]

---

[19] Ver adelante: 351.

[20] *Sabiduría y Enseñanzas del Rabí Najmán de Breslov*, 41, 43. El mismo Rabí Natán les dijo a sus seguidores: "Si siempre estuvieran contentos, nunca verían Guehinom" (*Kojavey Or* p.78 #28).

[21] Ver adelante: 369.

[22] Arriba: 66; *Iemei Moharnat* 26.

V. Umán:[1]

82 (185). En el primer día del mes de Iar del año 5570 (1810), una noche de Shabat, hubo un gran incendio en Breslov en el que también se quemó la casa del Rebe. El martes siguiente el Rebe partió rumbo a Umán. La semana anterior el Rebe había enviado a alguien a Umán para hacer los arreglos necesarios para que él pudiese vivir allí en la casa de Najmán Natán.[2] Pudimos ver la mano de Dios en todo esto. Era más que una coincidencia el que el Rebe hubiera enviado su mensajero una semana antes del incendio. Inmediatamente después del incendio, el domingo, otro mensajero llegó a Breslov para notificarle al Rebe que podía viajar dado que estaban complacidos de tenerlo en Umán. Yo mismo viajé con el Rebe.

En el camino nos encontramos con el Rabí Meir de Teplik, que era el mensajero que el Rebe había enviado la semana anterior. El Rabí Meir descendió de su carruaje y subió al nuestro. El Rebe conversó con él y el Rabí Meir le dijo que ellos estaban complacidos de tenerlo en Umán y que esa casa era un hermoso lugar para vivir.

El Rebe le respondió: "¿Es todo nuestro, no es así? 'La persona está obligada a decir, el mundo fue creado sólo para mí' (Sanedrín 37a). Aquí tenemos viajando a un Najmán y a un Natán.[3] Entonces, ¡es todo nuestro!".[4] El Rebe nos dijo que no mencionáramos

---

[1]   Información adicional sobre el traslado del Rabí Najmán a Umán y sus últimos días allí puede encontrarse en *Until The Mashiach* p.184-206, y en *Iemei Moharnat* 44-66.

[2]   Najmán Natán Rappaport, uno de los principales *maskilim* de Umán, que había fallecido el verano anterior. Ver *Until The Mashiach* p.75, 167; adelante: 100.

[3]   *Parparaot LeJojmá* 215.

[4]   *Iemei Moharnat* 47.

nada de lo que él había dicho. Continuó diciendo: "¿No fue el Rabí Meir quien 'prestó atención al nombre de la persona' [es decir, a su significado]?" (Ioma 83b). El Rebe dijo que tan pronto como dejó Breslov estos pensamientos entraron en su mente y lo emocionaron sobremanera, pero no había querido hablar de ello. Fue sólo debido al encuentro con el Rabí Meir de Teplik que hubo de revelarlo, pues se encontraba en el nivel de los "misterios ocultos", los misterios subyacentes a sus acciones. El Rebe dijo entonces: "Así es como Dios gobierna el mundo".

Y con alegría continuó diciendo, "Si le dicen a alguien Najmán Natán...". Habló entonces sobre el tema del kidush y levantó la mano como alguien que sostiene la copa de vino durante el kidush. Dijo: "Este kidush y [la bendición sobre él] vino se hace en una casa donde nunca mencionaron el nombre de Dios".[5] Entonces habló sobre el tema de la grandeza de Dios.[6]

83 (186). Al salir de Breslov el Rebe dijo: "Hay otra razón muy buena para mi partida, pues no sería correcto que yo estuviese contento mientras el pueblo de Breslov se encuentra en dificultades.[7] Indudablemente, de no haberse incendiado mi casa, yo habría estado obligado a compartir su desgracia.[8] Pero viendo que mi propia casa también se ha quemado, debo aceptar lo que ha sucedido con amor y alegría. En verdad debo tratar de estar muy alegre. Debo hacer el esfuerzo de estar contento. Por este motivo no es correcto que yo me quede con ellos.[9] Ellos estarán sumidos en la tristeza mientras que yo estaré alegre". Comprende bien en esto.

Más tarde dijo el Rebe: "De haber dinero de por medio, no hay cuestión al respecto. Si en esto sólo hay una pérdida monetaria sin duda debo aceptarlo con alegría, pues 'Piel por piel, todo lo que el hombre tiene lo dará por su vida' (Job 2:4). Pero incluso

---

[5] Ver adelante: 612.
[6] Adelante: 193.
[7] Ver adelante: 547.
[8] Cf. *Avot* 2:4, que uno no debe separarse de la comunidad.
[9] Ver adelante: 107; cf. *Taanit* 24b, Rabí Janina ben Dosa.

si mi propia vida fuera requerida, que Dios me proteja de ahora y para siempre...", incluso entonces, dijo el Rebe, debía aceptarlo con alegría.[10] Su alegría era tan grande que incluso en un caso de la pérdida de un ser querido debía esforzarse por cumplir con las diversas costumbres del duelo, llorar y demás. Para él todo era lo mismo, como si no estuviese en absoluto en el mundo.

84 (185). Antes de que el Rebe saliera de Breslov rumbo a Umán, lugar donde fallecería, al dejar la casa para ir hasta el carruaje, se detuvo ante la mezuzá y apoyó la mano sobre ella. Le dijo a la gente que lo rodeaba: "Asegúrense de mantenerse juntos y de orar juntos. Si oran con intensidad tal vez puedan traerme de vuelta aquí".

85 (188). Mientras viajamos en el carruaje el Rebe habló de manera muy hermosa e inspiradora, y sus palabras estaban plenas de un profundo aliento espiritual. De lo que dijo pude comprender la grandeza y el amor de Dios y cómo al final Él revelará la verdad y trabajará para nuestro bien último. Me sentía muy entusiasmado y le dije, "De modo que después de todo, Dios completará las cosas de acuerdo con Su voluntad". El Rebe respondió con un tono de sorpresa, "¿Qué quieres decir con que 'Dios completará'? De seguro Dios está completando todo el tiempo".

86 (189). Durante el viaje, el Rebe dijo: "Aun así, Dios ayuda al pueblo judío en todo momento y no hay una generación huérfana. Esto fue lo que respondió el Rabí Shimón bar Iojai cuando uno de los Tanaim dijo, 'La Torá está destinada a ser olvidada en Israel' (Shabat 138b). 'No', dijo, 'pues debido a este Zohar ellos saldrán de su exilio' (Zohar III, 124b). Pues 'ella no será olvidada de los labios de su simiente'" (Deuteronomio 31:21). El Rebe explicó entonces por qué el Rabí Shimón se basó en este versículo. Mira en el Likutey Moharán I, en la Introducción, [donde el Rebe Najmán indica que las últimas letras de cada una de las palabras del versículo כי לא תשכח מפי זרעו - 'ella no será olvidada

---

[10] Cf. *Sabiduría y Enseñanzas del Rabí Najmán de Breslov*, 194.

de los labios de su simiente' - conforman el nombre יוחאי - Iojai]. Yo dije, "El mismo Rabí Shimón también debe haber sentido gran placer con esto",[11] es decir de la nueva interpretación del Rebe, que era completamente original. El Rebe dijo: "Sí".

Dijo entonces: "El mismo Rabí Shimón es algo diferente, pues el Rabí Shimón es עיר וקדיש מן שמיא נחית - 'Un ángel santo [que] descendió del Cielo'" (Daniel 4:10). [Las iniciales del versículo conforman el nombre שמעון - Shimón, tal como está mencionado en el Likutey Moharán (ibid.)]. El Rebe dijo entonces: "Pero ahora hay un 'Arroyo fluente, manantial de sabiduría' - נחל נובע מקור חכמה (Proverbios 18:4).[12] [Las letras iniciales del versículo forman el nombre נחמן - Najmán.] <"Por lo que incluso 'un ángel santo [que] desciende desde el Cielo' debe también recibir de este arroyo". Comprende bien esto.>

Ya habíamos escuchado decir al Rebe que él era un río que purificaba de todas las manchas.[13]

87 (190). Al acercarnos a Umán el Rebe contó una historia sobre el Baal Shem Tov. Una vez el Baal Shem Tov llegó a una cierta ciudad donde se sumió en una muy profunda depresión. La gente veía que estaba deprimido pero nadie se atrevía a preguntarle por qué. Esto siguió así durante un día y medio. Entonces, en la tarde del viernes, el Baal Shem Tov les pidió que hiciesen venir a todos los visitantes que estaban de paso en la ciudad, para que comiesen con él durante el Shabat. De hecho, no había muchos visitantes y sólo pudieron encontrar a dos, que estaban viajando a pie. Más tarde, se escuchó que el Baal Shem Tov tenía una discusión con ambos.

El Rebe dijo que no recordaba muy bien los detalles de la historia, pero la esencia del asunto era que en el lugar en cuestión había almas que habían estado allí durante trescientos años sin

---

[11] El Rabí Natán explica que los sabios Talmúdicos eran tan grandes que sus mismas palabras contenían *Ruaj HaKodesh*. Por lo tanto, es posible encontrar en sus dichos ideas originales que ni siquiera ellos conocían. Ver *Kojavey Or*, p. 70 #7.

[12] *Belbey HaNajal* 19; *Kojavey Or, Jojmá uBiná* p.102 nota #4.

[13] Ver adelante: 332; *Kojavey Or, Sijot VeSipurim* p.85.

tener un ascenso. Cuando llegó el Baal Shem Tov todas fueron hacia él, porque estaban anhelando un hombre como éste que pudiera lograr su tikún. Éste fue el motivo de su depresión, pues era una tarea muy pesada. El hecho era que la única manera de lograr su tikún indicaba que él mismo debía fallecer. Esto le era muy difícil, y por eso estaba deprimido. Pero Dios hizo que estos hombres fuesen llevados a él y de este modo el Baal Shem Tov pudo salvarse. Parece ser que algún daño les sucedió a estos dos hombres debido a esto.

88 (191). El martes, 18 del mes de Tishrei del año 5571 (16 de octubre de 1810), en el cuarto día de Sukot hacia la noche, fue tomada el arca de Dios y falleció la luz de Israel, nuestro maestro, guía y Rebe, lámpara suprema, preciosa y santa, la luz oculta, Rabí Najmán de bendita memoria. Fue enterrado al día siguiente en Umán, el lugar que eligiera en su vida.[14] Fue su explícito deseo el ser enterrado en Umán debido al gran martirio que había tenido lugar en esa ciudad, y su muerte allí fue en aras de los mártires que habían sido masacrados en ese sitio.[15] Nos había dicho que había decenas de miles de almas en Umán que él debía elevar. El día anterior a su muerte me dijo: "¿Recuerdas la historia que te conté?". "¿Cuál?" pregunté. "La historia del Baal Shem Tov que te conté cuando venía hacia Umán".[16] "Sí", dije. El Rebe continuó: "Hace mucho tiempo que tienen sus ojos puestos en mí, para hacerme venir aquí". Y continuó: "No sólo hay miles de almas aquí, sino cientos de miles". Esa noche también habló sobre este tema y sobre cuántos juicios habían sido ejecutados allí y cuántos mártires habían sido masacrados. "¿De qué se preocupan, siendo que yo me voy antes que ustedes? Aquellos de mis seguidores

---

[14] Arriba: 48, 59; adelante: 89, 94, 102, 114; *Iemei Moharnat* 41.

[15] El 19 de junio de 1768, el revolucionario campesino Maxim Zelieznak atacó la ciudad junto con Ivan Gunta, el comandante cosaco, matando a más de 20.000 judíos en Umán. Esto sucedió luego de ataques previos a otras ciudades que diezmaron severamente la población judía de Ucrania. Ver *Until The Mashiach* p.188, 277-284.

[16] Ver también *Iemei Moharnat* 58.

que ya han fallecido pueden tener algún tipo de inquietud. Pero en cuanto a ustedes, ahora que me voy antes que ustedes, no tienen de qué preocuparse en absoluto. Si las almas que no me conocieron están esperando el tikún que yo puedo darles, ustedes ciertamente pueden estar tranquilos".[17]

89 (192). Cierta vez, cuando ya vivía en Umán, el Rebe estaba sentado, hablando con nosotros y dijo: "¿Recuerdan cuando comencé a hablar por primera vez sobre Umán?". Yo le dije que sí recordaba. Fue cuando llamó al Rabí Iudel y le preguntó sobre el "Sofiefka".[18] El Rebe dijo: "Tú no sabes ni tampoco recuerdas. También hablé sobre ello antes. Cuando tuve esa conversación con el Rabí Iudel ya había avanzado en el tema y me había adentrado en mi estudio de esta cuestión. Por entonces ya tenía el poder de incluir esto en mi conversación y hacerlo formar parte integrante de lo que estaba diciendo". El Rebe continuó: "El resto de ustedes tampoco son sabios. Ustedes piensan que todo está conectado con Najmán Natán". En verdad, dijo, ésta no era sino una fracción infinitesimal del propósito de su venida.

Dijo que en el invierno anterior, al mencionar que quería viajar por la región, su pensamiento principal había sido quedarse durante un tiempo en Umán. A partir de lo que dijo sobre el tema quedaba en claro que tenía un motivo enorme y tremendo para ir a Umán y que desde hacía mucho tiempo había comenzado a comprender el significado de su misión. Tenía una explicación completa, en el más profundo de los niveles. Mucho antes de que viniese a Umán, cuando aún estaba viviendo en Breslov y sólo hablaba sobre esto, ya estaba muy adentrado en el tema y bien consciente de su sentido y significado. Cuánto más ahora que ya estaba en Umán. Es imposible transmitir incluso una mínima porción de lo que fuimos capaces de comprender, pues todo lo que hacía el Rebe se remontaba a los motivos más insondables, y

---

[17] Ver adelante:122; *Tovot Zijronot* 9, p.148.
[18] Sitio turístico ubicado en Umán, Ucrania. Este parque fue diseñado por el conde Félix Potacki en la década de 1760 y contiene muchas plantas y árboles del mundo entero.

en especial aquello relacionado con su viaje para fallecer en Umán. "Es profundo, profundo. ¿Quién lo podrá hallar?" (Eclesiastés 7:24).

90 (193). El Rebe habló sobre los grandes pecadores[19] que vienen a ver al verdadero Tzadik. "Incluso ellos muestran una cierta humildad cuando se empequeñecen pese a ellos mismos y muestran la voluntad de visitarlo y de demostrarle cierta deferencia. Esto en sí mismo genera un gran tikún en determinado lugar. Incluso la mínima deferencia que le demuestren es algo muy grande en relación a su gran mal, y trae un enorme tikún. Todos los días el pueblo judío repite varias veces, 'Pues Dios es más grande que todos los dioses' (Éxodo 18:11), 'entonces el nombre del Santo, bendito sea, fue glorificado y exaltado arriba y abajo' (Zohar II, 69a). Fue precisamente debido a que vino de tan lejos, de las profundidades mismas de las klipot, de las cáscaras, y que estuvo dispuesto a aceptar el ámbito de la santidad, que el nombre del Santo, bendito sea, fue exaltado y ensalzado".[20] Comprende bien esto.

También escuché que el Rebe le dijo a alguien: "Esto es algo de lo cual no tienes idea alguna. Cuando uno de ellos se inclina (es decir, se acerca al Tzadik y hace un gesto de respeto por la santidad) todos los cielos se inclinan en señal de reverencia".

91 (194). El Rebe habló cierta vez sobre los avances científicos y el progreso en el conocimiento secular. "Todo aquél que descubre algo nuevo nunca tiene un buen fin. Eventualmente termina cayendo debido a la misma cosa que ha descubierto. Vemos esto en muchos casos de famosos descubrimientos. Cristóbal

---

[19] Entre los *maskilim* de Umán, había tres que eran líderes de la comunidad, Jaikel Hurwitz (1750-1822), Hirsh Ber Hurwitz y Moshé Landau. Al principio el Rebe se cuidó de no hablar de Torá enfrente de ellos y en su lugar conversaba sobre la ciencia y los idiomas o jugaba al ajedrez con ellos. Más tarde se hicieron muy amigos del Rebe Najmán y comenzaron a escuchar sus lecciones y a volverse religiosos. Hirsh Ber era el yerno de Najmán Natán Rappaport mencionado arriba: nota 2. Ver *Kojavey Or, Sipurim Niflaim* p.1-10. Ver *Until The Mashiach* p.75-76.

[20] Ver *Likutey Moharán* I,10:2; *Ibid.* 14:2.

Colón descubrió América, pero al final murió encadenado como resultado de ello, pues los libros de historia nos dicen que fue acusado frente al Rey debido a lo que hizo.[21] Hay un famoso caso de un hombre que descubrió una manera de evitar los peligros del rayo. Al final terminó muriendo en una tormenta.[22] Otro inventó un extraordinario artefacto óptico, sólo para terminar siendo quemado por ello.[23] Existen muchos casos similares. Sócrates fue el filósofo más importante de la antigüedad. Al final lo hicieron morir con veneno debido a su sabiduría.[24] Hay otros numerosos casos de filósofos y científicos que hicieron invenciones y descubrimientos sólo para morir debido a la misma cosa que descubrieron".

Con respecto al estudio de la Torá, le escuché decir que no estaba a favor de los eruditos y de los líderes cuya mayor preocupación era la originalidad por sí misma, así sea en una regla legal original o en alguna nueva práctica. A ellos no les interesaba realmente la verdad, sino sólo ser originales. Dijo que los líderes estaban generalmente sujetos a un malsano deseo de originalidad por sí misma y él no estaba en absoluto a favor de esto. No hay necesidad de ser original.[25] Lo más importante debe ser la verdad y sólo la verdad.

92 (195). Umán, viernes, la semana de la lectura de la Torá Bejukotai. Esto fue dos semanas después de la llegada del Rebe a Umán, cuando aún estaba parando en la casa de Najmán Natán.

---

[21] Los colonos de la Hispaniola no estaban satisfechos con el gobierno de Colón, quien fue enviado de retorno a España para enfrentar un juicio.

[22] Georg Wilhelm Richmann, un inventor ruso, fue pionero en los experimentos con los rayos al comienzo del siglo XVIII. Al preparar un experimento, le cayó un rayo encima y lo mató.

[23] Aparentemente, éste era Galileo, quien descubrió los lentes del telescopio. Su descubrimiento lo llevó a estar de acuerdo con Copérnico sobre la concepción de la tierra girando alrededor del sol. Por esto fue declarado hereje por la iglesia.

[24] Los atenienses obligaron a morir a Sócrates en el 399 a.e.c., acusándolo de corromper a la juventud con sus enseñanzas no convencionales.

[25] Ver adelante: 484. En otra parte el Rebe Najmán dice que uno puede generar nuevas ideas de Torá mientras no genere nuevas leyes.

Había estado hablándome sobre el temor religioso y me preguntó si yo lloraba a veces. Entonces dijo: "Ahora nos encontramos al término del pueblo judío, su limite más externo. Éste es el punto en el cual termina la frontera del pueblo judío. Todo tiene su punto final o límite". (Y si es así, puede inferirse que incluso el pueblo judío, el Pueblo Santo, también debe tener alguna clase de "final", en el sentido de que hay un punto donde la santidad del pueblo judío llega a su límite, si así pudiera decirse. Más allá de ese punto la santidad judía no continúa más. Cuando el pueblo judío llega a este punto se encuentra muy lejos de Dios. Esto fue lo que quiso significar cuando dijo que ahora nos encontramos al término del pueblo judío). "Debido a esto", continuó, "debemos ser muy cuidadosos y no tropezar, Dios no lo permita". Dijo entonces: "Pero aun así ciertamente, no serán capaces de desviarnos de nuestra santidad.[26] Mentalmente estamos muy fuertes, y cuando se trata de temas de la mente no serán capaces de movernos y confundirnos con sus locas ideas y puntos de vista. Mentalmente no serán capaces de confundirnos en absoluto, porque en cuanto al alma concierne, y la mente está unida al alma, somos ciertamente fuertes y no nos dañarán en absoluto, Dios no lo permita.[27] Es sólo en temas externos, tales como la comida,[28] que debe tomarse la precaución para no tropezar, Dios no lo permita. Para esto necesitamos la protección de Dios. Debemos rogarle que nos proteja de tales peligros".

Continuó el Rebe: "Todo lo que se hace en este mundo, incluso entre las naciones gentiles, hasta el último detalle de su manera de andar, de su vestimenta y demás, todo tiene algún propósito y nada carece de significado". (Todo tiene alguna raíz). "Es posible

---

[26] Ver *Likutey Halajot, Birkat HaPeirot* 4:45.

[27] Ver *Likutey Moharán* I, 61:3.

[28] Ver *Likutey Moharán* I, 62:1, 5. Cf. *Shabat* 17a; *Ioma* 39b; *Julin* 5b, *Tosafot, v.i. Tzadikim.*

El alimento que no es *kosher* contamina el corazón del judío por lo que *Tosafot* (*loc.cit.*) afirma que es una ignominia que un judío recto deje que entre en su cuerpo comida no *kosher*. De aquí la advertencia del Rebe sobre los temas externos tales como la comida....

que la persona no comprenda lo que está sucediendo en el mundo, pero si logra hacer lo que Dios quiere esto es muy bueno, y es afortunada en verdad. Tenemos que pedirle a Dios que nos ayude a saber qué es lo que Él quiere y entonces debemos hacerlo, eso y sólo eso. Pero cuando la persona es digna de recibir iluminación y llega a comprender lo que está haciendo, esto es incluso mejor. Los cielos mismos se abren para ella. Se le abre la sabiduría y Dios le muestra lo que ella está logrando. De este modo, 'Los cielos se abrieron y yo vi visiones de Dios' (Ezequiel 1:1). La persona se hace digna de 'visiones' de Dios, en el sentido de que Dios le da una visión de lo que ella está haciendo en el mundo. A través de la sabiduría misma que se le abre, los cielos se abren, porque 'Todo lo has hecho con sabiduría' (Salmos 104:24). Cuando la persona logra ver lo que está haciendo en el mundo, Dios la protege para que no tropiece.

"Éste es el significado de la profecía de Daniel: 'Y aquéllos que son sabios brillarán como el fulgor del firmamento' (Daniel 12:3). A través de la sabiduría y de la percepción que ilumina e irradia, se abren los cielos y los firmamentos. Pues 'Todo lo has hecho con sabiduría'. 'Aquéllos que son sabios brillarán', cuando irradia la sabiduría y se abren los cielos, uno está protegido de tropezar. Esto se encuentra implícito en el versículo mismo de Daniel. Las iniciales de las palabras, Vehamaskilim Iaziru Kazohar Harakia - והמשכילים יזהירו כזוהר הרקיע, componen el santo nombre IVHK, יוהך, que posee poderes protectores. El mismo brillo de 'aquéllos que son sabios' da protección, pues tal como indican las palabras del versículo, este brillo está unido al santo nombre IVHK que es utilizado para proteger a los viajeros de los ladrones y de los asesinos. Es así que el nombre aparece en las devociones que acompañan a la Plegaria del Viajero.[29] El nombre se forma a partir de las últimas letras de las palabras kI malajaV itzaveH laKh - כי מלאכיו יצוה לך, 'Pues Él dará encargo a Sus ángeles acerca de ti' (Salmos 91:11)".

---

[29] Ver *Shaarei Zion*, la Plegaria del Viajero. *Shaarei Zion* es una importante colección de plegarias Kabalistas del Rabí Natán Nota Hanover (m. 1683).

93 (196). El Rebe hizo estas afirmaciones en el curso de una conversación sobre el temor religioso y el llanto. Dijo que debíamos llorar ante Dios como un niño pequeño que llora ante su padre. Debemos llorar porque estamos tan lejos de nuestro Padre en el Cielo.

Antes de esto, el Rebe había dicho: "Mi arrepentimiento es mucho más efectivo que el esfuerzo de ustedes en arrepentirse. Porque yo me arrepiento en el sentido simple de la palabra:[30] Yo siento una gran contrición y vergüenza, y tomo la decisión de no volver a repetir lo que hice, de manera alguna".

Él dijo que se había arrepentido de las palabras que había dicho sobre Najmán Natán cuando estábamos en el carruaje en el camino desde Breslov a Umán.[31] Dijo que había sido obra del Malo, para hacer que las cosas fueran mucho más difíciles y pesadas que antes. Yo sugerí que fue nuestro encuentro con Rabí Meir lo que llevó al Rebe a decir lo que dijo. "Aun así", respondió, "no fue necesario decirlas entonces". Dijo que debía haber esperado. Y que si hubiese esperado, no habría tenido que decirlas en absoluto.

94 (197). Lunes 24 de Iar. Umán.[32] El Rebe dijo que en esa etapa realmente deseaba poder sacarse de encima las cargas del mundo. Deseaba encontrar algún lugar donde vivir solo, sin tener que soportar el yugo de las responsabilidades para con sus seguidores y demás. Dijo que aunque no hubiera llegado a ser un líder, aun así podría haber alcanzado lo que alcanzó. Yo indiqué que también Moisés aceptó el papel de líder para acercar el pueblo a Dios. "Y de seguro Moisés se equivocó en eso", respondió el Rebe, "porque incluso él fue castigado por intentar acercar a la multitud mezclada".

El Rebe continuó: "La parte difícil de todo lo que la persona tiene que hacer por Dios es la que queda como responsabilidad de su libre albedrío, las cosas que debe decidir por sí misma sin

---

[30] Cf. *Iad HaJazaká, Hiljot Teshuvá* 2:2.
[31] Ver arriba: 82.
[32] Cf. adelante: 114.

que se le ordene o se le pida explícitamente. Entonces depende enteramente de uno hacer lo que elija. Éste es el concepto de 'el día que Moisés agregó por su propia iniciativa' [ver Shabat 87a: Se le dijo a Moisés que preparase al pueblo judío para la entrega de la Torá 'en el tercer día' (Éxodo 19:11), pero por su propia iniciativa él los preparó durante tres días, y la Torá fue entregada al día siguiente]. En todos los actos de devoción siempre hay algo que queda para que el individuo mismo decida y elija por sí mismo, tal como Moisés agregó un día por su propia iniciativa sin que se le ordenase.[33] El área donde entra en juego la libertad de elección es donde se encuentra la parte esencial del trabajo. Siempre hay lugar para la duda sobre lo que Dios realmente quiere, dado que Él no ha dado instrucciones sobre lo que se debe hacer".

El Rebe dijo que en lo referente al deseo manifiesto de Dios, no había tarea o devoción en el mundo que hubiera sido para él un esfuerzo o una carga, en absoluto. No importa cuánto sufrimiento pudiera implicar, y el Rebe sabía muy bien lo que era el sufrimiento, él lo aceptaba fácilmente si sabía sin duda alguna que esa era la voluntad del Creador. Si era la voluntad de Dios, aceptaba todo. Ni el sufrimiento ni ninguna otra cosa constituían la mínima carga para él.[34]

Para el Rebe, la principal dificultad residía en el ámbito donde él debía elegir, como en "el día que Moisés agregó por su propia iniciativa", donde no se le dio ningún mandamiento explícito. Aquí el Rebe no sabía cómo actuar. Hubo veces en que las cosas que decidió le resultaron muy difíciles. Sufrió mucho y aun así, no sabía si había hecho lo que Dios quería.

El Rebe agregó que cuando Moisés quebró las tablas de piedra (Éxodo 32:19)[35] también fue un caso en que actuó por su propia iniciativa. El Rebe se explayó sobre este tema.

Claramente se sentía asaltado por las dudas y no podía decidir qué hacer. Estaba pensando en deshacerse de la carga del

---

[33] Ver *Likutey Moharán* I, 190.
[34] Ver *Likutey Moharán* I, 65:3.
[35] Cf. *Shabat, loc. cit.*

liderazgo, viendo que las ganancias no eran tan grandes como había querido.

"Yo ya hablé de esto en el pasado", dijo el Rebe, "lleva tiempo y energía ayudar a los vivos. Incluso si tratas de ayudar a un Tzadik en este mundo, si tratas de elevarlo y de llevarlo a un nivel más alto, también eso es un trabajo difícil, más difícil que ayudar y elevar a cientos de miles de almas de pecadores fallecidos. En este mundo la gente tiene libertad de elección y es por eso que es muy difícil llegar a alguna parte con ellos, pues significa quitarles la libertad para poder llevarlos así por el sendero verdadero. Es diferente con los muertos. Es posible que algunos de ellos hayan sido los más grandes pecadores, pero tan pronto como fallecen puedes hacer lo que quieras con ellos: harán todo lo que les digas, no importa cuán malos hayan sido.[36] Por el contrario, aunque trabajes con un gran Tzadik, mientras esté en su cuerpo, tendrá libertad de elección. Es muy difícil lograr algo con él para sacarlo de su comportamiento actual y llevarlo a la verdad".[37]

Nota del Editor: El Rebe estaba muy ocupado rectificando miles de almas que habían caído hacía mucho tiempo. Ésta era su principal tarea, y por esta razón se preguntaba si no debía deshacerse completamente de su papel de líder. Si dudaba se debía a que, si podía ayudar a alguien con libertad de elección a acercarse a Dios, ello sería de incalculable valor.

Luego de esto, el Rebe habló sobre su estadía en Umán, diciendo que era un lugar muy bueno para él. Si debía estar en algún lugar, lo mejor para él era estar aquí. Y cuando terminasen sus días, éste

---

[36] Cf. *Likutey Moharán* II, 111, que si se le permitiese a una persona muerta retornar a este mundo para orar lo haría muy seriamente, con toda su energía.

[37] El Rabí Pinjas Ioshúa, un discípulo del rabí Natán, estaba conversando con el Rabí Abraham Sternhartz y el Rabí Mordejai Shojet de Breslov junto a la tumba del Rebe. Él detalló sus *guilgulim*, reencarnaciones, diciendo que los Tzadikim de las generaciones anteriores habían rechazado su alma por ser imposible de corregir, pese a haber puesto un gran esfuerzo en ello. Agregó entonces, "Tal como un albañil rechaza una piedra al construir una casa si ésta es demasiado deforme como para ser utilizada, de la misma manera yo fui rechazado por todos los Tzadikim anteriores. Sólo el Rebe fue capaz de tomarme y de darme los *tikunim*, las rectificaciones necesarias".

sería el lugar para morir, debido a la tremenda masacre en Umán, un martirio que produjo una gran santificación del nombre de Dios. Decenas de miles de judíos habían sido asesinados; e incluso aquellos que no habían sido considerados piadosos anteriormente, santificaron el nombre de Dios mediante su muerte.[38] Muchos eran literalmente mártires porque los gentiles trataron de convertirlos y ellos murieron en lugar de hacerlo. Incluso aquellos que fueron asesinados sin haber sido obligados a convertirse también son considerados mártires.[39] Terribles crímenes fueron perpetrados. Miles de niños pequeños e infantes fueron asesinados.

"En cuanto a ellos", el Rebe se estaba refiriendo a los judíos renegados, tristemente célebres en Umán y de los que había muchos, "ellos provienen del desecho". Por eso eran ateos, y aun así inclusive entre ellos había algunas chispas preciosas que aún no habían sido purificadas.[40]

Luego de esto el Rebe relató un sueño relacionado con una boda: "¡Qué joven éste! ¡Qué novio éste!".[41]

Entonces le dije al Rebe: "De seguro que si ayudas a una persona que tiene libertad de elección ello es un logro muy valioso". "Ciertamente", replicó el Rebe, y por su gesto y expresión indicó que era un logro de inestimable valor. "Eso es evidente. Lo que olvidas es el tiempo que lleva". No había dudas sobre cuán valioso era lograr algo con un agente libre.[42] Pero trabajar con él llevaba mucho tiempo e incluso entonces era una incógnita saber si uno tendría éxito, debido a la dificultad en ayudar a personas que tienen libertad de elección. El mismo tiempo podía ser utilizado para elevar cientos de miles de almas muertas. Era por esto que el Rebe tenía tales dudas, y fue aquí que tuvo que hacer su elección, porque no había una directiva clara. Para él esto era una cuestión de "el día que Moisés agregó por su propia iniciativa".

---

[38] Ver *Likutey Moharán* I, 80, 260; *Likutey Halajot, Jovel beJavero* 3:7-9.
[39] Ver *Zohar* I, 38b, 39a, 41a; II, 246a.
[40] *Etz Jaim, Shaar Shevirat Keilim*, 2.
[41] Ver adelante: 219.
[42] *Iemei Moharnat* 82.

Evidentemente al Rebe ya se le había ocurrido partir y dejarnos, pero le era muy difícil porque esperaba ansiosamente Rosh HaShaná. Durante todo el verano en Umán estuvo anhelando el momento en que pudiera estar con todos sus seguidores reunidos para Rosh HaShaná. Y Dios en Su misericordia tuvo piedad de nosotros y de todo Israel y el Rebe no nos dejó. Se quedó con nosotros todo el verano y en Rosh HaShaná. Y ese último Rosh HaShaná pudimos escuchar de él la lección más asombrosa.[43] Fue en Umán que falleció y su presencia inmortal está para siempre con nosotros. "¿Cómo puedo corresponderle a Dios por todos Sus beneficios para conmigo?" (cf. Salmos 116:12).

Escuché de uno de los seguidores del Rebe en Ladizin que cuando el Rebe visitó esa ciudad al comienzo de su enfermedad y predijo que ella le costaría la vida, habló algo sobre su tumba[44] y dijo: "Quiero quedarme entre ustedes, Ij vil bleiben tzvishen aij. Y ustedes vendrán a mi tumba".

Nota de Editor: Fue muy valioso para mí escuchar que el Rebe dijo explícitamente: "Quiero quedarme entre ustedes". El mundo entero depende de esto.

95 (198). El Rebe contó una historia en conexión con los intelectuales judíos que solían visitarlo en Umán.[45] Ellos se consideraban "iluminados" y solían contarle toda clase de disparates a partir de los textos que leían. El Rebe dijo: "Muy pronto van a agotar todo su repertorio. Dentro de poco no van a tener nada más para decir".

El Rebe contó una agradable historia sobre alguien que fue atacado por un ladrón. El ladrón dijo, "¿Tienes dinero?". "Sí", respondió, "te daré todo el dinero pero no me quites la vida". El ladrón tomó todo el dinero. Entonces la víctima le dijo: "¿Cómo puedo volver a casa sin dinero? He estado lejos de casa mucho tiempo, yendo de acá para allá. ¿Cómo puedo volver a mi hogar

---

[43] Esta es *Likutey Moharán* II, 8.
[44] *Iemei Moharnat* 26, 41; *Parparaot LeJojmá* II, 5.
[45] Ver arriba: 90 nota 19.

sin nada? Te quiero pedir un favor. Toma tu pistola y dispara una bala en mi sombrero. Así tendré pruebas de que fui atacado por un ladrón". El ladrón hizo lo que le pidió. El hombre le rogó entonces que le hiciese algunos agujeros más. Finalmente el ladrón le dijo, "Ya no me quedan más balas". Tan pronto escuchó esto, el hombre le dijo, "Ahora que no tienes más balas, ¡ven aquí!". Tomó al ladrón por el cuello y pidió ayuda y así fue como logró detenerlo.

La moraleja fue clara para todo aquel que escuchó al Rebe contar la historia.

96 (199). Domingo, el primer día de Sivan. Umán.

El Rebe me dijo: "Cuando viajaste conmigo a Umán me dijiste algo. Luego, el Rabí Naftalí me dijo lo mismo. Más tarde, el Rabí Iudel me dijo la misma cosa. Cuando tú me lo dijiste, lo hiciste por medio de una alusión, y yo me sorprendí muchísimo, pero ellos me lo dijeron de manera explícita. A juzgar por lo que la gente en general está diciendo, les han escuchado decir la misma cosa". El Rebe continuó: "Ahora veremos". Yo le pregunté si esto tenía algo que ver con predecir el futuro, porque eso era lo que entendí a partir de lo que él dijo. "Sí", respondió. "Más tarde, cuando esto suceda, podrán arrancarles los ojos a los filósofos".

Nota del Editor: Este tema sigue siendo un misterio y ninguno de nosotros conoce el significado de lo que le dijimos al Rebe, ni lo sabremos hasta el tiempo en que seamos dignos de verlo, Dios mediante.

97 (200). A veces el Rebe hacía cosas que a la gente le resultaban completamente increíbles y misteriosas. Todos se equivocaban con respecto a sus actividades, cada uno tenía su propia explicación sobre el propósito de lo que hacía el Rebe. Con respecto a su viaje a Umán, por ejemplo, todos imaginaban ridículas ideas sobre cuál pudiera ser el motivo del Rebe, cuando en verdad sus intenciones estaban unidas a preocupaciones del más alto nivel. Ciertamente no tenía ninguna intención de obtener una ganancia personal. Su único propósito era en aras del Cielo.[46]

---

[46] Ver arriba:12, 24, 28, 50-52, 54, 79; adelante: 107.

Respecto de las ideas que la gente podía llegar a tener, el Rebe decía: "Es muy bueno dejar que ande un loco entre la gente. Cada uno engaña a alguien y ese alguien es uno mismo. Se engaña a sí mismo para su propio bochorno. Aquél que se cuida de no engañarse engaña al mundo entero".[47]

En otras palabras, cada uno tenía sus propias ilusiones con respecto al propósito del Rebe, y no había necesidad alguna de engañarlos, porque ellos ya se engañaban a sí mismos. Cada uno proyectaba su propia y errónea interpretación sobre las acciones del Rebe.

Para explicar algo más: cada uno se engaña a sí mismo en algún nivel. Nadie actúa puramente en aras del Cielo sin ningún otro motivo ulterior. Todos se engañan a sí mismos. Si alguien hace todo sólo en aras del Cielo sin ningún otro motivo y sin ninguna esperanza de ganancia personal, si genuinamente rehusa engañarse a sí mismo de la manera que fuera, entonces todo lo que hace inevitablemente les parecerá a los demás un completo misterio. Todos tendrán sus propias ilusiones sobre él, porque son incapaces de profundizar en su elevado propósito. Negándose a engañarse a sí misma, esta persona ha dejado que la ilusión corra por el mundo y todos se engañan con respecto a ella.[48] Piensa cuidadosamente en esto, pues es imposible explicarlo adecuadamente por escrito.

Otra vez, el Rebe se rió sobre la manera en que la gente se engañaba a sí misma con respecto a él, dando toda clase de falsas interpretaciones a sus actividades. Cada uno iba detrás de sus propias percepciones. El Rebe se reía de ellos y decía: "Parecería que es muy fácil sondear mi mente".[49]

98 (201). El Rebe habló sobre el tema de las vestimentas dignas, diciendo que una persona pura y temerosa de Dios debe tener especial cuidado de llevar vestimentas dignas en la medida de sus posibilidades. Por supuesto que nunca debe mostrarse desaliñada.

---

[47] Ver *Sabiduría y Enseñanzas del Rabí Najmán de Breslov*, 51.
[48] Cf. *Sanedrín* 97a,
[49] Ver *Los Cuentos del Rabí Najmán*, p. 80.

Hasta los seguidores de un Tzadik sólo son atraídos a él debido a sus vestimentas. Ellos ven la dignidad de sus ropas y esto es lo que lo hace importante a sus ojos y lo que hace que quieran seguirlo. Si no hubiera estado vestido apropiadamente ellos no habrían visto nada en él.[50]

Dijo el Rebe: "Dios Mismo utilizó vestimentas en Egipto. Toda la secuencia de eventos en Egipto fue una 'vestimenta'. Dios tuvo que vestirse a Sí Mismo, si así pudiera decirse, en los eventos conectados con el Éxodo, hasta que más tarde el pueblo judío comenzó a conocer a Dios Mismo. Con el pasar del tiempo llegaron a conocerlo más y más, obteniendo cada vez percepciones más profundas de Su grandeza. Pero, al comienzo, la única manera en que podía atraerlos a Él era a través de vestimentas", es decir los eventos que tuvieron lugar en Egipto.

99 (202). Shavuot 5570 (1810), poco tiempo después de que el Rebe llegase a Umán. Él no dio una lección en ese Shavuot. Luego, nos dijo con una sonrisa: "Ustedes no son tan grandes pecadores como para que yo tenga que enseñarles Torá".

Más tarde el Rebe explicó que hay muchas enseñanzas de Torá que surgen debido a los pecados. Un ejemplo es el relato sobre el becerro de oro. Las enseñanzas de esta sección de la Torá surgieron debido a los pecados. Dijeron nuestros sabios: "Si Israel no hubiese pecado, sólo habríamos tenido los cinco Libros de Moisés y el Libro de Ioshúa". La razón es que los libros de los profetas y el resto de la Biblia sólo surgieron debido a que Israel había pecado y el pueblo debía ser amonestado. Es así que secciones enteras de la Torá llegaron a la existencia debido a los pecados de Israel.[51]

100 (203). 10 de Iar. Umán. El Rebe aún estaba parando en la casa de Najmán Natán. Dijo que durante la bendición de la Amidá,

---

[50] El Rabí Natán dijo que si no hubiera visto candelabros de plata en la mesa del Rabí Najmán cuando se acercó por primera vez a él, no se habría quedado (*Aveneha Barzel* p.20).

[51] Ver *Nedarim* 22b y el comentario de *RaN*. También ver *Likutey Moharán* I, 22:11; adelante: 391.

"Restaura nuestros jueces...", Najmán Natán vino a su mente, es decir, para que el Rebe trabajase para hacerle un tikún.

101(204). Shabat, lectura de la Torá Jukat-Balak.12 de Tamuz de 5570 (1810).

El viernes a la noche, sentado a la mesa, el Rebe estaba hablando sobre sus propias actividades y propósitos. Comentó cuán extraño era el que siempre estuviese haciendo cosas inusuales que a la gente le resultaban incomprensibles. Constantemente se estaba moviendo de un lugar a otro, como un vagabundo. En Medvedevka había tenido todo lo que necesitaba. Habría sido perfectamente satisfactorio que se hubiese quedado en ese pueblo en forma permanente. Allí había tenido paz y tranquilidad. Pero él no quería una vida pacífica. Partió y fue a Zlatipolia, donde tuvo que soportar mucha oposición y sufrimiento. Luego se fue y finalmente terminó asentándose en Umán. Habiendo llegado a Umán, debía haber elegido al menos quedarse en la casa de alguna figura respetable. En lugar de ello eligió la casa que tenía. El Rebe preguntó por qué siempre estaba haciendo cosas tan extrañas e incomprensibles.

Yo le dije al Rebe: "Bueno, ¿por qué, de todos los pueblos, Moisés se casó con una de las hijas de Itró?". (Lo que yo quería decir era muy directo: Dios siempre junta a los opuestos, de modo que Moisés tuvo que formar una conexión con Itró, el idólatra más famoso, y casarse con alguien de su familia. De manera similar, el Rebe estaba obligado a formar una conexión con gente muy baja).

El Rebe entonces les dijo a todos en la mesa: "¿Escucharon su pregunta? Evidentemente ha formulado un gran interrogante". El Rebe continuó: "Ustedes no son aptos para ser testigos, de ninguna manera". Nosotros no comprendimos de qué debíamos ser testigos. El Rebe dijo que debía quedar registrado que él le iba a dar una respuesta a esto. Por el momento él nos tomaba a nosotros como testigos. Continuó: "Pero aun así, es imposible escribir ahora. Pero presumiblemente ustedes van a recordar esto".

El Shabat a la mañana el Rebe habló más sobre esta cuestión y repitió que yo había formulado una gran pregunta. "¿Tienes una respuesta?" preguntó. Yo dije que para mí no era siquiera una pregunta en cuanto a lo que concernía a Moisés. "Si es así", dijo, "estás respondiendo una pregunta con otra pregunta". Agregó que yo había acertado en lo que él estaba pensando.

Él había estado ocupado con esta pregunta durante algún tiempo, orando y rogando para comprender la respuesta. "Y ahora", le dijo el Rebe a la gente en la mesa, "él formuló esta pregunta, y en cuanto a ustedes, ninguno comprende siquiera de qué se trata. Pero yo he estado preocupado con esta idea durante mucho tiempo, y he orado mucho por ello, no sólo en las plegarias que todos dicen durante la mañana, la tarde y la noche. Aparte de esto, he orado muchas veces sobre este tema. Quería escuchar la respuesta a esta pregunta directamente desde el Cielo. Quería escuchar una voz que hablara desde el Cielo y me diese una respuesta". El Rebe dijo que no quería recibir una respuesta a través de un ser humano. Más tarde, había estado dispuesto a hacer concesiones, y en lugar de su demanda original, pidió ser informado al menos por un emisario. Luego de ello pidió ser informado por lo menos a través de los animales salvajes y los pájaros pero no a través de seres humanos. Pero hasta el momento no había recibido información alguna.

Nos dijo: "Ustedes son gente muy pequeña. Yo no tengo a nadie con quien hablar. Sin embargo 'Aunque él no ve, su mazal ve' (Meguila 3a)". Dijo el Rebe entonces: "Tomo como testigos los siguientes...", y dijo en idish: "Yo me identifico con sus...", pero no terminó la frase. Aparentemente, se estaba refiriendo a nuestras almas. El Rebe habló mucho sobre esto en la noche del Shabat y nuevamente durante el día. Enfatizó lo profundo de la pregunta, pero el significado de lo que dijo sigue siendo oculto y misterioso.

102 (205). Uno de los seguidores del Rebe que viajó con él desde Umán a Terhovitza en el verano del 5570 (1810) me dijo que el Rebe habló con él sobre el significado de su vida. Dijo el Rebe:

"Me asombra no tener una porción en este mundo, sin embargo allí donde voy hay un lugar para mí y todo es mío".[52] El hombre dijo, "Pero ¿no es que todos tienen una parte en usted?". El Rebe dijo una cantidad de cosas en respuesta, incluyendo lo siguiente:

"Los líderes eminentes de esta época son hombres de bajo nivel y no tienen idea alguna sobre lo que yo estoy haciendo en Umán. Si ellos supiesen lo valioso y hermoso de los nuevos horizontes que están siendo abiertos, las innovaciones y estructuras únicas que están siendo formadas, la alegría que está naciendo... constantemente a cada momento en cada día. Las plegarias se elevan a cada momento.... Las estructuras, las innovaciones, son más preciosas y maravillosas a cada instante...".

El Rebe continuó en este tono tan profundo durante un tiempo, hablando con excepcional elocuencia y belleza. La idea principal que emergía de lo que él dijo es ésta:

Los judíos son llamados "piedras santas", como en "Esparcidas están las piedras santas por las encrucijadas de todas las calles" (Lamentaciones 4:1). Encontramos en el Sefer Ietzirá:[53] "Dos piedras construyen dos casas, tres piedras construyen seis casas, cuatro piedras construyen veinticuatro casas, etcétera". ¿Qué son estas casas? "Mi casa es una casa de plegaria" (Isaías 56:7).

En todo lugar donde se reúnen los judíos, cada vez que se agrega una piedra, un alma judía, se forma una estructura totalmente diferente: toda la estructura se renueva completamente y se producen casas absolutamente nuevas. Al comienzo sólo había dos piedras, y las estructuras y casas eran "casas hechas con dos piedras". Pero ahora que ha sido agregada una piedra, se forman nuevas casas, casas que son totalmente diferentes de todo lo anterior. Cada vez que se agrega una nueva piedra, se producen nuevos y preciosos edificios de maravillosa forma. Constantemente se están agregando más piedras y así se construyen más y más

---

[52] Ver arriba: 82; *Likutey Moharán* I, 61:2.
[53] "El Libro de la Formación", una de las primeras y más importantes obras místicas, mencionado en el Talmud, *Sanedrín* 65b. Su autoría se atribuye al patriarca Abraham.

casas. Seis letras construyen cientos de cientos de casas, y así en más... hasta que la boca no puede expresar ni el corazón concebir. Piensa en esto y date cuenta de las enormes alegrías, las nuevas estructuras y las nuevas creaciones, las preciosas, tremendas y asombrosas plegarias que están llegando a ser constantemente a través de las almas de Israel cuando el verdadero Tzadik trabaja para reunirlas, para llevarlas bajo las alas de la santidad y acercarlas a Dios.

Debes saber que hay ciertas "piedras", es decir almas, que han sido arrojadas a las calles, pues "Esparcidas están las piedras santas por las encrucijadas de todas las calles" (Lamentaciones loc. cit.). Pero cuando se agregan nuevas piedras y se forman nuevas casas, como hemos explicado, las piedras santas que estaban esparcidas en las encrucijadas de cada calle son llevadas hacia estas casas.[54]

Dijo el Rebe: "Hace ya un tiempo que tengo una porción en las plegarias de Israel. ¿No deberían examinarse los Tzadikim y preguntarse quién es el que está orando y con quién están orando? ¡De seguro cada vez que alguien, incluido el peor de los pecadores judíos, hace un mínimo movimiento al orar, todo sucede a través de mí!". (Con respecto a esto, el Rebe dijo que era uno de sus secretos ocultos).[55]

Lo que el Rebe no explicó era la conexión entre estas ideas y Umán. Pero quizás podamos comprender un poco de esto en términos de las fragmentarias alusiones que hizo el Rebe sobre el significado de su arribo a Umán, una pequeña porción de lo cual hemos registrado más arriba. Muchísimos judíos habían sido martirizados en Umán para santificar el Nombre de Dios; y la masacre de los judíos en sí misma es el arrojar las piedras santas en las encrucijadas de cada calle. Sin embargo, todo el tema se mantiene cubierto de misterio, ¡nadie sabe cuánto! La verdadera grandeza del Rebe y el significado de lo que hizo en este mundo sólo será revelado en el final de los días. Felices de aquellos que sean dignos de comprender todo esto. Estas cosas le están ocultas

---

[54] Ver *Likutey Moharán* II, 8:6; adelante: 169.
[55] Adelante: 366.

a la humanidad... Todo lo que el Rebe hizo fue en aras del Santo, bendito sea.

El Rebe les dijo entonces a sus seguidores: "Afortunados son de tener un maestro como yo. Los envidio. Ahora ya es muy difícil que alguien más pueda acercarse".

103 (206). El Rebe habló sobre la capacidad de expresarse efectivamente y de tener un buen control del idioma. La palabra hebrea para esto es melitzá. El Rebe dijo que luego de que la persona fallece se vuelve inmediatamente un melitz, un abogado, tal como aprendemos del versículo en Job: "Si hubiese para él un ángel, melitz entre miles" (Job 33:23).[56] En verdad, el arte de ser un abogado está unido a la capacidad de hablar de manera efectiva. Si alguien quiere interceder por otra persona y justificarla, debe presentar su caso de manera efectiva: tiene que elegir muy bien sus palabras. Podría presentar los mismos argumentos con diferentes palabras o con un estilo diferente sin tener éxito en su afán por defender a la persona. Sólo puede tener éxito si expresa su defensa de una manera que sea aceptable para los otros: es por esto que la palabra es melitz, pues debe tener un buen control del lenguaje, melitzá. La melitzá es tan poderosa que "incluso si novecientas noventa y una partes de ese ángel están del lado acusador y una parte por la defensa, la defensa triunfará".[57] Esto se debe a que las palabras poseen ese poder. Si le dices simplemente a alguien que un individuo en particular ha fallecido, es posible que no llore. Pero si se lo dices de una manera conmovedora, con palabras cuidadosamente elegidas, puedes hacer que llore sinceramente. Esto se debe al gran poder que poseen las palabras. Sin embargo hay "abogados" que son pecadores, como está escrito, "Y tus abogados han transgredido contra Mí" (Isaías 43:27). Esto es algo muy difundido hoy en día, y mucha de la gente experta en la oratoria es muy antirreligiosa.[58]

---

[56] Ver *Shabat* 32a, y *Maharsha, ad. loc.*

[57] *Shabat, Ibid.*

[58] Ver *Kojavey Or, Emet VeEmuná* p.86, nota #6; *Mei HaNajal* 19. También ver *Los Cuentos del Rabí Najmán* #12. Cf. Adelante: 398.

104 (207). Cuando el Rebe vivió en la casa de Najmán Natán, luego de arribar a Umán, también había otras personas hospedándose allí. El Rebe dijo que nunca en su vida había compartido su casa. "Pero ahora yo soy un shajen, un vecino. Por derecho mi enfermedad debería desaparecer".[59] Entonces con ligereza citó el versículo, "y el shajen no dirá 'estoy enfermo' (Isaías 33:24)", implicando que debido a que era un shajen, un vecino, no debería estar enfermo. A aquellos que estaban allí, escuchando, les resultó muy asombroso lo que dijo, debido a la manera como lo dijo. Habló con tanta gracia y sinceridad, y con tanta santidad.

El Rebe retomó el mismo tema en la lección que dio en Rosh HaShaná; ello está conectado con la sección donde elabora sobre la idea de las "casas" (ver Likutey Moharán II, 8:6). Si tus ojos tienen el poder de percibir, podrás comprender algo de cuán profundas eran las cosas que el Rebe decía, especialmente cuando hablaba de una manera aparentemente ligera.

105 (208). El Rebe dijo: "En el comienzo el mundo estaba informe. Entonces Dios creó el mundo". Es necesario determinar el contexto en el cual el Rebe dijo esto.

Nota del Editor: El Rabí Naftalí me dijo que cierta vez le mencionó al Rebe que el Maguid de Terhovitza había presentado dos preguntas sobre el Rebe. La primera era por qué estuvo primero en la casa de Najmán Natán y recién después en la casa del Rabí Iosef Shmuel. Habría sido más apropiado para él ir directamente a la casa del Rabí Iosef Shmuel, que era un individuo respetado. La segunda pregunta era por qué el Rebe tenía tratos con varias figuras de mala reputación que vivían en Umán y los alentaba a hablar con él.

El Rebe le respondió como sigue: "La primera pregunta es muy vieja, '¿Por qué el mundo fue al comienzo "informe y vacío" (Génesis 1:2) y sólo más tarde fue creado en su forma apropiada? Dios debería haberlo creado en su forma completa desde el principio mismo'. La segunda pregunta no es siquiera una pregunta. Viendo que los Tzadikim no me siguen estoy forzado a

---

[59] Ver *Likutey Halajot, Basar VeJalav* 3:4.

salir a buscar a los pecadores y a otras clases de personas de baja condición espiritual. Es posible que tenga éxito en hacer de ellos buenas personas".

En verdad, algunas de estas personas admitieron sin sombra de vergüenza que si el Rebe no hubiera fallecido tan pronto, luego de llegar a Umán, ellos habrían cambiado completamente sus vidas y se habrían arrepentido.[60]

El Rabí Naftalí también me contó que él mismo le preguntó cierta vez al Rebe cómo era que tales personas podían tener alguna conexión con él dado que realmente estaban tan alejadas de su propio nivel de santidad.

El Rebe contestó: "¿Y qué conexión tienes tú conmigo? ¿Cuán cerca estás tú? Para mí ustedes son como plumas sobre la ropa de alguien. Las sopla y se van volando".

106 (209). El Rebe dijo: "Las personas de baja condición espiritual que me visitan ya están plenas de contrición. Pero aún no tienen idea alguna de lo que es la contrición".[61]

107 (210). En Umán el Rebe me habló cierta vez sobre nuestro viaje al venir de Breslov. Él dijo: "Hay un camino que corre así: de la casa hacia las afueras; de allí hacia la montaña; desde allí da un rodeo a través del pequeño río y el puente y desde allí a la casa del Rabí Shimón. De allí a la casa del Rabí Zelig y de allí a Umán".

Ésta fue la manera en que el Rebe llegó a Umán. Cuando el incendio se produjo en Breslov, el Shabat por la noche, el Rebe se escapó apenas empezó la conmoción. Él había estado sentado a la mesa para la comida del Shabat y había dicho que no sabía "absolutamente nada". <Incluso juró al decir esto, "¡Juro por el santo Shabat que ahora mismo no sé absolutamente nada!">. Al decir estas palabras empezó la conmoción. "¡Ahora mismo! ¡Ahora mismo!" dijo e inmediatamente salió fuera de la casa y corrió hasta que estuvo cerca de la sinagoga. Allí le llevaron

---

[60] Ver *Kojavey Or, Sipurim Niflaim* p.7; luego de fallecer el Rebe, el Rabí Natán estaba llorando amargamente su pérdida: "El Rebe, el Rebe". Hirsh Ber le dijo: "¿Tú extrañas al Rebe? ¡*Nosotros* extrañamos al Rebe! Si el Rebe hubiera seguido con vida nosotros nos habríamos vuelto judíos rectos".

[61] Ver *Sabiduría y Enseñanzas del Rabí Najmán de Breslov*, 10.

algunas ropas, pieles y demás, para que no tomase frío, porque en esa época ya estaba muy débil.

Entonces cruzó el pequeño río, vadeando el agua a pie. Subió a la gran colina y allí se sentó mirando el fuego hasta que se incendió su propia casa. Los rollos de la Torá que habían tomado de la sinagoga y del Beit Midrash fueron colocados cerca de donde él estaba sentado. Había también algunos otros judíos que habían escapado hasta allí. Nosotros salvamos todo lo que estaba en su casa. Ninguna de sus posesiones quedó dentro. Luego, poco antes del alba, llegué adonde él estaba. Allí estaba sentado, en un estado de gran alegría, mirando el pueblo y su casa que había sido totalmente destruida. Luego lo llevé a una cabaña que se había salvado del incendio, en los límites del pueblo. Caminamos juntos cerca del pequeño río del lado de la pradera.

"¡Quién hubiera dicho...!" comentó el Rebe, "¡quién hubiera imaginado que estaríamos caminando en la noche del Shabat justo antes del alba por este sendero al costado de la pradera!".

Llegamos entonces a la casa del Rabí Shimón y el Rebe pasó allí el resto del Shabat. Al día siguiente salió y fue a la casa del Rabí Zelig, que también se había salvado (estaba en el límite del pueblo, en el lado opuesto). Allí se quedó durante todo el domingo hasta que llegaron noticias de que podía ir a Umán. Yo estaba con él cuando llegó el mensaje. Él era en efecto un fugitivo. Sus bienes y sus posesiones estaban desparramados por toda la casa. Pero él se encontraba en un estado de tremenda agitación, con el rostro encendido.

El martes partimos rumbo a Umán, y algún tiempo después él me habló sobre el "camino que corre así...". Se estaba refiriendo a la Mano que tenía el rey sobre la cual estaban dibujadas todas las rutas y senderos del mundo.[62] Es por esto que dijo que también había "un camino que corre así" inscripto en la Mano, es decir desde la casa hacia afuera, de allí a la montaña, etc. y de allí a Umán.

---

[62] Esto aparece en la historia del "El Señor de la Plegaria", ver *Los Cuentos del Rabí Najmán* #12.

Aquel que sea digno de comprender todo esto en el futuro será realmente afortunado. Todos los viajes del Rebe implicaban a cada paso profundos secretos y exaltados misterios y en especial en su último viaje al lugar en donde debía fallecer. Nuestras mentes son incapaces de entender los tremendos secretos y sublimes misterios que estaban implícitos en cada paso y en cada detalle conectado con su muerte.

108 (211). Cuando el Rebe llegó a Umán vino un hombre, que de alguna manera estaba cerca de nuestro grupo, y le dijo que la gente del Beit Midrash de la ciudad le pedía disculpas por no ir a presentarle sus respetos, y el hombre dio algunas excusas.

El Rebe respondió: "Ya no pido nuevos jasidim. Sería suficiente con que mis seguidores actuales sean dignos. Y si no, yo mismo soy suficiente para el mundo".[63]

109 (212). Luego de Shavuot, cuando el Rebe ya se había mudado a la casa del Rabí Iosef Shmuel, sucedió cierta vez que comenzó a dar una lección pero no la terminó. Yo mismo no estaba presente, pero escuché que el Rebe recitó el versículo de Éxodo (23:13) "Y no hagan mención de los nombres de otros dioses". Dijo que esto se refería a varias de las falsas figuras que disfrutaban de gran fama. También dijo que hay verdaderos Tzadikim cuyos nombres están ocultos, en otras palabras, ellos no tienen el nombre o la reputación que merecen.[64] Hay una alusión a ellos en Éxodo (3:15): "Éste es Mi nombre por siempre".[65] Yo no escuché nada de esto directamente del Rebe.

110 (213). Durante su estadía en Umán el Rebe le dijo al Rabí Naftalí: "Quién sabe lo que hemos hecho aquí en Umán que nos fuerza a involucrarnos tanto ahora en este lugar. Parece ser que no podemos salir de aquí. Nos han atrapado y nos han traído aquí, y no quieren que nos vayamos".

---

[63] Cf. *Suká* 45b.

[64] Ver *Aveneha Barzel*, p.44 #60. El Rebe Najmán dijo que temía mucho a los falsos líderes debido a la destrucción que traían.

[65] Ver *Likutey Moharán* II, 67; *Kojavey Or, Jojmá uBiná* p.117, nota 36.

111 (214). Durante su última enfermedad el Rebe le dijo cierta vez al Maguid de Terhovitza: "Si la gente supiese cuánto me necesitan caerían sobre sus rostros implorando a Dios por mi recuperación. El mundo entero me necesita tanto que les es completamente imposible estar sin mí".[66]

112 (215). En la noche del Shabat Najamú 5570 (1810), luego del kidush, el Rebe dio una lección sobre la simpleza. Explicó cómo a veces él se comportaba como una persona simple, lo que en idish es llamado un prustik, un simple. El Rebe dijo que en esos momentos tomaba su inspiración del viaje que hiciera a la Tierra Santa.[67] El Rebe dijo entonces que "no sabía nada en absoluto". Luego dijo que ahora sentía temor combinado con una gran alegría. "Felices de nosotros que Dios nos ha tratado con tanta bondad y nos ha dado el privilegio de ser miembros del santo pueblo judío".

Continuó diciendo que sentía una gran alegría de haber tenido el privilegio de estar en la Tierra Santa. Había encontrado toda clase de obstáculos y dificultades, y había tenido muchos pensamientos desconcertantes. En el camino se le presentaron barreras formidables y sufrió toda clase de situaciones desagradables. También hubo problemas financieros. Pero aun así superó todas las dificultades y alcanzó todo lo que quería, ¡pues finalmente pudo poner pie en la Tierra Santa!

"Hay algo que yo creo, y mucho conozco sobre esto. Cuando la persona quiere lograr algo santo, ningún pensamiento bueno y ninguna buena acción se pierden jamás, no importa cuánto esfuerzo haya puesto en ello, ni cuántos pensamientos hayan atravesado su mente, ni cuánto haya tenido que hacer para lograrlo.[68] Todos son registrados arriba a su favor. Cuán afortunado es ser capaz de superar todos los obstáculos y de lograr algo valioso".

---

[66] Adelante: 248, 250.

[67] Ver *Likutey Moharán* II, 78. Para un relato completo sobre cómo surgió esta lección, ver *Sabiduría y Enseñanzas del Rabí Najmán de Breslov*, 153; *Iemei Moharnat* 51.

[68] *Zohar* II, 150b.

El Rebe se sentía muy alegre y regañó al Rabí Naftalí por ser algo tímido con respecto a cantar. "¿De qué debemos avergonzarnos, Naftalí? El mundo entero fue creado sólo para nosotros". El Rebe se sentía entonces verdaderamente muy feliz.

113 (216). El Rebe habló cierta vez sobre el arte de la poesía y de la canción, que en el idioma del país es llamado poesi. Dijo: "Aquel que no puede decir pá-si no puede tener éxito en la poesi". [La implicancia de pá-si es despreciar el impulso sexual, diciendo "¡Pá!" en un tono de desprecio sobre "si", la palabra en idish para "ella".] "Está escrito: 'Aquel que se acompaña de rameras malgasta su fortuna (hon)' (Proverbios 29:3). Pero en otra parte enseñan nuestros sabios sobre la palabra hon, 'No leas me-hon-já (de tu sustancia, riqueza) sino me-garon-já, de tu garganta'.[69] Esto implica que 'aquel que se acompaña de rameras' pierde su voz y su capacidad de cantar. A esto se debe que alguien que no pueda decir pá-si y decir 'no', '¡Pá!', a su deseo por 'si', el otro sexo, no puede triunfar en la 'poesi', es decir el arte de la poesía y de la canción".

<Esto también fue dicho en la noche del Shabat Najamú. A partir de la lección que dio esa noche, que se encuentra escrita por la propia mano del Rebe y que menciona la pureza sexual, puede verse cómo esta conversación se une a su enseñanza sobre la simpleza. Con esta sutileza quería mostrarnos cómo se enorgullecía de haber anulado por completo sus deseos sexuales. Allí de pie, también fuimos testigos de algunas cosas tremendas y maravillosas... aparte de lo que se nos mantiene oculto: "Las cosas ocultas le pertenecen a Dios" (Deuteronomio 29:28).>

114 (217). El Rebe estuvo en la casa de Najmán Natán desde el momento en que llegó a Umán, el 5 de Iar, hasta el día después de la festividad de Shavuot. Yo estuve con él todo ese tiempo. Nos pidió que buscásemos un lugar donde pudiera vivir con su familia. Buscamos por toda la ciudad un lugar adecuado, pero no encontramos nada. Entonces súbitamente vino alguien y ofreció darle su propio apartamento por nada. Era un hermoso lugar y

---

[69] Rashi, Proverbios 3:9; ver *Zohar* II, 93a; también ver *Likutey Moharán* I, 27:6.

podría haber sido muy apropiado. Tenía varias habitaciones y las ventanas daban a un jardín. Era precisamente lo más adecuado dada la gravedad de la enfermedad del Rebe, pues necesitaba habitaciones grandes y aireadas. Pero no resultó. En cambio, el Rebe fue a vivir a la casa del Rabí Iosef Shmuel, pagando una renta. Se mudó el día después de Shavuot y permaneció durante varias semanas. El Rebe dijo: "¡En el futuro esto también será un episodio notable!" - cómo súbitamente un perfecto desconocido vino y le ofreció su apartamento por nada.

Parte de la familia del Rebe se hospedó también en la casa del Rabí Iosef Shmuel. Sin embargo, el apartamento no era en absoluto adecuado para él. El aire no era bueno, ni había suficiente espacio. El Rebe se mudó de allí al comienzo de Av y fue a la casa del desconocido que había venido y se la había ofrecido gratis. Apenas se mudó, vino a visitarlo alguien de Umán y le dio los saludos acostumbrados deseándole vida por muchos largos años. El hombre dijo que ese apartamento era el adecuado debido al buen aire. El Rebe apuntó hacia afuera con el dedo y dijo, "¡Este jardín! ¿Han visto qué bueno y hermoso es?". El visitante creyó que el Rebe se estaba refiriendo al jardín frente a las ventanas. Pero el Rebe apuntaba hacia el cementerio, que era visible a la distancia, directamente enfrente de la casa. "Ése es el jardín del cual estoy hablando", dijo el Rebe. "Tú no tienes idea de lo santo y precioso que es este cementerio".

Una y otra vez el Rebe solía hablarle a la gente sobre el cementerio en Umán, alabándolo en los términos más notables, pues ése era el lugar de descanso de decenas de miles de mártires que habían caído en la gran masacre de 1768. En muchas ocasiones el Rebe nos había dicho a mí y a otros cuán feliz estaría de ser enterrado allí debido a la gran santificación del Nombre de Dios que allí había tenido lugar.

Al final, se cumplió todo lo que dijo el Rebe. Él murió en Umán, en la casa del hombre que se la había ofrecido gratis.[70] Todos vieron entonces que el propósito de la venida del Rebe

---

[70] *Iemei Moharnat* 55.

a Umán había sido fallecer allí, tal como dijo tantas veces. En cuanto al corto período de los últimos meses del Rebe en Umán, es imposible que podamos comprender el significado de las pocas alusiones que el Rebe nos dio con respecto a su significado. Sea cual fuere la intuición que podamos tener, es imposible que podamos comprender su verdadera importancia. Durante el curso de ese verano, el Rebe realizó los más tremendos tikunim, y se ocupó cada vez más de la rectificación de las almas, tal como aludiera en la historia que relató cuando llegamos a Umán.[71] Antes de fallecer, mencionó nuevamente esta historia, preguntándome, "¿Recuerdas la historia que te conté?".

Cuando el Rebe partió de Zlatipolia rumbo a Breslov su viaje lo llevó a través de Umán. Allí pasaron cerca del cementerio. Yo le escuché decir a alguien que viajaba con el Rebe que él dijo entonces: "Cuán hermoso sería ser enterrado en este cementerio". Cuando escuché esto me quedé literalmente temblando. Claramente, él había sabido durante años que su lugar de descanso final sería en Umán.[72] Él llegó a Breslov varios años antes de su muerte. Tantas cosas pasaron desde el momento en que fue allí por primera vez hasta el momento en que falleció. Para describir incluso una pequeña fracción de lo que hizo, no serían suficientes las pieles de los carneros de Neviot.[73] Pero "el consejo de Dios se mantiene por siempre" (Salmos 33:11), y pese a todo, el preciado tesoro ha quedado en nuestras manos. El tesoro ha sido guardado aquí, en nuestra propia región, en Umán, tal como él sabía que sería desde mucho antes. Esto es lo que aún nos inspira con la esperanza de que lograremos el bien duradero que él quería para nosotros. "La palabra de nuestro Dios se mantiene por siempre" (Isaías 40:8). Hay tanto que yo siento en mi corazón, pero me es imposible expresarlo debido a la oscuridad del mundo.

115 (218). Justo antes del último Rosh HaShaná en Umán el Rebe estaba hablando con algunos de sus seguidores sobre su

---

[71] Arriba: 87; *Iemei Moharnat* 58; *Kojavey Or, Jojmá U'Biná* p.108, nota 19.
[72] Ver *Sipurim Niflaim* p.3; *Until The Mashiach* p.75.
[73] Cf. Isaías 60:7; *Baba Kama* 92a.

muerte. Dijo que en lo que a él concernía ya hacía tres años que había fallecido, porque desde el momento en que comenzara su enfermedad ya se había considerado como habiendo dejado el mundo. Dijo que no tenía idea en mérito a qué había sobrevivido tan milagrosamente esos últimos tres años. La gente presente comenzó a suspirar como diciendo, "¿Qué haremos? ¿Con quién nos dejarás?". El Rebe respondió: "¡Lo que deben hacer es mantenerse juntos! Entonces serán dignos, y no sólo dignos. ¡Serán Tzadikim! Pues Dios con seguridad me ayudará y las cosas serán tal como yo he anhelado que sean. Yo he logrado y yo lograré".[74]

El Rebe dijo: "Todo aquel que haga el esfuerzo y se una a uno de mis seguidores se volverá ciertamente un judío recto y no sólo eso. Puede llegar incluso a ser un Tzadik perfecto, de la manera en que yo querría".[75]

116 (219). Durante todo el verano en Umán el Rebe estuvo esperando que nos reuniésemos allí para Rosh HaShaná.[76] Pues para el Rebe, Rosh HaShaná era lo más importante de todo. Él dijo cierta vez que su única preocupación era Rosh HaShaná. En Shavuot tuvo lugar una gran reunión de sus seguidores. Todos esperaban que él diese una lección tal como solía hacerlo en esa festividad. Sin embargo no lo hizo, diciendo, "Ustedes no son tan grandes pecadores".[77] Pero en Rosh HaShaná dio una lección realmente asombrosa: "Sonad el Shofar - Reproche" en Likutey Moharán II, 8.[78]

Ese año el primer día de Rosh HaShaná cayó en Shabat. El Rebe daba sus lecciones de Rosh HaShaná y de Shavuot a la tarde del primer día, y la lección usualmente continuaba bien entrada la noche del segundo día. El Rebe solía comenzar preparándose para la lección luego de la comida del mediodía del primer día. Ese Rosh HaShaná, sin embargo, cuando comenzaba a prepararse,

---

[74] Adelante: 126, 322; *Tovot Zijronot* 9, p. 147.
[75] Ver adelante:291-339 sobre la cualidad de los seguidores del Rebe.
[76] Ver detalles en *Iemei Moharnat* 52.
[77] Arriba: 99; *Iemei Moharnat* 50.
[78] Ver abajo: 169.

tuvo un ataque de tos muy severo que fue empeorando cada vez más. Comenzó a toser sangre en grandes cantidades, algo que no había sucedido desde hacía mucho tiempo. En verdad él había estado tosiendo constantemente durante su enfermedad, que había durado más de tres años, pero aunque solía toser con flema, nunca tosió sangre [en cantidad]. Esta vez, sin embargo, tosió sangre en tal cantidad que era literalmente como un manantial. Era algo que debía ser visto para poder creerlo. Llenó varios recipientes con sangre y vomitó mucho. Él dijo que nunca había vomitado en el pasado. Esa fue la única vez. El ataque fue tan grave que casi falleció en ese momento.

El ataque duró varias horas. Llegó la noche y aún continuaba. Todos estaban en la otra habitación, esperando y anhelando que pudiese salir y dar una lección. La multitud era muy grande. Había cientos y cientos de personas. Una enorme cantidad de los seguidores del Rebe había llegado desde fuera de la ciudad. Además, estaba la gente de Umán que también había venido a escuchar al Rebe. Todo el día habíamos estado esperándolo. La presión de la gente era insoportable, y en verdad podía haber sido muy peligroso. Esto continuó entrada la noche y aún el Rebe no llegaba debido a la severidad del ataque.

Finalmente el Rebe envío a alguien a que me llamase y fui a verlo. Ya habían encendido velas en la habitación y unas pocas personas estaban de pie junto a él, el Rabí Shimón, el Rabí Ijiel, su hermano y algunos otros. El Rebe me dijo: "¿Qué puedo hacer?". Le era imposible dar una lección. Yo comencé a decir, "Bueno, al volver de Lemberg también parecía como si no había manera en el mundo de que dieras una lección", pues en verdad había estado muy débil entonces, "pero aun así diste una lección ese Rosh HaShaná, ¡una muy larga!". Continué hablando de la misma manera. "Si es así", dijo el Rebe, "daré mi última gota de fuerza y trataré". Levantó sus manos como diciendo: "Estoy dispuesto a sacrificar mi misma alma para enseñar Torá". Me envió para hacer un lugar para su silla cerca de la puerta en caso de que hubiera necesidad de sacarlo a la mitad, Dios no lo permita.

Al final el Rebe llegó. En verdad estaba muy débil. Se sentó en la silla especial que le habían hecho para ser usada cuando daba una lección. Allí estuvo sentado durante un tiempo. Entonces comenzó su lección con una voz muy baja. Al empezar a hablar parecía que iría en contra de las leyes de la naturaleza el que fuese capaz de terminar. Estaba tan débil que casi no podía decir nada, menos aún enseñar una lección tan grande y exaltada como la que estaba dando. Pero Dios lo ayudó y terminó toda la lección excepto la explicación final sobre el versículo clave, la cual dio luego de Iom Kipur.

Mientras el Rebe hablaba, la presión de la gente se hizo tremenda y el ruido excesivo, pues había una muchedumbre y era imposible mantenerlos completamente callados. Esto nunca había sucedido antes. Usualmente, cada vez que el Rebe daba sus lecciones todos se mantenían en completo silencio. Pero en esta ocasión, aunque al comienzo hubo el usual llamado para quedarse en silencio, la presión fue tan insoportable que el nivel del ruido continuó elevándose. Varias personas corrieron verdadero peligro y tuvieron que salir para no desvanecerse. Pero aun así, tuvimos el privilegio de que el Rebe diera toda la lección completa. Felices los ojos que pudieron ver todo esto.

117 (220). El día anterior a Rosh HaShaná el Rebe estaba hablando con nosotros sobre el Rav de Breslov,[79] quien no había venido a Umán para Rosh HaShaná. "¿Qué puedo decirles?" dijo el Rebe. "Nada es más grande que estar conmigo para Rosh HaShaná. Quizás otros Tzadikim no consideran una obligación tan grande el estar con ellos para Rosh HaShaná. ¡Muy bien! ¡Otra pregunta más!"[80] (dado que la gente siempre estaba haciendo preguntas sobre el Rebe, ahora había una pregunta más: ¿por qué él era mucho más enfático que otros Tzadikim sobre el hecho de que sus seguidores debían estar con él para Rosh HaShaná?). Dijo que su sola preocupación era Rosh HaShaná y sólo Rosh HaShaná. Era absolutamente insistente en que debíamos estar con él para ese momento. "En Rosh HaShaná", dijo, "¡todos deben estar aquí!".[81]

---

[79] Adelante:122 nota 86, 406; *Tovot Zijronot* 8.
[80] Adelante: 406.
[81] Arriba: 23; adelante: 403.

Todo esto fue dicho en Umán ese último Rosh HaShaná. Pero en muchas otras ocasiones previas él nos había dicho que todo aquel que quería escucharlo y seguirlo debería estar con él para Rosh HaShaná. Dijo que era necesario hacer un anuncio público sobre esto. El Rebe trató este tema muchas veces.[82]

118 (221). Ese último Rosh HaShaná el Rebe estaba en la casa de Najmán Natán y realizamos el servicio en el ambar, el salón de entrada.[83] El Rebe nos dijo que debíamos orar especialmente con fuerza. Dijo: "Un buen consejo es que ahora busquen con especial cuidado. Vayan y miren en particular desde el ambar". (Las palabras del Rebe parecen indicar una alusión a "Puk jazi mai AMa daBAR - vayan y miren qué es lo que la gente está haciendo" (cf. Berajot 45a). Sin embargo no les prestamos suficiente atención a sus palabras y no fuimos capaces de comprenderlas.

Poco después partió la luz de nuestros ojos, nuestra gloria, nuestro esplendor y santidad. "Si todos los mares fueran tinta y todas las cañas, plumas de escribir", no serían suficientes para expresar ni siquiera una pequeña fracción de lo que hemos perdido debido a nuestros muchos pecados. Hemos sido robados. Nuestro único consuelo es la pequeña porción de Torá que él enseñó y que no hemos olvidado. Nuestra única alegría está en sus enseñanzas. Sólo a través de sus enseñanzas aún tenemos alguna esperanza. Todavía esperamos y anhelamos la salvación de Dios. No hay límites al poder salvador de Dios. Pueda Él con abundante misericordia volver a tener piedad y enviarnos rápidamente a nuestro Recto Redentor, de modo que podamos decir, "Éste nos confortará" (Génesis 5:29); "Alégranos de acuerdo con los días en que Tú nos has afligido" (cf. Salmos 90:15). Amén.

119 (222). En la segunda noche de Rosh HaShaná, luego de que el Rebe diera la lección, su condición se volvió muy crítica. Unas pocas personas estaban con él y quisieron llamar al médico con

---

[82] *Iemei Moharnat* 81; *Tovot Zijronot* 8; *Parparaot LeJojmá* 61; *Ieraj HaEitanim*, Introducción; *Oneg Shabat* p. 416, 489, 500; *Emunat Umán* #40.

[83] *Kojavey Or, Sijot VeSipurim* p.141 #54.

urgencia. Pero no podían hacer que viniera pues era muy tarde en la noche. El Rebe dijo: "Es bueno agradecerle a Dios que el doctor no haya venido". Dijo que todo aquel que valorara su vida no debía permitir que se le acercase ningún médico. "Incluso si yo mismo doy instrucciones más tarde de que traigan un doctor, aun así no quiero que dejen que se me acerque".

Esto fue lo que de hecho sucedió más tarde, pues debido a nuestros muchos pecados no cumplimos con lo que el Rebe había dicho. El día anterior a Sukot el Rebe se encontraba en una condición muy grave y varias personas comenzaron a decir que era necesario traer al médico. El Rebe mismo les dijo que lo trajeran. Yo estaba completamente en desacuerdo, aunque las personas allí reunidas pensaban que el Rebe deseaba que viniera el médico. Pero yo sabía la verdad, que él se oponía por completo a ello. En ese momento todavía no sabía lo que él había dicho la segunda noche de Rosh HaShaná, cuando había dado instrucciones precisas de no permitir ningún médico aunque él mismo lo pidiese. Yo no había estado allí cuando lo dijo. Pero a partir de las diferentes cosas que le habíamos escuchado decir sobre los médicos en el pasado, yo sabía muy bien que él no deseaba en absoluto un doctor. Lo que sucedía es que se veía forzado a consentir debido a que todos a su alrededor estaban diciendo que debían traer a un médico. No había nada que el Rebe podía hacer para hacerles cambiar de idea.

Así era el Rebe.[84] Aunque sabía que algo no era bueno, si la gente insistía en hacerlo él no se les oponía. Esto sucedió numerosas veces. Cierta vez el Rebe hizo una lista de varias cosas que había hecho debido a la presión que la gente había ejercido sobre él, aunque él mismo sabía que ello no iba a ser de ninguna ayuda. Lo mismo sucedía ahora con el médico. Es por esto que me oponía totalmente a llamarlo. Pero era imposible prevalecer, especialmente ahora que el Rebe mismo parecía estar de acuerdo con ellos y que su condición era tan grave. Es así que llamaron al doctor el día anterior a Sukot. Si de algo sirvió fue para acelerar su muerte.

---

[84] Adelante: 430-435.

En la segunda noche de Rosh HaShaná, cuando su condición era muy crítica, el Rebe le dijo a la persona que estaba con él, "En verdad ya no tengo el más mínimo temor de morir. Pues seguramente he logrado al menos unas pocas cosas en el mundo". (Pues había rectificado las almas de miles y decenas de miles y los había hecho retornar en arrepentimiento. Esto incluía las almas de los vivos, encarnadas en sus cuerpos, y las otras almas, pues él había estado trabajando muchos años para rectificarlas. ¡Cuántos otros tremendos y exaltados tikunim había logrado! Había revelado las más tremendas lecciones y cuentos. Y mucho más...). Él se aferró a uno de sus seguidores y lo palmeó en la espalda, diciendo, "¡Avremel! ¡He logrado un poco en el mundo! ¡He hecho algo en el mundo! Mir habn sij fort epes getohn of der velt!".

120 (233). Poco antes de su muerte el Rebe estaba tan débil y su condición era tan crítica que podría haber muerto en cualquier momento. Estábamos de pie a su alrededor y él estaba sentado en la silla sufriendo terriblemente. Se estaba quejando del gran dolor, cuando súbitamente cerró su puño con fuerza y lo agitó, como si dijera, "Aun así, tengo una gran fuerza dentro de mí". No hay manera de poder describir todo esto por escrito. No importa cuán débil podía haber estado físicamente, su fortaleza espiritual era firme y en verdad aumentaba. Estaba determinado a completar todo lo que él quería, con la ayuda de Dios.

Un poco antes de fallecer llegó el Rabí Meir. El Rebe lo aferró por su vestimenta de lana como diciendo, "¡Ah! ¡Mira qué fuerte!".

121 (224). Allí yacía tosiendo y tosiendo. Entonces dijo: "Esto no tiene nada que ver conmigo en absoluto. Lo que sucede es que hay alguien de pie allí golpeando, dondequiera que esté".

122 (225). Mientras el Rebe aún estaba con vida hizo una promesa formal delante de dos testigos válidos: si luego de su muerte, alguien iba a su tumba, daba un centavo para caridad en su memoria y recitaba los Diez Salmos que había prescrito, él atravesaría el largo y el ancho del universo para salvarlo. "Lo

sacaré del infierno tirando de sus peot", dijo. No importa quién fuera o cuán gravemente hubiera pecado. Todo lo que debía hacer era tomar el compromiso de no volver a su locura.[85]

Nota del Editor: Escuché decir al Rabí Naftalí que él fue uno de los dos testigos y que el otro fue el Rabí Aarón, el Rav de Breslov.[86] Para un relato más detallado de las palabras del Rebe en esta ocasión ver *Sabiduría y Enseñanzas del Rabí Najmán de Breslov*, 141 (arriba 59, nota 29).

La noche antes de su muerte el Rebe dijo: "De qué se preocupan viendo que yo me estoy yendo antes que ustedes.[87] Almas que nunca me han conocido están esperando mis tikunim. Ustedes pueden ciertamente tener confianza".

(Incluso aquellos que no han tenido el privilegio de conocer al Rebe durante su vida pueden también apoyarse en él, si van a su santa tumba, ponen su confianza en él, estudian sus santas obras y se dedican a seguir sus caminos tal cual están explicados en sus enseñanzas. Felices de ellos. Feliz es su parte. "No serán condenados todos los que en Él se refugian" (Salmos 34:23). El Rebe dejó bien en claro en muchas ocasiones y de muchas y diferentes maneras, tanto explícita como implícitamente, que el trabajo que hizo con nosotros no era sólo para nosotros, sino "con aquel que está aquí con nosotros este día... y también con aquel que no está aquí con nosotros este día" (Deuteronomio 29:14)[88]).

123 (226). El Rabí Naftalí me dijo que mientras estaba en Umán el Rebe había dicho: "Tan pronto como salga de la ciudad, extenderé mis manos" (Éxodo 9:29).

124 (227). También me dijo el Rabí Naftalí que el Rebe le había dicho antes de Rosh HaShaná: "¡Mira! Una montaña grande y

---

[85] *Iemei Moharnat* 72; *Tovot Zijronot* 8.

[86] El Rabí Aarón hijo del Rabí Moshé de Kherson (m.1846). Ya era una notable autoridad rabínica antes de volverse un discípulo del Rabí Najmán en Medvedevka, alrededor de 1795. Cuando el Rabí Najmán se mudó a Breslov trajo al Rabí Aarón para ser el Rav allí. Ver *Until The Mashiach* p. 305-307.

[87] Arriba: 88; *Tovot Zijronot* 9, o.148.

[88] ver *Sabiduría y Enseñanzas del Rabí Najmán de Breslov*, 209.

tremenda se está acercando. Pero yo no sé si estamos yendo hacia la montaña o la montaña está viniendo hacia nosotros".

125 (228). Cierta vez dijo el Rebe: "Ellos nos han quebrado como una vasija de cerámica. Yo hubiera pensado que ustedes serían todos Tzadikim, grandes Tzadikim con una sabiduría como nunca se han conocido por muchas generaciones. Y ahora nos han quebrado como una vasija de cerámica".[89]

126 (229). Cierta vez le pregunté, "¿Qué sucede con eso que has dicho?", es decir la afirmación que una vez le escuchamos decir que tendría una larga vida y que completaría lo que él quería. El Rebe contestó: "¿Escucharon lo que preguntó? Yo también tengo esta pregunta". Pero continuó, "¿No he completado? He completado... Y completaré".[90]

En el viaje a Umán, mientras viajamos juntos, el Rebe también habló sobre cómo Dios está completando constantemente.[91] Explicar todo esto llevaría muchas páginas. En resumen, al principio él había pensado, cuando nos acercamos a él por primera vez, que completaría el tikún de manera inmediata, y muchas de las cosas que dijo indicaban esto. Pero más tarde, debido a nuestros muchos pecados, los pecados de la generación y la tremenda determinación del Satán que llevó a toda la oposición en su contra, todo fue trastornado y fue incapaz de finalizar lo que él había querido durante su vida. Aun así, él dijo que había completado y que completaría. Pues luego de su retorno de Lemberg, encontró un sendero y habló de manera tal como para asegurar que su luz nunca se extinguiría. El Rebe mismo dijo: "Mein faierel vet shoin tluen biz Moshiaj vet kumen - ¡Mi fuego arderá hasta la venida del Mashíaj!".[92] Rápido y en nuestros días. Amén.

---

[89] Adelante: 257.
[90] Arriba:115, abajo: 172, 322.
[91] Arriba: 85.
[92] Adelante: 172; *Parparaot Le Jojmá* 61:8.

VI. Conversaciones Relacionadas con Sus Lecciones:[1]

127 (1). La lección del *Likutey Moharán* I, 5, fue dada en Rosh HaShaná 5563 (1802) aquí, en Breslov. Ese año Rosh HaShaná cayó un lunes y un martes. Fue el primer Rosh HaShaná del Rebe luego de mudarse aquí, y el primer Rosh HaShaná después de que yo me acercase a él.[2]

En esa época había rumores sobre los decretos en contra de los judíos que estaban siendo debatidos y que ahora se habían materializado, es decir, la conscripción de judíos en el ejército ruso.[3] Se hablaba de que irían a comenzar con esto en ese momento. En verdad, la posibilidad ya se había presentado incluso en épocas del gobierno polaco, antes de que el zar conquistara nuestras regiones [Ucrania, Rusia Blanca y Lituania, la Zona de Asentamiento Judío 1793-1795]. En el período inicial del gobierno ruso el tema se mantuvo en suspenso durante un tiempo pero luego fue reavivado, y habían llegado nuevas noticias de que querían imponer los así llamados *punkten*.

Fue entonces que el Rebe dio esta lección que comienza con la afirmación de que cada persona debe decir que el mundo sólo fue creado para ella y que cada uno debe ocuparse de mejorar las deficiencias del mundo, orando para ello, es decir, antes del

---

[1] Estos párrafos se corresponden con el *Parparot LeJojmá* en relación a las lecciones individuales y cronológicamente con *Until The Mashiach*.

[2] *Tovot Zijronot* 5; ver *Iemei Moharnat* 2.

[3] Este era el *Ukasé* decretado por Alejandro I el 9 de octubre de 1802, con las regulaciones llamadas "Decretos Concernientes a los Judíos". Estos decretos eran llamados *"Punkten"* o "Puntos". Ellos incluían antecedentes para las leyes de conscripción que diezmarían muchas comunidades judías, al igual que las regulaciones con respecto a la educación secular compulsiva. El Rabí Najmán consideró esta última sección el peor decreto posible diciendo que destruiría generaciones futuras de judíos; ver adelante: 398; *Sabiduría y Enseñanzas del Rabí Najmán de Breslov* 131; *Tovot Zijronot* 5; *Until The Mashiach*, Historical Overview, p .*xxviii*.

decreto. Esto es una alusión a los decretos que estaban siendo debatidos en ese momento.

Nota del Editor: Ver *Parparaot LeJojmá ad. loc.* "Yo escuché de mi padre que el Rebe aludió allí al hecho de que ya era después del decreto. Pero incluso así el Rebe trabajó muy duro ese año para endulzar los juicios severos, y sus plegarias tuvieron éxito en diferir el decreto, que recién se hizo efectivo dieciséis años luego de su fallecimiento. Hay mucho que puede decirse sobre esto.[4] Los ancianos de los Jasidim de Breslov relatan que escucharon entonces que el Rebe dijo, "He logrado postergar esto por cerca de veinte años". Estaba en lo cierto, pues desde el momento en que dio la lección hasta el año en que el decreto fue finalmente emitido (5587-1826-7) hubo un intervalo de cerca de veinticinco años".

182 (2). La lección del *Likutey Moharán* I, 6,[5] fue dada en el Shabat Shuva[6] luego de ese Rosh HaShaná (5563-1802). Antes de comenzar la lección el Rebe mencionó el versículo, "Y sobre la silla había la semejanza como la apariencia de un hombre" (Ezequiel 12:6). (Sin embargo, en su manuscrito de la lección este versículo no es mencionado sino cerca del final, ver la lección en *Likutey Moharán, op. cit.*). Entonces aferró con sus manos los apoyabrazos de la silla en la cual estaba sentado y dijo con tremendo temor e intensidad, "Si uno se sienta en la silla, entonces uno es un hombre". Las palabras son muy profundas.[7] Entonces el Rebe dio esta tremenda lección completa, tal cual está impresa en el *Likutey Moharán*.

Durante la lección el Rebe no mencionó en absoluto las intenciones místicas del mes de Elul. Luego de terminar oró el servicio de la noche e hizo la *havdalá*. Entonces volvió a hablar sobre la lección, tal cual era su costumbre, y les dijo a los ancianos que estaban sentados con él y que solían orar con el *Sidur*

---

[4] Adelante: 132.
[5] *Tovot Zijronot* 6.
[6] El Shabat que cae entre Rosh HaShaná y Iom Kipur es llamado Shabat Shuva. El término *shuva*, arrepentimiento, es el mismo que la primera palabra de la lectura de la *haftará* de ese día
[7] Zohar III, 48a.

HaAri,⁸ "Díganme cómo la lección contiene todas las intenciones místicas de Elul". Ellos quedaron en silencio sin responder, pues es realmente imposible que las personas comprendan por sí mismas cómo las intenciones místicas de Elul están aludidas en la lección. El Rebe pidió una copia del *Sidur HaAri*, lo abrió y les mostró la sección que trataba de las intenciones místicas de Elul. Entonces comenzó a revelar las más increíbles maravillas, explicando cómo todas las intenciones místicas de Elul están aludidas allí de una manera verdaderamente asombrosa (ver *Likutey Moharán. op. cit.* final). Lo que no puede ser registrado por escrito es el sentimiento de estar presentes en el momento en que escuchamos todo esto, el sentimiento de agradable dulzura en la presencia del Todopoderoso.

Luego del Shabat el Rebe comentó también la sección sobre Moshé, Ioshúa y la Tienda de Reunión; el Punto Superior, el Punto Inferior y la Vav, respectivamente. El Rebe me dijo que cada vez que el rabí y el discípulo se reúnen entran en la categoría de Moshé, Ioshúa y la Tienda de Reunión.⁹

Todo esto tuvo lugar al comienzo de mi acercamiento a él. En ese tiempo yo aún no escribía las lecciones más largas dictadas por el Rebe, sino que registraba para mí sólo las ideas más cortas. Durante un tiempo considerable anhelé conseguir una copia de esta lección tal cual estaba escrita personalmente por él, pero no tuve ese privilegio hasta después de Purim cuando estuve con él en Medvedevka.¹⁰ Entonces me senté con él y copié la lección tal como me la dictaba a partir de su propio texto manuscrito. Él leía y yo escribía.

Cierta vez, poco tiempo después, estaba con él luego del anochecer. Estaba sentado sobre la cama y quería retirarse a dormir. Hablé con él durante un tiempo y fue entonces que me reveló cómo es que los tres mandamientos dados al pueblo judío antes de entrar a la Tierra de Israel¹¹ están relacionados con los conceptos de la lección (*Ibid.* sección 7). Concluyó diciendo que

---

⁸ III:45b; ver también *Shaar Ruaj HaKodesh* p. 121, *Ijud* 16.

⁹ ver *Likutey Halajot, Birkat HaPeirot* 5:11; *Ibid., Shabat* 7:39; *Ibid., Ishut* 4:19.

¹⁰ *Iemei Moharnat* 3; *Tovot Zijronot* 6.

¹¹ *Sanedrín* 20b.

estos tres mandamientos están en la categoría del arrepentimiento (*Ibid.*). Yo le pregunté cómo. "Esto dilo tú", me respondió, y con eso salí.

Inmediatamente comencé a pensar sobre esto y en el camino desde su casa hacia donde yo estaba parando Dios me inspiró con algunas ideas nuevas y hermosas. Tan pronto como llegué, encontré algo para escribir, gracias a Dios, e inmediatamente puse por escrito lo que se me había ocurrido. Éste fue el comienzo de mi entrenamiento en desarrollar nuevas ideas a partir de sus lecciones. ¡Con cuánta bondad y sutileza me introdujo en esto! Al día siguiente le alcancé lo que había escrito y él estuvo muy complacido con ello. Sonrió con alegría y dijo, "Puedes aprender si eres persistente". Sin embargo, luego me vi obligado a suspender la práctica hasta después de haber recorrido mucho terreno en la literatura halájica y estudiar las obras Kabalistas. Entonces me instruyó para desarrollar nuevas ideas y más tarde a que las pusiera por escrito.[12]

129 (3). Antes de que diera la lección en el *Likutey Moharán* I, 7, yo ya había escuchado de él la lección *Tzohar*,[13] en el *Likutey Moharán* I, 112, la que pasé por escrito tal como está impresa allí. Más tarde, dio la lección en el *Likutey Moharán* I, 9 que incluye las enseñanzas del *Likutey Moharán* I, 112. *Likutey Moharán* I, 9 fue dado en el Shabat Shirá 5563 (1803) lejos de Breslov.

Luego el Rebe comenzó la lección del *Likutey Moharán* I, 7, pasando por los diferentes puntos uno tras otro. Al hacerlo dijo que el Baal Shem Tov había venido a decirle algo, "Cuando la gente estropea las cosas en la Tierra de Israel, desciende al exilio. Esto se encuentra aludido en las palabras, 'Y desde allí el Pastor, la Roca de Israel' (Génesis 49:24)". Nos pidió que explicásemos esta visión pero nosotros no supimos qué responder. Luego le mostré la lección que yo había escrito (*Likutey Moharán* I, 112). Él la miró y dijo, "De mis alumnos he aprendido más que de cualquier otro" (*Taanit* 7a). En otras palabras, a través de mí él comprendió el

---

[12] Adelante: 435; *Iemei Moharnat* 4; ver también *Likutey Moharán* II, 21.

[13] Ver *Cuatro Lecciones del Rabí Najmán de Breslov, Tzohar*, Breslov Research Institute, 2000.

significado de la visión del Baal Shem Tov. "Ahora lo comprendo muy bien", dijo. Entonces completó la lección en el *Likutey Moharán* I, 7, que habla sobre la fe y la Tierra de Israel y cómo el hecho de estropear las cosas en la Tierra de Israel, mediante fallas en la fe, lleva al descenso del exilio en Egipto. Le pregunté si esto también estaba relacionado con la visión. Respondió que él ya había comprendido completamente el significado de la visión antes de esto.

Luego recibí una copia de la lección del *Likutey Moharán* I, 9, que incluye las enseñanzas del *Likutey Moharán* I, 112 y que tiene al final una explicación del versículo "Y desde allí el Pastor, la Roca de Israel" en relación con el versículo, "Y descendieron a los abismos como una roca" (Éxodo 15:5). Ahora es posible comprender algo del significado de la visión.

130 (4). La lección del *Likutey Moharán* I, 8, fue dada en el Shabat Jánuca 5563 (1802). Incluye una discusión sobre cómo hacer caer a los malvados y humillarlos, basada en el versículo, "Echa por tierra a los malvados" (Salmos 147:6). En el mismo período el Rebe hizo caer a un notorio transgresor de Nemirov que causó gran sufrimiento a los de nuestro grupo. Esto sucedió luego de Jánuca, después de que el Rebe diera esta lección. El Rebe dijo con ligereza, "Cuando vuelvas y te pregunten qué es lo que has logrado, diles '*ruaj*' - espíritu". Era verdad. Habíamos ganado espíritu, ¡energía vital! La habíamos recibido del Rebe para completar todas nuestras deficiencias. Todo esto está explicado en la lección (secciones 2-5). Luego de completarla, bailó mucho, tal como lo hizo varias veces ese año.[14]

131 (5). El Rebe dijo que todas las lecciones que dio basadas en las historias de Raba bar bar Janá[15] fueron dichas "en el nombre del que las dijo", es decir el mismo Raba bar bar Janá. Cuando el Rebe comenzó a revelar estas lecciones dijo que Raba bar bar Janá se le

---

[14] Ver arriba: 13; adelante: 263; *Iemei Moharnat* 3; *Sabiduría y Enseñanzas del Rabí Najmán de Breslov*, 131.

[15] Raba bar bar Janá fue uno de los más importantes discípulos del Rabí Iojanan, el principal talmudista en la Tierra Santa luego de la redacción de la Mishná, cerca del 200 e.c. En *Bava Batra* p.73-75 se registran una serie de historias increíbles contadas principalmente por Raba bar bar Janá.

había presentado preguntándole por qué no les prestaba atención a sus dichos y pidiéndole al Rebe que lo hiciera. Entonces Raba bar bar Janá le revelaría nuevas ideas, tremendas y maravillosas.

132 (6). La lección del *Likutey Moharán* I, 16, fue dada una mañana de Shabat a mediados del verano de 5563 (1803). Ese Shabat hubo una inesperada afluencia de los seguidores del Rebe aunque no era uno de los seis Shabatot que él había fijado para que nos reuniésemos cada año.[16] Inicialmente mostró cierto disgusto y dijo que estábamos haciendo Shabatot para nosotros mismos. Él ya había dispuesto los momentos para reunirnos con él para el Shabat, pero ahora habíamos hecho una reunión para nosotros. Luego dijo, "Yo quería hacer algo sobre los *punkten*"[17], es decir, endulzar los juicios severos y alejar el peligro, "pero, cuando soy para mí, ¿qué soy?[18] Por mí mismo soy un hombre simple. Es por esto que todos han venido a juntarse de pronto, para que yo pueda lograr lo que necesito hacer con respecto a esto". Entonces el Rebe dio la enseñanza del *Likutey Moharán* I, 16, sobre por qué en un lugar Elisha es llamado sólo por su nombre Elisha mientras que en otro lugar es llamado el "hombre de Dios". El *Zohar* (II, 44a) comenta que cuando estaba solo era llamado simplemente Elisha, pero cuando los hijos de los profetas estaban con él era llamado el "hombre de Dios".

Ese Shabat el Rebe dio dos lecciones. El viernes a la noche dio la lección del *Likutey Moharán* I, 24, que trata sobre los Nueve Palacios que no pueden ser aprehendidos ni conocidos y donde nadie puede estar. A la mañana dio la lección del *Likutey Moharán* I, 16, tal como se mencionó arriba, "Sus ojos eran como dos lunas". El Rebe dijo que hay setenta naciones y que todas ellas están incluidas en Esaú e Ishmael: treinta y cinco bajo uno y treinta y cinco bajo el otro.[19] En el futuro ellas serán conquistadas por los dos Mesías, el Mesías hijo de Iosef y el Mesías hijo de David. Existe un Tzadik que es una combinación de los dos Mesías. El

---

[16] Ver arriba: 23, 48.
[17] Arriba: 127.
[18] *Avot* 1:14.
[19] Cf. *Shaarei Ora* 5, p.64b.

Rebe dijo una cantidad de cosas más que no quedaron impresas. Entonces la mesa se quebró bajo la presión de la gente. Esto le disgustó al Rebe y dijo, "¿Es posible que haya paganos sentados conmigo a la mesa? De seguro ahora no es el tiempo del Mesías cuando las naciones se acercarán a los Tzadikim en cumplimiento de las palabras, 'y todas las naciones irán hacia él' (Isaías 2:2)". Este versículo se relaciona con la lección del *Likutey Moharán* I, 16. Su costumbre era que incluso las conversaciones casuales estuvieran relacionadas con la lección que estaba dando.[20]

Ese año el Rebe estaba muy preocupado con los *punkten*. Estaba extremadamente intranquilo sobre la situación y dijo que no era una simple amenaza. Estaba totalmente en desacuerdo con la gente que decía que no ocurriría nada, pues ¿cómo podía Dios hacerle tal cosa al pueblo judío?[21] El Rebe dijo varias veces que esto era una tontería: en muchas ocasiones se materializaron decretos severos.[22] El Rebe habló mucho sobre esto y dijo que el rumor sobre los decretos debía ser tomado con total seriedad y no ser tratado a la ligera. Debíamos orar y clamar a Dios, rogar y pedirle con la esperanza de que Él escuche y los anule.[23] Ver la discusión en la lección del *Likutey Moharán* I, 49,[24] para ampliar sobre cómo el Rebe se ocupó en todo momento de los *punkten*, es decir, los decretos que finalmente se materializaron dieciséis años después del fallecimiento del Rebe. Sus plegarias tuvieron éxito en diferirlos todo ese tiempo. Si la gente hubiese escuchado sus llamados para hacer que la tierra temblase con plegarias y clamores a Dios, ¡estos decretos habrían sido anulados por completo![25]

---

[20] Ver adelante: 243; *Sabiduría y Enseñanzas del Rabí Najmán de Breslov*, 149, 151

[21] Ver adelante: 277.

[22] Los Cruzados, la Inquisición Española, las masacres de Chmelnitzki en 1648-1649, etcétera y, más recientemente, el Holocausto.

[23] *Rosh HaShaná* 17a, que la plegaria anula todos los decretos.

[24] Ver arriba: 13.

[25] Ver *Sabiduría y Enseñanzas del Rabí Najmán de Breslov*, 70. Cuando un judío desea hablarle a Dios, Él deja de lado todo lo demás. Hasta los malos decretos son dejados de lado en ese momento. Dios escucha sólo al hombre que busca Su presencia.

133 (7). La lección del *Likutey Moharán* I, 17, fue dada en el Shabat Jánuca 5566 (1805). Ese año muchos gentiles se habían convertido al judaísmo luego de encontrar contradicciones a sus creencias en la misma literatura gentil. En la lección se explica plenamente cómo es que se encuentran tales contradicciones (secciones 5 y 6). Es un hecho que eso fue lo que sucedió en muchos casos de conversión: hemos recibido muchos testimonios personales sobre esto, especialmente en el año en que el Rebe dio esta lección. Ese año hubo muchas conversiones debido a este motivo. En un caso un sacerdote del pueblo se convirtió súbitamente al judaísmo. Esto sucedió inmediatamente después del Shabat Jánuca cuando el Rebe dio esta lección. Este hombre vino más tarde a ver al Rebe y le dijo que había encontrado contradicciones en las creencias gentiles en la misma literatura gentil. Hubo otro caso de una mujer que se convirtió junto con sus hijos y relató que los miembros de su familia decidieron convertirse por la misma razón. Lo mismo sucedió muchas veces. También es muy conocido el caso que tuvo lugar hace unas generaciones, del gentil que se convirtió porque en sus libros encontró contradicciones a las creencias gentiles.[26] Yo mismo hablé con un prosélito quien me dijo lo mismo. La lección explica plenamente el significado místico de esto. Un gran número de gentiles se convirtió al judaísmo en el período en que fue dada la lección.

134 (8). Un tiempo antes de que el Rebe diera la lección del *Likutey Moharán* I, 18, mi amigo[27] y yo fuimos a la habitación del Rebe. Estaba recostado en su cama. Comenzó a hablar con nosotros y dijo: "Hoy he vivido como nunca había vivido hasta ahora. Hay muchas diferentes clases de vida, y todas son llamadas vida. Pero hoy yo he vivido una buena vida, una vida como nunca antes

---

[26] Éste fue Abraham ben Abraham, que era el Conde Valentín Pototski, de quien se decía que estaba en línea para el trono de Polonia. Mientras estudiaba en una escuela católica en Lituania se convirtió al judaísmo y huyó a París y luego a Holanda. Fue capturado y se le ofreció elegir entre su posición anterior o la muerte por el fuego. Aceptó morir diciendo: "Mejor ser quemado como un judío que vivir como un no judío". Fue enterrado en la ciudad de Vilna, el 24 de mayo de 1749.

[27] En general, cuando el Rabí Natán habla de "mi amigo" se refiere al Rabí Naftalí; ver arriba: 59.

había vivido". Luego el Rebe comenzó el discurso y sus palabras fluían. Reveló algunas de las principales ideas de la lección citada más arriba. Pero no reveló toda la lección, sino sólo algunas de las ideas principales y esto con gran alegría.

Hubo otras veces en las cuales el Rebe habló sobre las diferentes clases de vida, y cómo todas son llamadas vida. Incluso respecto de la vida que implica dolor y sufrimiento hay muchas gradaciones y distinciones. Claramente el Rebe quería decir que la verdadera vida es cuando uno llega a ser consciente de Dios y obtiene una verdadera comprensión de la Torá, pues "ella es tu vida" (Deuteronomio 30:20). Pero hay muchas variantes en las clases de vida que uno puede tener. Para el Rebe también había diferencia entre la vida que había tenido antes y la que tenía ahora,[28] de modo que ahora podía enorgullecerse de haber vivido como nunca había vivido antes. Mira, observa y comprende la profundidad de estas santas palabras. ¡Cuán afortunados somos de haber sido testigos de alguien tan intensamente vivo!

135 (9). La lección del *Likutey Moharán* I, 20, fue dada en Rosh HaShaná 5565 (1804) que cayó un jueves y un viernes. El verano anterior entre Pesaj y Shavuot estuvimos con él cuando [el suegro de su hija], el Rabí Abraham Dov de Chmelnick estuvo de visita. Esto fue cuando el Rebe relató la tremenda visión sobre aquél que estaba recostado en el suelo. Dijo que el *Likutey Moharán* I, 20, era la explicación de esta visión. Dijo que todas sus enseñanzas contenían referencias a esta visión, pero el *Likutey Moharán* I, 20, estaba dedicado por completo a su explicación.[29]

136 (10). Luego, en Shavuot, que ese año cayó un miércoles y un jueves, el Rebe dio la lección del *Likutey Moharán* I, 19. Más tarde en ese verano comenzó a dar la lección del *Likutey Moharán* I, 21. Yo había escuchado de él y de manera sumaria algunos de los temas más importantes de esta lección. Sólo más tarde dio toda la lección, cuando estuvo fuera de Breslov, en el Shabat Najamú.

Antes de esto, yo había estado con él en vísperas del Rosh Jodesh Av. Era un domingo hacia la tarde en el momento en que

---

[28] Cf. *Sabiduría y Enseñanzas del Rabí Najmán de Breslov*, 173.

[29] Adelante: 209.

la gente deja de comer carne.[30] El Rebe se encontraba entonces en un estado de gran temor reverencial. Sentado en su cama y en silencio, meditaba sus pensamientos. Yo me paré junto a él con asombro y temblor por espacio de varias horas. Él dijo entonces, "Este Shabat clamé mucho ante Dios, preguntando por qué es que todo lo que quiero hacer debo hacerlo con tanto esfuerzo".[31] Me dijo que cada día cuando se levantaba a la mañana y quería orar le era imposible abrir la boca y no encontraba nada que encendiera su entusiasmo. Incluso si quería recordar alguna canción para darse al menos un poco de vida eso también se le negaba y era imposible que recordase melodía alguna. Las cosas llegaban al punto en que no tenía idea de cómo ponerse de pie y orar. Pero aun así lo hacía. Entonces después, cuando ya estaba orando, recordaba de pronto alguna melodía que llegaba a su mente por sí misma. Todo lo que quería hacer era en verdad muy difícil para él, y estaba obligado a hacerlo con un tremendo esfuerzo.

Escuchar esto me dio un gran estímulo, y pude ver en ello una muy importante lección para todos nosotros. Si un Tzadik tan tremendamente santo como el Rebe tenía que hacer tal esfuerzo con cada plegaria y con cada acción santa, debiendo enfrentar los más serios obstáculos antes de poder hacer algo, cuánto más personas como nosotros debemos esforzarnos con toda nuestra energía cuando llega el momento de hacer algo concerniente a la religión, y en especial a la plegaria. Debemos luchar, trabajar y esforzarnos día a día, especialmente cuando tratamos de orar, que es algo que a la mayoría de la gente le resulta muy difícil. Debemos utilizar toda nuestra energía y forzarnos de todas las maneras posibles con la esperanza de que podamos ser capaces de expresar al menos algunas pocas palabras de verdadera plegaria. En verdad, cada palabra de la plegaria es digna de un gran sacrificio, pues la plegaria se encuentra en la cúspide misma del mundo.[32]

---

[30] Ver *Oraj Jaim* 551:9. Debido al duelo en el mes de Av por la destrucción del Santo Templo, es costumbre no comer carne ni beber vino hasta luego del ayuno de Tisha beAv.

[31] Cf. Más adelante: 361; *Sabiduría y Enseñanzas del Rabí Najmán de Breslov*, 210.

[32] Ver Rashi, *Berajot* 6b.

137 (11). El Rebe dijo entonces: "Este Shabat hicieron una pregunta en los mundos superiores y yo di la respuesta. La pregunta es la siguiente: hay niveles de sabiduría que rodean la mente sin entrar en ella, y hay niveles de sabiduría que rodean la Torá...[33] ¿Qué se debe hacer para que estos niveles que rodean entren en uno?". Luego de esto me quedé con él hasta después de la puesta del sol. Mientras estaba allí entró su asistente y dijo, "Rabí, necesito dinero para las velas". El Rebe se volvió hacia mí y dijo, "¿Has escuchado lo que dijo? Recuerda esto también, porque también es una respuesta a la pregunta (es decir, la pregunta sobre los niveles que rodean). Si eres un buen judío serás capaz de comprender esto". Gracias a Dios pude entender un poco.

138 (12). Luego el Rebe siguió viajando y dio la lección del *Likutey Moharán* I, 21, mientras estaba lejos, en el Shabat Najamú. Durante su ausencia falleció su pequeña hija Feiga.[34] Al retornar a su hogar mantuvieron su muerte en secreto y no se lo informaron al Rebe. Esto fue posible debido a que la niña no estaba siendo criada en la casa, sino en la ciudad cercana de Ladizin, donde vivía con una nodriza. Tan pronto como el Rebe descendió del carruaje y fue hacia la casa encontró algunos de sus seguidores de Nemirov. Inmediatamente comenzó una extensa exposición de muchos de los puntos de la lección citada, introduciendo también el tema de los siete días de duelo tal como se explica allí (ver sección 5). Aún mientras estaba viajando, antes de entrar a Breslov, era evidente por lo que él decía que sabía sobre el fallecimiento de su hija a través de sus poderes espirituales. Más tarde, cuando llegó a su casa, les preguntó a los miembros de su familia pero ellos le ocultaron el tema. Él no observó ninguna de las prácticas de duelo ni escuchó lo que había pasado de labios humanos hasta luego de Rosh HaShaná. Entonces se sentó en duelo una hora de acuerdo con la ley, porque ya habían transcurrido treinta días desde su fallecimiento.[35] El Rebe dijo entonces que mientras uno no ha sido informado por labios humanos no hay necesidad de observar las

---

[33] Ver *Etz Jaim, Shaar HaKlalim* 1.

[34] Feiga, (1803-1804), la sexta hija del Rebe. Ver *Until The Mashiach* p.339.

[35] Ver *Iore Dea* 402:1.

prácticas de duelo aunque uno sepa [del fallecimiento] a través de medios espirituales.

Yo no estaba con el Rebe cuando llegó a su casa tal como se describe arriba. Escuché lo sucedido de boca de mis amigos, quienes estaban allí en ese momento. Recién más tarde, en Elul, estuve con él. No bien entré, lo encontré sentado en un estado de ánimo muy triste y serio. Comenzó a hablar sobre la vida y la muerte, "En verdad la diferencia entre la vida y la muerte es mínima: ahora la persona está aquí, y luego vive allí", e hizo un gesto con su mano hacia el cementerio. En otras palabras, para un Tzadik que vive incluso luego de la muerte, ¿qué diferencia hay entre la vida y la muerte excepto por el hecho de que previamente ha vivido aquí y ahora fija su lugar en la tumba y vive allí?[36] Entonces comenzó el Rebe, "La vida eterna sólo está con Dios. Todo aquél que se une con Dios también puede vivir eternamente...", tal cual está impreso al final de la lección citada más arriba.

El siguiente Rosh HaShaná (5565-1804) el Rebe dio la lección del *Likutey Moharán* I, 20. Ese año Rosh HaShaná cayó jueves y viernes. Al día siguiente, Shabat Shuvá, no estábamos seguros de si el Rebe saldría de su habitación y se reuniría con nosotros para la *seudá shlishit*, la tercera comida del Shabat, ni si daría alguna lección de Torá, porque no era su costumbre sentarse con nosotros para *seudá shlishit* excepto en ocasiones específicas.[37] Allí estábamos expectantes, de pie junto a su habitación, cuando de pronto abrió la puerta y se asomó con un tremendo apuro. Todos los presentes fuimos dominados por el temor y la consternación. El Rebe pidió entonces que llamasen a su hija mayor [Odel] y ella fue inmediatamente a su habitación. Comenzó a hablar con ella sobre la muerte de su pequeña hija. Ella una vez más comenzó a negar el tema y a ocultarlo. Él dijo, "¿Acaso no sé ya la verdad?" y fue entonces que ella se vio forzada a decírselo abiertamente. Por esa razón él no vino a la comida, y observó una hora de duelo luego de la partida del Shabat.

---

[36] Arriba: Introducción; *Sabiduría y Enseñanzas del Rabí Najmán de Breslov*, 156.

[37] Arriba: 23.

139 (13). Luego vino a la habitación más grande y habló con nosotros tal como solía hacerlo. Le preguntó a una de las personas si había llorado en Rosh HaShaná, diciendo que el verdadero llanto proviene de la alegría. Entonces reveló la enseñanza sobre cómo las letras iniciales de las palabras hebreas en el versículo, "Por Tu Nombre se regocijarán todo el día" (Salmos 89:17) - *Beshimjá Ieguilún Kol Haiom* - deletrean la palabra *BeJIáH*, que significa llanto (*Likutey Moharán* I, 175).

Dijo entonces que había tenido lo que en la terminología jasídica se llamada una *heará*, una inspiración, para enseñar Torá, pero que el episodio concerniente a su hija lo había aturdido. Contó que el alma de su hija fallecida había venido a él quejándose de que los miembros de su casa habían traído a un no judío para curarla y este no judío había utilizado encantos y amuletos de la suerte. El Rebe dijo que incluso aunque los hechiceros no eran comunes en esos días, este no judío era un verdadero hechicero, y esto le causó un gran daño a un alma tan santa y preciosa. Era por esto que ella vino quejándose tan amargamente, hasta que él se vio forzado a preguntar y así rectificar su alma. Eso lo distrajo y como resultado no dio la lección mayor que había pensado dar.

Sin embargo, Dios en Su bondad y misericordia hizo que aun así no perdiésemos esta lección. El lunes siguiente el Rebe reveló la tremenda y exaltada enseñanza del "Sello dentro de un sello" (*Likutey Moharán* I, 22). Esta lección fue dada de manera inesperada. El Rebe había estado sentado con nosotros y le había pedido a alguien que trajese aceite de oliva y una mecha y que preparase una lámpara. Entonces él mismo encendió la lámpara tal como solía hacer de vez en cuando: de pronto encendía una lámpara de aceite de oliva, evidentemente para endulzar los juicios severos.[38] Luego de encender la lámpara, que estaba cerca de su mesa, el Rebe habló con nosotros con gran temor. De pronto pidió una copia de *Slijot*. Le trajeron un libro, lo abrió y recitó parte de una de las *Slijot* de Iom Kipur.

Todo esto sucedió frente a nosotros: estábamos de pie a su alrededor y él estaba sentado en su silla cerca de la mesa, en su

---

[38] Cf. *Sefer HaMidot, Ner Tamid* 1.

Conversaciones Relacionadas con Sus Lecciones 139

habitación. Comenzó entonces a hablar sobre el Jardín del Edén y Guehinom, y cómo ambos están en este mundo. Fue pasando de tema en tema hasta que completó toda la lección. Le llevó cerca de cuatro horas. Lo que sucedió en ese tiempo es imposible de relatar por escrito. ¡Feliz de la hora, feliz del momento que estuvimos delante de él! Más tarde, en el Shabat después de Sukot, dijo que en aras de esa lección él había dado mil monedas de oro al guardián de la entrada de los ámbitos superiores.[39]

140 (14). Cuando el Rebe nos dio su manuscrito de la lección "Nueve Tikunim" del *Likutey Moharán* I, 20, estábamos de pie a su alrededor. Arrancó las páginas del cuaderno que contenían la lección y nos las dio para copiar. El comienzo de la lección estaba escrito en mitad de la página, que también tenía otra lección que él no había querido darnos para copiar. Debió dictarme el comienzo de la Lección 20 palabra por palabra. Yo me senté a su lado, escribiendo mientras él leía. Mientras estaba leyendo se entusiasmó sobremanera. Su rostro enrojeció y brillaba, y él se detuvo un momento. Para nosotros fue una experiencia asombrosa.

Luego nos dijo que era la noche del *iorzait* de su madre, el día 19 de Adar. Él lo había olvidado y no había encendido una vela ni dicho el *kadish*. Ese era un año intercalar en cuyo caso un *iorzait* en Adar es observado en ambos meses de Adar.[40] Durante el dictado de la lección su madre vino a él y le hizo recordar el *iorzait*. Inmediatamente llamó un *minián*, un grupo de plegaria, estudió la Mishná, dijo el *kadish* y encendió una vela por ella. Por la mañana también llamó un *minián* a su habitación y lideró las plegarias hasta el final del servicio de la mañana, diciendo el *kadish* sin una sola excepción. Entonces estudió la Mishná y recitó el *kadish deRabanán*. Más tarde dijo que nunca en su vida había liderado las plegarias. Hubo también otras cosas que sucedieron en esa ocasión.

En la medida en que puedo comprenderlo, es relevante que la pequeña niña hubiese sido llamada Feiga debido a la madre del

---

[39] Arriba:14.

[40] Ver *Oraj Jaim* 568:7; *Iore Dea* 402:12. Feiga, la madre del Rebe, falleció el 19 de Adar, 3 de marzo de 1801. Ver *Until The Mashiach* p. 64, 324-326.

Rebe. La Torá "Nueve Tikunim" se relaciona con el concepto de la partida de un alma de la cual provienen explicaciones de Torá, un alma que sufre amargura (ver *Likutey Moharán, loc. cit.*). Me aventuraría a decir que había un significado en el hecho de que fue justamente cuando estábamos ocupados con esta Torá que vino a él el alma de su madre. Su madre fue una gran *Tzadeket*, y una vez le escuché al Rebe decir que ella tenía un inmenso *ruaj hakodesh*, poderes espirituales.

Todo esto contiene el más elevado significado místico, pues en todas las cosas que el Rebe dijo y en todas las historias que contamos sobre él no hay nada que no contenga los secretos más tremendos y exaltados, "Profundo, profundo, ¿quién podrá encontrarlo?". Esto se aplica especialmente a lo que sucedió con sus santos descendientes, pues ellos entraban en la categoría de aquello que es "mas elevado que las 600.000 almas de Israel" (ver *Likutey Moharán* I, 273, sobre el versículo "más los hijos de Rejavia fueron muchísimos", en Crónicas I, 23:17). Es por eso que les sucedió lo que les sucedió. Que Dios prohiba tales cosas en el futuro y que los que sobreviven sean bendecidos con una larga vida para ellos y para sus descendientes hasta el final de todas las generaciones, Amén.

141 (15). La lección "Nueve Tikunim" del *Likutey Moharán* I, 20, se explaya sobre la grandeza de la Tierra de Israel y cómo la real victoria en la guerra viene cuando podemos llegar allí. Cuando el Rebe dio esta lección comenzó hablando sobre la Tierra de Israel, diciendo, "Todo aquél que quiera ser un judío, que significa pasar de nivel en nivel, sólo puede lograrlo a través de la Tierra de Israel. Cuando gana la guerra es llamado un 'hombre de guerra', pero no antes. Pues, 'no se alabe el que se ciñe [las armas], como el que se las desciñe' (Reyes II, 20:11). Sólo luego de ganar es llamado un 'hombre de guerra'". Fue después de esto que el Rebe comenzó a hablar sobre el alma que es la fuente de las explicaciones de Torá. Entonces elevó la voz y dijo, "Hay una alma, etc." tal como está impreso al comienzo de la lección. Cuando el Rebe dictó la lección comenzó desde aquí, aunque al enseñarla originalmente había comenzado con la Tierra de Israel.

Luego de que terminara la lección, cuando estábamos conversando, le pregunté, "¿Qué quieres decir cuando dices que la Tierra de Israel es tan grande que ésta es la victoria principal?". Me miró y dijo, "Quiero decir Israel literalmente, con sus casas y departamentos"[41], es decir, todo su énfasis sobre la grandeza de la Tierra de Israel quería significar literalmente la tierra de Israel a la cual van los judíos. Él quería que cada judío que deseaba ser un verdadero judío fuera a Israel. Aunque encontrase muchos obstáculos, debía superarlos e ir, pues la victoria principal es llegar a Israel. Esto es lo que más me inspiró y alentó a superar las innumerables dificultades que yo mismo tuve que enfrentar y quebrar para llegar a Israel. Gracias a Dios por ayudarme a quebrar todos los obstáculos, llegar allí y regresar sano y salvo.[42]

En Rosh HaShaná, tal como cuando enseñó "Nueve Tikunim", el Rebe solía empezar la lección a la tarde del primer día, al comienzo de la segunda noche. Estaba oscureciendo. Yo estaba sentado muy cerca de él, observándolo cuidadosamente. Vi que estaba diciendo las palabras "Nueve preciosas reparaciones le fueron dadas a la barba" (*Zohar* II, 177) con la mayor intensidad y temor, temblando y tiritando. Esta visión no puede ser imaginada. Varias veces jaló de su barba con fuerza, cosa que es imposible describir. El Rebe comentó cierta vez que antes de decir la primera palabra de una lección sentía que iba a fallecer, y lo mismo con las primeras palabras del *kidush*.[43] Con esta lección pude ver esta intensidad con mis propios ojos.

Con respecto al hecho de que la principal victoria es llegar a Israel pese a las dificultades, el Rebe estaba hablando en un momento sobre los tremendos obstáculos y peligros que tuvo que enfrentar en Estambul y en el resto de su viaje a Israel.[44] Nos dijo entonces que podríamos llegar a Israel fácilmente, como insinuando que no íbamos a tener que afrontar obstáculos y

---

[41] *Iemei Moharnat* II, 2, 16.

[42] Ver *Iemei Moharnat* II, para un relato completo del peregrinaje del Rabí Natán.

[43] Ver adelante: 361; *Sabiduría y Enseñanzas del Rabí Najmán de Breslov*, 210.

[44] Ver *Alabanza del Tzadik y Relato del Viaje del Rebe Najmán a Israel*, para un relato completo del peregrinaje del Rabí Najmán. También ver *Until The Mashiach* p. 24-55.

peligros como los que él tuvo que superar, pero debíamos estar preparados a sufrir y a pasar dificultades a fin de poder llegar allí, pues Israel es una de las tres cosas que se obtienen a través del sufrimiento.[45] Cierta vez el Rebe dijo que hay gente que imagina que tiene un gran anhelo por ir a Israel, pero sólo si puede viajar confortablemente, sin dificultades ni sufrimientos. Esto no es un deseo perfecto. Aquél que quiere alcanzar Israel debe ir incluso aunque deba hacerlo a pie, como Dios le dijo a Abraham, "Anda" (Génesis 12:1).[46]

Iemei Moharnat 112 agrega que luego de que el Rebe dio la lección "Nueve Tikunim" dijo con liviandad, "Hoy hablé sobre el fuego y el agua", pues la lección habla de palabras calientes como carbones ardientes y de cómo "él abrió la roca y surgieron las aguas" (Salmos 105:41).

142 (16). La lección sobre "El Anciano, oculto y encubierto" del *Likutey Moharán* I, 21, trata sobre los niveles superiores de sabiduría que cada individuo podrá alcanzar en el futuro, de acuerdo con sus esfuerzos en la devoción religiosa. Con respecto a esto el Rebe dijo que hay cosas que uno puede hacer en este mundo para ser capaz de merecer avanzar continuamente de nivel en nivel en el Mundo que Viene, alcanzando constantemente nuevos niveles de sabiduría superior.

Hay algo muy notable en la lección sobre la referencia al error de Miriam sobre la dignidad de Moisés (Números 12:1) y cómo el pedido de Aarón a Moisés (*Ibid.* v.12) implica el concepto del castigo al hombre muerto cuando su esposa realiza el matrimonio de levirato. Aquí hay una alusión a la hija del Rebe, Miriam, quien estaba casada con el hijo del Rabí Leibush de Volochisk. El Rabí Leibush se había mudado a Israel con todos sus hijos y debido a esto también viajó la hija del Rebe. Varios años después de la muerte del Rebe ella realizó allí un matrimonio de levirato.

143 (17). La lección "Sello dentro de un sello" del *Likutey Moharán* I, 22, contiene una elaboración sobre la Mishná de Rosh HaShaná

---

[45] *Berajot* 5a; las otras dos son la Torá y el Mundo que Viene.
[46] Ver *Parparaot LeJojmá*, 155.

(3:7): "Si uno sopla el Shofar dentro de un pozo, etc. ...Entonces si escuchó el sonido del Shofar cumple con su obligación (literalmente, sale), pero si escuchó el sonido de un eco, estando parado fuera del pozo, no cumple con su obligación".

Al momento de dar la lección el Rebe mismo dijo que aquí parecería haber un problema porque la lección explica que la persona que no llega a la categoría de "carne" no puede escuchar el sonido mismo, sino sólo el eco. La cuestión es como sigue: Evidentemente la Mishná dice que si aquéllos que están afuera escuchan el sonido del Shofar cumplen plenamente con su obligación. El Rebe interpreta la Mishná, diciendo que aquéllos "parados afuera" no están en la categoría de "carne". Si es así, ¿cómo puede ser que estando afuera y no siendo la categoría de "carne", pueden aun así escuchar el sonido mismo? ¿Cómo puede decir la Mishná de aquéllos que están parados afuera y que no están en la categoría de "carne", que si ellos escuchan el sonido del Shofar mismo cumplen con su obligación? Pues en verdad aquéllos que no están en la categoría de "carne" son incapaces de escuchar el sonido mismo. El Rebe no respondió a esta pregunta de manera explícita, y sólo dijo, "¿No hay acaso una falta de comprensión con respecto a esto?".

A partir del texto de la lección parecería ser que detrás de todo esto yace la idea de que incluso alguien que no está lo suficientemente cerca de su alma y del Tzadik como para llegar a la categoría de "carne" aun así puede esforzarse a escuchar cuidadosamente la voz de su alma y la voz de los verdaderos Tzadikim, tiene la esperanza de escuchar la voz de la santidad misma y no sólo el eco. La cuestión es que debe escuchar muy cuidadosamente. Esto es como la regla de la Mishná tomada literalmente: en el caso de alguien que sopla el Shofar fuera de un pozo no hay necesidad de distinguir entre haber escuchado la voz del Shofar o el eco, ciertamente escucha la voz del Shofar.[47] Es sólo en el caso en que aquél que sopla el Shofar está en un pozo que es necesario distinguir si ha escuchado el sonido del Shofar o un eco.

---

[47] Oraj Jaim 587:1.

Lo mismo se aplica a la exposición del Rebe en base a la Mishná: Sólo hay diferencia cuando uno sopla en un pozo, cuando uno se encuentra en el hoyo más profundo y allí clama y llora y gime por sus pecados. Aquí hay una distinción en el caso de aquéllos que están afuera y que no están en la categoría de "carne", si es que escuchan el sonido del Shofar y salen o si sólo escuchan el sonido del eco. Aunque ellos no pueden llegar a la categoría de "carne", si se esfuerzan y escuchan con cuidado, pueden oír la voz misma. Sin embargo, en el caso de aquéllos que logran entrar a la categoría de "carne" no hay necesidad de distinción alguna porque ellos ciertamente han escuchado la "voz del Shofar", la voz de la santidad misma. Esta es mi comprensión personal del tema.

Con respecto a la afirmación en la lección (sección 5) de que todos los sonidos entran en la categoría de *azut dekedushá* (audacia y determinación de santidad), el Rebe dijo que incluso el sonido de las monedas que uno da para caridad entra dentro de esta categoría.

144 (18). La lección "El centro del mundo" del *Likutey Moharán* I, 24, fue dada en el verano del año 5563 (1803) durante la comida de la noche del Shabat. El Rebe dio la lección en un estado de profundo temor y gran fervor, al punto en que la gente que lo escuchaba no pudo comprender en absoluto lo que estaba diciendo. Sólo más tarde la lección fue puesta por escrito por el Rebe tal y como la había dado.

145 (19). La lección "Háblanos sobre un recipiente" del *Likutey Moharán* I, 25, trata sobre elevarse de nivel en nivel y cómo los obstáculos creados por las fuerzas del mal se levantan una y otra vez. El Rebe explicó que incluso la persona que se encuentra literalmente por tierra tiene que pasar por esto cuando se ve inspirada a elevarse: tiene que pasar de nivel en nivel, y cada vez que lo hace debe confrontar nuevos obstáculos.[48]

146 (20). La lección "El hombre que toma una esposa" del *Likutey Moharán* I, 29, fue dicha en Shavuot 5566 (1806). Ésta era la primera vez que el Rebe llevaba [todas sus] vestimentas

---

[48] Ver *Likutey Halajot, Hiljot Maaké u-Shemirat Nefesh* 4:5.

blancas y el concepto de las vestimentas blancas aparece en la lección. Uno de los hombres allí presentes había venido con su hija que era epiléptica. El hombre también había traído vino... Todos estos conceptos aparecen en la lección, al igual que otras cosas extraordinarias que pudimos ver con nuestros propios ojos. Esto además de los misterios que contiene, pues la esencia de lo que el Rebe quería decir es imposible de comprender tanto en términos generales como en detalle. Él dijo también que esta lección se relaciona con Francia, porque habla del dinero, es decir el Remedio General tal cual se aplica a las transacciones comerciales, y también sobre la perfección del habla a través de la alabanza de los Tzadikim y sobre las vestimentas blancas. Está escrito: "Plata escogida es la lengua del justo" (Proverbios 10:20). Las últimas letras de cada una de las palabras hebreas del versículo, *keseF nivjaR leshóN tzadiK* deletrean la palabra *FraNK*.[49]

En el mismo período en que fue dada esta lección, uno de los seguidores del Rebe, un hombre adinerado, estaba negociando con oficiales del ejército del zar en Vinitzia. Él les había vendido harina que ellos no habían encontrado satisfactoria y, además de reclamar compensación monetaria, también lo estaban amenazando personalmente. Cuando el Rebe dio la lección, el pasaje donde se explica que alabar a los Tzadikim permite que lo que uno diga sea escuchado y aceptado le causó una profunda impresión. Todo su problema era hacer que los oficiales escuchasen su lado de la historia y persuadirlos de que la aceptasen. Inmediatamente después del final de Shavuot el hombre partió para Vinitzia. Todo el tiempo que estuvo allí le estuvo hablando al dueño de casa donde estaba alojado sobre el Rebe, alabándolo una y otra vez. (El hecho es que todos los seguidores del Rebe, incluso los más simples padres de familia, tenían innumerables historias para contar sobre él). El hombre fue entonces directamente a los oficiales y les presentó todo su caso. Ellos escucharon y aceptaron lo que él dijo, tratándolo con gran respeto. Pudo así salvarse de las amenazas y liberarse de todo el tema sin daño alguno.

---

[49] Ésta es la palabra en Idish para Francia.

147 (21). La lección "Una cama de cuchillos" del *Likutey Moharán* I, 30, fue dicha en el Shabat Jánuca 5567 (1806), en la *seudá shlishit*. El Rebe comenzó la lección con el versículo, "Y sucedió al cabo de dos años" (Génesis 41:1) pero nunca terminó de explicar cómo la lección se relaciona con este versículo. Al terminar el Shabat, luego de la *havdalá*, habló con nosotros y dijo que para terminar la explicación debería dar otra lección como aquella que había dado. Luego dijo, "Ahora soy como alguien condenado a ser golpeado en las cuatro esquinas de la ciudad". Nosotros no entendimos en absoluto lo que dijo. Sin embargo, ahora comprendo una cierta alusión a esto en la lección misma, donde se explica que *Maljut*, que está simbolizado por la letra *dalet*,[50] debe ser cortado de los cuatro ámbitos de las fuerzas del mal. Así está escrito que Samuel "cortó a Agag en cuatro" (Samuel I, 15:33). Quizás el Rebe estaba aludiendo al hecho de que uno debe sufrir cuatro veces para poder cortar y separar a la *dalet* de los cuatro ámbitos de las fuerzas del mal.

148 (22). Cierta vez hablé con él sobre el concepto del Tzadik, en relación a la lección "Y ustedes serán para Mí un reino de sacerdotes" del *Likutey Moharán* I, 34, que trata sobre los puntos buenos en cada judío. El Rebe me dijo que es posible ver en la lección a todos los Tzadikim de la generación, su naturaleza, su nivel y la grandeza de cada uno de ellos.

149 (23). Nota del Editor: La lección "Aquél que se mantiene despierto por la noche" del *Likutey Moharán* I, 52, fue dicha en [el verano de] 5563 (1803) en cumplimiento del concepto de "hacer Su palabra para escuchar Su palabra" (Salmos 103:20, es decir, hacer algo inicialmente sin comprender y más tarde alcanzar una comprensión profunda). El Rabí Natán había comenzado a seguir la práctica de la meditación nocturna por su propia iniciativa. Un día fue a ver al Rebe quien, con sus poderes espirituales, miró en él y reveló esta lección, con su explicación de la meditación por la noche. El Rabí Natán escuchó cómo el Rebe estaba revelando enseñanzas sobre la práctica que él había comenzado por sí

---

[50] Ver *Zohar* I, 238.

mismo, y sobre lo que es posible alcanzar a través de esto. Se sintió tan inspirado y exaltado que olvidándose por completo de sí mismo gritó, "¡*Guevalt*! Correré por las calles y clamaré, '¡Ellos no se ocupan de sus almas!' ". La pasión ardía tan fuertemente en él que era algo casi sobrehumano y literalmente habría corrido gritando por las calles. El Rebe lo aferró por su chaqueta y le dijo, "Detente, pues no lograrás nada".[51]

150 (24). Mi amigo el Rabí Naftalí y yo fuimos a ver al Rebe poco antes de Shavuot 5565 (1805). Él nos dijo que ahora no sabía nada en absoluto. Lo único que sabía en ese momento era que debido a las habladurías maliciosas del mundo los Tzadikim no pueden ser humildes, tal como se explica en el *Likutey Moharán* I, 197, y no sabía más que esto. Dijo explícitamente, "Así como ustedes no saben, de la misma manera yo, realmente, ahora no sé nada en absoluto".[52]

Dijo que entonces estaba viviendo una vida simple: se levantaba por la mañana y oraba, luego estudiaba algo, después recitaba salmos, posteriormente tomaba su comida y se recostaba a dormir un poco. Más tarde se levantaba, hablaba y argumentaba con Dios con sus propias palabras. Y agregó, "Siento piedad de mí mismo". Dijo estas palabras con tal sinceridad y con un corazón tan quebrantado que todo aquél que lo hubiese escuchado podría haber visto la tremenda piedad que sentía por él mismo, como si estuviese totalmente alejado de Dios.

Entonces nos dijo que había soñado que era Shavuot, y que todos nos habíamos reunido para estar con él para la festividad tal como hacíamos cada año. Pero él era incapaz de enseñar Torá y nos fustigó con ira, diciéndonos que todo era nuestra falta porque éramos tan burdamente materialistas y le era imposible enseñarnos. (En el *Likutey Moharán* I, 20:4 se explica que la

---

[51] El Rabí Natán escuchó al Rebe hablar sobre *hitbodedut*, meditación. Comenzó a meditar durante el día, y luego se dio cuenta de que después de la medianoche era un momento mucho más apropiado. Entonces comprendió que el mejor lugar para *hitbodedut* era en los campos. Todo esto está explicado en el *Likutey Moharán* I, 52 (*Kojavey Or* p. 12-13 #4, 5).

[52] Ver arriba: 72, 107, 112, adelante: 283, 341; *Alabanza del Tzadik* p. 93; *Iemei Moharnat* 44.

Torá del Tzadik se construye a partir de la gente que se reúne para estar con él). Sus reproches nos inspiraron sentimientos de arrepentimiento y de remordimiento, y entonces nos dio una lección tremenda y hermosa.

A partir de lo que dijo el Rebe era evidente que en el sueño le había sido revelada la lección que dio. Cuando llegó Shavuot y fuimos a reunirnos con él, dio una extraordinaria lección sobre el versículo, "Y en el día de las primicias" del *Likutey Moharán* I, 56. La lección habla sobre *Maljut*, la soberanía que posee cada judío y cómo *Maljut* está a veces revelado y otras veces oculto. Puede haber alguien que aparentemente no tiene poder alguno, pero de una manera oculta tiene poder por sobre toda la generación. Luego, el Rebe dijo explícitamente sobre él mismo, "Ustedes piensan que mi única influencia es sobre ustedes. Pero la verdad es que yo tengo poder incluso por sobre todos los otros Tzadikim de la generación, sólo que está oculto".[53]

La lección termina con el tema de la imposibilidad de comprender los caminos de Dios y de la paradoja de que incluso aunque la regla *halájica* de un Tzadik es aceptada y la de otro es rechazada, aun así decimos que "éstas y aquellas son palabras del Dios vivo" (*Eruvin* 13b). Esta paradoja es imposible de comprender <mediante el intelecto, sino sólo a través de la fe simple>.

Más tarde en la noche el Rebe retomó esta cuestión mientras estaba hablando con sus seguidores. Dijo que hay obras Kabalistas que tratan de explicar la paradoja diciendo que donde un sabio legisla de manera indulgente y otro de manera estricta, uno proviene de la *sefirá* de *Jesed*, del amor, y el otro de *Guevurá*, la severidad, y es por esto que "éstas y las otras son palabras del Dios vivo".[54] Sin embargo, el Rebe dijo que explicaciones como éstas no son respuestas en absoluto para alguien que comprende un poco, y agregó, "Que alguien se ciña los lomos y me traiga una respuesta a esta paradoja". Tales argumentos no constituyen realmente explicación alguna pues si una autoridad legisla que algo es *kosher* y permitido para ser comido y otra legisla lo opuesto, es

---

[53] Ver *Likutey Moharán, loc. cit.*

[54] *Shaar HaGuilgulim*, 34.

decir, que está prohibido comerlo, ¿cómo es posible comprender racionalmente que ambos puntos de vista son verdad, viendo que son absolutamente contradictorios el uno con el otro?

El Rebe estaba diciendo que explicaciones como éstas no tienen sustancia en absoluto, y ni hablar siquiera de las explicaciones presentadas en las obras filosóficas, que ciertamente están vacías.[55] El motivo por el cual el Rebe nos prohibió leer incluso las obras filosóficas que son impecables desde el punto de vista religioso, es porque éstas presentan y analizan problemas muy difíciles sobre los caminos de Dios, pero cuando surgen con una respuesta, las explicaciones que dan son débiles y fácilmente refutables. Todo aquél que estudie estas obras y trate de responder racionalmente a esas cuestiones puede ser llevado al ateísmo al darse cuenta más tarde de que la explicación es completamente inadecuada, mientras que el problema continúa preocupándolo.

El Rebe nos dijo que debíamos apoyarnos solamente en la fe. Si alguien tiene preguntas sobre tales temas debe saber que es imposible darles una explicación, pues con nuestra mente humana es imposible comprender los caminos de Dios. Todo lo que tenemos es la fe: debemos creer que todo es ciertamente correcto y adecuado, sólo que con nuestras mentes es imposible comprender las maneras de Dios. Incluso las pocas explicaciones dadas por genuinas obras Kabalistas escritas por santos Tzadikim con una profunda percepción y genuinos poderes espirituales son incapaces de resolver por completo estos problemas. Claramente las respuestas cuelgan en el aire y sólo tenemos la fe para sostenernos.[56]

Esto se aplica a todas las cuestiones similares, tales como el problema sobre cómo el hombre puede tener libertad de elección si Dios sabe lo que él va a hacer. Ha habido muchos intentos por explicar esto, pero todo aquél que tenga ojos para ver puede comprender que es imposible que nuestras mentes comprendan en absoluto la respuesta. Por lo tanto, no debemos

---

[55] Adelante: 407-425; *Sabiduría y Enseñanzas del Rabí Najmán de Breslov*, 40.

[56] Cf. *Sabiduría y Enseñanzas del Rabí Najmán de Breslov*, 189; *Likutey Moharán* II, 46.

siquiera comenzar a buscar soluciones. Lo mismo se aplica al problema presentado al comienzo del *Etz Jaim*,[57] al que trata de responder el autor de *Shaarei Gan Eden*.[58] Todo aquél con algo de inteligencia puede ver que la respuesta es nula, porque luego termina diciendo que "más allá de esto está prohibido especular".[59] Si ésta es la solución, habría sido mejor darla al comienzo en lugar de entrar en el mundo de la especulación sólo para terminar sin encontrar una respuesta. ¡Quién sabe si saldrá sano y salvo de la especulación! Mejor es mantenerse con una fe simple, porque las cuestiones especulativas como éstas, y en particular los problemas presentados al comienzo del *Etz Jaim*, no pueden ser respondidos en absoluto mediante la razón humana y no debemos adentrarnos en ellos. Debemos saber que es imposible responderlos mediante la razón. Sólo debemos basarnos en la fe, pues así como los cielos se encuentran muy por encima de la tierra, de la misma manera Sus caminos están muy por encima de nuestros caminos y Sus pensamientos, por sobre los nuestros (cf. Isaías 55:9).

Es importante examinar la enseñanza del Rebe en el *Likutey Moharán* I, 21, relacionada con la afirmación de los sabios de que "en el tiempo futuro los Tzadikim estarán sentados con las coronas en sus cabezas" (*Berajot* 17a). Allí explica que todos estos intrincados problemas especulativos tienen su fuente en la sabiduría que rodea por fuera. Esto es algo imposible de comprender en el presente. De forma similar, en la lección "Ven al faraón" (*Likutey Moharán* I, 64) el Rebe explica cómo estos problemas tienen su origen en el misterio del Espacio Vacío, y que por esto es imposible encontrar una manera racional de resolverlos.

En la lección "Pues aquéllos que los aman los guiarán" (*Likutey Moharán* II, 7) se explica que hay cuestiones que están más allá

---

[57] "El Árbol de Vida", obra que contiene las más importantes enseñanzas Kabalistas del Ari, el Rabí Itzjak Luria (1534-1572).

[58] "Las Puertas del Paraíso", del Rabí Iaacov Kopel ben Moshé Lipshitz de Mezritch Koton. Contiene explicaciones de la Kabalá del Ari. Publicada por primera vez en Koretz, 1803.

[59] Cf. *Jaguigá* 11b; adelante: 424, para una discusión completa sobre estas soluciones.

del tiempo y que no pueden ser respondidas. Todo aquél que trate de responderlas será arrastrado simplemente hacia preguntas cada vez más difíciles hasta que finalmente entrará en el ámbito de las preguntas y de las explicaciones que se encuentran más allá del tiempo, en el sentido de que allí no hay suficiente tiempo para explicar todas las preguntas y cuestiones. Es posible encontrar enseñanzas similares en diversos lugares del *Likutey Moharán*. También hay un pasaje hermoso y convincente en el *Likutey Moharán* II, 52, donde el Rebe dice que *es necesario* que existan preguntas sobre Dios, cuestiones que sean imposibles de comprender, porque si no fuese así y todo estuviese de acuerdo con *nuestra* comprensión racional, sin ningún misterio, no habría diferencia alguna entre la comprensión de Dios y la nuestra. Esto no es posible. *Debe* haber preguntas sobre Dios, cuestiones profundas que somos totalmente incapaces de comprender. La sabiduría de los caminos de Dios se encuentra mucho más allá que la nuestra.[60]

Como regla general, cada vez que el Rebe menciona especulaciones filosóficas y cuestiones como éstas, no es para darles una respuesta. Todas sus enseñanzas son Torá, basadas en la más profunda sabiduría. Su preocupación es mostrar claramente y de manera inteligible la fuente de la cual surgen estos problemas, lo que explica en sí mismo por qué es imposible resolverlos y darles solución. Su objetivo es demostrar de una vez por todas que uno no debe entrar de manera alguna en tales especulaciones viendo que no hay posibilidad de encontrar soluciones. Pues "todos los que se llegan a ella nunca retornarán ni encontrarán los senderos de la vida" (Proverbios 2:19). Mira Sus caminos y hazte sabio, y comprenderás las maravillas de Dios. Si deseas la verdad, comprenderás por ti mismo a partir de lo que él dice que es imposible resolver estas cuestiones de manera racional, incluso mediante los métodos de la Kabalá. Uno debe basarse solamente en la fe.[61]

---

[60] Ver también *Likutey Moharán* II, 46; *Sabiduría y Enseñanzas del Rabí Najmán de Breslov*, 118, 146.

[61] Ver *Likutey Halajot, Birkat HaShajar* 3:36.

151 (25). Luego de dar la lección "El Rabí Shimón comenzó" del *Likutey Moharán* I, 60, el Rebe dijo de manera ligera: "Hoy he dicho tres cosas contrarias a lo que la gente usualmente dice. La gente cuenta historias para hacer dormir. Pero yo digo que a través de los cuentos es posible despertar a los hombres de su sueño. La gente dice que el habla no produce embarazo. Pero yo digo que las conversaciones de los Tzadikim y sus historias, que despiertan a los hombres de su sueño, hacen que Dios recuerde a las mujeres estériles. La gente dice que el Tzadik verdaderamente grande no necesita mucho dinero, pues ¿para qué lo necesita? Pero yo digo que hay cierta clase de contemplación que requiere de todas las riquezas del mundo".[62]

Nota del editor: Escuché una tradición de que uno de los seguidores del Rebe le oyó decir que el motivo por el cual quería que sus historias fuesen impresas en el idioma vernáculo era que esto haría más fácil que una mujer estéril leyese una de ellas, fuera recordada y como resultado tuviera hijos. Esto se conecta con las palabras del Rebe tal como están citadas aquí, con respecto a que las historias del Tzadik llevan a que Dios recuerde a las mujeres estériles.

152 (26). En el invierno del 5567 (1805) el Rebe viajó, como era usual, a Medvedevka en el Shabat Shirá, para dar su lección. En ese momento su hija Jaia,[63] que entonces vivía en Medvedevka, estaba sufriendo de cataratas en los ojos y estaba casi ciega. El Rebe fue informado de esto al llegar. Él dio entonces la lección "Y Dios hizo que el pueblo hiciese un rodeo" del *Likutey Moharán* I, 62, que trae la afirmación del *Zohar* (II, 95) sobre "la hermosa doncella que no tiene ojos". Mediante esto su hija se curó. Cuando el Rebe volvió a su hogar, él mismo contó esta historia y yo comprendí a partir de sus santos gestos que para él era maravilloso haber traído la curación a través de las palabras de su lección. Pues todo lo que les sucedía a sus hijos tenía las implicaciones más amplias. Todo lo que le sucede a la gente implica muchos misterios, pues

---

[62] Ver *Likutey Halajot, Guenevá* 3:7.

[63] Jaia (1801-?), la quinta hija del Rebe, se casó con el Rabí Zalman Lubarski en el año 5574 (1814), tres años después del fallecimiento del Rabí Najmán.

nada sucede sin una razón. Cuanto más grande es la persona más amplios son los alcances de lo que le sucede. El nivel de los hijos del Rebe estaba en los ámbitos más exaltados.[64] Todo lo que les sucedía entrañaba grandes batallas pues las implicaciones llegaban muy lejos.

153 (27). La lección "El misterio de la circuncisión" del *Likutey Moharán* I, 63, fue dada justo antes de Rosh Jodesh Nisán 5565 (1801) en el Shabat, antes de la comida de la mañana.[65] Era el Shabat antes de la circuncisión del hijo del Rebe, Shlomo Efraim. La gente había venido a saludar al Rebe en el *shalom zajor*.[66]

Luego de que la mayoría de la gente se hubo retirado, nosotros nos quedamos de pie junto a él. Él notó que mi zapato tenía un aspecto muy deforme. El talón estaba tan torcido que apuntaba hacia delante. El Rebe dijo, "Tu zapato recibió un rostro como una bofetada en la cara". Entonces se quedó en silencio durante un momento. Nosotros ciertamente creíamos que nada de lo que él decía era simple y que todas sus palabras contenían profundos secretos.[67] Dijo entonces: "¡Nuestra conversación casual!", haciendo énfasis en *nuestra*. "Que algún místico me diga cómo ese comentario contiene todas las intenciones místicas de la circuncisión, y también lo que es superior a las intenciones místicas".

Con tremenda gracia y santidad las palabras comenzaron a fluir de sus labios. "Hay casos en que ellos abofetean a la persona en el rostro, y otros en que la abofetean en sus sandalias".[68] El Rebe mencionó la afirmación de los sabios refiriéndose a una sandalia: "Un hombre no debe casarse con una viuda si ella está embarazada. Este es un decreto para prevenir que el embrión desarrolle un rostro como el de una sandalia sin forma" (*Iebamot* 42a), como si alguien lo hubiese abofeteado en el rostro. También mencionó

---

[64] Ver arriba: 140; adelante: 234, 583; *Iemei Moharnat* 17; *Likutey Moharán* I, 273.

[65] Ver *Iemei Moharnat* 2.

[66] Es costumbre reunirse en la noche del viernes luego del nacimiento de un hijo varón. Ver *Bava Kama* 80a; *Taamei HaMinhaguim* 901-903.

[67] Ver *Likutey Moharán* I, 42.

[68] Ver *Parparaot LeJojmá* sobre esta lección.

otras afirmaciones de los sabios que incluían el concepto de sandalias (ver *Nidá* 25b; *Ierushalmi Shabat* I, "La sabiduría es a la corona en su cabeza lo que la humildad es a las huellas de sus pies"). Todas estas afirmaciones apuntan a cómo el concepto de las sandalias contiene profundos secretos de Torá. Su referencia a la bofetada en el rostro se relaciona con el concepto del abuso del Pacto[69] y su remedio, que es un aspecto de la idea de la circuncisión, de la señal del Pacto. Él dio entonces toda la lección. Ninguno de nosotros sabe aun cuán lejos llega. Él no explicó la relación entre las diferentes partes de la lección. Todo fue presentado de manera alusiva y en una sucesión de fulgurantes luces. Vimos con nuestros propios ojos las maravillas del Creador y cómo incluso las afirmaciones casuales de los verdaderos Tzadikim invisten profundos secretos como éstos. Que Dios nos dé el mérito de comprender todo esto completamente.

Nota del Editor: Escuché decir que luego de que el Rebe terminó esta lección algunos de sus seguidores le formularon ciertas preguntas sobre ella. Partes de la lección no son fácilmente comprensibles y no está clara la conexión entre las diferentes ideas. El Rebe respondió, "¿Quién tiene la culpa de que no puedan comprender los sutiles temas espirituales?".

154 (28). Nota del Editor: La lección "Y Boaz le dijo Ruth" del *Likutey Moharán* I, 65, fue dada en el verano del 5566 (1806) poco después del fallecimiento del hijo del Rebe, Shlomo Efraim. El Rabí Natán y el Rabí Naftalí estaban de pie junto al Rebe en su casa, en las habitaciones superiores. El Rebe les estaba contando sobre el gran sufrimiento que debía soportar por todos lados. Continuó con esto durante un largo rato, pues el Rebe era alguien que sufría constantemente por dentro y por fuera.[70] Mientras estaba hablando dijo, "Cómo pueden ustedes saber del gran desastre que es para el mundo la muerte de este niño. Todo mi corazón está quebrado y arrancado de su lugar". Las lágrimas comenzaron a caerle por las mejillas. El Rabí Natán y el Rabí Naftalí se sintieron

---

[69] Cf. *Los Cuentos del Rabí Najmán* #10 p.115.

[70] *Alabanza del Tzadik*, p. 24; *Sabiduría y Enseñanzas del Rabí Najmán de Breslov*, 189. *Iemei Moharnat* 11.

avergonzados de verlo llorar frente a ellos y salieron con un sentimiento de desolación, como si el mundo entero hubiera sido destruido.[71]

Al día siguiente, un viernes, el Rebe les dijo a ambos que si no hubieran bajado tan de prisa él les podría haber dicho algo muy hermoso. Ese día les enseñó la lección "Y Boaz le dijo a Ruth", que habla sobre la rectificación de las almas y cómo éstas necesitan del Señor del Campo para cuidarlas y rectificarlas. Aquel que se encarga de ser el Señor del Campo sufre enormemente, pero supera todo a través de su gran fortaleza, realizando el trabajo necesario para el campo. Esto se relaciona con los sufrimientos de los cuales el Rebe les había hablado el día anterior.

155 (29). Cuando el Rebe dio la lección sobre "La gravedad de la prohibición de robar" del *Likutey Moharán* I, 69, se encontraba allí cierta persona adinerada que no tenía hijos. Varios días después este hombre le insistió al Rebe a que orase por él para que pudiese tener hijos. El Rebe le respondió, "¿Acaso no te enseñé una lección en Rosh HaShaná?", pero el hombre no comprendió qué quería decir. Más tarde entendió que el Rebe se estaba refiriendo al hecho de que en Breslov había otro hombre que había perdido su dinero y que ahora sentía mucha envidia del hombre rico. Poco tiempo antes, ese hombre había sido su socio y había tenido mucho más dinero que él. Pero luego había declinado de tal forma que ahora estaba lleno de envidia. También había tomado dinero en efectivo y no se lo había devuelto. El Rebe dejó entrever que era por esto que el hombre rico no tenía hijos, tal como se explica en la lección.

La lección continúa diciendo que a veces uno puede ser tan envidioso de la riqueza de su compañero que termina incluso quitándole su esposa. Esto fue lo que de hecho sucedió en el caso de esos dos hombres. Poco antes de su fallecimiento, el Rebe les encargó a sus seguidores que le dijesen al hombre rico que debía divorciarse de su esposa y casarse con otra, con la cual tendría hijos. El hombre así lo hizo, divorciándose de su esposa algunos

---

[71] Ver Adelante: 583; *Iemei Moharnat, ibid.*, concerniente a la gran esperanza que habría habido para los judíos de no haber fallecido este santo niño.

años después del fallecimiento del Rebe. Mientras tanto también había fallecido la esposa del otro hombre quien se casó entonces con la esposa divorciada del hombre rico. Todo lo que el Rebe dijo de manera alusiva en esta lección se cumplió acabadamente. El hombre rico se casó con otra mujer con la cual tuvo hijos. Hay muchas historias sobre este hombre, pero éste no es el lugar para ellas.[72]

156 (30). Cuando el Rebe partió de su hogar en su viaje rumbo a Israel, pasó el Shabat en Sokila. Allí vio al famoso Rabí Menajem Mendel de Vitebsk, quien ya había fallecido en Israel. El Rabí Menajem Mendel le reveló que la palabra ATÁH, "Tú", tiene poderes protectores en el mar.[73]

157 (31). La lección sobre el versículo "Y he mezclado mi bebida con lágrimas" (Salmos 102:10) del *Likutey Moharán* I, 262, habla de cómo antes de enseñar nuevas ideas de Torá uno debe llorar. El Rebe dijo entonces de él mismo que cada vez que enseñaba nuevas ideas de Torá primero lloraba. Esto lo pudimos ver con nuestros propios ojos. Fue en ese mismo período que enseñó la lección "Y Boaz le dijo a Ruth" (*Likutey Moharán* I, 65). Esa lección fue dada un viernes,[74] y antes de ella había dado la lección "Debes saber que existe el 'Rostro Largo' (*Arij Anpin*) del lado de las *klipot*" del *Likutey Moharán* I, 242. El día anterior él había llorado delante de nosotros. Fue al Shabat siguiente que dio su lección sobre "Y he mezclado mi bebida con lágrimas". Hay mucho para decir sobre esto: todo sucedió poco después del fallecimiento de su hijo Shlomo Efraim.[75]

---

[72] Ver *Sabiduría y Enseñanzas del Rabí Najmán de Breslov*, 133; *Kojavey Or* p. 43-45, 60-62. Éste era Moshé Chenkes. Originariamente fue un acabado partidario del Rabí Najmán y una importante influencia para llevar al Rebe a Breslov. El Rabí Najmán dijo que ellos nunca serían *mejutanim*, consuegros. Aunque sus descendientes se casaron, más tarde se divorciaron sin dejar descendencia. Moshé Chenkes se volvió un amargo opositor del Rabí Natán durante los años de persecución (1835-1839). Ver *Iemei HaTlaot*, p.5, 44; *Alim LeTerufá* (cartas redactadas desde 1835-1839).

[73] Ver arriba: 33.

[74] Arriba: 154.

[75] *Iemei Moharnat* 11.

158 (32). La grandeza de comer en Shabat está tratada en el *Likutey Moharán* I, 57 y 277.[76] El Rebe enseñó que la comida del Shabat es completamente santa y se eleva a un lugar totalmente diferente. Habló mucho sobre esto, diciéndonos que debíamos comer en el Shabat y estar alegres. La Torá misma nos dice que debemos hacer esto: "Cómelo hoy día, pues hoy es Shabat" (Éxodo 16:25). "¡Coman hijos! Y si ya se nos ha dicho, '¡Coman hijos!'..." dijo el Rebe. Luego agregó: "Incluso esto no son capaces de cumplir".

159 (33). Cuando el Rebe viajó a Lemberg[77] luego de Sukot 5568 (1807), pasó por Krassnoy y allí pasó la noche. A la mañana siguiente partió apresuradamente y nosotros corrimos detrás de él hasta que pudimos alcanzarlo a la altura del puente. Otra persona había llegado primero y lo había detenido. Entonces llegamos mi amigo el Rabí Naftalí y yo. Él estaba muy complacido y dijo, "¿Qué quieren que haga? ¿Darles una bendición o enseñarles Torá?". Él nos dio a elegir. Yo dije, "Danos la bendición cuando retornes con salud de Lemberg. Ahora enséñanos Torá". Él dijo, "Les contaré el comienzo del viaje", entonces nos contó sobre cómo cada uno de los Tzadikim construye un santuario (*Likutey Moharán* I, 282, "Cantaré a mi Dios con lo poco que me queda". Ver *Azamra*[78]). La primera parte de la lección había sido dada en *Shmini Atzeret*[79] unos pocos días antes. Entonces, en el carruaje, continuó con la segunda parte empezando con las palabras "Y debes saber: aquél que es capaz de crear estas melodías..." hasta el final de la lección. Más tarde, le besamos la mano, él le indicó inmediatamente al cochero que continuara el viaje, y siguió su camino en paz. Aún no sabemos cómo es que esta lección alude a su viaje a Lemberg.

---

[76] Ver *Likutey Moharán* I, 125, 276; *Likutey Moharán* II, 17; *Sabiduría y Enseñanzas del Rabí Najmán de Breslov*, 155; *Iemei Moharnat* 26.

[77] Arriba: 64 y sig.; *Until The Mashiach* p. 151-158; *Parparaot LeJojmá* 282; *Iemei Moharnat* 26.

[78] *Azamra* es una traducción al español del *Likutey Moharán* I, 282, publicada por el Breslov Research Institute, e incluida en el libro *Cuatro Lecciones del Rabí Najmán de Breslov*. Incluye también un estudio en profundidad tomado del *Likutey Halajot*, una plegaria del *Likutey Tefilot* y material relacionado.

[79] El último día de la festividad de Sukot. *Suká* 47a, 48a, 55b. En Israel es celebrada como un solo día junto con *Simjat Torá*.

Ese mismo año se imprimió la primera parte del *Likutey Moharán*. Hay mucho para decir sobre las maravillas de Dios que en Su gran misericordia ordenó las cosas de manera tal como para que yo pudiera volver a Breslov desde Tulchin entre Iom Kipur y Sukot. Fue debido a esto que pude terminar de pasar por escrito el *Sefer HaNisraf*[80] y entregarle al Rebe mi manuscrito del *Likutey Moharán*, haciendo posible su impresión ese mismo año. También pude hablar con él ampliamente y escuchar maravillosas enseñanzas que inspirarán a mucha, mucha gente, por generaciones. "¿Qué puedo devolverle al Señor por toda Su bondad para conmigo?" (Salmos 116:12).[81]

160 (34). El día anterior al último Rosh HaShaná del Rebe en Umán (1810), alguien le pidió su consejo sobre cómo estudiar con concentración. El Rebe le dijo que nunca hablase en contra de ningún judío. Cada judío tiene su letra en la Torá. Todo aquél que habla en contra de un judío se aleja de la Torá al encontrar un daño en la letra que es la raíz del alma de la persona de la que está hablando mal.[82] El hombre le preguntó, "¿Qué sucede si uno ve que es un total pecador?". El Rebe lo recriminó: "¿Cómo puedes decir de un judío que es un completo pecador? Con seguridad algo de bien aún queda en él, ¡algún punto bueno donde él *no es* un pecador!". El Rebe entonces se refirió a la explicación del versículo "Un poco más y el pecador no está" (Salmos 37:10) del *Likutey Moharán* I, 282.

161 (35). Cierta persona, cuando joven, había estado con el Rebe en Breslov y había desarrollado un fuerte apego a él. Este hombre escuchó muchas lecciones maravillosas del Rebe, incluyendo "Un salmo de alabanza de David" del *Likutey Moharán* I, 12. El Rebe le dijo, "Yo sé que en el futuro no vendrás a donde yo estoy y no serás mi seguidor" - y de hecho eso fue lo que sucedió: dejó de venir a ver al Rebe - "pero incluso así lo poco que has saboreado

---

[80] Ver arriba: 12, 66-67, 69-73, 81; adelante: 574. Ver también *Until The Mashiach* p. 294; *Iemei Moharnat* 9, 26.

[81] *Iemei Moharnat* 27, 29.

[82] *Sabiduría y Enseñanzas del Rabí Najmán de Breslov*, 91.

de mis palabras te será de gran ayuda". El Rebe entonces citó el versículo, "Tiene gustado que es buena su ganancia; su lámpara no se apaga de noche" (Proverbios 31:18). Tan pronto como uno ha saboreado las enseñanzas del Tzadik, la luz de éstas nunca se extinguirá, tal cual se enseña en el *Likutey Moharán* I, 285.

162 (36). Uno de los seguidores[83] del Rebe me dijo que por el tiempo en el que el Rebe dio la lección "Confía en Dios" del *Likutey Moharán* I, 79, solía caminar ida y vuelta en su casa, tal como era su costumbre. Tenía un bastón en la mano y decía, "Y la vara de Dios en mi mano" (Éxodo 17:9). Enfatizando las palabras "en mi mano", como diciendo que la vara de Dios estaba en su mano para moverse como él quisiera.

Esta lección da a entender que la vara de Dios se refiere a la libertad de elección, que entra en la categoría de Metatrón,[84] "del lado de la vida y del lado de la muerte" (*Zohar* I, 27, tal como se explica en la lección). Su afirmación implicaba que él se enorgullecía de haber conquistado su voluntad y de tenerla en la mano. La vara estaba en su mano para moverse como él eligiera. Afortunados aquellos que alcanzan esto.

Mira cómo esta lección explica que el versículo "Y la vara de Dios en mi mano" (*op. cit.*) se encuentra en la categoría de haber logrado conquistar la voluntad y tener descanso, Shabat, con el poder de volverse del mal hacia el bien. El Tzadik que alcanza este nivel tiene descanso del mal: en cuanto a él se refiere, éste ha desaparecido.

163 (37). De un manuscrito de la propia mano del Rebe que data de su juventud:

Todo aquél que quiera retornar a Dios debe volverse una nueva creación. Debes saber que a través del suspiro uno llega a ser una nueva creación. El hombre nunca deja de respirar. Constantemente respira, dejando salir el aire y volviéndolo a tomar. Ésta es la fuente de su vida. Este aire tiene su raíz arriba.

---

[83] Ver *Tovot Zijronot* 6. El individuo mencionado aquí es el Rabí Itzjak Isaac, el yerno del Maguid de Terhovitza.
[84] Ver arriba: 10.

Existe el aire bueno del Tzadik y el aire malo del pecador. El Tzadik constantemente toma aire de lo sagrado; el pecador toma aire de la impureza.

Por lo tanto, cuando la persona quiere arrepentirse debe dejar de tomar el aire malo que le está entrando. Esto es lo que debe hacer: suspirar. Suspirar es cuando uno respira profundamente, inhalando y exhalando. Uno toma aire adicional, en el sentido de "Tú *agregas* a su aliento, ellos perecen" (Salmos 104:29). Esto es similar a lo que sucede cuando una persona fallece: antes de morir inhala el aire, entonces fallece y el espíritu sale de ella. Lo mismo sucede cuando uno suspira: el aire penetra y entonces uno deja de respirar, uno *se libera* de la columna de aire de la impureza y *se une* a la columna de aire puro para recibir el aire y la vitalidad de allí. De manera que al suspirar por haber pecado uno se libera de la raíz de la impureza y se une a la raíz de la santidad. Esto es arrepentimiento y retorno: uno *retorna* de la impureza hacia la santidad. De esta manera se logra una nueva vitalidad. También el cuerpo se renueva, porque dicen los sabios, "El suspiro quebranta el cuerpo de la persona" (*Berajot* 58). Por lo tanto, el cuerpo se renueva.

Esto explica el versículo, "Hay una vanidad (lit. aire) que se hace sobre la tierra" (Eclesiastés 8:14). Significa que hay gente recta que comete grandes pecados. Esto se refiere al aire de sus suspiros cuando ellos lamentan todo el bien que han hecho. Estos suspiros los cortan de la raíz del aire puro y se unen entonces al aire impuro, que los hace pecar. Lo mismo se aplica, de manera inversa, cuando los pecadores realizan grandes mitzvot al igual que los Tzadikim. Esto también es aire: es decir, viene como resultado del aire de haber suspirado por sus malas acciones. Mediante el suspiro ellos se unen al aire bueno, tal como se explicó arriba.[85]

164 (38). El Rebe rechazaba la idea que tiene alguna gente sobre el hecho de que si un Tzadik se muestra sumiso delante de otro debe querer decir que el otro es más grande que él, pues de otra manera es el otro quien se hubiera mostrado sumiso. El Rebe dijo

---

[85] Esto es ahora el *Likutey Moharán* I, 109.

Conversaciones Relacionadas con Sus Lecciones 161

que esto no es así. Es posible que aquél que se presenta sumiso tenga una humildad más profunda y sea en realidad más grande que aquél ante quien se muestra sumiso. <Lo que sucede es que el segundo Tzadik es menos humilde>.

Dijo que si todo en el mundo fuera como realmente debiera ser, sería ciertamente correcto que el menor siempre se mostrase sumiso ante aquellos más grandes que él. Por derecho, el pequeño es quien deja la precedencia al más grande. Pero el mundo no anda de acuerdo con la verdad porque la verdad se ha disminuido a causa de nuestros muchos pecados. Dado que la verdad falta en el mundo, puede suceder que incluso entre Tzadikim perfectos uno parezca menos que otro aunque de hecho sea más grande.[86] Luego de decir esto, el Rebe dio la lección sobre el versículo, "Cuando sea el tiempo, Yo juzgaré con equidad" (Salmos 75:3) del *Likutey Moharán* I, 135. Aquí él habla sobre lo pequeño que deja precedencia a lo más grande.

165 (39). La lección del *Likutey Moharán* I, 141, enseña que las letras iniciales de las palabras hebreas del versículo, "Y el Señor circuncidará *tu corazón y el corazón* de tu simiente" (Deuteronomio 30:6), - *Et Levavja Veet Levav*, deletrean el nombre del mes de *EluL*. Yo escuché esta lección del Rebe en el Rosh Jodesh Elul. Y así fue como sucedió. El Rebe estaba caminando conmigo fuera de la sinagoga. Caminaba de un lado a otro como era común en él mientras hablaba. Me preguntó si ese Rosh Jodesh Elul había experimentado temor, y me dijo que él había sentido el más tremendo temor al escuchar el sonido del Shofar cuando comenzaron a soplarlo ese día.[87] El temor y el temblor lo invadieron. Entonces dio la lección sobre cómo el nombre Elul está compuesto por estas letras iniciales, y enseñando que cuando la persona siente genuinamente en su corazón el dolor de sus pecados, los corazones de todas las gotas de su simiente que salieron de él o que se transformaron en hijos, también deben

---

[86] Cf. *Kidushin* 32b; Rabán Gamliel, el presidente del Sanedrín en ese tiempo, servía a otros.

[87] Es costumbre comenzar a soplar el Shofar desde el primer día del mes de Elul, en preparación para Rosh HaShaná. *Oraj Jaim* 581:1, en RaMA.

sentir su dolor. No importa dónde hayan caído estas gotas ni dónde estén sus hijos, necesariamente deben sentir su propio dolor en sus corazones a través del despertar en el corazón de su padre y su dolor debido a sus pecados.

El Rebe dijo entonces: "Hoy sentí esto. Hoy me se me pusieron los pelos de punta de temor y temblor cuando escuché el sonido del Shofar. Luego vino mi hija Odel y me dijo, 'Padre, mi piel está erizada y mi corazón está lleno de temor luego de escuchar el Shofar'. Entonces vi cómo el despertar en el corazón del padre trae un despertar en los corazones de las gotas que salieron de él, de sus hijos o, Dios no lo permita, de las otras gotas... Donde sea que estén estos corazones, necesariamente se vuelven sensibles y se despiertan a través del despertar del padre y su dolor".

166 (40). Alguien le preguntó al Rebe si un Tzadik puede ser muy grande y a la vez no mostrar señales de devoción intensa y de logros visibles tales como los mostrados por otro Tzadik, quien manifiesta gran santidad y que ora con extremo fervor y demás. "Ciertamente", replicó el Rebe. "Es muy posible que el Tzadik que se oculta y no demuestra abiertamente un comportamiento excepcional sea de hecho más grande que el Tzadik que manifiesta su grandeza abiertamente. Hay dos nombres divinos, *IHVH* y *Adonai*. El nombre *IHVH* está oculto, porque esta prohibido pronunciarlo. Pero el nombre *Adonai* está revelado. Ciertamente *IHVH* es mucho más grande que el nombre *Adonai*. El Rebe entonces enseñó el *Likutey Moharán* I, 243, "Todas las canciones son santas [pero el Cantar de los Cantares es el Santo de los Santos]" (*Iadaim* 3:5).

167 (41). La lección "Sonad el Shofar - Fe" del *Likutey Moharán* II, 5 fue dada en Rosh HaShaná 5570 (1809). Antes de Rosh HaShaná el Rebe nos dijo que mucha gente se le había quejado amargamente sobre su falta de fe, incluyendo varias personas enfermas. Más tarde dio esta lección, que habla sobre todo esto. También antes de Rosh HaShaná al volver de su viaje nos habló sobre los "guardianes de la tierra", que es como nos llamó el Shpola Zeide. Este concepto también está mencionado en la lección (ver sección 7). Entonces pude tener un lejano atisbo de las maravillas

Conversaciones Relacionadas con Sus Lecciones 163

de Dios, aunque aún me encuentro muy lejos de comprender siquiera una fracción.[88]

En Rosh HaShaná, antes de dar esta lección, el Rebe fue a decir *Tashlij*[89] y se cayó en el barro. Esto también fue entrelazado en la lección de una manera maravillosa (ver sección 15). La lección habla de cómo uno debe rodar en toda clase de barro y basura para dar placer a su Padre en el Cielo, y describe lo que es posible alcanzar a través de esto. Después de Rosh HaShaná el Rebe habló sobre un hombre muerto que había venido a él, y que luego se había elevado hacia el Sol.[90]

168 (42). Al final de la lección "Pues aquellos que los amen los guiarán" del *Likutey Moharán* II, 7, hay un pasaje que comienza "Y este es el concepto del lugar donde yace enterrado Moisés". Esto se encuentra entre las enseñanzas que el Rebe dio para los hombres de la *seudá shlishit* de un orden diferente, vale decir, seres superiores. Pues aparte de nosotros que habíamos venido a estar con él para *seudá shlishit*, había otros hombres en la *seudá shlishit* ante los cuales él enseñaba Torá.[91] A partir de ciertas cosas que dijo el Rebe se pudo comprender que cuando él nos enseñaba Torá a nosotros también había otros que estaban allí en un plano superior, y que también a ellos les enseñaba Torá correspondiente

---

[88] Esto se refiere al Rabí Natán y al Rabí Naftalí. El Rebe Najmán los había enviado a Berdichov para pasar el Shabat con el Rabí Levi Itzjak. Allí también estaba el Shpola Zeide. Cada vez que el Shpola quería atacar verbalmente al Rabí Najmán, el Rabí Natán y Rabí Naftalí se lo impedían. El domingo a la mañana el Zeide se levantó temprano, calumnió al Rabí Najmán y partió. Cuando el Rabí Natán y el Rabí Naftalí fueron a despedirse del Berdichover Rav, éste les preguntó sobre los ataques y calumnias del Zeide. Ellos se asombraron del Berdichover Rav, diciendo: "¿Cómo? ¿Rebe? ¿Usted dice esto?". Esto hizo que el Rav de Berdichov no aceptara la calumnia. De aquí que ellos son llamados los " guardianes de la tierra". Ver *Iemei HaTlaot* p.5. A esto se refiere el Rabí Natán aquí, "Entonces pude tener un atisbo...", pues entonces vio que el Rebe conocía de antemano lo que iba a suceder con el Shpola Zeide.

[89] Recitado de plegarias, arrojando simbólicamente los pecados. Esto se dice en el primer día de Rosh HaShaná luego de Minja, si es posible cerca del agua. *Oraj Jaim*, 583:2 en RaMA.

[90] Ver adelante: 227.

[91] Cf. adelante: 386.

a la lección que nos estaba dando. Pero las enseñanzas que les daba a ellos eran indudablemente mucho más elevadas. Él podía revelar alguna pequeña porción de esas cosas a través de mínimas alusiones, pero no las explicaba en absoluto. Un ejemplo es el pasaje mencionado más arriba.

169 (43). La lección "Sonad el Shofar - Reproche" del *Likutey Moharán* II, 8, habla de la grandeza de agregar un alma a la asamblea santa de los judíos.[92] El agregado de una sola alma multiplica las casas de la plegaria en miles y millones. El número es imposible de concebir ni de expresar. Porque encontramos en el *Sefer Ietzirá*, "Dos piedras construyen dos casas; tres piedras construyen seis casas; cuatro, veinticuatro casas; cinco, ciento veinte; seis, setecientos veinte, y así en más".

Permítanme establecer el principio de la progresión de modo que puedan comprender la matemática de la tremenda multiplicación de las casas con claridad y comprender la grandeza de Dios y la grandeza de la asamblea de los judíos. Comprenderán entonces cuán enorme es el número de casas que se forman cuando una sola alma se agrega a la santa asamblea de los judíos.

Cada vez que se agrega una nueva piedra ésta aumenta el número de casas correspondiente al nuevo total de piedras multiplicado por el previo total de casas. Por ejemplo, al principio había dos piedras que construyeron dos casas, pues en una palabra de dos letras sólo hay dos combinaciones posibles, por ejemplo las letras *alef* y *bet* sólo pueden ser combinadas de dos maneras, es decir, *alef-bet* o *bet-alef*. Cuando se agrega una nueva piedra, una tercera letra, esto produce una palabra de tres letras, tal como *alef-bet-guimel*, el número de casas aumenta entonces a seis, que es el producto del nuevo número de piedras, tres, y el total previo de casas, dos. Tres multiplicado por dos es seis. Entonces cuando se agrega una piedra más formando una palabra de cuatro letras, tal como *alef-bet-guimel-dalet*, el número de casas aumenta a cuatro multiplicado por el total previo de seis casas, veinticuatro. El agregado de otra letra formando una palabra de cinco letras

---

[92] Ver *Iemei Moharnat* 81.

aumenta el número de casas a cinco multiplicado por veinticuatro, que es ciento veinte. El agregado de otra letra más, conformando una palabra de seis letras, aumenta el número de casas a seis multiplicado por ciento veinte, que es setecientos veinte. Y así en más *ad infinitum*. Cada letra adicional aumenta el número de casas al producto del nuevo número de piedras y el total de casas construidas multiplicado por el número previo de piedras.[93] Aquellos con entendimiento fácilmente comprenderán el motivo si entienden la naturaleza de la combinación de letras, algo en lo que no entraré ahora. Así es cómo trece piedras producen seis mil doscientos veintisiete millones, veinte mil ochocientas casas (6.227.020.800). Si comprendes el principio de la progresión serás capaz también de apreciar cuánto multiplica cada piedra adicional, es decir cada nueva alma, el número de casas cuando es agregada a la asamblea de almas que existe previamente. Que Dios nos otorgue alegría en estas casas, de las cuales está escrito: "Y Yo les daré alegría en la *casa* de Mi plegaria" (Isaías 56:7).

Ver *Likutey Halajot, Even HaEzer, Piriá veRiviá* 5:6, 12 y *Oraj Jaim, Hiljot Tzitzit* 7:2, para el tratamiento sobre el pasaje en *Sotá* 37b que nos dice que no había una sola mitzvá que no tuviese cuarenta y ocho pactos hechos sobre ella, y que debido a que cada judío es responsable por todos los otros judíos, cada judío es entonces responsable por los cuarenta y ocho pactos con todas las seiscientas tres mil quinientas cincuenta almas presentes en el Sinaí. El Talmud agrega además que cada judío no sólo es responsable por cada otro judío sino también por todos aquellos de los cuales los otros son responsables, es decir, las seiscientas tres mil quinientas cincuenta almas. De modo que cada judío tiene la responsabilidad de cuarenta y ocho pactos con cada una de las seiscientas tres mil quinientas cincuenta almas, multiplicado por las seiscientas tres mil quinientas cincuenta almas de las cuales es garante cada uno de sus compañeros.[94] Así el número total de pactos era, de acuerdo con el primer punto de vista:

613 x 48 x 603.550 = 17.758.855.200

---

[93] Cf. *Pardes Rimonim, Shaar HaTzeiruf.*
[94] Ver Rashi, Tosafot y Maharshal, *ad. loc.*

Y de acuerdo con el segundo punto de vista:
$$613 \times 48 \times 603.550^2 = 10.718.357.055.360.000$$

Esta última cifra tiene diecisiete dígitos, lo que la hace casi astronómica. El número es imposible de comprender. Se encuentra más allá de diez mil millones de millones. Si una persona viviera quince mil años, sería capaz de contar sólo hasta un millón de millones, en el supuesto caso de que pudiese contar cien por minuto. Cada millón de millones sólo tiene trece dígitos, lo que da alguna idea de la inmensidad de los pactos con un número de diecisiete dígitos.

Como si el número de pactos no fuera suficientemente grande, ven y mira el número de casas producidas cuando una nueva alma entra a una santa asamblea de sólo veinte almas. El número sobrepasa en mucho el número de pactos, incluso de acuerdo con el segundo punto de vista de que cada judío es responsable por todos aquellos de los cuales los otros son responsables. Si trabajas en ello de acuerdo con el principio explicado más arriba verás que el número de casas producido por veintiún almas es 2.432.902.008.176.640.000, un número de diecinueve dígitos. Y cuando se le agrega otra alma, este número se multiplica por veintidós... Y así en más. Deja de pensar en ello: quedarás asombrado y temblando ante el número inexpresable e inconcebible de casas formadas a partir de las combinaciones, un número que excede de lejos el número de pactos.

Todas estas casas se forman a través del poder de los Tzadikim verdaderamente notables, cuyo trabajo es construir casas santas a partir de las almas de Israel. Las almas son "habitantes" que se agregan a la asamblea, como está explicado en el *Likutey Moharán* II, 8, con referencia al versículo "Y ningún habitante dirá 'Estoy enfermo' (Isaías 33:24)". Estudia esta lección con cuidado, una y otra vez, y los pelos de tu cabeza se erizarán y tus codos chocarán entre sí de temor ante la grandeza del Creador y la grandeza de los santos Tzadikim. Comenzarás a comprender cuán valioso es refugiarse a la sombra de sus alas y ser contado entre los príncipes del pueblo de Dios en su asamblea. Y cuánto mayor es el mérito de aquél que habla con su amigo sobre el temor al Cielo y logra llevarlo a la acción, a dedicarse a la Torá y a la plegaria con sinceridad y verdad hasta que también él es agregado a la santa asamblea. Felices de ellos, feliz es su porción. "Ningún ojo ha visto, Dios, salvo Tú, lo que Dios hará para aquéllos que esperan en Él" (Isaías 64:3).

Ahora puedes comprender la afirmación de los sabios de que "en el futuro Dios hará que cada Tzadik herede trescientos diez mundos" (*Uktzin* 3:12). Es difícil para la mente comprender cómo es que puede haber una cantidad tan grande de mundos, cómo cada Tzadik heredará trescientos diez, pues desde el comienzo del tiempo ha habido ciertamente una tremenda cantidad de Tzadikim, como está escrito, "Cuando Yo los cuente serán más que la arena" (Salmos 139:18 y ver Rashi *ad. loc.*) y "Tu pueblo, todos son Tzadikim" (Isaías 60:21), pues al final todos los judíos serán purificados y contados como Tzadikim. Sin embargo, tomando en cuenta el vasto y tremendo número de casas formadas cada vez que una sola alma se agrega a la santa asamblea, es posible tener una atisbo de cómo se forman muchos universos, incluso aunque cada universo contengan en sí mismo miles sobre miles de casas. Trata de pensar en cuántas casas se forman con cien almas, con mil y más... El número es insondable, inefable e inconcebible, miles sobre miles de casas en cada universo y trescientos diez universos para cada Tzadik. Piensa esto con cuidado y entiéndelo bien. La comprensión es fácil para el sabio. Lo más importante es ser veraz y sincero.[95]

Esta lección fue dicha el último Rosh HaShaná del Rebe en Umán en el año 5571 (1810). Falleció dieciocho días después, durante los días intermedios de Sukot.[96] De modo que ésta fue la última lección de su vida. Ella habla de la amonestación, porque antes de su muerte los Tzadikim más grandes dan su principal amonestación, tal como explica Rashi[97] sobre el versículo "Estas

---

[95] Ver *El Tikún del Rabí Najmán* (Breslov Research Institute) para detalles adicionales.

[96] Ver arriba: 89.

[97] RaShI es un acróstico del Rabí Shlomo (ben Itzjak) Iarjí (1040-1105). Es autor de los comentarios más importantes sobre la Biblia y el Talmud, impresos en todas las ediciones. El Rabí Najmán lo llamó el "Hermano de la Torá". Ver *Sabiduría y Enseñanzas del Rabí Najmán de Breslov*, 223.

son las palabras que habló Moisés a todo Israel" (Deuteronomio 1:1; ver Rashi sobre v.3). Moisés dijo estas palabras "luego de haber derrotado a Sijón... y a Og" (*Ibid.* v.4) y la lección también se refiere a la batalla contra Og.

La lección trata sobre la nueva canción que será entonada en el tiempo que viene (ver sección 1 y 10). Ésta es la "voz que riega el jardín" donde crecen todos los perfumes y las diferentes clases de temores, la voz del verdadero amonestador, que les da un perfume agradable a las almas judías que escuchan su reproche, del Mashíaj, un "trabajador contratado" (Génesis 49:15). Todos estos conceptos contienen los secretos más profundos, tremendos y exaltados, como se hizo evidente a partir de las alusiones que dio el Rebe al mencionar el versículo, "Bendito sea Dios, Quien no te dejó sin redentor" (Ruth 4:14). Pues sus santos gestos y la dulce entonación con la cual cantó este versículo hacían parecer como si él mismo estuviese alabando y agradeciendo a Dios por haberles dado un redentor tal como éste, para trabajar en la rectificación, para redimir las almas judías y para hacer descender el espíritu del Mesías mediante remedios tan tremendos y maravillosos.

Ese Rosh HaShaná el Rebe habló sobre la melodía y la canción que les esperan a los Tzadikim y a los Jasidim en el Mundo que Viene. Evidentemente esto también se relaciona con la "nueva canción" tratada en esta lección.[98]

170 (44). La lección del *Likutey Moharán* II, 50, explica que el pensamiento está en poder de la persona para dirigirlo como lo desee. Aun cuando sus pensamientos se extravíen, la persona puede controlar su mente y dirigir los pensamientos hacia algo diferente. Es similar a cuando un caballo se sale del sendero. Uno siempre puede tomarlo de la rienda y dirigirlo como desee.[99]

Uno de los seguidores del Rebe me dijo que el Rebe le habló cierta vez sobre esto con más detalle. Dijo que el pensamiento estaba creado para no descansar ni un solo momento. Es como

---

[98] Ver adelante: 340; ver *Parparaot LeJojmá* II, 8.

[99] Cf. *Sabiduría y Enseñanzas del Rabí Najmán de Breslov*, 303; *Likutey Halajot, Bet Kneset* 5:4; *Ibid., Minjá* 7:10; *Ibid., Shiluaj HaKen* 4:2; *Alim LeTerufá* 6, 15, 117, 260, 295.

el péndulo de un reloj, que nunca se detiene. Incluso cuando uno está durmiendo los pensamientos están constantemente activos. Lo que sucede es que cuando la persona tiene un sueño profundo olvida más tarde lo que pensó. En verdad, el pensamiento nunca se detiene. Es posible superar todos los pensamientos no deseados y deshacerse por completo de ellos pensando en algo diferente. La gente cree que es difícil dejar de pensar tales pensamientos, pero eso no es verdad. El pensamiento está en poder del hombre para dirigirlo como desee. Pero dado que los pensamientos se mueven constantemente, sin detenerse ni un solo momento, parece como que uno careciera del control para deshacerse de los malos pensamientos. Pero la verdad es que todos tienen el poder de dirigir sus pensamientos a voluntad, de uno hacia otro, de controlar sus mentes y hacerlas pasar de los malos pensamientos a los buenos.

171 (45). Hay evidencia de que la lección "En el comienzo - ante los ojos de todo Israel" del *Likutey Moharán* II, 67, fue dada enteramente con *ruaj hakodesh*. La lección fue dada en la noche del Shabat Bereshit. Hasta ese momento no había noticias del fallecimiento del Rabí Levi Itzjak de Berdichov. Recién varios días después llegaron las primeras noticias a Breslov. Todos pudieron ver entonces, en retrospectiva, cómo todo el tema había estado aludido claramente en la lección del Rebe, que habla sobre la muerte del Tzadik, quien es la "cabeza de la casa".[100]

La lección trata sobre cómo el fallecimiento de un Tzadik semejante lleva a un aumento de la hechicería y la magia negra, dando como resultado el estallido de incendios. Todo esto lo pudimos ver con nuestros propios ojos. Poco después del fallecimiento del Rabí Levi Itzjak comenzó a hacerse muy popular un hechicero del pueblo de Chvastivetz en la región de Breslov. Atraía mucho la atención y la gente viajaba para verlo desde las áreas circundantes. Esta persona hacía toda clase de cosas mediante la hechicería. Otros hechiceros también llamaron

---

[100] El Rabí Levi Itzjak falleció un jueves, 5 de octubre de 1809. Esta lección fue dada en Breslov, un viernes por la noche, 6 de octubre. Ver un relato paralelo en *Sabiduría y Enseñanzas del Rabí Najmán de Breslov*, 196; *Iemei Moharnat* 38, 39.

la atención en diversos lugares. Ese mismo año también hubo muchos incendios importantes. Casi no hubo ciudad en la cual no se declarasen varios incendios. En Breslov mismo hubo grandes incendios en varias ocasiones durante el año,[101] lo mismo que en otras ciudades cercanas y lejanas.

Vimos entonces que todas las enseñanzas del Rebe contenían *ruaj hakodesh* y permitían conocer el futuro, tal como el Rebe mismo dijo en referencia a esta lección. La afirmación del Rebe hecha antes de Sukot, de que él confiaba de que a través del poder del Rabí Levi Itzjak tendríamos *etroguim*,[102] también se une con la discusión de la lección sobre cómo la belleza del *etrog* proviene de la "cabeza de la casa" quien "invoca a las generaciones desde el comienzo [cabeza]" (Isaías 41:4).

172 (46). Antes de que el Rebe revelase la enseñanza del *Likutey Moharán* II, 68, sobre la necesidad de que el Tzadik deje hijos y discípulos (esto se relaciona con la lección "Pues aquellos que los aman los guiarán" en el *Likutey Moharán* II, 7) dijo que hubo una cantidad de líderes que produjeron un impacto importante pero que luego el efecto cesó. Ellos les transmitieron su sabiduría a sus discípulos e hicieron que mucha gente se acercase a Dios, pero más tarde eso terminó. Nuestra tarea, por el contrario, es lograr algo que nunca acabe. Cada uno de los seguidores del Rebe debe traer a otros, quienes a su vez deben traer a otros más, y así por siempre.[103]

---

[101] Ver arriba: 82.

El *Likutey Moharán* II, 67, habla sobre dos tipos de iluminaciones, la luz y el fuego. La luz se refiere a los Tzadikim, quienes iluminan el mundo. El fuego hace referencia a los falsos líderes que consumen y destruyen el mundo. Cuando la luz brilla anula el fuego. Así, el fallecimiento de un Tzadik, la luz, hace que aumenten los falsos líderes, el fuego.

Hubo dos incendios importantes en Breslov ese año (1809-10). El segundo destruyó la casa del Rebe, y al día siguiente él se mudó a Umán. Luego del fallecimiento del Rebe, durante el año siguiente (1810-11) hubo también muchos incendios. Uno importante en Nemirov destruyó la casa del Rabí Natán. Ese incendio hizo que el Rabí Natán se mudase a Breslov donde pudo volver a encender "la luz del Rebe".

[102] Adelante: 270; *Sabiduría y Enseñanzas del Rabí Najmán de Breslov*,196; *Iemei Moharnat* 39.

[103] Cf. adelante: 373, 543.

Conversaciones Relacionadas con Sus Lecciones 171

Otra vez escuché la misma idea: que nuestros seguidores deben pasar la luz a sus amigos y discípulos. Cada uno debe hacer algo para inspirar a su amigo, y ese amigo debe inspirar a otro. El árbol tiene ramas y de las ramas crecen más ramas. Como dijo el Rebe: "Mi fuego arderá por siempre y no se apagará. ¡Mi fuego arderá hasta la llegada del Mashíaj!".[104]

El Rebe comenzó la lección sobre los hijos y los discípulos luego de salir de su habitación y pasar al cuarto contiguo. Se quedó en la puerta de su habitación y nos encontró allí de pie - a mí, a mi amigo y al Rabí Ioske, el yerno del Rebe.[105] Comenzó a hablar con su yerno diciendo, "Escuché que hoy estudiaste", y comenzó a regañarlo suavemente sobre la necesidad de la determinación en el estudio. Dijo, "Que bueno y hermoso es cuando primero estudias y luego sales al mercado a atender los negocios".[106] Entonces agregó, "Sí, yo también estudio. ¡Mi estudio es único!". El Rebe comenzó a ufanarse y dijo, "¡Yo puedo estudiar! Yo le puedo mostrar al estudioso más grande de todos que él aún no sabe en absoluto cómo estudiar, ¡que no sabe nada! Por otro lado yo puedo mostrarles a los pequeños cuán cerca están de Dios y de la Torá". A partir de aquí comenzó la lección y reveló la enseñanza sobre el hijo y el discípulo y cómo los que habitan arriba preguntan: "¿Dónde está el lugar de Su gloria?" (Musaf del Shabat, *kedushá*) mientras que los habitantes de abajo dicen, "La tierra entera está llena de Su gloria" (Isaías 6:3). Mira allí y comprende bien. Feliz la hora y el momento en que escuchamos todo esto de sus santos labios. Si sólo hubiese venido al mundo para escuchar esto, ¡habría sido suficiente![107] Y así era con todas las palabras que escuché de sus labios. "¿Con qué vendré delante del Señor luego de todo lo que Él me ha dado? ¿Qué le devolveré al Señor por toda Su bondad para conmigo?" (Cf. Micá 6:6; Salmos 116:12).

---

[104] Arriba:126; *Parparaot LeJojmá* 61:8.
[105] Ver arriba: 10.
[106] *Oraj Jaim* 156:1.
[107] *Zohar* II, 99a; III, 121a.

173 (47). La lección del *Likutey Moharán* II, 71, "Debes saber que existe una mentalidad de la Tierra de Israel", fue dada en la noche del Shabat Shirá con referencia a la charla que hubo durante la comida sobre la gran controversia entre los diferentes líderes con respecto a la caridad para las comunidades de Israel. Algunos recomendaban organizar la caridad de una manera y otros de manera diferente. En algunos casos había implícito motivos de prestigio personal, pues cada líder quería que el representante de la caridad estuviese en su propia corte. También había una controversia importante sobre esto en Israel mismo, como era bien sabido por aquellos que se preocupaban por esto, y especialmente por el Rebe mismo, que de hecho había estado allí.

La discusión ocupó virtualmente toda la comida de la noche del Shabat. Entonces el Rebe abrió su boca y dio esta tremenda lección sobre la mentalidad de la Tierra de Israel y la mentalidad de la diáspora y cómo la controversia sólo es relevante en la diáspora. Examina la lección y encontrarás incluida allí toda esa conversación: que la gloria debe ser elevada y dada a Dios, cuál es el objeto de la caridad para las comunidades en Israel, la controversia con respecto a la Tierra de Israel y demás.

174 (48). La lección del *Likutey Moharán* II, 72, "Vida eterna", fue dada en la ocasión de la visita de un renombrado Tzadik para el Shabat Itró.[108] Tanto durante la noche del Shabat como durante la comida de la mañana el Rebe no dio ninguna lección. Terminada la comida de la mañana del Shabat, y habiendo concluido la Bendición Luego de las Comidas, estábamos dispuestos a levantarnos de la mesa. Sin embargo, el Rebe se quedó sentado en su lugar, y nosotros permanecimos con él, lo mismo que el Tzadik visitante. Entonces el Rebe dijo, "El sólo hecho de ver a un Tzadik, aunque uno no lo escuche enseñar Torá, es también muy bueno. Éste es el camino hacia la grandeza". El Rebe comenzó entonces la lección, durante la cual hizo notar, "¡Con todo esto estoy dando una lección!". Luego completó toda la lección. Y en verdad muchas

---

[108] Aparentemente se trata del Rabí Shneur Zalman de Liadi; ver *Until The Mashiach*, p. 179. Sin embargo, algunos dicen que puede haber sido el Rabí Mordejai de Tchernobil.

de sus lecciones, prácticamente todas, fueron dadas sólo gracias a un gran milagro. El mundo casi se queda sin este gran tesoro. Antes de cada lección el mundo temblaba por saber si sería digno de recibirla. Y cada vez, Dios en Sus maravillosas maneras, enviaba una cadena de eventos para bien, de modo que fuésemos capaces de tomar del "arroyo fluente, fuente de sabiduría" (Proverbios 18:4) todas las palabras que hemos incluido en los diferentes libros de sus enseñanzas. El Rebe dijo cierta vez que todos los mundos, tanto los superiores como los inferiores, dependían de cada palabra que él decía en público.[109]

175 (49). Cuando el Rebe dio la lección "Yo le imploré - *Prustik*" del *Likutey Moharán* II, 78, que trata sobre la prohibición absoluta de perder la esperanza, dijo, "Nunca deben desesperar. Está prohibido perder la esperanza. ¡*Guevalt*! ¡Nunca abandonen!". Y expresó la palabra *guevalt* como alguien que grita una advertencia desde lo más profundo de su corazón.[110]

176 (50). La lección del *Likutey Moharán* II, 10, comienza con: "El motivo por el cual la gente se encuentra lejos de Dios es porque no tienen sus mentes tranquilas...". Esta lección habla sobre la alegría. Cuando el Rebe dio esta lección estaba sentado afuera, en la pared del sur de la sinagoga, cerca de un madero que salía de una de las vigas de fundación. Muchas veces solía sentarse allí, a veces en el lado sur, a veces en el norte, a veces al este y a veces al oeste. En otras ocasiones solía sentarse en el patio de la sinagoga. A veces salía a pasear con nosotros por las colinas alrededor de la ciudad, o también caminaba con nosotros ida y vuelta fuera de la sinagoga. En todos estos lugares escuchamos maravillosas enseñanzas y conversaciones santas, como nunca se escucharon en mucho tiempo. Luego de que contrajera la tuberculosis salía seguido a caminar y nosotros íbamos con él. Escuchamos muchas enseñanzas de él por el camino.[111]

---

[109] Adelante: 374.

[110] *Sabiduría y Enseñanzas del Rabí Najmán de Breslov*,153; arriba: 112.

[111] Ver arriba: 61; *Iemei Moharnat* 25b; *Sabiduría y Enseñanzas del Rabí Najmán de Breslov*, 144. Ésta y unas pocas lecciones siguientes en el *Likutey Moharán* II (ver párrafo siguiente) fueron dichas en el verano del año 1808.

Volviendo al tema con el que comenzamos, en ocasión de esta lección el Rebe habló mucho con nosotros sobre la alegría, alentándonos y diciéndonos que debíamos tratar de estar alegres todo el tiempo. Esto fue en el período luego de su retorno de Lemberg. Habló mucho con nosotros entonces sobre la necesidad de ser firmes y que siempre debíamos estar alegres. En esta ocasión dijo que debíamos realmente estar muy alegres por haber sido salvados de ser sus opositores. Citó de la plegaria *UVa LeTzion*: "Bendito es nuestro Dios Quien nos creó por Su gloria y nos separó de aquellos que se han extraviado". Había dos clases de extraviados: aquellos que se habían extraviado por completo de la Torá, los gentiles y los ateos, y también los extraviados que se oponían a él, cuya pérdida es incalculable. Dijo: "¿Acaso no habrían sido ustedes grandes opositores de no haber sido por la compasión y la misericordia de Dios al salvarlos de las trampas de la oposición?". Si los hubiésemos escuchado habríamos perdido todas nuestras esperanzas. "¡Habrían luchado en contra de *mí*!", dijo.

177 (51). La lección "¿*Aié*? - ¿Dónde está el lugar de Su gloria?" del *Likutey Moharán* II, 12, comienza con cómo cuando la persona sigue sus propias ideas, puede caer en muchos errores.[112] La lección se relaciona con una conversación que tuvo conmigo sobre los errores, las complicaciones y los graves daños que pueden provenir de seguir las propias ideas. Él mencionó al autor <del *Asará Maamarot*>[113] cuyas ideas lo habían llevado a la errónea conclusión de que el concepto de la barba es tan exaltado que la diáspora no puede soportar la luz y la santidad de la barba.[114] Es muy probable que su intención haya sido permitir que la gente de la diáspora se afeitase la barba usando medicamentos o tijeras.[115]

---

[112] Ver ¿*Aié*?, en *Cuatro Lecciones del Rabí Najmán de Breslov*. La lección completa con comentarios adicionales

[113] Rabí Menajem Azaria de Fano (1548-1620), autor de la obra kabalista *Asará Maamarot* y un importante codificador.

[114] Ver *Zohar* III, 130b; *Etz Jaim, Shaar Arij Anpin*. Los 13 "puntos" de la barba corresponden a los 13 "Atributos de Misericordia", la forma más elevada de misericordia y bondad que puede ser entregada a los mundos.

[115] *Iore Dea* 181:10.

Pero el resultado había sido alentar a los pecadores de Alemania a que se afeitaran las barbas. Fue luego de discutir esto que el Rebe comenzó la citada lección.

En ese momento me quedé muy asombrado, pues nunca había escuchado sobre el error de este escritor. Sólo más tarde hablé con gente familiarizada con estos temas en la literatura de responsas y me dijeron que era bien conocido que el escritor en cuestión había dicho eso.[116] También escuché que otra obra de responsas, *Beer Eisek*,[117] apoya la misma idea siniestra, y todos los Tzadikim y los rabinos han protestado con "cien latigazos de correas con puntas de metal" (ver *Ketubot* 53a). Esto muestra cuán retorcida puede ser la mente humana y lo errado que es depender del propio razonamiento ante la Torá Escrita y Oral, aunque más no sea el grosor de un cabello. Y en especial cuando se trata de una prohibición explícita de la Torá, como la ley en contra de afeitarse la barba, que implica cinco transgresiones.[118] Hay una regla muy clara que indica que todas las obligaciones que involucran el cuerpo se aplican igualmente dentro y fuera de la Tierra de Israel.[119] Aun así, encontramos alguien que utiliza sus poderes de razonamiento para presentar un argumento falaz que se transforma entonces en la base para sancionar una prohibición de la Torá que implica no menos que cinco transgresiones diferentes, fortaleciendo así la mano de los pecadores.

Todo escritor debería clamar en protesta contra el ultraje perpetrado entre los judíos de Alemania,[120] que implican cinco transgresiones diarias. Incluso en Alemania esto no es algo que se ha practicado siempre. No fue sino un poco más de mil años después de la destrucción del Santo Templo que comenzó a difundirse este gran mal. Escuché decir al Rebe que ni siquiera

---

[116] Cf. *Sefer Eilim* por el Rabí I. S. MiKandia; *Sheilot uTeshuvot Divrei Iosef* #25.

[117] "La Fuente del Compromiso", por el Rabí Shabtai Bar. Esta obra de responsa fue publicada por primera vez en Venecia en 1674.

[118] *Makot* 20a, 21a; *Iore Dea* 181:11.

[119] *Kidushin* 36b; *Julin* 136a, Rashi v.i. *i mah*.

[120] Esto comenzó con los antecesores del movimiento de la *haskalá*; cf. *Beit Hilel*, *Iore Dea* 181:2.

los gentiles se afeitaban las barbas en los tiempos antiguos, sino sólo en los últimos siglos. Fue recién entonces, en la profunda amargura del exilio, que las fuerzas del mal se expandieron, tentando el corazón de los judíos, hasta que finalmente comenzaron a mezclarse con los gentiles y aprendieron de sus conductas. Entonces ciertos notorios pecadores comenzaron a afeitarse las barbas. Una persona siguió a la otra hasta que el ultraje se difundió y llegó a parecer perfectamente permisible. Pero incluso hoy en día los judíos verdaderamente piadosos de Alemania no se afeitan las barbas, y en los países vecinos el problema no está tan difundido como allí. Estas cosas fueron iniciadas por grandes pecadores que extraviaron a otra gente de mente más simple.

Incluso si uno les advierte de que están transgrediendo cinco prohibiciones de la Torá, ellos responden que se están afeitando utilizando medicamentos, lo que realmente está permitido - y es verdad que todo aquél que usa medicamentos tiene una aprobación legal, aunque no de acuerdo con los escritos del Ari y del *Zohar*.[121] Pero Aquél que busca los corazones sabe que la mayor parte de ellos son transgresores voluntarios que se afeitan con navaja. Ellos mismos admiten que afeitarse con una navaja está prohibido, porque no pueden negar las prohibiciones explícitas en la Torá y en el Talmud. En sus corazones ellos saben la verdad, si es que realmente utilizan medicamentos o navajas. Cuán amargamente debemos llorar y clamar sobre este ultraje en Israel, que ha alcanzado el punto en que el mal está comenzando a brotar en nuestra propia región. Aquí también hay pecadores que están quebrando el yugo y se afeitan las barbas. Que Dios tenga piedad del remanente de Su pueblo y utilice Su tremendo poder para salvarlos y enviarnos nuestro recto Mashíaj, para revelar la verdad en el mundo, pronto y en nuestros días. Amén.

178 (52). La lección "Hay Tzadikim ocultos" del *Likutey Moharán* I, 32, fue dada en el Shabat Itró 5569 (1809).[122] Antes de dar esta lección el Rebe contó una historia sobre el Baal Shem Tov.

---

[121] *Zohar* III:48b; *Zohar Jadash* 42b.
[122] Ver adelante: 607.

El Baal Shem Tov estaba visitando Brody, donde se hospedaba en la casa de un hombre adinerado. Hicieron un banquete en su honor y mucha gente eminente estaba sentada a la mesa. También se encontraba allí un *darshán*, un predicador, que estaba comiendo abundantemente. La gente comenzó a ofrecerle cada vez más comida para burlarse de él. El predicador, por su parte, aceptaba todo lo que le ofrecían. Comió una porción de pescado suficiente para dos personas, una fuente de salsa, y así en más con todos los diferentes platos. Continuaron sirviéndole para burlarse de él, viendo que estaba comiendo tanto, y entonces insistieron en que debía dar un discurso de Torá. Aquí, también, su intención era burlarse de él haciendo que diera un discurso con el Baal Shem Tov a la cabecera de la mesa. Inocentemente, el predicador comenzó con su discurso y ellos comenzaron a reírse a sus espaldas. Para ellos era todo una broma ridícula. El predicador comprendió que se estaban burlando de él por comer tanto y dijo, "Y si uno no puede enseñar Torá, ¿está prohibido comer una porción de pescado?". El Baal Shem Tov miró y comprendió lo que estaba pasando. Enojado, hizo callar a la gente y escuchó el discurso del predicador, que le pareció muy bueno. El Baal Shem Tov dijo que las enseñanzas del predicador provenían de los labios de Elías.

El Rebe contó toda la historia y dijo que lo que lo impresionó mucho fue el hecho de que el predicador dijo: "Y si uno no puede enseñar Torá, ¿está prohibido comer una porción de pescado?". El Rebe enseñó entonces la lección sobre los Tzadikim ocultos que tienen un maravilloso conocimiento de la Torá, aunque están ocultos del mundo, tal como este predicador, que conocía maravillosos secretos de Torá pero era un Tzadik oculto y la gente se reía de él.

179 (53). En el año 5568 (1808) cerca de Rosh HaShaná mi amigo el Rabí Naftalí y yo viajamos con el Rebe fuera de la ciudad. Él nos contó un sueño que había tenido en el cual estaban diciendo que la curación sólo proviene de Dios, "porque Yo soy Dios Quien te conserva la salud" (Éxodo 15:26). Ellos dijeron, "¿Quién dijo que Dios quiere?" [es decir, ¿quién dijo que Dios desea curar?]. Él dijo, "Uno de nosotros dos", pero no quiso decir cuál. El versículo mismo enseña esto porque las iniciales de cada una de las palabras

hebreas, *Ki Ani IHVH Rofeja*, son también las iniciales de *Amén, Ken Iehí Ratzón* - Amén, que así sea Su voluntad (*Likutey Moharán* II, 42).

180 (54). La lección del *Likutey Moharán* II, 40, comienza con "Aquél que conoce la Tierra de Israel y ha gustado realmente el sabor de la Tierra...".[123] El Rebe dijo que hacía mucho que conocía las enseñanzas de esta lección. "¿Acaso yo mismo no viajé a la Tierra Santa?" dijo. "Obviamente había estado anhelando ir allí mucho antes. Yo había tenido sueños de Israel. Cierta vez vino un hombre de visita y al hablar con él comencé a sentir un gran anhelo por la Tierra Santa. Más tarde le pregunté si alguna vez había estado con los Tzadikim para Rosh HaShaná, y él me dijo que había estado con varios grandes Tzadikim en Rosh HaShaná. Era por esto que yo sentía un anhelo tan fuerte al hablar con él", tal como explica la lección.

El Rebe me dijo que aunque había tenido conocimiento de este tema previamente, su saber no era nada al lado del que tenía ahora. Antes, lo único que sabía era que si uno estaba hablando con una persona que había pasado Rosh HaShaná con un Tzadik, debería haber sido capaz de sentir la Tierra Santa si poseía un genuino anhelo por la Tierra. Pero no había sabido el motivo tal como lo conocía ahora. Al presente el tema se le había revelado por completo.

181 (55). De la misma manera, incluso antes de su visita a Israel había sabido sobre las veinticuatro clases de redenciones[124] y la necesidad de endulzar los juicios en las veinticuatro cortes (ver *Likutey Moharán* I, 215). Esto lo escuché de la gente de nuestro grupo. Uno de los seguidores más eminentes del Rebe dijo que cierta vez su esposa había estado muy enferma, literalmente cerca de la muerte. Ya casi la había dejado el alma cuando el hombre fue a ver al Rebe, quien le dijo, "Corre rápido y trae veinticuatro redenciones antes de que el decreto sea emitido y sellado". El hombre fue corriendo y trajo una bolsa llena de monedas.

---

[123] *El Libro de los Atributos, Eretz Israel* 7.

[124] Ver *Sabiduría y Enseñanzas del Rabí Najmán de Breslov*, 175.

Luego, hubo un milagro y su esposa se curó. Más tarde, el Rebe dio instrucciones de devolverle todas las monedas excepto veinticuatro monedas valiosas que distribuyó entre los pobres.

Ya en ese entonces el Rebe había dicho que es imposible realizar una redención a no ser que uno conozca las veinticuatro clases de redenciones y cómo endulzar los juicios de las veinticuatro cortes. Él lo comparaba con alguien que es demandado en las cortes de Kiev y trata de defenderse en las cortes de Kaminetz. ¿Cómo puedes hacer una redención para alguien si no conoces en qué corte lo están juzgando? En esa época el Rebe también dijo que existe una redención tan exaltada que tiene el poder del endulzar los juicios en las veinticuatro cortes[125] - él ya había hablado de esto varias veces. Sin embargo, en ese entonces, no comprendía por completo todo el tema de la manera en que lo haría más tarde, cuando reveló un poco de cómo a veces incluso la redención que cubre las veinticuatro cortes tampoco ayuda. Esto se debe a que se produce algo diferente, es decir conversiones al judaísmo. Todo esto está relacionado con el concepto de Moisés, quien se encuentra entre la "destrucción" y el "favor".[126]

Anteriormente no había sabido nada de todo esto. Recién más tarde y como resultado de sus constantes devociones, alcanzó niveles mucho más elevados y exaltados, siendo entonces capaz de lograr una clara y profunda comprensión de lo que antes solamente había sabido a un nivel más simple, por alusión, mientras que el resto le estaba oculto. Esto te dará alguna idea de su grandeza. Incluso en ese entonces era completamente único en toda su generación. Dijo que sólo uno por generación conocía las veinticuatro redenciones. Esto fue antes de que estuviese en Israel. Luego de su retorno dijo que sentía vergüenza de todas sus enseñanzas y percepciones anteriores al viaje, y para él ellas no valían nada.[127] Esto te demostrará cuán alto llegó más

---

[125] Ver *Likutey Moharán* I, 61:6.

[126] El nombre Moshé tiene el valor numérico de 345 (משה), *shmad* (destrucción) equivale a 344 (שמד), y *ratzón* (favor) equivale a 346 (רצון), de modo que Moshé (345) se encuentra entre *shmad* (344) y *ratzón* (346), para anular la destrucción.

[127] Adelante: 357, 382, 479.

tarde. Mucho puede ser dicho sobre cómo incluso antes de su visita a Israel ya era una figura única en su conocimiento de las veinticuatro clases de redenciones y de la Tierra Santa, aun así las percepciones que obtuvo más tarde hicieron que su conocimiento previo fuese insignificante. Sin embargo, la pluma y el papel son inadecuados para expresar un poco de todo esto. Aquellos con sensibilidad comprenderán algo por sí mismos.

182 (56). Encontré lo siguiente en un manuscrito del Rebe sobre el tema de la lección "Y se construyó una casa" (Génesis 33:17) del *Likutey Moharán* I, 266:

Debes saber: cuando la gente no cumple con la mitzvá de la *suká* de manera apropiada produce la muerte o la enfermedad del ganado y de otros animales, todo dependiendo de la naturaleza de la falta. Esto se debe a que la diferencia entre los humanos y los animales estriba en que los humanos toman su alimento del lugar de *Biná*, la comprensión, como dicen nuestros sabios: "El hizo sus pechos en el lugar de *Biná*" (*Berajot* 10a). Los animales, por el contrario, toman su sustento del lugar de la impureza.[128] Ahora bien, la *suká* se encuentra en la categoría de "la madre, *Biná*, que cubre a sus hijos" (*Tikuney Zohar*, Introducción, 3). Es de aquí que obtenemos nuestra fuerza de vida. Esta mitzvá por lo tanto nos separa del sustento de los animales.

No cumplir apropiadamente con la mitzvá genera un descenso del nivel de hombre - cuya bendición apropiada está en el lugar de Biná - bajando al nivel de otros seres. Estos se ven impedidos a su vez de recibir el sustento apropiado debido a que fue tomado por los seres humanos. Así es como los animales comienzan a morir o a enfermar, dependiendo de cuánto ha sido tomado de su sustento. Éste es el significado del versículo, "E hizo cabañas (*sukot*) para su ganado" (Génesis, *ibid.*). La *suká* les da vida a los animales y los ayuda a sobrevivir, porque esto les permite permanecer en su propio nivel. Cuando los hombres habitan en las *sukot* de la manera apropiada alcanzan su verdadero nivel, el

---

[128] Biná se refiere al corazón. Así, los seres humanos se nutren de una fuente exaltada, cerca del corazón. Los animales, por el contrario, se nutren de la ubre, la parte más baja del cuerpo.

nivel de la Torá, de la cual está dicho, "No olvides la Torá de tu *madre*" (Proverbios 1:8) y "llama a la comprensión (*Biná*) madre" (Proverbios 2:3, de acuerdo con la interpretación rabínica). Es por esto que celebramos Simjat Torá cerca de Sukot. Las letras del nombre del mes de *SIVaN* son las letras iniciales del versículo de Génesis citado: *"veIaacov Nasá Sukotá Vaiven"* (ver *Likutey Moharán loc. cit.* #2). Pues la Torá fue dada en Sivan y a través de la mitzvá de la *suká* alcanzamos el nivel de Torá cómo se explica arriba.

183 (57). Debes saber:[129] Realizar la mitzvá de la *suká* de manera apropiada hace posible dedicarse a la construcción sin perder dinero. Dijeron nuestros sabios, "Aquél que se dedica a la construcción se vuelve pobre" (*Sotá* 11a). ¿Cuál es la conexión entre la pobreza y la construcción? El motivo es que alguien que construye debe hacerlo con sabiduría como está escrito, "Con sabiduría se construye la casa" (Proverbios 24:3). En verdad alguien que construye con sabiduría no se vuelve pobre. Todo lo contrario, se volverá rico y se mantendrá rico, pues "Con sabiduría se construye la casa y *con comprensión se llenan sus habitaciones*". Pero cuando alguien construye sin sabiduría su castigo es la pobreza y su sabiduría es despreciada, pues "la sabiduría del pobre es despreciada" (Eclesiastés 9:16). Esto es medida por medida. Mediante la mitzvá de la *suká* uno alcanza el nivel de la Torá, como se explicó arriba, y la Torá es la fuente de toda sabiduría. Es por esto que se le permite construir, porque indudablemente tiene sabiduría. La enseñanza se encuentra en las palabras del versículo: "Iaacov viajó a Sukot y se construyó una casa" (Génesis 33:17). Iaacov pudo construir gracias a la mitzvá de la *suká*. Las palabras hebreas para "*se* construyó una *casa*" - לו בית, *Lo Bait* - tienen las letras iniciales לב, *lamed bet* que deletrean *lev*, corazón. *Lev* es la Torá, con la *bet* de בראשית, *Bereshit*, la primera palabra de la Torá, y la *lamed* de לעיני כל ישראל, *le-einei kol IsraeL* (Deuteronomio 34:12), la última letra de la Torá.

---

[129] Cf. *Sabiduría y Enseñanzas del Rabí Najmán de Breslov*, 60.

184 (58). Antes de dar la lección "Yo soy" del *Likutey Moharán* I, 4, el Rebe contó la siguiente historia.[130]

Uno de los seguidores del Baal Shem Tov se había enfermado gravemente. Envió un mensajero al Baal Shem Tov pidiéndole que fuese a verlo. El mensajero fue al Baal Shem Tov y le explicó que el hombre estaba enfermo y le pedía que fuese a verlo. El Baal Shem Tov lo acompañó.

En camino, el mensajero le dijo al Baal Shem Tov: "He escuchado de mi maestro que todo aquél que se arrepiente por completo de seguro no fallecerá antes de su hora. Este hombre enfermo parece haberse arrepentido por completo y es con seguridad un buen judío. Aún no es un anciano... entonces ¿por qué no se ha curado?".

El Baal Shem Tov respondió: "Es verdad, eso es lo que yo digo, y es indudablemente así. Y es cierto que este hombre enfermo se ha arrepentido por completo de todos sus pecados. El motivo por el cual aún no se ha curado es debido a que no ha *confesado* sus pecados frente a un verdadero Tzadik. La razón por la cual voy a verlo es para darle la oportunidad de hacerlo. Si se confiesa se curará de inmediato. Pero si no se quiere confesar, su condición también empeorará de inmediato y comenzará a gritar de dolor. Sentirá dolor en todos sus miembros, en sus manos y en sus pies, y entonces morirá. Es verdad que en los mundos superiores, en la Corte de Justicia superior, no hay ni un solo pecado ni una transgresión en su contra, porque se ha arrepentido completamente de todos sus pecados, tal como uno debe hacer. Luego de su muerte las fuerzas del mal no podrán aferrarlo viendo que ha rectificado todo el daño que hizo. Si se confiesa delante de mí será curado de inmediato. Pero si no se confiesa, las fuerzas del mal aún tienen el poder de vengarse de él en *este* mundo. Atacarán todos sus miembros hasta que fallezca".

Y así sucedió. El Baal Shem Tov fue a ver al hombre enfermo y le dijo, "Dime lo que tú sabes, lo que Dios sabe y lo que yo también sé", es decir, debía confesarle todos sus pecados. El Baal

---

[130] Ver *Tovot Zijronot* 4. El Rabí Najmán tenía dos discípulos que viajaron para estar con él para Shavuot en Zlatipolia. Estos hombres estaban muy doloridos y más tarde se curaron.

Shem Tov le repitió esto tres veces. Sin embargo, el hombre no quería confesarse. Inmediatamente comenzó a gritar en agonía. Sentía dolor en cada miembro y lloraba amargamente. El dolor se debía a que todos los huesos de cada miembro comenzaron a quebrarse. El hombre continuó gritando hasta que falleció, tal como había predicho el Baal Shem Tov. Si examinas la lección del *Likutey Moharán* I, 4, comprenderás muy bien esta historia.

185 (59). Fechas de las lecciones del Rabí Najmán, allí donde son conocidas:

Lección Fecha

Likutey Moharán I

Lección	Fecha
3	Final del año 5562 (1802) en el primer Shabat luego de la entrada del Rebe a Breslov[131]
4	Shavuot en Zlatipolia
5	Rosh HaShaná 5563 (1802)
6	Shabat Shuvá 5563
7	Invierno del 5563 (1803)
8	Shabat Jánuca 5563 (1802)
9	Shabat Shirá 5563 (1803)
10	El mismo verano antes de Purim en Terhovitza
11	Shavuot 5563 (1803)
12	Shabat Najamú 5563 (1803)
13	Rosh HaShaná 5563 (1803)
14	Shabat Jánuca 5564 (1803)[132]
16	Verano 5563 (1803) en la comida del Shabat a la mañana
17	Shabat Jánuca 5566 (1805)
18	Invierno del 5564 (1803-4) en Terhovitza
19	Shavuot 5564 (1804)
20	Rosh HaShaná 5565 (1804)
21	Shabat Najamú 5564 (1804)
22	La semana siguiente a Rosh HaShaná 5565 (1804)
23	Invierno de 5563 (1802-3)

---

[131] La lección 1 fue dicha en Medvedevka, con fecha desconocida (*Tovot Zijronot* 1). La lección 2 fue dicha en Zlatipolia (*Tovot Zijronot* 2, de un manuscrito no publicado del *Jaiei Moharán*).

[132] La Lección 15 fue dicha en Zlatipolia, año desconocido, *Tovot Zijronot* 6.

24	Verano de 5563 (1803) durante la comida de la noche del Shabat
29	Shavuot 5566 (1806)
30	Shabat Jánuca 5567 (1806)
38	Shabat Shirá 5562 (1802)
44	Finales de 5562 (1802) en el Shabat después de Rosh HaShaná[133]
48	El día después de Sukot 5563 (1802)[134]
49	3 de Nisán 5563, el Shabat después del casamiento de su hija Sara en Rosh Jodesh Nisán en Medvedevka[135]
51	Después de Shavuot 5563 (1803)
52	Comienzos del 5563 (1802)[136]
54	Shabat Jánuca 5565 (1804)[137]
56	Shavuot 5565 (1805)
58-59	Rosh HaShaná 5566 (1805)[138]
60	Rosh HaShaná 5567 (1806)
61	Rosh HaShaná 5568 (1807)
63	El Shabat después del nacimiento de su hijo, Shlomo Efraim, que nació cerca de Rosh Jodesh Nisán 5565 (1805)
65	Verano de 5566 (1806) poco después del fallecimiento de Shlomo Efraim, que sucedió en Sivan. Esta lección fue dada un viernes. Antes de esto había dado la lección del *Likutey Moharán* I, 242. El jueves anterior había estado llorando con nosotros presentes. El Shabat siguiente dio la lección del *Likutey Moharán* I, 262, "He mezclado mi bebida con mis lágrimas".
66	Después de Jánuca 5567 (1806). La sección que trata sobre quebrar los obstáculos (sección 4) fue dicha en el Shabat; aquella sobre traer el espíritu de Mashíaj, luego de la partida del Shabat. Esa tarde del Shabat, antes de la comida, contó la historia de los pájaros y mázal tov.[139]

---

[133] Ver adelante: 204; *Tovot Zijronot* 5; *Parparaot LeJojmá ad. loc.*

[134] *Tovot Zijronot* 5.

[135] Arriba:13; *Iemei Moharnat* 3.

[136] *Kojavey Or*, p.12, 19; *Aveneha Barzel*, p. 12.

[137] Ver *Parparaot LeJojmá* 54.

[138] Estas dos lecciones fueron dadas juntas pero más tarde fueron separadas cuando el Rebe se las entregó por escrito al Rabí Natán. En el texto que tenemos, las secciones fueron borradas a propósito por el Rabí Najmán.

[139] *Iemei Moharnat* 15; adelante : 208.

Conversaciones Relacionadas con Sus Lecciones

67	Shavuot 5567 (1807) en Zaslov[140]
72	Cuando nació su hijo Shlomo Efraim
78	Rosh HaShaná 5561 (1801) en Zlatipolia
96	Enseñada mucho tiempo antes de su viaje a Israel
112	Comienzo del invierno de 5563 (1802)
132-133	Luego de Pesaj 5563 (1803) al retornar de su viaje luego del casamiento de su hija Sara
175	Luego de la partida del Shabat Shuvá 5565 (1804)
177	Shabat Rosh Jodesh Jeshván 5565 (1804) - el *forshpiel* antes del casamiento de su hija Miriam, cuando el novio es llamado a la Torá
197	Antes de Shavuot 5565 (1805)
205	Luego de Shavuot 5565 (1805). Los Diez Salmos del tikún del Rebe Najmán fueron revelados en 5569 (1809)[141]
206	Cuando el Rebe le reveló esta lección al Rabí Natán le dijo que éste era su *hitbodedut* en ese período
211	Inmediatamente antes de Rosh HaShaná 5568 (1807). En Rosh HaShaná el Rebe enseñó la Lección 61, que explica con más detalle la idea de estar con los Tzadikim en Rosh HaShaná y "todos son purificados en el pensamiento" (*Zohar* I, 155a; II, 252b). La Lección 211 también alude a visitar las tumbas de los Tzadikim, "Y Moisés tomó los huesos de Iosef" (Éxodo 13:9)[142]
277-278	Shemini Atzeret 5568 (1807)
282	Shemini Atzeret 5568 (1807). Luego de Sukot, cuando el Rebe viajó a Lemberg y el Rabí Natán lo siguió desde Krassnoy, el Rebe reveló el tema del Santuario y de los niños, que aparece al final de la Lección 282

---

[140] Arriba: 50.

La Lección 69 fue dada aparentemente en Rosh HaShaná en Breslov, ver arriba: 155. Fue dicha sobre Moshé Chenkes, quien se volvió seguidor del Rebe en Breslov, luego de 1802. Aunque la fecha es incierta, dado que fue incluida en la primera parte del *Likutey Moharán*, es probable que fuera dicha antes de 1808. Sin embargo, todas las lecciones de Rosh HaShaná pueden ser registradas en la fecha en la cual fueron dadas. Por lo tanto, debe haber sido dicha en el Shabat Shuvá que, dado que viene inmediatamente después de Rosh HaShaná, es considerado a veces como el "tiempo" de Rosh HaShaná.

[141] Ver *Parparaot LeJojmá* II, 92; *Sabiduría y Enseñanza del Rabí Najmán de Breslov*, 141: que los Diez Salmos sólo fueron revelados por primera vez en 1810.

[142] *Jaiei Nefesh* #36.

Likutey Moharán II

1	Rosh HaShaná 5569 (1808). Antes de esto el Rebe relató la tremenda visión en #84 adelante
2	Shabat Jánuca 5569 (1808)
4	Shavuot 5569 (1809)
5	Rosh HaShaná 5570 (1809)
7	Shabat Jánuca 5570 (1809)
8	Rosh HaShaná 5571 (1810)
10-17	Final de 5568 (1808) luego del retorno del Rebe de Lemberg
32	Shabat Itró 5569 (1809)[143]
66	Entre Iom Kipur y Sukot 5570 (1809). Al mismo tiempo fue dada la enseñanza en *Sabiduría y Enseñanzas del Rabí Najmán de Breslov*, 87
67	Shabat Bereshit 5570 (1809). La lección contenía alusiones a la muerte del Rabí Levi Itzjak de Berdichov, y también a la del Rebe mismo, como es evidente por el hecho de que repitió la lección al llegar a Umán[144]
68	Antes de Jánuca 5570 (1809)
71	Shabat Shirá 5570 (1810)
72	Shabat Itró 5570 (1810)
78	Shabat Najamú en Umán

Sipurey Maasiot (Los Cuentos del Rabí Najmán)

1	La Princesa Perdida; verano de 5566 (1806)
7	La Araña y la Mosca; verano de 5567 (1807)[145]
8-9	El Rabino y su Único Hijo, El Sofisticado y el Simple; invierno de 5569 (1809) antes de Purim
10	El Burgués y El Pobre; 5569 (1809) después de Purim
11	Los Niños Cambiados; sábado a la noche, Shabat Noaj, 5570 (1809)
12	El Señor de la Plegaria; sábado por la noche, Shabat *vaErá*, 2 Shevat 5570 (1810)
13	Los Siete Mendigos; el Rebe comenzó la historia en la noche del Shabat Shemini, 25 de Adar II, 5570 (1810)[146]

---

[143] *Likutey Moharán* II, 62, fue dicho en Zlatipolia poco después que el Rebe se mudara allí en 1800.

[144] Ver arriba: 211.

[145] Arriba: 57, 59; *Iemei Moharnat* 24.

[146] *Sabiduría y Enseñanzas del Rabí Najmán de Breslov*, 149-171; *Iemei Moharnat* 41-43

15	El Caballo y el Bombeador de Agua; Shavuot 5567 (1807) en Zaslov

Sijot HaRan (Sabiduría y Enseñanzas del Rabí Najmán)

7	Luego de Shavuot 5569 (1809)
24	Verano de 5569 (1809). Esto continuó en Rosh HaShaná 5570 (1809) con la lección del *Likutey Moharán* II, 5, que incluye temas de esta conversación
32	En invierno de 5570 (1809-10) luego de la lección del *Likutey Moharán* II, 7, dicha en el Shabat Jánuca
40	Jánuca 5570 (1809)[147]
51	Desde "El mundo sólo existe..." hasta "...la Torá ya nos ha enseñado..." fue dicho en la primera noche de Shavuot, sábado a la noche 5569. La lección en el *Likutey Moharán* II, 4, fue dicha después
51	Desde "El Rebe hizo notar..." hasta "...todo será lo mismo" fue dicho en el verano de 5569 (1809)
60	Invierno de 5570 (1809-10)
86	Shemini Atzeret 5563 (1802)
87	Entre Iom Kipur y Sukot 5570 (1809)
91	Erev Rosh HaShaná 5571 (1810)
93	Invierno 5567 (1806) antes de Jánuca, en la semana de la circuncisión de su hijo Iaacov[148]

---

[147] *Parparaot LeJojmá* II, 7:7

[148] Iaacov, el octavo y último hijo del Rebe, nació en diciembre, 1806. Sólo vivió unos pocos meses.

VII. Conversaciones Relacionadas con Sus Cuentos:

186 (60). El Rebe contó la historia de "El Burgués y el Pobre" (*Los Cuentos del Rabí Najmán* #10) luego de que le hablaran sobre algo escrito en letras de oro.[1] Esto fue después de Purim 5569 (1809). Antes de Purim había contado la historia de "El Sofisticado y el Simple" (*Ibid*. #9).

180 (61). Shabat 5570 (14 de octubre de 1809).[2] A la tarde el Rebe dio una lección elogiando a un Tzadik (*Likutey Moharán* II, 67). Luego de la partida del Shabat fuimos a verlo, como era usual, pero él indicó con su mano que debíamos irnos y salimos de inmediato. Estábamos sorprendidos, porque él solía hablar mucho con nosotros después de la partida del Shabat. Algo desilusionados, fuimos a la casa del Rav de Breslov. Luego de algunas horas el Rebe envió a su asistente para llamarnos. Mi amigo el Rabí Naftalí y yo entramos y el Rebe nos pidió que le comentásemos las novedades. Siempre solía preguntarnos sobre las últimas noticias. El Rabí Naftalí le contó lo que había escuchado con respecto a la guerra francesa [es decir, la guerra napoleónica].[3] En el curso de la conversación expresamos sorpresa ante la velocidad con la cual Napoleón llegó a la cima. Había comenzado como un simple servidor y ahora era emperador. El Rebe dijo, "Quién sabe qué alma tiene. Es posible que haya sido intercambiada, porque en las Cámaras de los Intercambios a veces las almas son intercambiadas...". El Rebe comenzó entonces a contar cómo cierta vez sucedió algo parecido: la reina había dado a luz, y su sierva

---

[1] En el cuento, el Pobre recibe una declaración escrita con letras de oro nombrándolo emperador del mundo entero.

[2] *Iemei Moharnat* 40.

[3] En 1809 Austria se unió con Gran Bretaña en la guerra en contra de la Francia napoleónica. Esto fue luego de haber sido derrotada por Napoleón dos veces en la misma década.

también había dado a luz en el mismo momento... Y continuó relatando toda la historia de Los Niños Cambiados" (*Los Cuentos del Rabí Najmán* #11).[4]

Luego de escuchar la historia, el Rabí Naftalí y yo tuvimos una conversación sobre el pasaje donde el verdadero hijo del rey "le entregó el resto de su dinero al posadero" (*Ibid*. p. 129). Uno de nosotros entendía que él dejó el dinero allí porque debía pagar por su habitación. El otro estaba en desacuerdo manteniendo que simplemente lo dejó allí. Luego de debatir el tema entre los dos fuimos a preguntarle al Rebe. En esos momentos él estaba dedicado a sus devociones, caminando ida y vuelta por la casa tal como era su costumbre. Nos respondió que el hijo del rey sólo dejó el dinero allí, que no era en pago de ninguna deuda.

Más tarde estuvo allí uno de los seguidores más importantes del Rebe. El Rebe le dijo que el cambio de una sola palabra de estas historias las desvirtuaba mucho. Continuó: "Lo que estos dos estaban debatiendo puede parecer un punto menor, y parecería ser de poca importancia cuál de los dos estaba en lo correcto. Pero la verdad es que algo muy importante depende de ello. Los detalles exactos importan mucho". A partir de esto puedes comprender algo de lo lejos que llegan estas historias, pues sus "pensamientos son muy profundos" (Salmos 92:6). Afortunado es aquél que comprende incluso una porción de ello en la medida de sus posibilidades.

188 (62). El Rebe comenzó la historia de "El Señor de la Plegaria" (*Los Cuentos del Rabí Najmán* #12) luego de una observación que le hizo al Rabí Iosef, el Cantor de Breslov. El cantor estaba allí junto con algunos de los seguidores del Rebe. El *kaftán* del cantor estaba rasgado.[5] El Rebe le dijo, "¿No eres acaso el líder

---

[4] Es significativo notar que el 14 de octubre de 1809, el mismo día en que fue contada esta historia, se firmó el tratado de Shonbrun, dándole a Napoleón el control de la parte austríaca de Polonia, incluyendo el área de Varsovia. Napoleón había derrotado a Austria y las negociaciones habían sido llevadas desde el 11 de agosto (*Memorias de Napoleón Bonaparte*).

[5] En *Tovot Zijronot* 7, se menciona al Rabí Aarón, el Rav de Breslov, quien era cantor en la sinagoga principal de Breslov, en lugar del Rabí Iosef el Cantor. Ver arriba: 117, adelante: 406.

de la plegaria? Todas las bendiciones descienden a través de la plegaria. ¿Por qué no tienes un *kaftán* decente?". El Rebe continuó diciendo que algo similar había sucedido cierta vez con un líder de la plegaria y relató toda la historia de "El Señor de la Plegaria". Al comienzo no nos dimos cuenta de que estaba contando una de sus historias y pensamos que estaba hablando sobre un incidente cualquiera. Sólo cuando se adentró en la historia comprendimos lo tremendo de lo que nos estaba diciendo y que era una de sus historias "de tiempos antiguos".[6]

189 (63). El relato sobre el comienzo de la historia de "Los Siete Mendigos" que se encuentra en *Sabiduría y Enseñanzas del Rabí Najmán Breslov* (p. 158) indica que el Rebe comenzó diciendo, "Les contaré cómo solía alegrarse la gente".[7]

Yo entendí que el Rebe comenzó diciendo, "Qué saben ustedes sobre cómo alegrarse cuando están en un estado tan depresivo. Yo les contaré cómo antes solía alegrarse la gente".

El Rebe dijo de manera explícita que sus historias eran completamente originales y que debían ser contadas en público. Alguien debería ponerse de pie en la sinagoga y relatar una de ellas. Dijo que se encontraban en el nivel más sublime.

Nota del Editor: Escuché del Rabí Naftalí que después de que el Rebe relató la historia de "Los Siete Mendigos" dijo enfáticamente que era muy importante y agregó que sería apropiado viajar a Brody, ir a la sinagoga y decirle al asistente que reuniese a todos para escuchar un sermón. Debían golpear en la mesa pidiendo silencio como es costumbre antes de un sermón y relatarles esta historia.

190 (64). Enmienda al *Sijot HaRan*[8] sobre cómo se relató "Los Siete Mendigos". Luego de las palabras "No puedo poner su tremendo significado en palabras" se debe insertar:

---

[6] Ver arriba: 151; *Likutey Moharán* I, 60.

[7] Una versión diferente registra que el Rabí Najmán dijo: "Les contaré cómo solía alegrarse la gente, pese a la depresión", Jojmá uTevuná 15:1. Ver *Sabiduría y Enseñanzas del Rabí Najmán de Breslov*, 218.

[8] *Sabiduría y Enseñanzas del Rabí Najmán del Breslov*, 149-151, habla en varios momentos sobre la revelación de "Los Siete Mendigos".

"Ese domingo a la tarde estábamos de pie a su alrededor escuchándolo hablar. En el curso de la conversación hizo un comentario sobre un grupo particular de personas. Eso llevó a la conversación sobre los hombros anchos. De aquí fue llevado a preguntar dónde estábamos en la historia. Le dijimos que había finalizado el cuarto día y entonces, con ánimo alegre, nos contó la historia del quinto día".

191 (65). La historia "El Santo Melancólico" (*Los Cuentos del Rabí Najmán* #16) sobre el Tzadik que una vez se deprimió profundamente y se recuperó recordando el amor de Dios por "no hacerme un gentil" está registrada tal cual yo mismo la escuché del Rebe. Otro de los seguidores del Rebe me dijo que escuchó la historia de forma algo diferente. El Rebe relató que había un gran Tzadik que era un "Señor de la Rendición de Cuentas": cada noche repasaba cuidadosamente lo que había logrado con sus devociones ese día.[9] Cierta vez estaba pensando en lo que supuestamente debía haber hecho ese día y se dio cuenta que no había cumplido con su obligación. Se suponía que debía caminar ida y vuelta por su casa una cierta cantidad de veces, siendo ésta una de las devociones requeridas por un hombre en ese nivel tan exaltado, pero vio que no había hecho lo suficiente en ese día. Como resultado se sintió muy deprimido. Tanto se deprimió que le resultó imposible salir de allí. Sólo cuando comenzó a pensar que Dios "no me hizo un gentil" fue capaz de darse vida.

Había también otro pequeño cambio en la manera en que el Rebe contó la historia, pero ahora no lo recuerdo.

Puedes comprender el gran nivel del Tzadik en la historia si consideras que su sólo caminar ida y la vuelta por la casa era para él una devoción muy elevada,[10] al punto en que al hacer un poco menos de lo que pensaba que debía haber hecho se sintió muy desilusionado, se vio virtualmente incapacitado de salir

---

[9] "La gente que hace una rendición de cuentas diaria en vistas a observar dónde necesitan mejorar y confiesa sus pecados no verá el Guehinom" (*Zohar* III, 178a).

[10] Cf. *Likutey Moharán* I, 92; ver *Sabiduría y Enseñanzas del Rabí Najmán de Breslov*, 280.

de allí hasta que se recordó que "Él no me hizo un gentil".[11] De aquí puedes obtener un pequeño atisbo de las devociones de los Tzadikim y la desilusión que sienten si perciben una falta en sus logros.

192 (66). Relacionado con *Los Cuentos del Rabí Najmán* #17, "Los Dos Palacios":

Cuando alguien sirve a Dios pero todavía se encuentra en el nivel de "esclavo", aún está "maldito". Pero también hay un concepto del esclavo que sirve en santidad, tal como "Moisés, el siervo de Dios" (Deuteronomio 34:5). Debes saber que hay una mitzvá por medio de la cual es posible emerger del nivel de esclavo: la mitzvá de redimir a los cautivos.

193 (67). La conversación en *Sabiduría y Enseñanzas del Rabí Najmán de Breslov*, 1, tuvo lugar cuando estábamos en el carruaje, en el viaje final del Rebe desde Breslov a Umán. Él dijo que Dios es muy grande "pero nosotros no sabemos absolutamente nada...".[12] Cuando el Rebe dijo que Dios es muy grande enfatizó la palabra "grande" con una gracia y belleza que no puede ser comunicada por escrito. "Nosotros no sabemos nada", continuó. "¡Tanto sucede en el mundo y aun así no sabemos nada!". Yo le pregunté, "¿No has dicho que ahora conoces el objetivo de todo conocimiento, que es comprender la propia ignorancia?". Él me respondió, "Desde el momento en que partí de Breslov hasta ahora, vuelvo a no saber".

Nota del Editor: Esto fue poco después de partir de Breslov. Si tienes alguna comprensión de la profundidad de su afirmación esto te dará un pequeño atisbo de su tremenda grandeza. Él ya se había ufanado de que su "no conocer" era más grande que todo[13] y ahora era capaz de vanagloriarse de que en un período de tiempo tan corto había avanzado mucho más y nuevamente podía decir que no sabía absolutamente nada.

---

[11] Ver *Likutey Halajot, Periká uTeiná* 4:34.

[12] Ver *Sabiduría y Enseñanzas del Rabí Najmán de Breslov*, 3; arriba: 82; *Alim LeTerufá* 15, 188, 227, 143, 276, 373, 413, 443, 444 .

[13] Adelante: 282, 283, 342; *Alabanza del Tzadik*, p. 93; *Iemei Moharnat* 51.

194 (68). Sobre el tema de la medicina y de la importancia de evitar por completo a los médicos,[14] el Rebe dijo que si una persona tuviera a un enfermo en su casa, y alguien viniera y le dijera que debía golpear al paciente con un gran palo de madera, se sentiría realmente asombrado. Aun así cuando uno deja al paciente en manos del médico lo está entregando literalmente a un asesino. Los remedios del médico son más dañinos que el golpe de un asesino. ¿Quién querría matar al paciente con sus propias manos? El hecho de que debes hacer algo para salvar al paciente ¿significa acaso que debes entregarlo a un médico? También puedes llamar a alguien para que mate a palos al paciente. Comprende esto.

Nota del Editor: El hecho de que el Rebe viajara a Lemberg donde recibió tratamiento médico contiene secretos profundamente ocultos. No fue allí para ser tratado médicamente sino para otros propósitos sólo conocidos por él. Lo mismo sucedió con todos sus otros viajes: todos contenían tremendos misterios, tal como cuando viajó a Kaminetz, Novorich y Sharograd.[15] Los propósitos secretos implicados en estos viajes estuvieron ocultos de los ojos de los vivientes. Así, al volver de uno de estos viajes relató la tremenda historia de "La Araña y la Mosca", diciendo que ella

---

[14] Ver *Sabiduría y Enseñanzas del Rabí Najmán de Breslov*, 50. La polémica del Rabí Najmán estaba dirigida principalmente contra la primitiva medicina en la Europa oriental de su tiempo, años antes de la invención siquiera del simple estetoscopio.

Sin embargo, es obvio que esto aún contiene una lección aplicable a nuestra medicina relativamente avanzada. Los médicos, en especial aquellos que toman decisiones de vida y muerte, no saben todo. Aún se utilizan tratamientos controversiales y experimentales, y es sabido que muchas drogas producen graves efectos colaterales.

En 1790, un inglés, Edward Jenner, descubrió la vacuna en contra de la viruela. El Rebe Najmán mismo dijo: "Aquél que no vacuna a sus hijos en contra del *pakin*, viruela, es como si los asesinara. Aunque uno viva lejos de la ciudad, aunque sea en medio del invierno con un clima helado, es necesario llevar a sus hijos a que sean vacunados" (*Aveneha Barzel* p. 29 #34). Vemos por tanto que las medicinas que han mostrado resultados *positivos* no eran rechazadas por el Rebe.

El Rabí Najmán también dijo que si uno debe ir a ver a un médico, debe elegir el mejor. Agregó el Rabí Natán: "Dios es tan grande, que puede ayudar a una persona enferma incluso aunque ya hayan llamado al doctor" (*Alim LeTerufá* 176).

[15] Arriba: 15, 17-18, 26-28, 48, 50-51, 54, 58, 97; ver *Until The Mashiach*, capítulos 19 y 20.

explicaba la razón de su viaje. Aun así, la historia misma es un gran misterio, tal como todos sus cuentos y en verdad todo lo que él hacía. Lo mismo se aplica a su viaje a Lemberg. Habiendo llegado allí, el Cielo lo obligó a someterse al tratamiento médico por razones sólo conocidas por él. Sin embargo, al retornar habló mucho más drásticamente que antes sobre la necesidad de evitar el tratamiento médico. Varias enseñanzas en *Sabiduría y Enseñanzas del Rabí Najmán de Breslov* tratan sobre este tema. Él había hablado sobre esto antes de su viaje a Lemberg pero luego de su retorno lo discutió más que nunca.

195 (69). La conversación registrada en *Sabiduría y Enseñanzas del Rabí Najmán de Breslov*, 58, "A veces un pensamiento pasa como un relámpago por tu mente..." fue dicho en el carruaje en viaje a Tcherin para el Shabat Shirá, cuando el Rebe dio la lección del *Likutey Moharán* I, 192: " '*Daló*, suficiente para un siervo ser como su amo' (*Berajot* 58b), esto se encuentra en la categoría de *DIo*, tinta, sobre papel" (*Avot* 4:25).

Mientras viajábamos, el Rebe dijo que en ese momento un pensamiento había pasado como un relámpago por su mente, y luego continuó con la conversación. Más tarde, me dio ánimo y consuelo y sus dulces palabras me elevaron considerablemente. Dijo: "Nada importará en comparación con el deleite espiritual que tendrás. No es suficiente hacer que las cosas estén bien para una persona sólo en el Mundo que Viene: uno debe hacer que las cosas estén bien para la persona también en este mundo". El Rebe me habló de manera tan íntima y con tanto amor que lágrimas de alegría fluyeron a mis ojos.[16]

<Luego de la conversación que comenzaba con "¿Cómo permitimos que Dios piense y traiga el mal al mundo?" (*Sabiduría y Enseñanzas del Rabí Najmán de Breslov*, 70), el Rebe agregó con alegría: " 'Oh, Dios, no te mantengas *dami*, en silencio' (Salmos 83:2), es decir no debemos permitir que Dios *damin*, piense".>

196 (70). El Rebe enseñó que durante la plegaria uno tiene que trabajar consigo mismo como alguien que busca enojarse

---

[16] Ver adelante: 222, 471; *Likutey Moharán* I, 175.

(*Sabiduría y Enseñanzas del Rabí Najmán de Breslov*, 74). Él relacionó esta enseñanza con la afirmación de los sabios: "La persona siempre debe azuzar su buena inclinación en contra de su mala inclinación" (*Berajot* 5a). La palabra utilizada para azuzar es *iarguiz*, de la raíz *roguez* que significa ira: la persona tiene que trabajar consigo misma para llegar a un "enojo" por santidad.

197 (71). Suplemento a *Sabiduría y Enseñanzas del Rabí Najmán de Breslov*, 89, "Existen paquetes y paquetes de pecados...", que debe ser incluido luego de las palabras "...que ahora puede retornar a Dios".

["Un pecado lleva a otro pecado" (*Avot* 4:2). Los pecados están divididos en varios tipos. La primera ofensa de un cierto tipo de pecado es la primera en su paquete. Este pecado hace que se cometan otros de tipo similar a él].

La plegaria de introducción a los Trece Atributos de Misericordia Divina habla de cómo Dios "quita el primer [pecado] primero...". Debemos comprender esto como significando que Dios retira el primer pecado de cada paquete. De otra manera, ¿por qué la plegaria utilizaría la palabra "primero" dos veces? Sólo puede haber un primero. Claramente la plegaria se refiere al primer pecado en cada paquete, habiendo más de un paquete. Cuando Dios retira el pecado de cada paquete, todos los otros pecados del paquete quedan sin vida. Previamente ellos dependían del primer pecado en su paquete respectivo. De hecho eran causados por él. Pero con el retiro del primer pecado se anula su raíz y no les queda fuente de vida. De modo que todos los otros pecados de los diferentes paquetes vienen ahora hacia Dios pidiéndole vida. Dios Mismo les da entonces su fuerza de vida, liberando de ellos al pecador. Ya no hay más necesidad de que él les dé vida viendo que ha logrado despertar la misericordia de Dios al punto en que Él "quita el primero primero", es decir, el primer pecado de cada paquete.

Esto explica el significado del versículo, "Yo les enseñaré Tus caminos a los pecadores y los *jataim*, transgresores, volverán a Ti" (Salmos 51:15). "Tus caminos" son los Trece Atributos de Misericordia, que fueron revelados luego de que Moshé dijo, "Por favor, hazme conocer Tus *caminos*" (Éxodo 33:13). Cuando contemplamos los Trece Atributos Divinos y nos decidimos a cumplirlos en la práctica, entonces Dios "quita el primero primero", Él extrae el primer pecado de cada paquete de pecados. Es entonces que "los *jataim* volverán a Ti". *"Jataim"* se traduce como pecados. El versículo indica cómo los pecados remanentes en cada paquete retornan a Dios para recibir vida de Él, ahora que su raíz ha sido cortada con el retiro del primer pecado de cada paquete, luego del despertar de los Trece Atributos de Misericordia. Pero, ¿de dónde Dios les da vida?... Ahora debemos comprender cómo Dios sustenta a estos ángeles de destrucción.

198 (72). Ver *Sabiduría y Enseñanzas del Rabí Najmán de Breslov*, 98. "El Rebe entonces dijo maravillas...".

El invierno es preñez y el verano es nacimiento.

El Rebe dijo entonces palabras maravillosas, pero la mayoría fueron olvidadas. Habló del verano que ya estaba llegando. Esto tuvo lugar en Nisán, poco antes de Pesaj, al tercer día luego de la circuncisión del hijo del Rebe, Shlomo Efraim, de bendita memoria.

El Rebe dijo entonces que en el invierno las plantas y las hierbas se marchitan. Su fortaleza se disipa y están como muertas. Pero cuando llega el verano, se despiertan y vuelven a la vida.

Cuando se aproxima el verano es muy bueno meditar en los campos. Es un momento en el que uno puede orarLe a Dios con anhelo.

Meditación y plegaria se dice *SIJá*. Un matorral del campo se dice *SiaJ*.[17]

El Rebe habló entonces sobre todo esto. También trató otros varios temas.

199 (73). Ver *Sabiduría y Enseñanzas del Rabí Najmán de Breslov*, 39, "Deberías golpear tu cabeza contra la pared... contra la pared de tu corazón".

Más tarde escuchamos que el Rebe dijo cierta vez que éste era el significado del pasaje (Isaías 38:2), "Y Ezequías giró su rostro hacia la pared". El rostro que él giró era su conciencia llevándola

---

[17] Ver *Likutey Moharán* II, 1 (sección 11), 11.

dentro de las paredes de su corazón (*Ierushalmi, Berajot* 4:4). Pues el verdadero rostro es la mente, que ilumina el rostro desde adentro.

200 (74). Sobre el tema de la curación y de la medicina el Rebe dijo que el capítulo sobre Curación en el *Sefer HaMidot*[18] contenía originalmente todas las curas del mundo: no había una sola enfermedad cuya cura no estuviese incluida. Sin embargo, él no quería que esto fuese copiado y lo quemó.[19]

201 (75). El *Sefer HaMidot, Daat* B1, afirma: "¡Debes saber! Cada mundo y cada creación tienen su propia forma particular y su estructura individual. Por ejemplo, la estructura del león es diferente de la estructura de la oveja, etc. Estas diferencias entre los distintos seres están aludidas en las formas de las letras y en sus combinaciones. Aquél que merezca comprender la Torá será capaz de comprender estas diferencias".

Yo creo que esta enseñanza se relaciona con la conversación que escuché del Rebe antes del Shabat Jánuca 5565 (1804) sobre las diferentes criaturas del mundo.[20] Él dijo entonces que las formas y el aspecto de todos los seres humanos están incluidos en la palabra *Adam*, hombre, allí donde aparece en la Torá (Génesis 1:26). Tan pronto como Dios dijo la palabra *Adam*, incluyó a todas las formas humanas. Lo mismo se aplica a las palabras *behema*, animal y *jaiá*, bestia, en el relato de la Creación. Estas palabras contienen las formas de todos los animales y bestias. Lo mismo se aplica a otras criaturas. El Rebe habló de esto en profundidad y dijo que incluso en este mundo hay categorías de sabiduría con las cuales uno puede subsistir sin ninguna clase de alimento o

---

[18] Adelante: 380. *Sefer HaMidot* es una lista de aforismos en orden alfabético. Es la primera obra del Rabí Najmán. Una selección se encuentra traducida al español, *El Libro de los Atributos*, publicada por el Breslov Research Institute, 2005.

[19] Cf. *Berajot* 10b, *Pesajim* 56a. Hubo un "Libro de Curaciones" que tenía los remedios para todas las enfermedades. Cuando la gente se enfermaba, tomaba la medicina apropiada. El rey Ezequías ocultó el "Libro de Curaciones" para que la gente Le orase a Dios por su salud. Los sabios alabaron al rey Ezequías por este acto. Ver adelante: 380.

[20] *Sabiduría y Enseñanzas del Rabí Najmán de Breslov*, 306.

bebida.²¹ El Rebe habló mucho sobre esto pero no fue registrado por escrito.

202 (76). El mismo pasaje en el *Sefer HaMidot* (*loc. cit.*) termina diciendo que aquel que logre la comprensión en la Torá "sabrá también qué es lo que tienen en común - su origen y su final - en lo cual son idénticas, sin distinción".

Puede ser que el Rebe haya tenido la misma idea en la lección del *Likutey Moharán* II, 39, "Ven y observa las obras de Dios... Cada cosa tiene un principio y un final". Es posible que aquí haya querido decir que uno debe lograr comprender cómo en su comienzo y en su final las cosas son una unidad sin distinción. En el momento en que escuché esta lección por primera vez no pude comprenderla muy bien. Cuando el Rebe leyó mi versión escrita dijo que en esta lección yo no había comprendido su significado. Dijo, "Esto no es lo que dije y ni siquiera lo que quería decir". Es posible que el significado fuera lo que he escrito aquí, cosa que no incluí en mi versión. Es posible que sea por esto que él dijo de la versión escrita que yo no había comprendido su significado.

203 (77). Dijo el Rebe: "Con diligencia es fácil ser líder y proveedor de la generación, tanto física como espiritualmente. Así, '¡Ve a la hormiga, *NeMaLaH*, oh perezoso!' (Proverbios 6:6). La palabra para hormiga, el epítome de la diligencia, se forma con las letras finales de las palabras, 'De allí el Pastor, la Roca de Israel - *mishaM roeH eveN israeL*' (Génesis 49:24) que contiene el concepto de líder y proveedor. Ser nombrado líder y proveedor depende de la diligencia aprendida de la hormiga, pues 'de allí [es] el Pastor, la Roca del Israel' ".²²

Esta idea aparece en el *Sefer HaMidot*, *Zerizut* 1, en una forma algo diferente de como yo la escuché personalmente del Rebe.

204 (78). La lección del *Likutey Moharán* I, 44, "Ustedes están de pie este día" (Deuteronomio 29:9) fue dada en el Shabat antes

---

²¹ Cf. *Likutey Moharán* I, 19:8.

²² Ver *Parparaot LeJojmá* 63. Dado que el Rabí Natán era famoso por su velocidad y diligencia en todo lo que hacía, la explicación del Rebe Najmán implica el nombramiento del Rabí Natán como el líder después de él. El comienzo del *Shir HaShirim Rabah* afirma la idea similar de que la diligencia lleva al liderazgo.

Conversaciones Relacionadas con Sus Cuentos 199

de Rosh HaShaná 5563 (1802), el primer Shabat después de que yo me volviera su seguidor. En esta lección el Rebe habla sobre aplaudir durante la plegaria. En el período en que dio está lección, que fue muy poco después de su llegada a Breslov, habló mucho sobre aplaudir al orar.

Me dijo que en su llegada a Breslov, cierta vez se paró en la puerta de entrada del cuarto de estudios en su casa y reprochó a todos los presentes por no orar apropiadamente. Dijo que no se había escuchado a nadie aplaudir durante las plegarias. A partir de esto comprendimos inmediatamente que él quería restaurar la corona a su gloria anterior e inspirar a la gente a que volviese a orar con la misma intensidad y pasión como los primeros jasidim en los días del Baal Shem Tov[23] y de sus discípulos, en las generaciones anteriores. Porque en los primeros años de la vida del Rebe el movimiento Jasídico había perdido su fogosidad. El Rebe hizo grandes esfuerzos por rectificar esto y restaurar la corona a su antigua gloria.

Antes de este último Shabat previo a Rosh HaShaná el Rebe recibió la visita de dos eminentes jasidim que habían comido con él. En el curso de la conversación los dos jasidim ridiculizaron a cierto hombre en Nemirov que solía aplaudir mucho durante la oración. El Rebe les reprochó su comentario y les dijo con dureza, "¿Qué saben ustedes sobre lo que significa aplaudir mientras se ora y todo lo que esto implica? ¿Qué derecho tienen a burlarse de este hombre cuyos aplausos ustedes no aprueban?".

Al Shabat siguiente, el Shabat luego de Rosh HaShaná, fui a ver al Rebe. Fue entonces que dio la lección "Ustedes están de pie este día" que trata sobre aplaudir durante la oración. Ésta fue la primera lección que escuché de él e inmediatamente la registré por escrito. Alabado sea el Dios de mi vida.

Unas semanas después, luego de Sukot, la persona que había estado con el Rebe antes de Rosh HaShaná y que había ridiculizado al hombre que aplaudía en Nemirov vino a ver al Rebe para pedirle que intercediera por su hijo, que estaba enfermo. El Rebe

---
[23] *Tovot Zijronot* 5.

le mostró un pasaje en el *Pri Etz Jaim* (*Shaar Jazarat Amidá* 7),[24] que relaciona las letras iniciales de la bendición de los sacerdotes, "Y Él te conceda paz - *Ve-iasem Lejá Shalom*" (Números 6:26), con la palabra *ShaLeV*, tranquilidad, como en el versículo "Yo estaba tranquilo y Él me desmenuzó" (Job 16:12). El Rebe le dijo el hombre que leyese el pasaje en voz alta y éste así lo hizo. Luego el Rebe le dio la lección sobre aplaudir que se encuentra en el *Likutey Moharán* I, 46 y que trata sobre las tres manos, etcétera. Sin embargo, el hombre se negó a inclinar la espalda, llevar el yugo de la Torá y volverse un seguidor del Rebe.

El hombre retornó a su hogar y la condición de su hijo empeoró aún más. Él me contó todo lo que había sucedido, cómo lo había tratado el Rebe y la lección que le había dado. También me dijo que el Rebe le había relatado una historia sobre cierto aristócrata que era extremadamente duro y obcecado, pero no recuerdo muy bien esta historia. El hombre me pidió que cuando fuese a ver al Rebe le hiciese recordar la enfermedad del niño y le pidiese su ayuda. Poco después fui a ver al Rebe y hablé con él sobre esto. Él dijo, "¿El niño aún vive?" con tono de sorpresa. Yo me quedé allí temblando, porque comprendí a partir de esto que el decreto de muerte del niño ya había sido sellado. El Rebe dijo, "Si este hombre hubiese aceptado lo que yo le dije el niño ya estaría sano", pero ahora era imposible que el niño viviese. Y en verdad el niño falleció al poco tiempo.

Cuando el Rebe me habló sobre el hombre, comencé a justificarlo diciendo, "¿Cómo puede volverse tu seguidor cuando ya tiene un líder?", es decir uno de los opositores del Rebe. El Rebe me respondió: "Si es así, es una gran prueba para él". En otras palabras esto no quiere decir que le sea imposible volverse un seguidor del Rebe, sino sólo que su prueba es mayor. En verdad él debería hacer todo lo posible para superar la prueba, quebrar todos los obstáculos y volverse un seguidor del Rebe.

---

[24] "Los Frutos del Árbol de Vida", una importante obra Kabalista sobre meditaciones para las plegarias y los rituales, basadas en las enseñanzas del Ari, por el Rabí Jaim Vital (1542-1620).

205 (79). La lección del *Likutey Moharán* II, 2, "Los días de Jánuca son días de agradecimiento, como en la ofrenda de agradecimiento..."[25] fue dada en el Shabat Jánuca en el año en que el Rebe retornó de Lemberg. Yo creo que con esta lección el Rebe estaba ofreciendo una ofrenda de gracias, si así pudiera decirse, por haber retornado sano a su hogar. Su retorno sano y salvo fue un milagro para nosotros y para todo Israel, porque si él se hubiera quedado en Lemberg es posible que su luz se hubiera extinguido y nosotros no habríamos escuchado las tremendas enseñanzas que reveló después, y en particular sus cuentos, pues la mayor parte de las historias como "Los Siete Mendigos", recién fueron reveladas más tarde. Por tal milagro es ciertamente adecuado llevar una ofrenda de gracias. Varias veces después de su retorno de Lemberg le escuchamos decir que alababa y agradecía a Dios por haberlo hecho regresar de allí. Adonde fuese que viajara luego de esto, si llegaba a un lugar en el cual había estado antes de su viaje a Lemberg decía que alababa a Dios por haberlo traído de vuelta allí. "Porque yo creía que nunca volvería y los vería nuevamente".

206 (80). Al final de la citada lección hay un pasaje que explica el versículo, "Y sucedió al cabo de dos años" (Génesis 41:1) en relación a la afirmación de los sabios sobre el "estudiante de un día" (*Jaguigá* 5b). Esto fue dicho debido a un joven de Brahilov que quería estar con el Rebe para el Shabat Jánuca pero tuvo que quedarse en Nemirov y no llegó a Breslov a tiempo para el Shabat, sino un día después.

Cuando el Rebe dio la lección en el Shabat no explicó el versículo "Y sucedió..." en relación con las enseñanzas contenidas en la lección. Fue después de que llegara este joven, luego del Shabat, que el Rebe comenzó su explicación del versículo, relacionándolo con la afirmación de los sabios sobre el "estudiante de un día". Esto estaba conectado con la llegada del joven, pues él

---

[25] Levítico 7:12. Ver *Berajot* 54b; *Oraj Jaim* 219:1. "Cuatro deben agradecer: Los viajeros por mar, los viajeros por el desierto, el enfermo que se ha curado y el prisionero que ha sido puesto en libertad". El Talmud (*Menajot* 110a) afirma que cuando uno estudia las leyes y los conceptos de un sacrificio es considerado como si hubiera traído ese sacrificio.

era literalmente un "estudiante de un día". Durante el Shabat no estuvo con el Rebe y sólo llegó al día siguiente, el día número uno de la nueva semana. Fue precisamente debido a él que fue revelada esta enseñanza, tan relacionada con su llegada.

Me es muy difícil expresar lo que realmente quiero comunicar. Todas las palabras del Rebe eran medidas con precisión.[26] Esto fue especialmente evidente en esa ocasión. Durante el Shabat el Rebe no explicó el versículo en absoluto, pues la revelación de las enseñanzas de Torá depende de las almas presentes para escucharlas.[27] Recién después de la llegada de este joven el Rebe reveló la explicación de las primeras palabras del versículo en relación con la lección.

En cuanto a las restantes palabras del versículo, no terminó de explicarlas. Yo le insté a que las explicara, pero él no se dejó persuadir de ninguna manera. También aquí pude ver cómo cada una de sus palabras era medida con precisión de acuerdo con las almas presentes y con sus deseos. De manera similar, la explicación que hay en la lección sobre las cuatro cosas que el Rabí Eliezer usó como prueba, la algarroba, etcétera (ver *Bava Metzía* 59b), sólo fue dada en términos muy generales cuando el Rebe dio la lección principal. No reveló las ideas detalladas impresas en el texto hasta que llegó su hermano, el Rabí Ijiel, junto con algunas otras personas. También ellos habían querido venir para este Shabat y no habían podido llegar. Sólo luego de su arribo el Rebe reveló en detalle la enseñanza sobre las cuatro pruebas.

---

[26] Ver adelante: 340, 348, 362, 389; *Likutey Moharán*, Introducción.

[27] Ver *Likutey Moharán* I, 13:3, 20:4. También ver *Likutey Moharán* I, 31:6, 7.

VIII. Nuevos Relatos:

207 (81). El año 5665 (1805): "Yo estaba parado junto a la mesa e inclinado sobre el mar, y todas las naciones y todos los reyes estaban de pie, observando maravillados. Era la 'mesa de reyes', el 'mar de sabiduría'... es decir que voy a revelar una sabiduría tal que incluso... etcétera".[1]

208 (82). El año 5667 (1807). Breslov, la semana de la lectura de la Torá Vaieji. Escribe el Rabí Natán: después de que santifiqué la luna, el Rabí Najmán me dijo: "Si estuvieses contento, ello sería un gran favor para el mundo". Luego de esto me contó el siguiente sueño:

Un tremendo número de soldados avanzaba, y volando detrás de ellos había una enorme cantidad de pájaros. Algo extraordinario.

Le pregunté a la persona que estaba a mi lado, "¿Por qué estos pájaros están volando detrás de ellos?".

Me dijo que iban a ayudar a los soldados.

"¿Cómo los van a ayudar?" pregunté.

Me dijo que estos pájaros exudan un cierto fluido que aleja a las fuerzas enemigas, y así es como ayudan a estos soldados.

Pero esto me era muy difícil de comprender. "¿Acaso el lugar donde ellos dejan caer este fluido no es el lugar donde están los soldados? El fluido los dañará también a ellos".

Mientras tanto pude notar que los pájaros habían comenzado a descender hasta que se posaron en tierra. Ahora caminaban detrás de los soldados y tomaban algo del piso con sus picos. Era algo redondo pero no era comida. Me era muy difícil comprender cómo estos pájaros podían caminar detrás de los soldados,

---

[1] Cf. *Likutey Moharán* II, 7:10.

porque el hombre camina mucho más rápido que los pájaros. Y ¿qué era lo que estaban juntando? Me dijeron que el fluido con el cual mataban a las fuerzas enemigas se producía a partir de las cosas que estaban juntando. Cada vez que dejaban caer el fluido generaban la partida y la muerte de las fuerzas enemigas, allí donde estuviesen. (Aquí había una cantidad de cosas que encontré difícil comprender, pero no las recuerdo).

Entré a un lugar oculto y vi que había una entrada muy baja. Pasé y me recosté. La habitación no tenía ventanas y estaba a oscuras. Yo había ingresado porque quería ocultarme. Y allí me oculté. Mientras tanto todos los pájaros comenzaron a entrar. Yo quería sacarlos afuera y agitaba la mano para hacerlos salir. Pero había un gato parado frente a ellos y los pájaros tratan naturalmente de escapar del gato. Es por eso que habían entrado a la habitación. Por más que trataba de espantarlos y hacer que se fueran, no lo hacían debido al gato.

Les pregunté para qué habían venido. Ellos me dijeron que habían entrado para tener la viruela. Les pregunté por qué. Me dijeron que el pus de la viruela es el fluido que mata a las fuerzas enemigas. Yo dije que ellos también podían morir debido a la viruela. Ellos me dijeron que esto era verdad, y que los cuerpos de aquellos que morían eran muy dañinos para el lugar en donde expiraban. Me sentí muy mal pues temía que yo pudiera morir debido al hedor de los cuerpos en descomposición, pues había una tremenda cantidad de pájaros allí. Oré a Dios por esto.

Entretanto la viruela se fue y ellos volvieron a estar sanos. Uno de los pájaros voló de allí con alegría. Entonces todos volaron tras él, y hubo un gran clamor a través del mundo: "¡Mazal Tov! ¡Mazal Tov!". Y yo también grité, "¡Mazal Tov!".[2]

209 (83). Comienzos del verano del año 5564 (1804). El Rebe dijo: Te diré lo que vi. Y tú se lo dirás a tus hijos.

Había alguien que yacía en el piso, y alrededor de él había gente sentada en un círculo. Alrededor de este círculo había otro círculo y alrededor de ese círculo otro círculo y así en más,

---

[2] *Iemei Moharnat* 15.

muchos círculos. También alrededor de ellos había más gente sentada sin un orden en particular.

Aquel que estaba en el medio - yaciendo sobre su costado - movía los labios, y todos a su alrededor movían los labios después de él. Luego de esto miré y él estaba allí, es decir aquél del medio. Todos los que estaban sentados alrededor dejaron de mover los labios. Yo pregunté, "¿Qué es esto?". Ellos me contestaron que él se había enfriado, había expirado y había dejado de hablar.

Luego de esto todos comenzaron a correr y yo corrí tras ellos. Vi dos palacios, edificios muy hermosos. Allí había dos generales sentados. La gente corrió hacia estos dos generales y comenzaron a argumentar con ellos. "¿Por qué nos engañaron?". Ellos querían matarlos.

Los generales huyeron afuera. Yo los pude ver, y su carácter era muy bueno a mis ojos. Corrí tras ellos y vi a la distancia una hermosa tienda. Desde allí les gritaron a los generales: "Vuelvan y busquen todos los méritos que tienen, tómenlos con las manos y vayan a la luz que está allí suspendida. Allí lograrán todo lo que desean".

Ellos volvieron y tomaron sus méritos – allí había montones de méritos - y corrieron hacia la luz. Yo corrí detrás de ellos y vi una luz brillante suspendida en el aire. Los generales llegaron y arrojaron sus méritos a la luz. Desde la luz, cayeron chispas en sus bocas. Entonces la *Nor*, lámpara, se transformó en un *Nahar*, río;[3] todos bebieron del río y dentro de ellos se formaron criaturas. Cuando comenzaron a hablar las criaturas salieron de ellos y yo las vi corriendo y retornando. No eran hombres ni animales de clase alguna, sólo criaturas.

Luego de esto ellos decidieron volver a su lugar. Pero dijeron, "¿Cómo podemos volver a nuestro lugar?". Alguien dijo: "Deberíamos enviar a alguien a aquél que está allí sosteniendo una espada que llega desde el cielo a la tierra". Ellos dijeron, "¿A quién enviaremos?". Pensaron que debían enviar a las criaturas, y las criaturas fueron allí. Yo corrí detrás de ellas y lo vi. Era algo

---

[3] *Likutey Even, Tzitzit* 1:4, 38; *Ikara deShabata* 20.

terrorífico. Su estatura alcanzaba desde el cielo hasta la tierra. Tenía en la mano una espada que llegaba del cielo a la tierra y tenía muchas hojas. Una era muy filosa, ésta era para matar. Otra era para la pobreza, otra para la debilidad. También había muchas otras hojas para otros castigos.

Comenzaron a rogarle: "Todo este tiempo hemos estado sufriendo en tus manos. Ahora ayúdanos y llévanos a nuestro lugar". Él dijo, "No puedo ayudarlos". Ellos le rogaron: "Danos la hoja para la muerte y nosotros los mataremos". Pero él no quería. Ellos le pidieron una hoja diferente, pero él no quería darles ni siquiera una sola. Ellos retornaron.

Mientras tanto se emitió la orden de matar a los generales, y ellos les cortaron la cabeza. Entretanto, la secuencia de eventos retornó a ser lo que había sido antes, es decir, que alguien estaba acostado en el piso rodeado por círculos de gente y demás. Ellos corrieron hacia los generales - todo sucedió tal como fue descrito antes - excepto que ahora pude ver que los generales no arrojaban sus méritos a la luz. Simplemente tomaban sus méritos, iban a la luz y quebraban sus corazones, comenzando a rogar y a suplicar delante de la luz, y entonces cayeron chispas de la luz hacia sus bocas. Ellos suplicaron más, y la luz se transformó en un río, y se formaron las criaturas, etcétera.

Ellos me dijeron, "Éstos van a vivir" - porque los primeros merecían ser muertos por haber arrojado sus méritos a la luz y no haber suplicado como estos últimos. Yo no sabía qué significaba esto. Ellos me dijeron: "Ve a esa habitación y ellos te darán la explicación de esto". Yo fui y allí estaba sentado un anciano. Le pregunté sobre el tema. Él se tomó la barba con la mano y me dijo, "Mi barba es la explicación de lo que sucedió". Yo dije, "Aún no entiendo". "Ve a esa habitación", respondió, "y allí encontrarás la explicación". Fui allí y vi una habitación infinitamente larga y ancha, llena por completo de escritos. Donde fuera que abría veía la explicación de la historia.

Escribe el Rabí Natán: Todo esto lo escuché directamente de sus santos labios. Él dijo que todas sus lecciones de Torá contenían referencias a esta visión y que la lección que comienza con "Nueve Tikunim" (*Likutey Moharán* I, 20) es un comentario de ella. Aquel con entendimiento verá en esta lección numerosas referencias a la visión. Toma en cuenta la explicación dada allí sobre la apertura del corazón, un concepto aludido en el versículo: "Él abrió la roca y las aguas fluyeron" (Salmos 105:41). Éstos son los ríos mencionados en la visión. Si comprendes bien toda la lección, serás capaz de comprender algunas de las alusiones de esta tremenda visión.[4]

Con respecto a la persona que estaba acostada en el suelo y que más tarde, cuando el Rebe volvió a mirar no estaba más allí, de la cual le dijeron que se había enfriado y muerto, ésta es la misma idea que la del alma referida en la lección, un alma destrozada por el sufrimiento. [Este sufrimiento está caracterizado por la descripción que hacen los sabios del camino de la Torá]. "Comerás pan con sal" (*Avot* 6:4, citado en la lección). La misma Mishná continúa: "y dormirás sobre la tierra". Posiblemente el hecho de que en la visión esta persona yacía sobre la tierra sea una alusión a esta Mishná. Los círculos de gente rodeándolo y la gente sentada sin un orden particular parece ser un paralelo de la idea de cómo cada uno recibe de esta alma. Esto se debe a que esta alma es la fuente de todas las explicaciones de Torá. Posiblemente la manera en que toda la gente estaba moviendo los labios es una alusión a esto, es decir, que ellos estaban revelando explicaciones de Torá. Es por esto que cuando aquél en el medio, que corresponde a esta alma, se enfrió y murió, todos los otros dejaron de mover los labios y de hablar. Porque cuando esta alma se enfría, es decir, se va, no hay fuerza para traer explicaciones de Torá, como se explica en la lección. Si examinas la visión y la lección con detalle serás capaz de comprender aún más alusiones tremendas.

El incidente en donde ellos corren hacia los generales y comienzan a discutir con ellos contiene el concepto de la disputa y de la controversia, la oposición que se levanta en contra de los Tzadikim cuando se retira el poder de traer explicaciones de Torá.

---

[4] *Parparaot LeJojmá* loc. cit.

Posiblemente los generales sean una alusión a Moisés y Aarón, quienes fallecieron debido a las "Aguas de la Discordia" (Números 20:13), porque ellos cometieron el error de no rogar y suplicar, como se explica en la lección. Comprende bien esto.

Con respecto a la luz de la cual cayeron chispas en sus bocas y que luego se transformó en un río, éste es el concepto de "palabras ardientes" que son traídas desde el Corazón Superior mediante el despertar del amor de Dios al Tzadik cuando éste está por revelar Torá. El Corazón Superior se abre y descienden palabras, y mediante esto el Tzadik también trae explicaciones de Torá de este lugar, como está escrito: "Él abrió la roca y las aguas fluyeron". En la visión, la luz se transforma en un río. La luz es una alusión al corazón, que es una luz brillante.[5] Al comienzo, de allí caían chispas en sus bocas; éste es el concepto de las palabras ardientes que son traídas del corazón, que en la historia es llamado una luz. Luego la luz misma se transforma en un río: éste es el concepto de las explicaciones de Torá que también son tomadas del corazón, de la luz, tal cual está escrito, "Él abrió la roca y las aguas fluyeron". El incidente donde ellos arrojan sus méritos significa que ellos mencionaron sus méritos y sus buenas acciones e hicieron uso de una "vara de poder" para traer Torá.

Las criaturas que se formaron dentro de ellos y que emergieron cuando ellos abrieron las bocas corresponden a los poderes espirituales o ángeles formados a partir de las letras de las ideas originales de Torá reveladas por el Tzadik.[6] Estos ángeles obtenían su fuerza de Edom, al cual hace referencia el concepto de aquél que tenía una espada en la mano. Porque él está comisionado por sobre la espada, y por sobre todos los castigos de los malvados. Estos castigos están aludidos por las diferentes hojas de la espada. A veces los malvados deben ser castigados con la muerte mediante la espada, otras veces con diferentes castigos, tal como se explica en la lección. Sin embargo, debido al error, aquél con la espada no quería entregar ninguna hoja. No quería darles nada

---

[5] *Zohar* I, 23b; *Tikuney Zohar* 21, 70.
[6] Ver *Likutey Moharán* I, 20:4, para una explicación completa.

de fuerza. Lo que realmente deberían haber hecho era quebrantar sus corazones, rogar y pedir. Aunque ellos tomaron sus méritos con las manos, que son la vara de poder, esto sirve para otro propósito: para anular el mal en la comunidad. Sin embargo, para traer palabras de Torá se requiere amor y súplica.

Examina cuidadosamente la lección del Rebe junto con esta visión y comprenderás más sorprendentes alusiones. Verás las maravillas de Dios al grado en el que llegue tu percepción y verás cuán profundos son Sus pensamientos. Pero aunque hemos logrado encontrar ciertas alusiones, toda la visión se mantiene cerrada y misteriosa, infinitamente. Sin embargo, todo aquello que podamos cosechar nos será de gran beneficio espiritual. Es algo maravilloso que la persona pueda sumergirse en las palabras de nuestro santo Rebe.[7] No hay con quien se lo pueda comparar. Es imposible elogiarlo sin disminuir de su esplendor, Dios no lo permita, porque agregar es disminuir, como en la historia del rey que poseía grandes depósitos de oro y lo alababan por su plata (ver *Berajot* 33b).

Allí donde encuentres alguna alabanza del Rebe debes comprender que ella es una nada, ni siquiera una gota en el océano, comparada con su verdadera grandeza. Es imposible elogiarlo adecuadamente, porque él estaba completamente oculto del entendimiento humano. Incluso los grandes Tzadikim son incapaces de profundizar en su grandeza. Simplemente no tenemos comprensión alguna de él excepto por lo poco que podemos recibir de las tremendas enseñanzas de Torá reveladas en sus santos libros y de las maravillosas historias y visiones presentadas aquí. Cada persona puede formarse una pequeña estimación de hasta dónde alcanzan los exaltados y santos poderes del Rebe. Feliz el hombre nacido de mujer que fue digno de tal nivel, elevándose más alto todavía. La boca no puede expresarlo ni el corazón concebirlo. E incluso aunque podamos relatar una fracción de sus alabanzas a partir de lo que hemos visto con nuestros ojos, en este momento la discreción nos lleva a mantenernos en silencio debido a la intensidad de la oposición.

---

[7] *Alim LeTerufá* 362, 395.

Comentarios adicionales: Con respecto al incidente en la visión donde ellos piden una hoja, la hoja de la muerte, y aquél que tiene la espada se niega a dárselas, lo que hace que ellos pidan una hoja diferente, a la cual también se rehusa: esto significa que ellos querían castigar a los malvados con la espada y con la muerte, pero él no quería darles esta fuerza. Por lo tanto, continuaron pidiendo que les diese la posibilidad de utilizar otro castigo en contra de los malvados, pero él se oponía completamente a sus requerimientos. Todo esto sucedió debido al error que cometieron los generales cuando arrojaron sus méritos a la luz.

En cuanto al pedido de que les diese fuerza para poder ser capaces de retornar, esto alude a su intención de ir a la Tierra de Israel. Ellos necesitaban recibir de él algo de fuerza para castigar a los malvados y así entrar a la Tierra de Israel. Comprende bien esto. Con respecto a cuando le dicen a aquél que tiene la espada, que habían estado sufriendo en sus manos durante mucho tiempo, la idea subyacente es la misma que está contenida en lo que los Hijos de Israel le dijeron a Edom (Números 20:14): "Tú sabes del trabajo que hemos debido soportar". Ellos dijeron específicamente "*tú* sabes", pues todos los castigos están bajo su control.

La afirmación del *zaken*, el anciano, de que su *zakan*, barba, era la explicación de todo el incidente, corresponde al hecho de que toda la lección de Torá referida arriba se encuentra aludida en el concepto del "anciano". Así, el Rebe explica al final de la lección que todas las ideas contenidas en ella están encapsuladas en el concepto de los "Nueve Tikunim" de la barba. Mira allí la explicación.

Más tarde se repitió toda la secuencia, con alguien yaciendo en el piso como antes y demás. Esta vez los generales se cuidaron de no arrojar sus méritos a la luz. En lugar de ello, simplemente tomaron sus méritos y fueron hacia la luz, derramando sus corazones, rogando y pidiendo. Respecto de estos generales se dijo que vivirían. Los dos primeros, al contrario, merecían la pena de muerte por haber arrojado sus méritos a la luz en lugar de rogar y pedir como los dos últimos.

Subyacente a todo esto se encuentra la idea de que el error principal de Moisés fue que no tomó de las aguas de Torá mediante

Nuevos Relatos

ruegos y pedidos de misericordia. En lugar de ello utilizó su vara de poder, como cuando golpeó la roca, etcétera. Éste es el motivo por el cual ahora ellos se cuidaron de sólo rogar y pedir, apelando por la misericordia. De esta manera ellos vivirán. Sea Tu voluntad que nuestro recto Mashíaj venga pronto y en nuestros días y nos lleve en paz a la santa Tierra de Israel. Entonces todo será restaurado pronto y en nuestros días. Amén.

210 (84). Poco después de Rosh HaShaná 5569 (al final del verano de 5568-1808) el *shojet*, carnicero ritual, de Teplik le trajo al Rebe una silla muy especial.[8] En el mismo período el Rebe relató una visión o sueño que había tenido. Le habían traído una silla que estaba rodeada de fuego.

"El mundo entero iba a contemplar esta silla, hombres, mujeres y niños. Al volver, de pronto, todos formaron parejas entre ellos y se forjaron relaciones matrimoniales. También todos los líderes de la era fueron a ver la silla. Yo pregunté, '¿Cuán lejos está y por qué razón se formaron súbitamente estas parejas matrimoniales?'. Anduve en un círculo alrededor de ellos para poder llegar allí y escuché que pronto llegaría Rosh HaShaná. No sabía si retornar o quedarme allí. Estaba indeciso. Yo dije en mi corazón, '¿Cómo puedo quedarme aquí para Rosh HaShaná?', pero intelectualmente pensé, 'Considerando mi debilidad física, ¿por qué debo retornar?'. De modo que allí estaba yo y llegué a la silla, y allí vi Rosh HaShaná, el real y verdadero Rosh HaShaná. Lo mismo con Iom Kipur, el real y verdadero Iom Kipur. Lo mismo con Sukot, el real y verdadero Sukot. Y escuché que ellos estaban gritando, 'Mi alma abomina sus lunas nuevas y festividades' (Isaías 1:14). '¿Qué tienes que ver tú con el juicio del mundo? Rosh HaShaná mismo va a juzgar'. Entonces todos ellos huyeron junto con los líderes de la era, todos huyeron.

"Vi que la silla tenía grabadas las formas de todas las criaturas del mundo, cada una estaba grabada allí al lado de su pareja matrimonial. Ésta era la razón por la cual se habían formado

---

[8] *Iemei Moharnat* 31; *Until The Mashiach* p.160. De acuerdo con la tradición esta silla es la que se encuentra en la sinagoga de Breslov en Jerusalén.

todas las parejas matrimoniales, pues cada una era capaz de ver y de encontrar allí su pareja. Entonces me vino a la mente algo que había estado estudiando en los días anteriores. Hay un versículo que dice: 'Su trono eran llamas de fuego' (Daniel 7:9). Las primeras letras de las palabras *Karsié SHevivin DiNur* deletrean la palabra *SHaDJaN*, el casamentero. Pues era debido a la silla que se formaron las parejas matrimoniales. Más aún, la palabra *KaRSié* está compuesta por las letras iniciales de Rosh HaShaná, Iom Kipur y Sukot, por lo cual Shemini Atzeret es el tiempo de la unión marital de la Matrona Superior.[9]

"Pregunté, '¿Qué haré para ganarme la vida?'. Ellos me dijeron que debía ser un casamentero.

"El fuego la rodeó en un círculo. Pues la verdad es que Rosh HaShaná es una gran bondad para el mundo. Es el momento en el cual la luna está oculta, y de esto se dice, 'Traigan una expiación por Mí' (*Julin* 60b). Ésta es una gran bondad para el mundo entero, porque es a través de esto que somos capaces de rogar por la expiación en Rosh HaShaná".

Escribe el Rabí Natán: Ver *Likutey Moharán* II, 1: "Sopla el Shofar en la Luna Nueva... y de la costilla Él hizo". Toda la lección es un comentario y explicación de esta visión o sueño. La lección fue dada en Rosh HaShaná luego de que el Rebe relatara lo que había visto. El significado de lo que el Rebe contó es muy velado y oculto, y falta una parte de él pues no fue registrado en su totalidad.[10]

Cierta vez en que el Rebe estaba hablando sobre estas visiones mencionó el vínculo entre esta visión en particular y la lección mencionada. Expresó cuán tremendas y exaltadas eran para todo aquel que tuviese un corazón para comprender. Dijo entonces, "¡Si no están contentos yo no sé lo que pasa con ustedes!". Lo que quería decir era que en verdad siempre debíamos estar contentos, habiendo sido dignos de paladear el sabor de luces tan tremendas. Cuando el Rebe relató esta visión dijo, "Ustedes podrán desarrollar ideas de Torá a partir de esto todos los días de sus vidas". Nos

---

[9] *Zohar* III, 96b, 97a.

[10] Ver también *Parparaot LeJojmá*, *loc. cit.*

reprochó por no estar alegres y nos dijo que debíamos estar muy, muy contentos.

211 (85). <Cuenta el Rabí Najmán: "Tuve un sueño. Era Iom Kipur y era obvio para mí que cada año en Iom Kipur, el *Cohen Gadol*, el sumo sacerdote, ofrecía a alguien como sacrificio. Ahora estaban buscando un sacrificio y yo me ofrecí. Me pidieron que confirmara esto por escrito y así lo hice. Luego, cuando llegó el momento en que debía ser sacrificado, cambié de idea. Yo quería ocultarme, pero con todos a mi alrededor ¿cómo podía evitar que me viesen? Decidí irme de la ciudad. En verdad, comencé a caminar sólo para dar vuelta y encontrarme nuevamente en el centro de la ciudad. Pensé en ocultarme entre los gentiles, pero comprendí que si venían a buscarme ellos de seguro me entregarían. Entonces encontraron a alguien que deseaba ser sacrificado en mi lugar. Aun así, todavía tengo miedo de lo que depara el futuro".

Agrega el Rabí Natán: Este sueño no fue registrado correctamente y se omitió la conclusión. Recuerdo haber escuchado que fue el Rabí Levi Itzjak, el Rav de Berdichov, quien estuvo de acuerdo en tomar el lugar del Rebe. De hecho, el Rabí Levi Itzjak falleció poco tiempo después (el 25 del mes Tishrei de 5570). En cuanto a las palabras finales del Rebe, "Todavía tengo miedo de lo que depara el futuro", esto también sucedió pues el Rabí Najmán falleció luego de Iom Kipur del año siguiente.[11]>

El año 5569 (1808). El primer día de Jánuca luego del encendido de las velas de Jánuca a la noche.

Un visitante llegó a una residencia y le preguntó al dueño de casa:

"¿Cómo te ganas el sustento?". "No tengo algo fijo", respondió el anfitrión, "pero el mundo me provee de lo que necesito para vivir". El huésped le preguntó, "¿Qué estás estudiando?". El dueño de casa le respondió y así continuaron conversando hasta que llegaron a hablar de manera realmente amistosa, corazón a corazón. El anfitrión comenzó a sentir un tremendo anhelo por

---

[11] Ver arriba: 88; Cf. *Menajot* 110a, *Tosafot, v.i. uMijael*.

conocer cómo alcanzar un cierto nivel de santidad. "Yo estudiaré contigo", dijo el huésped.

El dueño de casa se sorprendió y comenzó a pensar, "Quizás no es un ser humano". Pero volvió a mirar y vio que él le estaba hablando normalmente, como un ser humano. Inmediatamente fue sobrecogido por un fuerte sentimiento de fe y decidió creer en él. Comenzó a llamarlo "mi maestro" y le dijo: "Ante todo, te quiero pedir que me enseñes cómo debo comportarme con el respeto debido a seres como tú. No es que yo, y ni falta hace decirlo, pueda disminuir tu verdadera gloria, Dios no lo permita, pero aun así a los seres humanos les cuesta ser tan meticulosos como debieran ser en estos temas. Es por esto que quiero que me enseñes cómo comportarme con el debido respeto".

"Por el momento no tengo tiempo", respondió, "volveré en otro momento y te lo enseñaré. Ahora debo irme".

"Bueno, también necesito aprender de ti esto", dijo el anfitrión. "¿Cuán lejos debo acompañarte cuando te vayas, tal como debe hacer el dueño de casa cuando se va su huésped?".[12]

"Hasta fuera de la entrada", le respondió.

El dueño de casa se puso a pensar, "¿Cómo puedo salir con él? Por el momento estoy con él entre seres comunes, pero si salgo afuera sólo con él... ¿quién sabe quién es?". Entonces le dijo: "Tengo miedo de salir contigo".

"Si puedo estudiar contigo como lo hemos hecho", respondió el visitante, "entonces, de seguro que si quiero hacerte algo más, ¿quién va a detenerme?".

El dueño de casa lo acompañó entonces afuera de la entrada. De pronto el otro lo aferró y salió volando con él. Estaba muy frío para el dueño de casa, de modo que el otro tomó una prenda y se la dio. "Toma esta prenda", le dijo, "y estarás bien. Tendrás alimento y bebida, todo estará bien y vivirás en tu casa".

Continuó volando con él. De pronto el anfitrión se dio cuenta de que estaba en su casa. No podía creer que era él mismo en

---

[12] Ver *Sotá* 46b; *Tana deBei Eliahu Zuta* 16, que el discípulo debe acompañar a su maestro.

su propia casa. Pero miró cuidadosamente y comprendió que ciertamente estaba hablando con seres humanos comunes y comiendo y bebiendo normalmente. Entonces nuevamente notó que estaba volando como antes. Y volvió a mirar y ¡he aquí! estaba en su casa. Nuevamente notó que estaba volando... y así siguió durante un tiempo.

Luego de un tiempo lo hizo descender en un valle entre dos montañas. Allí el hombre encontró un libro en el cual había varias combinaciones de letras: "*alef, zain, jet* y *dalet*", etcétera.[13] Dentro del libro había dibujos de diferentes recipientes, y dentro de los recipientes había letras. También dentro de los recipientes estaban las letras que pertenecían a los mismos recipientes. El hombre tenía un tremendo deseo de estudiar el libro. Pero entonces notó que estaba en su casa. Tomó otro libro y estaba en el valle. Decidió subir a la montaña en caso de que pudiera encontrar allí alguna clase de habitación. Cuando llegó a la montaña vio un árbol de oro con ramas doradas. Colgando de las ramas había recipientes como aquellos dibujados en el libro, y dentro de los recipientes había otros recipientes mediante los cuales podían ser hechos los primeros. Quiso tomar los recipientes de allí pero no pudo porque estaban enredados en las ramas.

Mientras tanto notó que estaba en su casa. Esto era algo extraordinario para él. Cómo era posible que en un momento estuviese aquí y en el momento siguiente estuviese allí. Quería hablar sobre ello con otros seres humanos, pero cómo podía uno explicarles algo increíble como esto a otras personas, les resultaría difícil de creer.

---

[13] Ver *Sefer Ietzirá* 2:4. Hay 22 letras en el alfabeto hebreo. Cada letra puede combinarse con las otras 21 letras hacia atrás y hacia delante, (es decir, alef-bet, bet-alef; alef-guimel, guimel-alef, etc.). El total de combinaciones es de 462 (22 letras x 21 combinaciones). Éstas están divididas en dos grupos de "231 puertas" (ver *Likutey Moharán* I, 31). Estas diferentes combinaciones se utilizan en la formación y creación de todos los "recipientes" del mundo.

Es interesante notar que las cuatro expansiones del Tetragrámaton - AB (72), SaG (63), MaH (45) y y BaN (52) - suman 232, de modo que las diferentes combinaciones de letras más la palabra misma están todas incluidas en el Nombre de Dios.

En ese momento miró a través de la ventana y vio al mismo visitante. Comenzó a rogarle que entrase con él, pero el visitante dijo, "No tengo tiempo porque estoy yendo hacia ti". "Esto mismo es algo asombroso para mí", dijo el hombre. "Yo estoy aquí. ¿Qué quieres decir con que estás en camino hacia mí?". Él le respondió: "Tan pronto como te mostraste deseoso de ir conmigo y acompañarme más allá de la entrada, tomé de ti la *neshamá*, el alma, y le di una vestimenta proveniente del Jardín del Edén inferior.[14] El *nefesh-ruaj*, espíritu, permanece contigo. Es por esto que cuando unes el pensamiento con ese sitio tú estás allí y atraes sobre ti el brillo de ese lugar. Luego, cuando retornas aquí, tú estás aquí".[15]

Yo no sé de qué mundo es él. Pero esto es seguro: proviene del mundo del bien. Hasta ahora no está terminado. No está completo.

212 (86). El año 5569 (1808-9). El Rabí Najmán tuvo un sueño en el cual había unos judíos reunidos con un líder de estatura mundial. Se había emitido un decreto para exterminar a todos los judíos. Este líder tuvo la idea de que lo que debía hacerse era que él se volviese un gentil.[16] Llamó a un barbero para que le cortase la barba y las *peot*.[17] Pero luego se supo que aquello no era verdad: nunca hubo tal decreto. ¡Qué humillación la de ese líder! Le era imposible mostrar el rostro en público. No tenía más alternativa que huir de allí. Pero, ¿cómo podía salir de la casa? Cómo haría para contratar un carruaje e irse, etcétera. Sin

---

[14] El Gan Eden tiene dos divisiones: Gan Eden Superior y Gan Eden Inferior. El Gan Eden Superior es para la *neshamá*. El Gan Eden Inferior es para el *ruaj*. Esto es luego de que la persona fallece en este mundo. Los Tzadikim muy grandes pueden alcanzar estas vestimentas incluso en este mundo (*Zohar* I,138a).

[15] Ver *Likutey Moharán* I, 21, v.i. *jaim nitzajim*.

[16] Ver *Iore Dea* 157:2; está prohibido disfrazarse de no judío para salvarse de la muerte. Sin embargo, se permite cambiar la apariencia.

[17] Cf. *Meilá* 17a. Los romanos emitieron decretos en contra de guardar el Shabat y de la circuncisión. El Rabí Rubén ben Itstrubli cambio su apariencia y pudo anular estos decretos romanos. Apenas lo descubrieron los decretos volvieron a instaurarse.

duda sufría una tremenda culpa y humillación, ¡absolutamente indescriptible! Indudablemente debería quedarse algún tiempo con un gentil hasta que le volviera a crecer la barba. Esto es lo que le fue mostrado al Rabí Najmán en su sueño <relativo a los falsos líderes de su época>.

213 (87). El año 5564 (1803-4). Víspera del Shabat, luego del *kidush*. Relata el Rabí Najmán:

Soñé que estaba en una ciudad y en el sueño parecía que la ciudad era muy grande. Vino a ese lugar un gran Tzadik. Él era uno de los viejos Tzadikim, reconocido como un gran Tzadik. Todos fueron a verlo y yo también.

Pero vi que todos pasaban a su lado sin saludarlo. Parecía que lo hacían de manera intencional y yo estaba muy sorprendido de que tuvieran la audacia de hacer tal cosa, porque yo sabía que él era un gran Tzadik. Pregunté cómo podían tener la audacia de no saludarlo a propósito.

La respuesta fue que él realmente era un gran Tzadik, pero que el cuerpo que tenía había sido conformado a partir de muchos lugares, los "lugares impuros". Él mismo era un gran hombre y había decidido hacer un *tikún* para su cuerpo. "Está mal saludar a un amigo en lugares impuros" (*Shabat* 10a). Es por esto que no lo saludaban.

214 (88). Un día de semana. Relata el Rabí Najmán:

Soñé que había una boda. Allí había muchas novias, pero una se distinguía de entre las otras y todos allí la consideraban más importante que las demás. Había bandas de músicos tocando música. Entonces vi que se había abierto una puerta y que todos iban hacia el salón de estudio. Una enorme cantidad de gente se estaba juntando en el salón de estudio. Cuando vi que el número aumentaba cada vez más traté de imaginar cómo podría entrar con tamaña multitud. Me apuré y me paré detrás de la gente. Allí estaba el jefe de la academia estudiando con ellos. Allí brillaba la verdadera gloria de la Torá. Las novias estaban bailando, en especial la novia que se había destacado de todas las demás. Cada vez que la banda tocaba una melodía en particular ella cantaba después la melodía. En ese lugar había verdadero honor y respeto por la Torá: estaba asombrado del honor que se le mostraba allí a la Torá. Le hable a cierta gente que allí reconocí: "¿Han visto un honor por la Torá como el que vemos aquí?", dije. Parecía que ellos estaban ocupados con el estudio de la Torá revelada [como opuesto al misticismo]. Pues por lo que podía ver ellos eran rabinos, y los libros que estaban utilizando indicaban la misma cosa, eran los grandes volúmenes asociados usualmente con esta clase de estudio.[18]

215 (89). La conversación santa del Rebe luego de la partida del Shabat, lectura de la Torá Toldot, 5570 (1809). Breslov:

"A lo largo de las estaciones del año - Rosh HaShaná, Iom Kipur, Sukot, Hoshana Raba,[19] Shemini Atzeret, Jánuca, Purim, antes de ello TuBiShvat, Pesaj, Shavuot, etc. - con cada estación que llega, yo no soy lo que era antes".

Escribe el Rabí Natán: El significado de sus palabras es que con cada estación sucesiva él alcanzaba una percepción y comprensión completamente nueva, y que no servía a Dios con las mismas devociones que había utilizado para esa misma época en el año anterior. Cada año sucesivo alcanzaba una percepción totalmente nueva y había nuevas devociones que debía practicar.[20]

Continuó el Rabí Najmán: "En Jánuca del año pasado encendí las velas y llevé a cabo las otras costumbres de Jánuca utilizando las devociones contenidas en las enseñanzas de Torá que di entonces". De manera similar en Rosh HaShaná y en Iom Kipur y

---

[18] Cada tratado del Talmud es asemejado a una princesa. Aquel que estudia todo el Talmud, que comprende 60 tratados, recibe el reinado (*Tikuney Zohar*, Introducción). El Talmud, la Ley Oral, también es comparada a una novia, la pareja de la Torá, la Ley Escrita. Ver adelante: 340, donde el Rabí Najmán dice que cada parte de la Torá tiene su propia melodía.

Además, el Rabí Najmán dijo cierta vez que cuando uno completa todo el Talmud, se hace merecedor de un *tzelem Elohim*, un rostro Divino.

[19] El último de los Días Intermedios de Sukot, el día final del juicio. *Ierushalmi, Rosh HaShaná* 4:8; *Zohar* III, 32a.

[20] Cada día tiene una nueva sabiduría y por lo tanto una nueva devoción. Ver *Los Cuentos del Rabí Najmán*, "Los Siete Mendigos", p. 219.

demás, continuó el Rebe, sus devociones estuvieron de acuerdo con las enseñanzas de Torá dadas en Rosh HaShaná, sólo que con mayor sutileza (es decir, sus devociones implicaban mayores sutilezas que las que habían sido dadas en los discursos de Torá).

216 (90). Dijo el Rebe: "En Purim tuve revelaciones, 'La Torá es el nombre del Santo, bendito sea' (*Tikuney Zohar* 10, 25b) 'oculto y revelado' (*Zohar* III 73a, 98b). Al comienzo la Torá le revela su rostro a la persona y luego se oculta. Aquel dedicado a la vida del espíritu saldrá a buscarla y se dedicarán a ella con alma y corazón, anhelando con absoluta devoción. Hasta que finalmente la Torá le será revelada.

"Al comienzo tuve una pequeña insinuación de una revelación sobre el tema de Purim, pero era muy misterioso" (es decir, la revelación no estaba completa: no era más que una insinuación, un relámpago). "Luego Dios me ayudó, porque Él me ayuda constantemente, y el tema me fue revelado. El aspecto de Purim que fue revelado entonces estaba oculto y cubierto de todos los mundos. Sólo en los mundos más elevados, que están muy, muy lejos, es conocido este tema. Mi tarea en ese Purim en particular era reparar los daños causados por el pecado de Koraj. Cuando esto me fue revelado, toda conexión entre Purim y Koraj me parecía muy remota. Hasta que Dios me ayudó... Porque la Santa Torá contiene cosas que están muy ocultas. Me fue revelado que las letras de la palabra PURIM son las letras iniciales de '*VeIm Mipat Panav Imaret Roshó, kereaj hu* - Y si se le cae el cabello de la parte anterior de la cabeza es calvo' (Levítico 13:41). *KeReaJ* es el concepto de KoRaJ". (El Rabí Najmán no explicó el resto).[21]

Más tarde, el Rabí Najmán dijo que no había podido dormir durante toda la noche después de haber hablado sobre esto, porque lamentaba haber revelado el tema. Pero dijo que se consolaba con el pensamiento de que aún no había revelado nada. Y en verdad lo que está mencionado arriba no es el versículo tal cual está escrito en la Torá. Lo que está escrito allí es, "*VeIm Mipat Panav Imaret Roshó, guibeaj hu*". *Kereaj* está escrito en el versículo previo. Todo

---

[21] Ver *Likutey Halajot, Netilar Iadaim* 5:6; *Ibid., Minjá* 7:23; *Ibid., Shabat* 5:11.

el tema es muy oscuro y misterioso. Feliz de aquel que espera la llegada del Redentor. Entonces será posible comprender las santas palabras del Rebe.[22]

207 (91). Kislev 5570 (invierno de 1809). Breslov. Sueño del Rabí Najmán:

Estaba sentado en mi cuarto y nadie vino a verme. Yo estaba muy sorprendido. Salí a la otra habitación y allí tampoco había nadie. Fui a la casa grande y al salón de estudios. Tampoco allí había persona alguna. Pensé en salir. Afuera había filas y filas de gente parada, susurrando entre ellos. Alguno de ellos hacía una broma sobre mí, otro una burla, alguien me hacía una mueca y demás. Incluso mis propios seguidores estaban en mi contra. Algunos me miraban de manera arrogante, otros cuchicheaban secretos sobre mí y demás. Llamé a uno de mis seguidores y le pregunté, "¿Qué es esto?". Él me respondió, "¿Cómo pudiste haber hecho eso? ¿Cómo es posible que hayas hecho una cosa así?". Yo no tenía idea alguna de por qué estaban haciendo bromas sobre mí. Le pedí a este hombre que reuniese a algunos de mis seguidores. Él me dejó y no volví a verlo. Pensé qué hacer. Decidí alejarme e irme a otro país. Fui allí, pero las cosas eran exactamente iguales. La gente estaba parada, hablando sobre ello, porque incluso allí sabían sobre el asunto. Pensé en ir a vivir a algún bosque. Me reuní con cinco de mis seguidores y juntos nos fuimos a un bosque en donde nos quedamos a vivir. Cada vez que necesitábamos algo para comer y demás, enviábamos a uno de los hombres a que consiguiese lo que necesitábamos. Solía preguntarle si la conmoción se había aplacado. "No", contestaba, "aún es muy virulenta".

Mientras estábamos viviendo allí llegó un anciano y me llamó diciendo que tenía algo que contarme. Fui con él y comenzó a hablar conmigo. "¿Te atreves a hacer algo así?" dijo. "¿No te das cuenta de que traes la vergüenza a tus antepasados, a tu abuelo el Rabí Najmán y a tu bisabuelo, el Baal Shem Tov, de bendita memoria? Piensa en la Santa Torá. Piensa en los patriarcas,

---

[22] Ver *Rimzey Maasiot* 7. *Parparaot LeJojmá* 206 final.

Abraham, Itzjak y Iaacov. ¿No te da vergüenza? ¿Cómo puedes pensar en quedarte aquí? ¿Podrás quedarte para siempre? Se te acabará el dinero. Tú estás físicamente débil. ¿Qué harás? Y ¿cuál es la idea de escapar a otro país? Mires como lo mires, no te ayudará. Si allí no saben quién eres, no podrás quedarte porque no te darán dinero. Y si ellos saben quién eres, tampoco podrás quedarte allí, porque ellos saben sobre este tema". "Si así son las cosas", dije, "y yo soy un mero fugitivo, al menos tendré el Mundo que Viene". "¿Piensas que tendrás el Mundo que Viene?", replicó. "Ni siquiera en el infierno encontrarás un lugar para ocultarte después de haber pecado de esa manera". "¡Vete!", dije. "Había pensado que tú me consolarías y me hablarías con bondad. Ahora lo que logras es hacer que las cosas sean más dolorosas. ¡Vete!". El anciano se fue.

Estando allí pensé, "Si me quedo aquí demasiado tiempo, es posible que olvide por completo todo lo que he aprendido". Le indiqué al hombre que enviábamos a la ciudad por nuestras necesidades que tratase de encontrar allí algún libro y me lo trajese. El hombre fue a la ciudad pero no trajo ningún libro. Dijo que era imposible porque no podía dejar que nadie supiese para quién era el libro y por otro lado era imposible conseguir un libro en secreto. Yo sufría mucho porque era un fugitivo y no tenía ni siquiera un libro. Porque es posible que uno olvide por completo todo lo que ha aprendido.

Luego el anciano volvió trayendo un libro bajo el brazo. Yo le pregunté, "¿Qué es lo que tienes?". "Un libro". "Dámelo", le pedí, y así lo hizo. Tomé el libro, pero no tenía idea de cómo ponerlo. Lo abrí, pero no podía entender nada en absoluto. Parecía estar en un lenguaje diferente y en un alfabeto diferente. No podía comprenderlo en absoluto y eso era algo muy doloroso para mí. Temía que incluso los hombres que estaban conmigo me dejasen si se daban cuenta de esto.

El anciano me volvió a llamar para hablar conmigo. Yo fui y él comenzó a hablarme de la misma manera que antes: "¿Cómo puedes hacer esto? ¿No te da vergüenza? Incluso en el infierno no tendrás donde ocultarte". Yo le dije, "Si hubiese alguien del

Mundo Superior que me dijese esto, yo le creería". "Yo soy de allí", dijo y me mostró una señal. Me vino a la mente la famosa historia del Baal Shem Tov[23] - cómo el Baal Shem Tov había comenzado a pensar que no recibiría el Mundo que Viene y dijo, "Amo a Dios incluso sin el Mundo que Viene". Incliné la cabeza y me alejé con gran amargura. Tan pronto como lo hice, toda la gente que el anciano había dicho que yo había avergonzado se juntó delante de mí: mi abuelo y mi bisabuelo, los patriarcas, etc. - y ellos citaron el versículo: "y el fruto de la tierra excelente y hermoso" (Isaías 4:2). Ellos me dijeron, "Por el contrario, nosotros estaremos orgullosos de ti". Ellos trajeron a todos mis seguidores y a mis hijos (porque incluso mis hijos me habían dejado cuando comenzó todo esto) y dijeron palabras amables como éstas, todo lo opuesto de lo que había sucedido antes.

En cuanto a mi inclinar la cabeza con amargura: si una persona que transgrede toda la Torá ochocientas veces inclina la cabeza tan amargamente como eso, ciertamente será perdonada. La otra gran bondad contenida en esto no deseo contársela a ustedes. ¡Sí que era buena!

<Martes a la noche, 19 de Shevat, 5570 (1810), Breslov. El Rebe Najmán contó que la noche anterior había tenido un sueño muy extraño, como nunca había experimentado antes... Este sueño contenía una historia completa que no reveló. Lo que sí dijo es que le habían dado una vestimenta para usar y le habían dicho que nunca se la quitase. También le dijeron que se sacase las medias... pero él no le prestaba atención a sueños de esta naturaleza. El Rebe habló también sobre lo débil que estaba. Explicó el significado profundo de la tuberculosis que estaba sufriendo y mencionó el dolor que experimentaba en su costado.

Hubo otra historia que el Rabí Najmán contó mientras aún habitaba en Zlatipolia, aunque el Rabí Natán escribe que él no la escuchó personalmente del Rebe. Cuando terminó de contar la historia, el Rabí Najmán insistió en que ella fuera reseñada y dijo que esta historia iba a ser beneficiosa para aquellos que estaban allí

---

[23] *Sipurey Jasidim, Moadim*, por el Rabí S. I. Zevin.

con nosotros y también, para aquellos que no estaban presentes (Cf. Deuteronomio 29:14). "Ustedes verán lo que finalmente será de esta historia", agregó. Nos advirtió entonces que no debíamos revelarla a los extraños. "Si la revelan, aun así los seguiré amando. Pero mi amor será como Jaikel cuando está contento, su alegría no es una real alegría". También dijo que todos aquellos que estaban presentes eran responsables uno del otro para asegurarse de que la historia se mantuviese en secreto. Había una persona en el grupo que todos sabían que no era confiable que se mantuviese en silencio, pues a este hombre le gustaba hablar mucho. Aun así nadie se animó a decirle algo al Rebe, prefiriendo guardar sus pensamientos. "Y yo tomo la responsabilidad por él", terminó diciendo el Rebe Najmán. Más tarde, interrogaron a este hombre para ver qué es lo que sabía. Era exactamente como dijo el Rebe: no había motivo para preocuparse, no recordaba nada en absoluto.>[24]

218 (92). El Rabí Najmán dijo que cuando era joven tenía la costumbre de comer mucho.[25] Sufría debido a ello y decidió comer menos. Pero cuando vio que aún tenía deseo por lo poco que todavía comía, cambió de opinión y volvió a comer. Después de todo, ¿qué diferencia había si comía poco o mucho mientras estuviese sujeto a su deseo? ¿Por qué destruiría su cuerpo para nada? Él solía canalizar todos sus deseos en el deseo de comer.

Una vez estaba sentado a la mesa en la casa de su suegro durante la tercera comida del Shabat. Estaba sentado en una esquina y la casa estaba a oscuras. El Rebe se ocupaba de sus devociones como era usual en él. Comenzó entonces a pedirle a Dios que le mostrase a los patriarcas, Abraham, Itzjak y Iaacov. Le prometió a Dios: "Cuando Tú me muestres esto, yo también dejaré este deseo", es decir el deseo de comer. El Rebe tenía mucha fuerza en

---

[24] Esta historia es conocida como "*Maasé MiLejem*, La Historia del Pan". El Rebe Najmán pidió guardar esta historia, de la cual existen copias, sólo para la comunidad de Breslov, y no para uso público. Por consejo de algunos ancianos de la comunidad de Breslov los editores decidieron no incluir la historia.

[25] Ver *Alabanza del Tzadik* p. 14-15, 20.

este tema, aplicándose a sus devociones como era único en él. Se quedó dormido y en un sueño se le presentó su bisabuelo, el Baal Shem Tov, quien citó el versículo: "Te daré pasto en tu campo para tu ganado" (Deuteronomio 11:15).

Cuando el Rabí Najmán se despertó no pudo comprender la conexión entre el versículo y su pedido. Se le ocurrió que está mencionado en el *Tikuney Zohar* (21, 62b: cf. *Zohar* 25b) que "la palabra para pasto, *esev* עשב, está formada por las letras *ain, bet y shin. Ain bet* es *bat ain*, la pupila del ojo. *Shin* son los tres patriarcas". Es decir, si quieres ver a los patriarcas, sólo es posible si *be-sadja lebehemteja* (Deuteronomio, *Ibid. lit.* "pasto en tu campo para tu ganado"), es decir, debes *le-shaded habehemiut*, debes destruir tu animalidad, es decir tu deseo por la comida. Y el Rebe eliminó este deseo también.[26]

Nota del Editor: Escuché que el Rabí Nisán Kavler, uno de los principales seguidores del santo Rabí Baruj, de bendita memoria, le dijo al Maguid de Terhovitza, de bendita memoria, que una vez fue a ver al Rabí Baruj y percibió que estaba extremadamente deprimido. Le preguntó por qué estaba así y el Rabí Baruj le respondió que hacía mucho que no podía ver al Baal Shem Tov. Que cada vez que iba a la tumba del Baal Shem Tov[27] no lo encontraba. "Ahora acabo de verlo", continuó, "y le pregunté, '¿Qué es esto?'. Él respondió que ahora se había ido para estar con el Rabí Najmán".

219 (93). Lunes, 24 de Iar 5570 (1810). Umán.[28] Escribe el Rabí Natán: El Rebe me relató un sueño que había tenido esa noche. En el sueño vio que había una boda a la que él también fue. Él conocía el nombre del novio. Observó y vio allí a un hombre del Mundo que Viene, en otras palabras, una persona muerta.

---

[26] Ver *Likutey Moharán* I, 39.

[27] En Medzeboz. El Baal Shem Tov, sus bisnietos, el Rabí Moshé Jaim Efraim de Sudylkov y el Rabí Baruj de Medzeboz y el Rabí Abraham Ieoshua Heshel, el Rav de Apta, están todos enterrados uno cerca del otro en el cementerio de Medzeboz.

[28] Arriba: 94.

Muy sorprendido se dijo, "Si la gente lo ve seguro que habrá una gran conmoción". Él también conocía el nombre de esta persona muerta. El Rebe dijo que los nombres del novio y de la persona muerta no eran nombres propios comunes. Eran verdaderos *shemot*, nombres santos, con el significado y alusión que ellos tienen, como sucede con todos los nombres santos. Después de esto la gente de allí también vio a la persona muerta.

"Hablé con ellos", continuó el Rabí Najmán, "y dije '¿No es ésta una persona muerta?'. '¿Y qué hay con eso?' respondieron, no encontrando nada inusual ni original en esto. Luego pensé que prefería ir a alguna sinagoga desde donde pudiera tener un lugar mejor para contemplar la boda. Me di vuelta, *así*" (y el Rabí Najmán demostró con su dedo cómo giró) "y llegué a la sinagoga. En el lugar en donde se llevaba a cabo la boda estaban cantando para el novio: '¡Qué joven éste! ¡Qué novio éste!'. Yo también conocía la melodía: era una hermosa melodía, alegre. Yo estaba mirando desde la sinagoga. Luego pensé que prefería volver a mi casa.

"Llegué a mi casa, donde encontré que el novio estaba acostado en el suelo. Lo sacudí y lo desperté. 'Ellos están cantando y cantando para ti', dije, ' y tú estás yaciendo *aquí* ".

Escribe el Rabí Natán: Estos temas son muy oscuros y ocultos. Más tarde el Rebe mismo dijo que era algo notable que allí estuviesen cantando tanto para él y él estuviese aquí yaciendo. El tema es muy misterioso y oculto.

El Rebe dijo que en el sueño parecía que el lugar en donde estaba la sinagoga tenía un nombre diferente y que el lugar en donde él fue a su casa tenía un nombre diferente.

Agrega el Rabí Natán: Él dijo que "sabía pero había olvidado". No estoy seguro si se estaba refiriendo a la melodía al decir que sabía pero se había olvidado o si se estaba refiriendo a los nombres de los lugares. Pero con respecto a los nombres santos del novio y de la persona muerta, dijo que aún los conocía.

El Rebe dijo que también había otras cosas referentes al sueño.

220 (94). Cierta vez dijo el Rebe: "Cada enseñanza de Torá tiene su historia". Entonces comenzó a contar la historia de la lección "Y Boaz le dijo a Ruth", del *Likutey Moharán* I, 65, que dio durante el mismo período. Nos dijo, "*Azut* tenía una hija y la envió a buscar agua en el cántaro, etc.". El Rebe no quiso decir más porque ya había dado la lección.

Con respecto a la afirmación del Rebe de que cada enseñanza de Torá tiene su historia, en todas sus lecciones hay aspectos de la historia de aquél que estaba yaciendo en el piso[29], pero especialmente en la lección "Nueve Tikunim" del *Likutey Moharán* I, 20, que es un comentario de esta historia. Con respecto a la historia de "La Princesa Perdida" que termina con la Montaña de Oro y el Castillo de Perlas (ver *Los Cuentos del Rabí Najmán* #1), en mi opinión esta historia se relaciona con la lección que comienza "El Rabí Shimón comenzó su discurso" del *Likutey Moharán* I, 60. El sueño o visión sobre la Silla[30] está relacionado con la lección "Suena el Shofar en la Luna Nueva" del *Likutey Moharán* II, 1, que es un comentario de este episodio.

221 (95). Escuché de uno de los miembros de nuestro grupo que en la víspera de Iom Kipur, luego de las *caparot*,[31] el Rebe le contó lo siguiente: Estaba viajando por cierto bosque, el cual era muy grande, en verdad sin fin. Quería volver, pero entonces llegó alguien y le dijo que era imposible llegar al final o al límite de ese bosque, porque el bosque no tenía final ni límite. Todos los recipientes del mundo se formaban a partir de este bosque. Le mostró una manera de salir.

Luego, el Rebe llegó a cierto río y quiso alcanzar su final. Nuevamente vino alguien y le dijo que era imposible alcanzar el final, porque ese río no tenía final ni límite, y que todos los habitantes del mundo tomaban las aguas de él. Nuevamente le mostró una manera de salir. Luego de esto llegó a un molino que

---

[29] Arriba: 209.

[30] Arriba: 210.

[31] Ver *Oraj Jaim* 605:1 en Rema. La costumbre de transferir los propios pecados en la Víspera de Iom Kipur.

estaba a la vera del río. Otra vez vino alguien y le dijo que este molino molía para todo el mundo. Luego volvió a nuevamente al bosque en el cual había estado y vio a un cierto herrero que vivía y trabajaba en el bosque. Le dijeron al Rebe Najmán que este herrero construía los recipientes para todo el mundo. Estos temas están muy ocultos.

Nota del editor: La historia no está registrada de manera exacta, pues mucho fue olvidado debido a que no fue escrita en el momento en que fue relatada.

El Rabí Najmán dijo entonces: "La gente cuenta una historia. Yo *veo* una historia". Que Dios nos haga dignos de comprender sus tremendas y santas palabras.

222 (96). Durante el mes de Elul, el Rebe contó que había tenido un sueño en el cual había querido ir a una casa para escuchar el sonido del Shofar. Pasó cerca de una cierta casa y escuchó que la gente estaba cantando, aplaudiendo y bailando. Estaban saltando y bailando de alegría como gente en un estado de gran éxtasis. "Y me dije a mí mismo", continuó el Rebe Najmán, "éste será un buen lugar para ir y escuchar el sonido del Shofar".

Escribe el Rabí Natán: No recuerdo el resto de la historia.

Uno de los presentes dijo que también se encuentra una alusión en el *Likutey Moharán* (I, 10) a la idea de que la mitzvá del Shofar está unida al concepto de aplaudir y bailar. "Mediante el sonido del Shofar, que es viento, trascendemos 'el otro dios', el ateísmo.... etc.". El viento [o espíritu] está relacionado al concepto del espíritu que sopla en las seis articulaciones de los brazos y en las seis articulaciones de las piernas. (Ver la lección completa, donde se explica que el soplar del Shofar es el concepto de aplaudir y bailar). El Rebe inclinó la cabeza indicando que estaba de acuerdo con la persona que hizo este comentario.

Más tarde Dios me envió el pensamiento de un versículo que alude a la idea del Shofar como un concepto de regocijo y alegría. "Entonces nuestra boca se llenó de risas y nuestra lengua de regocijo - *az imalé Sjok Pinu Oleshoneinu Riná*" (Salmos 126:2). Las primeras letras deletrean la palabra *ShOFaR*. Esta conexión entre el Shofar y la alegría explica por qué luego del versículo, "Feliz del pueblo que conoce el sonido del Shofar" (Salmos 89:16) está escrito, "Ellos se regocijarán en Tu Nombre todo el día". Ver *Likutey Moharán* I, 175 para la idea de que llorar debe realmente surgir de la alegría, pues la palabra para llorar, *BeJIáH*, se forma a partir de las letras iniciales del versículo citado, "Ellos se regocijarán en Tu Nombre todo el día - *Besimja Iaguilún Kol Haiom*".[32]

223 (97). Cierta vez había un hombre muy rico que tenía un negocio en donde vivía y guardaba en depósito varias clases de mercaderías, como es común entre los tenderos. Vinieron unos ladrones que le robaron su riqueza y sus posesiones, por lo que perdió una gran parte de lo que tenía. Sin embargo, recolectó lo que le quedaba y pudo volver a levantarse. Compró más mercadería y una vez más volvió a ser un tendero. Entonces llegaron otros ladrones y le robaron lo que quedaba de su riqueza anterior. Nuevamente recolectó lo poco que le había quedado y vendiendo las joyas de su esposa pudo volver a levantarse.

Luego abrió un negocio para ganarse el sustento y mantener a su familia. Nuevamente llegaron ladrones que le robaron el resto, quedando tan pobre que su casa estaba completamente vacía.

Esta vez recolectó una suma miserable, compró algunas pocas cosas y salió a recorrer los pueblos como hacen los pobres mercachifles que viajan con paquetes de agujas, pipas y baratijas. Iba de pueblo en pueblo, entre los gentiles, cambiando agujas por gallinas y huevos y así ganaba el pan para su familia.

Cierta vez, mientras viajaba entre pueblos llevando sus pocas pertenencias y algo de comida, fue interceptado por un bandido. El bandido montaba a caballo y viajaba con dos enormes bultos. El hombre comenzó a llorar y a suplicarle al bandido, pero éste no le prestó atención y le robó lo poco que tenía. El hombre se quedó sin nada, y comenzó a llorar, sintiéndose realmente muy amargado. ¡Como si sus problemas anteriores no hubieran sido

---

[32] Arriba: 139.

suficientes! ¡Primero le quitaron su riqueza y ahora le arrancaban lo poco que le había quedado!

Entonces vio que el bandido se había caído del caballo. Estaba tratando de levantarse cuando el caballo comenzó a patearle la cabeza. El bandido cayó abatido. El hombre se acercó y vio que el ladrón estaba muerto en el piso. Abrió los bultos del bandido y allí encontró toda la mercadería, la riqueza y las posesiones que le habían robado desde el principio. Retornó a su casa en paz y volvió a ser rico como antes.

Escribe el Rabí Natán: Yo no escuché esta historia directamente del Rebe, sino de otros que la escucharon de él. Todas sus implicancias y cuál fue la intención del Rebe, están ciertamente más allá de mi comprensión. Pero creo entender lo siguiente: la historia ofrece un tremendo aliento para cada persona. No importa lo que pueda sucederle durante la vida. Pueden robarla y saquearla. Incluso pueden atacarla y sacarle lo poco que le queda con lo cual trataba de volver a ponerse de pie. Esto puede suceder una y otra vez, innumerables veces. Aun así, uno nunca debe perder la esperanza en la misericordia y la bondad de Dios. Debe elevar sus ojos al Cielo cada vez que esto suceda y llorar y clamarle a Dios, pidiéndole que contemple su desdicha y afán. Entonces al final el ladrón sufrirá una caída de la cual nunca podrá reponerse, mientras que la víctima recuperará toda la santidad, todas las devociones y todo el bien que le fue robado. Volverá a su riqueza y al bien eterno.[33]

224 (98). Hay una historia de un cierto rey que construyó un palacio y llamó a dos hombres para que lo decorasen. El rey dividió el palacio en dos partes. Una mitad debía ser decorada por el primer hombre y la otra era responsabilidad del segundo. El rey estableció un tiempo límite para que terminasen el trabajo.

Los dos hombres salieron. Uno de ellos se esforzó en aprender el arte de la pintura y del estuco tanto como pudo. Lo hizo tan

---

[33] Ver *Likutey Moharán* II, 8:3; *Los Cuentos del Rabí Najmán*, "El Rey y el Emperador" #2. "El Lisiado" #3.

bien que fue capaz de pintar su parte del palacio con los murales más hermosos e inusuales. Allí había animales y pájaros y todo estaba hecho con la más asombrosa belleza.

El segundo hombre no les prestó atención a las órdenes del rey. No hizo nada en absoluto. Al acercarse el momento en que debía comenzar a trabajar, el primer hombre ya había terminado su parte con toda su belleza y maravilla. El segundo hombre comenzó entonces a meditar sobre lo que había hecho. Había perdido el tiempo en tonterías sin tomar en cuenta la orden del rey. Comenzó a pensar qué debía hacer. Comprendió que en los pocos días que quedaban antes de la fecha estipulada le sería imposible aprender el arte de la pintura como para pintar su parte del palacio. La fecha de entrega estaba muy cerca. Pero tuvo una idea. Fue y revocó toda su parte con una sustancia llamada *pakist*, que es una especie de betún brillante. Colocó este *pakist* negro por toda su sección, de modo que el *pakist* era como un verdadero espejo. Allí se reflejaba todo tal como en un espejo. Entonces colgó una cortina frente a su sección como una separación entre ésta y la del otro hombre.

Cuando llegó el momento estipulado, del rey fue a inspeccionar el trabajo que los hombres habían realizado en el tiempo que se les había dado. Observó la primera sección con sus maravillosas y hermosas pinturas de pájaros y demás, todas ejecutadas con extraordinaria habilidad. La segunda parte estaba tapada con una cortina, detrás de la cual sólo había oscuridad. Nada podía verse. El segundo hombre descorrió entonces la cortina. El sol brillaba y todas esas notables pinturas aparecieron en su sección debido al *pakist* que reflejaban todo como un espejo. Es así que los pájaros pintados en la sección del primer hombre y todas las otras formas maravillosas podían verse también en la sección del segundo hombre. Todo lo que el rey había visto en la sección del primer hombre también lo vio en la sección del otro. No sólo eso, sino que allí también podían verse todos los objetos y muebles valiosos que el rey había llevado al palacio. Y todos los objetos preciosos que el rey quisiera traer al palacio serían visibles en la sección del segundo hombre. Esto halló gracia a los ojos del rey.

Escribe el Rabí Natán: No recuerdo más que esto. Todo lo escuché directamente de sus santos labios.[34]

225 (99). Hay un cuento sobre un cierto rey que era muy pequeño, es decir, que no era muy poderoso. Entonces vino otro rey poderoso y conquistó al rey pequeño, el cual se volvió su vasallo. El rey poderoso también conquistó a otros reyes y a otros países. Luego de un tiempo el rey pequeño se hizo fuerte y se levantó contra el rey grande junto con los otros reyes que éste había vencido. Pudieron reconquistar sus tierras y tomar también algunas de las provincias del rey grande.

El rey pequeño reflexionó sobre cómo se repetía este ciclo. En un momento un poder sale victorioso, luego viene otro y conquista al primero. ¿Quién sabe lo que puede suceder? Quizás las cosas vuelvan a cambiar otra vez. Por lo tanto construyó una fortaleza frente al mar y allí ocultó todos los tesoros y riquezas que había recolectado en todo su reino. Construyó habitaciones y en cada una de ellas ocultó una moneda en particular. A la entrada de cada habitación colgó una tableta sobre la cual estaba escrito el nombre de la moneda que había colocado en esa habitación. La entrada principal de la fortaleza tenía la forma de un ingenioso mecanismo que impedía pasar, pues si alguien se acercaba y no conocía el camino exacto que debían tomar, cada curva y desvío que debía hacer para pasar, el artefacto le cortaría la cabeza. Allí había colgando una tableta sobre la cual estaba escrito en diferentes idiomas el sendero que debía tomarse y las curvas y desvíos que debían hacerse para entrar sin ser dañado por el mecanismo.

Luego de un tiempo el mar inundó la isla donde estaba la fortaleza y todo esto fue olvidado. Transcurrieron varios siglos. Finalmente un cierto rey conquistó la región y descubrió la isla. Este rey era pequeño. Quiso construir un pueblo en ese lugar para que allí vivieran algunos judíos y otras gentes. Como es de esperar el lugar fue habitado por gente pobre, tal cual suele suceder en las áreas nuevas. Había un hombre pobre que se había construido

---

[34] *Likutey Moharán* I, 153.

una pequeña casa frente al mar. Un viernes, al ir a cavar en busca de arcilla encontró la tableta. Sin embargo, no entendía qué es lo que estaba escrito en ella. Consultó a algunos de los ancianos gentiles para ver si sabían si allí había habido algún pueblo anteriormente. Nadie sabía ni recordaba nada. Entonces llegó un hombre pobre que necesitaba encontrar un lugar donde comer para el Shabat. Encontró al otro pobre quien le contó que había hallado una tableta pero que no entendía lo que allí estaba escrito. "Yo te leeré lo que está escrito", le respondió. El primero le dio la tableta y el otro leyó todo lo que estaba escrito en ella. De modo que este pobre judío fue y tomó todos los tesoros y riquezas que estaban allí.[35]

226 (100). Sobre el tema de varios hacedores de milagros, escuché una historia que el Rebe le contó a otra gente:

Cierta vez había un rey que tenía dos hijos. Uno era inteligente y el otro tonto. El rey puso al hijo tonto a cargo del tesoro del reino, pero al hijo sabio no le dio ninguna tarea en especial. Él pasaba el tiempo sentado junto al rey. A la gente le resultaba difícil comprender por qué se le había dado a alguien tonto semejante responsabilidad, pues todos venían a él para hacer sus depósitos o retiros de los tesoros del rey, mientras que el hijo sabio no tenía ninguna responsabilidad.

El rey les respondió, "¿Qué clase de logro es tomar simplemente los tesoros que ya están listos y preparados y distribuirlos al mundo? Este hombre sabio se sienta a mi lado y piensa hasta que desarrolla ideas completamente originales que yo no podría haber llegado a conocer. Estas ideas me permiten conquistar territorios que yo nunca hubiera llegado a imaginar. Y estos territorios son la fuente de todos mis tesoros. El tesorero simplemente toma estos tesoros ya preparados y se los da a quien venga. El papel del sabio es mucho más grande y más exaltado que el del tesorero, aunque

---

[35] El faraón recolectó dinero durante los años de hambruna. Esto terminó siendo el botín que los judíos llevaron con ellos cuando dejaron Egipto. De la misma manera, cuando llegue Mashíaj, las naciones de todo el mundo les traerán regalos a los judíos (*Bereshit Rabah* 83:4).

pareciera que no tiene ninguna responsabilidad, pues ¡él es la fuente de todos los tesoros!".[36]

227 (101). La semana de la lectura de la Torá Vaielej.[37] Jueves, durante los Diez Días de Arrepentimiento, 5670 (1809). Breslov. El Rebe nos dijo que había tenido un sueño pero que no sabía su significado. Un hombre, quien había sido uno de sus seguidores, había fallecido. El hombre estaba realmente muerto, pero el Rebe no lo supo hasta el día de hoy. En el sueño todos estaban de pie frente al Rebe, despidiéndose de él antes de emprender el viaje de retorno a sus hogares luego de la reunión de Rosh HaShaná. Este hombre que había fallecido también estaba allí de pie. El Rebe le preguntó, "¿Por qué no estuviste con nosotros para Rosh HaShaná?". "Yo ya me había ido al otro mundo", le respondió.

El Rebe Najmán continuó: "Yo le dije: '¿Acaso es ése un motivo? Si una persona ha fallecido, ¿no se le permite venir para Rosh HaShaná?'. El hombre permaneció en silencio. Viendo que varias personas habían hablado conmigo sobre la cuestión de la fe, yo también hablé con él sobre esto". (Escribe el Rabí Natán: Parecería que el Rebe comprendió que este hombre había perdido su fe). "Yo le dije, '¿No hay nadie más que yo a quien ir a ver? Si no tienes fe en mí, ve y sigue a alguno de los otros Tzadikim. Dado que aún tienes fe en los otros, ve y sé uno de sus seguidores'. Él dijo, '¿A quién iré?'. Me parece recordar que le indiqué que debía ser seguidor de un Tzadik muy conocido. Me respondió, 'Estoy muy lejos'. Yo le dije, 'Sé entonces seguidor de algún otro'. Recorrí la lista de todos los Tzadikim conocidos, pero él dijo lo mismo sobre todos: estaba lejos de ellos. Yo le dije, 'Si estás lejos de todos ellos y no tienes a nadie a quien seguir, puedes muy bien quedarte aquí como antes y volver a ser mi seguidor'. 'De ti', exclamó, '¡estoy muy lejos!'.

"Era el mediodía. El sol estaba directamente arriba. El hombre se elevó en el aire hasta el sol, y viajó con el sol, descendiendo gradualmente hacia el horizonte, tal como el sol del atardecer.

---

[36] *Sabiduría y Enseñanzas del Rabí Najmán de Breslov*, 130.
[37] *Parparaot LeJojmá* II, 5 final.

Literalmente descendió al suelo, tal como se pone el sol, y continuó viajando con el sol hasta que a la medianoche alcanzó el punto directamente debajo de mí, junto con el sol, pues a medianoche el sol se encuentra literalmente en oposición a los pies de la persona. En ese momento, cuando había descendido tan lejos y se encontraba directamente en oposición a mí, lo escuché clamar a plena voz, '¡Has escuchado cuán lejos estoy de ti!'. Yo no sé qué es lo que esto significa".

El Rebe Najmán continuó: "Sentí mucha de piedad por él. En verdad la lucha principal de la persona es alcanzar el objetivo final. Ésta es la principal tarea en la vida. En esta vida, uno no puede realmente disfrutar del verdadero significado o sentimiento de estar cerca del Tzadik, debido al denso materialismo del cuerpo y a todos los otros obstáculos. Por lo tanto, lo principal es trabajar para el objetivo último. Entonces, cuando dejes este mundo, luego de una vida larga y plena, comprenderás lo que escuchaste mucho antes y lo que escucharás entonces. Más aún, estarán las alegrías espirituales que cada uno podrá alcanzar. ¡Y si luego de todo esto aún no logras acercarte...! Feliz de aquel que se mantiene fuerte en su fe en Dios y en el verdadero Tzadik, y que cumple con lo que dice el Tzadik. Nunca se verá avergonzado ni en este mundo ni en el Mundo que Viene".

En otra ocasión el Rebe dijo que la persona debe poner un gran esfuerzo en fortalecer su fe en el Tzadik. Su fe debe ser tan fuerte que incluso luego de la muerte se mantendrá firme. Entonces ellos no tendrán poder para engañarla de manera alguna en el otro mundo. También allí es necesaria una gran determinación para creer en el Tzadik. El Rebe dijo que existen almas de los malvados que se oponen al Tzadik y cuyo objetivo es engañar a la persona y evitar que haga el esfuerzo de acercarse al Tzadik para su *tikún*. Pero para aquel que se mantiene fuerte en su fe, estas fuerzas opositoras no tendrán poder para impedirle ir al Tzadik para recibir el *tikún* de su alma. Incluso en el otro mundo, los principales obstáculos no son más que distracciones creadas por los acusadores y destructores que allí se encuentran.

Ellos confunden a la persona y debilitan su determinación, engañándola con diferentes rumores sobre el Tzadik, para impedir que haga el esfuerzo de alcanzarlo. Incluso después de que la persona deja este mundo, en la medida en que es indigna de alcanzar su lugar de descanso final, aún no se encuentra en el Mundo de la Verdad. Por el contrario, su principal castigo y dolor viene por mano de las fuerzas destructoras que lo llevan al Mundo de la Desolación.[38] Allí le parece como si aún estuviese en este mundo. Ellos lo engañan de todas las maneras posibles, tal como es sabido a través de la literatura que trata sobre estos temas. Sin embargo, cuando la persona está decidida y obstinadamente se niega a escuchar lo que están diciendo, respondiéndoles, "¡No voy a escuchar! ¡Todo lo que quiero es ir a ver al Tzadik!", entonces no tienen otra opción más que dejarla tranquila. No hay manera en que se lo puedan impedir, porque su único poder se encuentra en engañarlo y él se niega a escucharlos.

El Rebe contó una historia sobre un judío de la Rusia Blanca que se había asentado a vivir en Eretz Israel. Había viajado allí junto con el famoso Tzadik, el santo Rabí Menajem Mendel de Vitebsk, de bendita memoria. (Es bien sabido cuán virulenta era la oposición a los Tzadikim y a los jasidim en las primeras épocas, especialmente en Lituania y en la Rusia Blanca. Todo el que quería ser uno de sus seguidores tenía que enfrentar formidables obstáculos). Allí, en Israel, decidieron que este hombre debía ser enviado al extranjero para recolectar dinero para los habitantes del lugar, tal como era costumbre en esos días. El hombre en cuestión, el seguidor del Rabí Menajem Mendel de Vitebsk, estaba viajando por mar en el curso de su misión cuando falleció. Sin embargo, en Israel todavía no sabían nada de esto.

Luego de su muerte el hombre creyó que estaba viajando a Leipzig junto con algunos de sus empleados, tal como solía hacerlo en vida. Pues había sido un mercader con considerables

---

[38] Un castigo que puede durar cien años, hasta que uno merezca ser juzgado y entonces ser recompensado o penalizado por sus actos. Ver *Kojavey Or, Sijot VeSipurim* p. 168-170.

recursos, que viajaba regularmente a Leipzig. Ahora le parecía que estaba viajando allí junto con su asistente y su cochero, como era usual.

En medio del viaje súbitamente sintió un tremendo anhelo de ir a ver a su Rebe, el Rabí Menajem Mendel, para hablar con él y sentir su santidad. Tan grande era este deseo que hasta estaba decidido a dejar todo y suspender el viaje en la mitad para ir directamente a su Rebe. Comenzó a decirles a sus empleados que esto era lo que quería hacer, pero ellos se rieron y trataron de disuadirlo. ¿Cómo podía pensar en perder una oportunidad de negocios tan excelente? De modo que le impidieron ir. Luego de un tiempo, otra vez comenzó a sentir ese deseo y anhelo. Nuevamente les dijo a sus empleados que quería ir a ver a su Rebe, y ellos volvieron a desalentarlo, diciéndole que era impensable perder una oportunidad comercial tan maravillosa y simplemente abandonarla. Debían continuar hacia Leipzig. Otra vez volvió a hacerles caso y nuevamente se vio impedido de ir.

Más tarde volvió a sentir un tremendo sentimiento de estímulo y entusiasmo. Esta vez les dijo que no escucharía una palabra en contra. Todo lo que quería era ir a ver a su Rebe e iba a dejar de lado todo lo demás para poder hacerlo. Fue en vano todo lo que trataron de decirle para disuadirlo, utilizando toda clase de argumentos y excusas: ¿cómo era posible hacer tal cosa en medio de una empresa de esta naturaleza?, pero él se negó a escuchar una palabra de lo que decían. Se mantuvo totalmente firme en su intención de ir a ver inmediatamente a su Rebe. Les ordenó que dieran la vuelta y fueran con él a donde estaba su Rebe. Viendo que no tenían poder para disuadirlo con argumentos y excusas, se sublevaron y comenzaron una rebelión diciendo que se negaban a seguir sus instrucciones en algo tan absurdo como eso. Él les respondió que ellos debían hacer exactamente lo que él quería, pero se negaron a escucharlo. Se enojó mucho con ellos por ignorar su orden, porque él era su empleador y ellos estaban obligados a obedecerlo en todo.

En el curso de esta disputa se le informó la verdad: él ya estaba muerto y sus acompañantes eran ángeles destructores que lo estaban seduciendo y engañando. "En ese caso", dijo, "estoy ciertamente determinado a que ustedes me lleven de una vez a mi Rebe, el Rabí Menajem Mendel". Ellos le respondieron, "Por nuestra parte, ¡no estamos dispuestos a llevarte hasta él!".

La disputa se volvió violenta, con el jasid por un lado insistiendo en que lo llevasen a su Rebe y los ángeles destructores negándose a aceptar su orden. Finalmente el caso llegó ante la Corte Celestial, que decidió a su favor, y su deseo de ser llevado a su Rebe fue cumplido de inmediato.

Y eso fue exactamente lo que sucedió. De inmediato fue llevado al santo Rabí Menajem Mendel de Vitebsk, quien aún estaba viviendo en Eretz Israel. Fue llevado a la casa del Tzadik, y al entrar lo acompañó uno de los ángeles destructores. El Tzadik sintió tanto temor que se desmayó. Luego lo volvieron a llevar y el Tzadik trabajó ocho días para hacer un *tikún* hasta que finalmente tuvo éxito. Recién entonces les anunció a los demás que el hombre que habían enviado al extranjero había fallecido, porque aún no sabían nada de todo esto. El Tzadik les contó toda la historia. (Era esencial que ellos fueran informados sobre su muerte para saber qué hacer con sus arreglos para juntar dinero en el extranjero destinado a Eretz Israel).

El propósito del Rebe al contar la historia era enfatizar la determinación necesaria para acercarse al Tzadik incluso en el otro mundo luego de la muerte. Pero lo más importante es lo que sucede en *este* mundo: la persona que es fuerte y determinada en su fe en este mundo también será capaz de superar los obstáculos en el otro mundo. Porque "de acuerdo con la devoción mostrada por los hombres en este mundo, así será en el Mundo que Viene".[39]

También he escuchado decir en nombre del Rebe que él había aconsejado cómo asegurarse de llegar al Tzadik luego de la muerte.[40] El consejo era tomar un juramento a este efecto sosteniendo un objeto sagrado [tal como un rollo de Torá o los

---

[39] *Zohar* I, 100a, 129b.
[40] Más adelante: 450. Ver *Kojavey Or, Sijot VeSipurim* p.168.

tefilín]. Yo no escuché esto directamente del Rebe, sino de boca de otros que lo escucharon directamente de él.

<El Rabí Alter de Teplik[41] escuchó esta historia sobre ir directamente al Tzadik luego de la muerte, relatada por el R. David Hirsh de Demetrevka. A éste se la había contado R. Shlomo Magarinitzer, el nieto del Tzadik, Rabí Shlomo Lutzker, discípulo del Maguid de Mezritch. La madre de R. Shlomo Magarinitzer lo había llevado a ver al Rabí Najmán para que fuera su asistente con la esperanza de que el Rebe encontrase una pareja matrimonial adecuada para su hijo. Fue mientras R. Shlomo estuvo al servicio del Rebe que tuvo lugar la siguiente historia:

En Medvedevka vivía un nombre conocido como R. Hirsh que era uno de los seguidores cercarnos del Rebe. Tenía un hijo y una hija. Este hijo se enfermó de tuberculosis, pero debido a que R. Hirsh no comprendió la gravedad de la enfermedad, tomó las cosas a la ligera. Ni siquiera se lo mencionó al Rebe Najmán, quien estaba visitando Medvedevka en ese momento. El yerno de R. Hirsh comprendió la gravedad de la situación y fue a ver al Rebe para pedirle que orase por la recuperación de su cuñado. El Rabí Najmán le respondió, "No puedo hacer nada por él en este mundo, pero en el Mundo Superior seré capaz de beneficiarlo una vez que fallezca". El Rebe pidió entonces que le dijera al hijo de R. Hirsh que viniese a hablar con él y él le diría lo que necesitaba saber.

Sobresaltado por esta revelación, el yerno de R. Hirsh buscó despertar la compasión del Rabí Najmán para que el Rebe trabajase en anular el decreto y que su cuñado pudiese seguir viviendo. "Que

---

[41] Aunque era cariñosamente conocido como Reb Alter Tepliker, su nombre real era R. Moshé Ioshúa Bezhilianski. Una figura líder de Breslov en Umán a finales del siglo XIX, era cuñado del Rabí Abraham beReb Najmán Jazan de Tulchin. Entre sus trabajos se encuentran: *Hishtapjut HaNefesh*/Expansión del Alma (Breslov Research Institute, 2000), *Meshivat Nefesh*/Restaura mi Alma (Breslov Research Institute 2000), *Mei HaNajal, Milei deAvot, Hagadá Or Zoreaj* y otros libros. En el año 1898, cotejó las secciones no publicadas previamente del *Jaiei Moharán*. Su manuscrito fue utilizado en la preparación de este texto. En el año 1919, durante la revolución de los Cosacos en Ucrania, R. Alter fue asesinado en una sinagoga mientras estaba sentado junto a un rollo de Torá.

trágico será para R. Hirsh, ya un hombre anciano, perder a su único hijo". Sin embargo el Rebe continuó en silencio. Nuevamente el yerno trató de influenciar al Rebe, y recién cuando terminó el Rebe Najmán le respondió. "¿Por qué me estás presionando? ¿Acaso no sabes que si yo trabajo para ayudarlo a recuperarse, Dios se verá obligado a tomar del mundo otras trece personas?[42] Y para nuestro Padre en el Cielo todos sus hijos son iguales, tal cual corre el dicho, 'Cuando un hombre se lastima el dedo, su dolor es sentido por todos'. Además", agregó el Rabí Najmán, "quizás seas tú uno de los trece". Al escuchar esto, el yerno de R. Hirsh se retiró y fue a avisarle a su cuñado que visitase al Rebe.

Cuando llegó el enfermo, el Rabí Najmán habló con él, luego de lo cual el Rebe retornó a su hogar. Dos meses más tarde el hijo de R. Hirsh falleció y su padre se lamentó mucho por él. Durante el período de duelo, el yerno le contó a R. Hirsh todo lo que había escuchado del Rabí Najmán cuando éste había estado de visita en Medvedevka. El dolor de R. Hirsh era muy grande y lloró desconsoladamente. Inmediatamente después del período de siete días de duelo, R. Hirsh viajó a Breslov para ver al Rebe.

Aunque llegó de noche, fue a ver directamente al Rabí Najmán quien estaba preparándose para ir a dormir. Golpeando a la puerta, habló con el asistente del Rebe, R. Shlomo Magarinitzer mencionado arriba, quien le informó al Rabí Najmán que R. Hirsh de Medvedevka había venido a verlo. Cuando R. Hirsh entró a la habitación del Rebe, comenzó a llorar sin poder componerse lo suficiente como para hablar. El Rabí Najmán lo consoló: "Después de todo, los hijos más importantes de los rectos son sus buenas acciones" (Rashi, Génesis 6:9). Pero R. Hirsh no podía ser consolado con esto ni con cualquier otra de las cosas que el Rebe le dijera. "¿Qué será de mi *kadish* luego de que yo muera?", preguntó R. Hirsh,[43] "él era el único que podía haber dicho *kadish*

---

[42] *Zohar* III, 205a.

[43] El *kadish* es una plegaria recitada para elevar el alma luego del fallecimiento. Ver también más adelante: 521 y nota.

por mí". "En ese caso, yo seré tu *kadish*", exclamó el Rebe, "y yo te enseñaré cómo morir".

En ese punto, el Rebe Najmán le hizo señas a su asistente de que saliera de la habitación. R. Shlomo, que quería escuchar lo que el Rebe estaba por decir, cerró la puerta detrás de él, pero no del todo. Aun así, lo único que R. Shlomo pudo escuchar fue cómo el Rebe Najmán le aconsejaba a R. Hirsh que tomase un juramento, sobre algún objeto sagrado, indicando que luego de su muerte, inmediatamente después de que cerrasen su ataúd, él deseaba ser llevado al Rebe...

R. Hirsh retornó a su hogar. Esto tuvo lugar durante el invierno, y poco tiempo después, R. Shlomo, el asistente, también tuvo que viajar a Medvedevka. Al llegar, se enteró de que una plaga se había cobrado la vida de varios niños. La gente de la ciudad quería mandar a alguien para enviar una redención al Rebe Najmán, pero no podían recolectar el dinero suficiente para el *pidión*, ni para los gastos necesarios para cubrir un viaje tan largo. Fue entonces que falleció R. Hirsh. Antes de que lo enterrasen, el asistente, que aún estaba en Medvedevka, les relató a los seguidores del Rabí Najmán lo que había escuchado detrás de la puerta cuando R. Hirsh había visitado al Rebe en Breslov. Habló sobre el juramento, pero nadie sabía si de hecho R. Hirsh lo había tomado antes de fallecer. Los seguidores del Rebe, incluyendo al Rabí Iudel, estuvieron de acuerdo en un plan. Cuando estaban llevando el cuerpo de R. Hirsh para ser enterrado trajeron un rollo de Torá, y se le dijo al muerto que tomase un juramento de que iría inmediatamente al Rebe Najmán para informarle de la plaga que estaba atacando a los niños de Medvedevka.[44] Debido a este juramento, R. Hirsh tenía que ir al Rebe aunque él mismo no hubiese seguido el consejo del Rebe.

Tres meses más tarde, R. Shlomo el asistente, retornó a Breslov. Cuando fue a ver al Rabí Najmán, el Rebe le preguntó

---

[44] Es costumbre que la sociedad mortuoria le informe a la persona en el momento de su entierro de que está muerta. Esto se hace para que pueda pedir ser llevada a su juicio final en lugar de ser engañada y entrar en el Mundo de la Desolación.

si podía recordar cuándo había fallecido R. Hirsh. R. Shlomo recordaba en qué mes había sucedido, pero no podía recordar el día exacto. "¿No fue acaso en tal y tal día del mes?", dijo el Rabí Najmán. "¡Sí, Sí!". R. Shlomo recordó de pronto que R. Hirsh había fallecido en esa fecha. "Tú ves", dijo el Rebe, "R. Hirsh vino a mí inmediatamente después de que cerraron su ataúd", como queriendo decir, "Yo pensé que le iba a tomar algo de tiempo, pero vino en un instante".

R. David Hirsh de Demetrevka escuchó esta historia directamente de R. Shlomo el asistente.>

228 (102). Escuché de otros que el Rebe dijo cierta vez:[45] En Jerusalén hay una sinagoga a la cual son llevados todos los muertos. Apenas alguien fallece en este mundo, es llevado allí para ser juzgado y determinar cuál debería ser su lugar. Hay gente que fallece en Eretz Israel y es llevada fuera de la Tierra. Otros que fallecen fuera son llevados a Eretz Israel.[46] Es en esta sinagoga donde sesiona la corte que determina estos juicios y ubica a cada persona en el lugar que se merece. Hay veces incluso en que el veredicto determina que no hay lugar en absoluto para la persona en cuestión y que debe ser destruida y arrojada a la "honda".[47]

Cuando los muertos son llevados allí, llegan vestidos. A veces las ropas de las personas fallecidas carecen de algo. A una persona puede faltarle una manga, a otra una parte del borde de su vestimenta, y así en más. Todo depende de las acciones de las personas durante su vida (pues las vestimentas luego de la muerte corresponden a sus acciones).[48] El veredicto depende de las ropas que tienen cuando son llevadas allí, y su lugar se determina de acuerdo con ello.

---

[45] *Emunat Uman* #31.

[46] *Zohar* II, 141a.

[47] Un castigo donde el alma es arrojada de un lugar a otro y nunca tiene descanso. También puede ocurrir que un alma sea arrojada constantemente desde el Guehinom de fuego al Guehinom de hielo. Ver *Zohar* I, 238b.

[48] *Zohar* I, 229b; *Ibid.* II, 210b; *Ibid.* III, 101a; Cf. *Ketubot* 103a; *Guilaion HaShas v.i. kol bei shimshi.*

Cierta vez una persona muerta fue llevada allí completamente desnuda. No tenía ninguna vestimenta en absoluto. El veredicto fue que debía ser arrojada a la "honda" y destruida, Dios no lo permita, pues estaba completamente desnuda. Sin embargo, vino cierto Tzadik que tomó una de sus propias ropas y la arrojó sobre la persona.

La corte le preguntó, "¿Por qué le estás dando una de tus propias vestimentas?". La corte no estaba de acuerdo con esto pues, ¿por qué se le debía dar una vestimenta al muerto y permitirle salvarse con ropas que no eran las suyas? El Tzadik respondió: "Yo he enviado a este hombre en una misión para mí, y por esta razón puedo vestirlo con mi propia ropa. Ciertamente sabrán que en ocasiones un noble puede enviar a su siervo a ver a otro noble y el siervo se retrasa en cumplir con sus obligaciones. Su amo le pregunta, "¿Por qué no has salido aún como te lo ordené?". El siervo le responde, "Porque no tengo las vestimentas apropiadas para ir a ver a ese noble. Él es muy importante y es imposible ir allí con vestimentas que no sean respetables". El amo le responde, "Rápido. Ponte una de mis ropas y corre a cumplir con mi orden". De manera similar yo necesito enviar a esta persona fallecida en una misión. Por esa razón le estoy dando una de mis vestimentas. Es así como el Tzadik salvó al hombre muerto de la amarga pena de la "honda".

El Rebe contó esta historia para mostrar el tremendo poder que tiene el verdadero Tzadik para salvar a sus seguidores en el Mundo de la Verdad.[49]

229 (103). Cierta vez hubo un rey que viajó a un país donde vio palacios muy hermosos. Quedó muy impresionado por estos edificios y al retornar a su hogar contrató inmediatamente artesanos y especialistas para construir palacios como aquellos que había visto cuando estaba en el extranjero. Ellos le construyeron los palacios y los decoraron con las imágenes más maravillosas. Una vez terminado el trabajo de construir y de decorar, el rey hizo

---

[49] Cf. *Eruvin* 19a; Abraham retira del Guehinom a todos aquellos que están circuncidados; *Tikuney Zohar* 32; Adelante: 298, 602.

una gran fiesta y envío mensajeros por todo su reino anunciando que todo aquel que quisiera ver estos palacios podía venir y contemplarlos. La gente llegó de todas partes del reino. De una ciudad en particular salieron dos hombres para viajar juntos y ver los palacios que había construido el rey. Uno de ellos era un judío y el otro un gentil, un individuo respetable y de cierta importancia. Cuando llegaron a la puerta del palacio vieron que estaba pintada con la imagen de un camino. Era un camino extraordinario a cuyos lados había fuentes de agua. Junto a cada una de estas fuentes había apostado un guardia. Caminando al costado del camino había un mendigo. El mendigo estaba extremadamente sediento, pero los guardias no querían darle ni siquiera un poco de agua para beber. En medio del camino, en una carroza, viajaba un fino caballero que les pidió a los guardias un poco de agua. El primer guardia se acercó y le dio agua al caballero, mientras el segundo le dio agua al mendigo. El guardia que le había dado agua al caballero fue y le arrojó brasas ardientes al guardia que le había dado agua al mendigo.

El judío y el gentil vieron todo esto. El gentil dijo, "¡No es justo!". El judío lo golpeó en la mejilla y comenzó una disputa. Finalmente el rey escuchó sobre esto y envío a traerlos. Primero le preguntó al judío, "¿Por qué lo golpeaste en la mejilla?". Éste le respondió: "Porque describió la obra del rey como 'injusta' ". El rey le dijo al gentil, "¿Por qué dijiste eso?". "¿Pero cómo no decir que es injusto?", respondió. "Uno quiere beber y no le permiten, mientras que el otro pide que le den y así lo hacen. No sólo eso, sino que cuando el segundo guardia permitió que el mendigo bebiera, el guardia que le había dado agua al caballero le arrojó brasas ardientes".

Luego de esto el rey volvió a preguntarle al judío, "¿Por qué lo golpeaste?". El judío dio una sutil explicación de por qué ellos estaban dispuestos a darle agua al caballero pero se negaban a darle agua al mendigo. Explicó cómo era necesario que se le diese agua al caballero mientras que era innecesario darle al mendigo. El Rebe no dijo más que esto. No relató los detalles de la explicación dada por el judío con respecto a por qué era necesario darle a uno pero no al otro. Luego, el Rebe dijo que en la víspera del Shabat, toda persona debe atravesar los cuatro mundos, *Asiá* (Acción), *Ietzirá* (Formación), *Beriá* (Creación) y *Atzilut* (Emanación). El mundo de *Asiá*, el mundo más bajo, es suficientemente difícil para atravesar, ni hablar de los otros... El Rebe dijo todo esto un Shabat a la noche luego de la bendición sobre el pan.

SEGUNDA PARTE

SHIVJEI MOHARÁN

SU ALABANZA

IX. Sus Luchas Espirituales:[1]

230. Relató el Rabí Naftalí: El Rebe dijo que es bueno para alguien que quiere servir a Dios tener caballos.[2] Pues entonces siempre puede ir a los bosques con algunos amigos y hablar sobre el servicio a Dios, meditar y demás. Los prados y los bosques son lugares muy buenos para la meditación.

Cuando el Rebe habló con el Rabí Naftalí sobre esto, mencionó que cuando era joven solía tomar prestado alguno de los caballos de su suegro y cabalgar hacia los bosques. Allí desmontaba y ataba el caballo a un árbol. Entonces se adentraba en el bosque para practicar sus devociones y meditar.[3] A veces el caballo se soltaba y escapaba volviendo a la casa de su suegro.[4] Cuando el caballo retornaba solo se preocupaban pensando que el joven Rabí Najmán se había caído, Dios no lo permita. También a veces la lluvia lo empapaba mientras estaba en el bosque. Entonces solía retornar a la casa bien entrada la noche.

Yo mismo le escuché decir al Rebe muchas veces que lo más importante es el trabajo y el esfuerzo de la persona, nada más. Todo depende del esfuerzo. Mediante el trabajo y el esfuerzo todos pueden alcanzar grandes niveles. Dijo el Rebe: "Yo puedo hacer que una persona se vuelva un judío digno, lo que llaman *a guter id*, ¡y hacerla igual que yo! ¡Literalmente!".

---

[1] *Alabanza del Tzadik* (Primera Parte) contiene abundante material sobre este tema. La siguiente información adicional no ha sido publicada previamente. Material adicional sobre las luchas espirituales del Rabí Najmán puede encontrarse en *Until The Mashiach* pp.1-13.

[2] Adelante: 384.

[3] Ver arriba: 198; *Sabiduría y Enseñanzas del Rabí Najmán de Breslov*, 98; *Likutey Moharán* II, 11.

[4] Esto era en Ossatin. Ver arriba: 2; *Sabiduría y Enseñanzas del Rabí Najmán de Breslov*, 117. Ver *Until The Mashiach* pp.8-13.

231. Alguien me relató cierta vez algunas cosas que le escuchó decir al Rebe sobre su gran santidad cuando era niño.[5]

Cuando era sólo un pequeño niño quería ser realmente temeroso de Dios. Anhelaba recibir el Shabat de la manera apropiada, con gran santidad. Un viernes, inmediatamente después del mediodía, fue a la casa de baños y rápidamente se sumergió en la *mikve*. Retornó a su hogar y se puso las ropas del Shabat. Entonces fue a la casa de estudios y comenzó a caminar de un lado a otro. Quería llenarse de la santidad del Shabat y de la *neshamá ieterá*, el alma adicional que trae el Shabat. Quería percibir algo, pero no veía nada. Aun así, anhelaba ver algo. Mientras tanto, comenzó a llegar la gente. Entró alguien importante y parándose en el pupitre de lectura comenzó a recitar el Cantar de los Cantares.[6] El Rebe Najmán se adelantó e introdujo la cabeza debajo del pupitre de esa persona. Dado que era un pequeño niño nadie le prestó atención. Allí se quedó y se puso a llorar. Lloró y lloró durante varias horas hasta entrada la noche. Sus ojos estaban hinchados de tanto llorar. Finalmente, abrió los ojos y creyó que podía ver alguna clase de luz, pues habían encendido las velas y todo aparecía muy brillante luego de haber tenido los ojos cerrados durante el tiempo que estuvo llorando. Eso le dio algo de consuelo. Todo esto tuvo lugar cuando era literalmente un niño; parece que dijo que en ese momento tenía seis años.

232. Dijo el Rebe: "De hecho Le rogué y Le pedí a Dios que me enviase tentaciones. Yo estaba absolutamente seguro de que mientras no perdiera la cabeza no me rebelaría en contra de Dios, pues ¿cómo es posible que una persona peque y desobedezca a Dios a no ser que esté literalmente insana? Con sólo un poco de sentido común, todas las tentaciones pueden ser superadas".[7]

---

[5] Cuando estaba en Medzeboz. Ver arriba: 1; *Until The Mashiach* p.1-7.

[6] Es costumbre recitar el Cantar de los Cantares en la tarde del viernes, antes de la llegada del Shabat, ver Taamei HaMinaguim #256. Explica el Rabí Natán que el Cantar de los Cantares está lleno de anhelo y deseo, que es lo que el judío debe sentir al esperar el Shabat (Cf. *Likutey Halajot, Hiljot Dam* 1:7).

[7] *Alabanza del Tzadik*, p. 16; Cf. *Sanedrín* 107a, donde el rey David Le pide a Dios que lo pruebe. Ver también *Kojavey Or, Emet VeEmuná* p. 94 #13.

233. Dijo el Rebe: "Si los sabios no hubieran dicho explícitamente que está prohibido decir 'Una flecha en el ojo de Satán' (*Kidushin* 30a), yo lo habría dicho. Simplemente no puedo comprender las historias que se cuentan sobre los sabios del Talmud a los que el deseo sexual les resulta algo muy duro y difícil de sobrellevar.[8] Para mí, no es nada. Nada en absoluto. No me parece que sea una tentación en absoluto. Debe existir ciertamente algún tipo de secreto detrás de lo que encontramos en la Torá sobre el concepto de que este deseo es una prueba. Pues la verdad es que no es una prueba en absoluto. Si la persona conoce algo de la grandeza del Creador, tal como encontramos en los Salmos, 'Pues yo sé que Dios es grande' (Salmos 135:5), *Yo sé*, específicamente,[9] esto no puede ser considerado en absoluto una prueba. Para mí, no hay diferencia entre un hombre y una mujer.[10] Yo miro a este deseo tal como te estoy mirando a ti. He tenido innumerables oportunidades, pero no es para nada una prueba". Pero en la época en que sí fue una prueba para él, también tuvo muchas tentaciones.[11]

234. El Rebe se vanagloriaba de haber logrado eliminar absolutamente todos sus deseos físicos y sus rasgos de carácter negativos. Él decía que hay Tzadikim que han quebrado sus deseos pero que aún les queda un pequeño residuo de ellos. Es lo mismo que cuando se curte el cuero. Éste puede haber sido trabajado y sobado, pero aun así le queda un residuo de olor desagradable. Aunque éstos Tzadikim han quebrado sus deseos, los deseos aún se aferran a ellos, aunque sutilmente.

El cuero debe ser trabajado tan profundamente como para llegar a quedar completamente diferente y transformado de su estado original. Lo mismo sucede con el cuerpo. Debemos limpiar el cuerpo de sus deseos, completamente. Debe ser tan puro como para que podamos literalmente darlo vuelta de este lado y del otro y ver que no ha quedado la mínima traza de deseo físico o de

---

[8] *Kidushin*, 81a,b.
[9] Ver *Sabiduría y Enseñanzas del Rabí Najmán de Breslov*, 1, 3.
[10] Adelante: 604; *Alabanza del Tzadik*, 18.
[11] Arriba: 42; *Alabanza del Tzadik*, 16.

rasgos negativos. Debe haber desaparecido completamente todo resto de mal olor.[12]

El Rebe mismo se había separado completamente de los deseos físicos y de las malas características. No le había quedado ni la mínima traza de ellos. Esto lo había logrado en su juventud[13] antes de alcanzar las tremendas alturas de percepción a las cuales se elevaría más tarde, y mucho antes de su visita a la Tierra Santa. Más tarde pasó de nivel en nivel, de una cumbre a la otra, hasta que alcanzó una elevación tan exaltada que es imposible de describir.

235. El Rebe dijo: "Ustedes no necesitan aprender de los aspectos revelados que ven en mí. A partir de lo que ustedes ven de mí en la superficie pueden llevarse la impresión de que en general estoy deprimido. Ustedes no tienen que imitar esto. Sólo estén alegres todo el tiempo. ¿Acaso ustedes hacen *todo* lo que yo hago? Además, la verdad es que yo *sí* estoy contento. Si no parezco estarlo, es porque constantemente trabajo para abrir un sendero en lugares que eran previamente desiertos y desolados. Debo cortar todos los obstáculos que impiden el paso. Hay árboles gigantescos que han estado creciendo allí durante miles de años, y que deben ser talados. Yo debo ir hacia adelante y hacia atrás, una y otra vez, cortando y cortando, para preparar un camino público por el que todos puedan andar". Era debido a todo este trabajo que el Rebe parecía en general estar afligido. En esa misma ocasión el Rebe dijo que el R. Shimón[14] también había estado dedicado a la tarea de limpiar un sendero.

236. Del mismo modo escuchamos que debido al conocido hecho de que la familia del Rebe era descendiente de la casa del

---

[12] Ver *Likutey Moharán* I, 22:5.

[13] A la edad de veinte años el Rabí Najmán ya había logrado todo esto, ver *Sabiduría y Enseñanzas del Rabí Najmán de Breslov*, 171.

[14] En el texto original del *Shivjei Moharán* dice "Rabí Shimón". De acuerdo con algunas fuentes (*Rabí Levi Itzjak Bender*) esto se refiere al Rabí Shimón bar Iojai. Existe una referencia en el *Zohar* (III, 127b) al respecto. Sin embargo, de acuerdo con otros (*Rabí Shmuel Shapiro*), esto hace referencia al Rabí Shimón, el discípulo del Rebe. Ver *Sabiduría y Enseñanzas del Rabí Najmán de Breslov*, 173-174, donde el Rabí Shimón fue enviado a lugares donde no había judíos, dándole pie a este punto de vista.

rey David,[15] solían vivir con el corazón quebrantado y no era común en ellos andar con rostro sonriente. El rey David compuso el Libro de los Salmos, muchos de los cuales contienen las apasionadas expresiones de un corazón quebrantado, clamores, súplicas y pedidos. Es por esto que sus descendientes andan generalmente con el corazón quebrantado. El tío del Rebe, el Rabí Baruj, también sonreía raramente y no solía vérselo en un estado de ánimo alegre. La mayor parte del tiempo también él andaba con el corazón quebrantado. Sin embargo, en cuanto a nosotros, las instrucciones del Rebe eran que siempre debíamos estar alegres.[16]

237. El Rebe contó que cuando era joven, al terminar de comer, no se contentaba con la Bendición Después de las Comidas regular. También agradecía a Dios en *idish* por todo lo que había comido. Improvisaba y hacía mención ordenada de todas las cosas que le habían dado de comer ese día. Por ejemplo, podía haber comenzado con un sorbo de licor y un pedazo de torta. Luego, antes de la comida, podían haber servido rábano como entrada, seguido por la comida misma. El Rebe Najmán ofrecía entonces las gracias por cada cosa individual, una por una.

238. Nota del Editor: Escuché que cierta vez la santa madre del Rebe lo instó a que le diera alguna idea del nivel de devoción que había alcanzado. Después de todo, la gente estaba hablando en términos muy elogiosos sobre él. "¿Qué puedo decirte?", le dijo, "Yo soy un genuino caso de 'lejos del mal' (Proverbios 14:16; Job 1:8; 2:3)".

También escuché del Rabí Naftalí que la madre del Rebe le preguntó cierta vez por qué no se esforzaba en comer un poco, pues de otra manera ¿cómo podía mantenerse? El Rebe le respondió: " 'La sabiduría le da vida a quien la posee' (Eclesiastés 7:12). Ésta es la única manera en que me sustento ahora". Continuó: "Hay gente que tiene una sabiduría que puede sustentarla sin comer ni beber".

---

[15] Puede hallarse un árbol genealógico detallado de los ancestros y descendientes del Rabí Najmán en *Until The Mashiach*.

[16] *Sabiduría y Enseñanzas del Rabí Najmán de Breslov*, 41.

(Quería decir que sólo necesitan comer un mínimo porque para ellos la fuente principal de vida es el sustento espiritual).[17]

239. Nota del Editor: Escuché del Rabí Natán que luego de que el Rebe había dado su lección del *Likutey Moharán* I, 206, "Me he extraviado como una oveja perdida" (Salmos 119:176), él le dijo que éste había sido el tema de sus últimas meditaciones. Esto puede darte alguna idea de la tremenda humildad, simpleza y sinceridad que tuvo el Rebe a lo largo de toda su vida. No importa cuán grande hubiera sido su logro, sus plegarias y meditaciones siempre eran humildes y para nada pretenciosas: cuando estaba delante de su Hacedor se sentía con el corazón quebrantado.

También escuché que cierta vez un joven le preguntó al Rebe cómo debía meditar. El Rebe le contestó que Le dijera a Dios: "Señor del Mundo, ten piedad de mí... ¿Es correcto que mi tiempo pase en tal nimiedad? ¿Acaso para esto fui creado?...".

Un tiempo después la misma persona estaba de pie detrás de la puerta del Rebe y lo escuchó derramar su corazón delante de Dios con estas mismas palabras.

240. Cierta vez, uno de los seguidores del Rebe se estaba quejando de no tener lo suficiente para vivir. El Rebe le dijo: "No comprendo cómo es que tienes el coraje de molestarme con las vanidades de este mundo. Yo soy como alguien que atraviesa el desierto día y noche, cavando y cavando, sólo para hacerlo habitable. Cada uno de ustedes tiene un corazón como un desierto desolado carente de habitantes, y sin lugar para la *Shejiná*, la Presencia Divina. Todo el tiempo cavo y cavo, tratando de cambiarlos y hacer un lugar en sus corazones donde pueda habitar la *Shejiná*. ¿Acaso sabes cuánto trabajo y esfuerzo se necesitan para tomar un roble y transformarlo en un hermoso objeto apto para el uso humano? Debes aserrarlo, tallarlo, pulirlo y arreglarlo... Este es exactamente el tipo de trabajo duro que debo hacer para alcanzar algo con cualquiera de ustedes. Y tú vienes a molestarme con esta clase de tontera".

En la noche del Shabat la intensidad de las devociones del Rebe era algo indescriptible. Su santidad y la expresión de temor en

---

[17] Ver *Zohar* III, 301b; *Likutey Moharán* I, 19:8; *Sabiduría y Enseñanzas del Rabí Najmán de Breslov*, 181.

su rostro simplemente no pueden ser imaginadas. He escuchado que esto era especialmente así en su juventud. Una noche de Shabat se había lavado las manos y recitado la bendición sobre el pan. Las otras personas sentadas a la mesa también hicieron la bendición sobre el pan y comieron su porción. Inmediatamente después de que el Rebe comiera su trozo de pan, sus pensamientos ascendieron a alturas exaltadas y se unió a Dios con una sublime reverencia. Se quedó sentado en silencio, con los ojos muy abiertos, absorto en sus pensamientos. El Rebe permaneció así durante toda la noche. Ninguno se atrevía a servir la comida, tan temerosos estaban de molestarlo. Finalmente comenzó a aclarar el día y salió el sol. Todos dijeron la Bendición Después de las Comidas y se levantaron de la mesa.

En otra ocasión el Rabí Ijiel, el hermano del Rebe, vino a pasar el Shabat con él. Vio la manera en que el Rebe se conducía en la noche del Shabat y quedó favorablemente impresionado. Sin embargo, en la comida del mediodía la gente sentada a la mesa habló con el Rebe sobre una cantidad de temas mundanos no conectados con la Torá. Esto desagradó al Rabí Ijiel. Al término del Shabat, fue a la habitación del Rebe y le presentó este tema. El Rebe le dijo: "¿Recuerdas acaso todas las cosas de las que hablaron durante la comida del mediodía?". El Rabí Ijiel no recordaba todo. El Rebe le dijo: "Yo recuerdo todo". Fue y cerró la puerta de la habitación y comenzó a describir todos los temas uno por uno, explicando un poco de sus connotaciones profundas. Estuvo hablando con su hermano durante toda la noche hasta las horas de la mañana. Las ventanas estaban cerradas, de modo que sólo cuando miraron el reloj vieron que ya era el momento de recitar el *Shemá* de la mañana, terminando la conversación.[18]

El Rabí Ijiel salió llorando. Estaba tan profundamente conmovido e inspirado que pasaron varios días sin que pudiese comer ni dormir. Simplemente se sentaba, lloraba y lloraba con anhelo e inspiración; tan motivado había quedado por las palabras del Rebe. Desde ese momento, se unió al Rebe con la más grande intensidad.

---

[18] Adelante: 337.

X. Sus Logros:[1]

241. Me contaron que cierta vez dijo el Rebe:

"¿Cuándo es que yo medito? Cuando todos están a mi alrededor y yo estoy sentado allí en el medio. Ahí es cuando yo me recluyo con Dios. Yo sé cómo clamar con una 'voz callada y suave' (Reyes I, 19:12). Y mi voz se escucha desde un extremo del mundo al otro".

Yo mismo le escuché decir cierta vez al Rebe algo con respecto a lo mismo: que él tenía una "voz callada y suave" y que aunque estuviese rodeado por mucha gente aun así podía clamar con esa "voz callada y suave" desde un extremo al otro del mundo. Y ninguno de los que estaba a su alrededor escuchaba nada en absoluto.

El Rebe dijo algo similar con respecto a bailar. Él dijo que cuando estaba sentado con otra gente podía bailar la danza más maravillosa.

Una vez le escuché decir que podía estar sentado entre otra gente, y "ser como alguien que está rodeado por toda la gente del mundo y baila y baila". Mientras el Rebe estaba diciendo esto, algunos músicos pasaron por allí en camino hacia una boda.

En otra ocasión el Rebe elaboró esta idea, enseñándonos cómo es posible estar rodeado de gente y aun así clamar con una "voz callada y suave".[2]

242. Dijo el Rebe: "¡Yo puedo apelar en la Corte de Arriba y enviar el caso al Zar Mismo!" [es decir a Dios].[3]

Cuando el Rebe dijo esto agregó: "Esto es lo que hago a veces cuando escribo algo y quemo el trozo de papel, tal como ustedes

---

[1] Ver *Sabiduría y Enseñanzas del Rabí Najmán de Breslov*, 173-185.

[2] *Sabiduría y Enseñanzas del Rabí Najmán de Breslov*, 16.

[3] Ver *Sabiduría y Enseñanzas del Rabí Najmán de Breslov*, 175.

me han visto hacer algunas veces. Estoy enviando el caso por medio del humo. El Rabí Shimón bar Iojai hace una pequeña alusión a esto en el *Zohar*".[4]

243. Los grandes Tzadikim tienen el poder de elevar las conversaciones diarias e incluso el humor y los chistes, y utilizarlos para hacer de ellos una poderosa forma de servicio divino.[5] Esto es evidente en algunas de las historias sobre los hechos del Baal Shem Tov y de otros grandes Tzadikim de los tiempos recientes. El Santo *Zohar* también parece aludir a esto. Es así que encontramos que Rav Hamnuna "ordenó tres secciones de material humorístico".[6]

Sin embargo, la profundidad de la sabiduría y de la percepción del Rebe sobre las conversaciones diarias era totalmente asombrosa, como era evidente para todo aquel que tuviese el privilegio de estar y de hablar con él. Lejos estaba de evitar los temas corrientes de conversación. Por el contrario, escuchaba las diferentes cosas sobre las cuales hablaba la gente, incluyendo cualquier material impreso que estuviese circulando. Siempre pedía que le comentasen todas las noticias y los últimos sucesos del mundo en general. Él tenía el poder de elevar todo esto y transformar cualquier conversación del mundo en un medio para servir a Dios en el más elevado, tremendo y oculto de los niveles.

Es posible que aquellos que tuvieron el privilegio de estar con el Rebe de manera regular no comprendiesen ni siquiera una fracción de sus verdaderos propósitos. Sin embargo, aun así podían percibir un atisbo de las tremendas implicancias de sus conversaciones sobre los temas mundanos y su humor. Hubo muchas ocasiones en que las más notables enseñanzas parecían surgir de las conversaciones mismas que estábamos teniendo con él o de cosas que le acabábamos de contar.[7]

---

[4] *Zohar* I,51a; *Ibid.*, III, 137b.

[5] Ver arriba: 118, "ve y mira lo que la gente hace" (*Berajot* 45a). Nuestros sabios solían elevar las actividades mundanas y llevarlas al ámbito de la Torá.

[6] *Zohar* III, 47.

[7] Ver arriba: 23, 43, abajo: 413.

Es imposible expresar por escrito lo que era tener una conversación con él o contarle algo sobre algún tema. Todo aquel que tuvo el privilegio de estar allí fue testigo de las cosas más tremendas y extraordinarias, tales como nunca antes se vieron. Enseñanzas, conceptos y estructuras del pensamiento completos fueron revelados sólo debido a esto. Y hubo mucho más que nunca fue revelado, porque el Rebe manifestó menos que una gota en el océano. Todo lo relacionado con él estaba rodeado de un absoluto secreto y misterio, y su gran luz aún está oculta y encubierta del mundo, tal como lo estará hasta la llegada del Recto Mashíaj. Recién entonces se revelará su grandeza y esplendor.

Al final de su vida el Rebe se dedicó cada vez más a esta forma de devoción. Desde el momento en que retornó de Lemberg hasta su fallecimiento pasaron aproximadamente dos años, durante los cuales estuvo gravemente enfermo de tuberculosis. La gente hablaba con él cada vez más sobre temas mundanos y el Rebe preguntaba constantemente por las últimas noticias. Decía que no entendía cómo era posible vivir sin las novedades.

La rutina usual del Rebe era pasar la mayor parte del día encerrado, solo. Más tarde veía a la gente y mantenía toda clase de conversaciones. A veces el tema era un asunto sobre el cual alguien le había pedido su consejo, un tema general o más comúnmente, una cuestión espiritual, pues su principal preocupación con sus seguidores era guiarlos en el servicio a Dios. Además de esto, había una gran variedad de temas que salían a la luz en el curso de la conversación. El Rebe casi siempre pasaba de estos temas a las enseñanzas más elevadas de Torá, a la plegaria y al temor al Cielo.

Una característica notable era que incluso cuando el Rebe hablaba con la gente sobre temas cotidianos le temblaban las piernas y la mayor parte del cuerpo. A veces las piernas literalmente le saltaban. Si estaba sentado a la mesa, la mesa misma y toda la gente sentada allí también comenzaban a temblar. Aquél que no vio el temor al Cielo que se reflejaba constantemente en su rostro nunca ha visto el temor al Cielo en toda su vida. El Rebe tenía todas las clases de gracia y encanto. Estaba pleno de un apasionado amor y temor a Dios. Su reverencia, su amor y santidad se difundían por cada miembro de su cuerpo. Carecía absolutamente de deseos físicos y de rasgos negativos. La mente humana es incapaz de concebir esto. Nunca ha existido nadie como él. Era completamente único. Los labios no pueden expresarlo ni el corazón concebirlo.

<Escuché que el Rebe dijo que no importaba lo que le dijese la gente, él transformaba sus palabras en algo totalmente diferente. Esto se aplicaba incluso a las calumnias: una vez que eran dichas en su presencia se transformaban en algo diferente. Yo le pregunté sobre esto. "¿No han dicho nuestros sabios: 'Un pacto se ha hecho para [castigar a aquellos que difunden] calumnias'?".[8] El Rebe respondió, "¿Y qué hay con ello? ¿Acaso estamos todos obligados ahora a sucumbir en este tema?". Comprendí que quería decir que, sin embargo, hay alguien que puede enfrentarse a esto pues cuando escucha la calumnia, puede transformarla en algo diferente. Pese a esto, el Rebe dijo que era mejor para nosotros no decir habladurías ni siquiera frente a él. Aun así, si sucedía que le decían alguna calumnia, él la transformaba en algo totalmente diferente.>

244. Cierta vez el Rebe me habló sobre el gran sufrimiento que tenía que soportar. Me dijo que cada día cuando oraba se veía forzado a pensar en Bilaam. No dijo nada más, pero la implicancia literal era que cada día cuando oraba tenía la tarea de aplastar al malvado Bilaam y de eliminar la basura y la impureza que él había traído al mundo.[9]

245. Jánuca 5563 (1802). El Rebe dijo: "Yo soy un árbol tremendamente hermoso y maravilloso con las ramas más asombrosas. Y abajo estoy literalmente bajo la tierra".

246. R. Leib de Dubravner, el padre de R. Itzjak Isaac, quien era el yerno del Rebe,[10] había ido a ver al Rebe. Al despedirse del Rebe, éste le dijo: "Tengo una hija en Kremenchug. Envíale mis saludos.

---

[8] Cf. Shabat 56a: Si el rey David no hubiera aceptado las calumnias sobre Mefiboshet, la dinastía de David no habría terminado dividida, las Tribus de Israel no habrían adorado la idolatría y el pueblo judío no habría ido al exilio.

[9] Ver *Likutey Moharán* I, 36; *Mei HaNajal* p.142.

[10] Estaba casado con Sara; Cf. *Iemei Moharnat* 65.

Y dile que tiene un padre que es único <tan único que nunca ha sido igualado, ni lo será>. Si yo quisiera revelar algo de mí mismo, el mundo entero vendría corriendo hacia mí. Pero no quiero".

Yo mismo escuché cierta vez que el Rebe dijo con una voz trémula de emoción: "Ustedes saben cómo es el mundo ahora. Si el mundo no fuera así, yo sería con toda seguridad una figura única". En otras palabras, si no fuera debido al burdo materialismo del mundo de hoy, que tanto oscurecía y ocultaba su luz, todos podrían haber visto la tremenda y exaltada figura que era y reconocer su ser único.

247. Cierta vez el Rebe estaba sentado con el santo Maguid de Terhovitza, aparentemente durante la tercera comida de un Shabat. El Rebe tiró cariñosamente de la barba del Maguid y dijo: "Hasta ahora, nunca ha existido en todo el mundo una figura como yo".[11]

Nota del Editor: No hay necesidad de preguntar con respecto a los Patriarcas, Moisés, etcétera, pues ¿quién puede comprender el significado interior de la afirmación del Rebe? Tomada de manera literal, su significado parecería ser que nunca antes ha existido una figura tan revolucionaria en un plano tan tremendo y exaltado y con una combinación tan única de aspectos revelados y ocultos, etcétera.

248. El Rebe dijo cierta vez: "La gente debería orar constantemente por mí, pues el mundo me necesita mucho. Sin mí el mundo no podría existir en absoluto".[12]

249. En Kremenchug el Rebe dijo: "En los tiempos venideros dirán, '*Ai! Iz dos guivén a Reb Najman!*', '¡Ah! ¡Había un Rebe Najmán!', porque me estarán extrañado tremendamente".[13] También dijo que en el futuro a la gente le resultará increíble pensar que él hubiera tenido opositores. "Ellos dirán, '¿A éste era a quien se oponían?' ". También dijo que si alguna vez alguien se enfrentaba con gente

---

[11] Cf. *Iemei Moharnat* 65; *Jaiei Nefesh* #35.
[12] Arriba: 111; adelante: 250.
[13] Adelante: 354.

que se le opusiera diría, "¡Sí, pero ellos también se opusieron *a él*!". En otras palabras, tener opositores no prueba nada.

250. Dijo: "El mundo entero me necesita. En lo que a ustedes se refiere, esto es obvio. Ustedes saben cuánto me necesitan. Pero también todos los Tzadikim me necesitan, pues aun ellos necesitan mejorar. Hasta las naciones gentiles me necesitan. Pero 'es suficiente para el siervo ser al menos como su amo' (*Berajot* 58b)". [El hombre fue creado con la libertad de elección y debe buscar a Dios por sí mismo].

251. Cuando el Rebe estaba sentado en el carruaje camino a Novorich,[14] dijo, "Tengo el poder de cambiar el mundo entero para bien. Y con esto no sólo quiero decir la gente común. También puedo cambiar a los Tzadikim y a otras personas importantes. También los Tzadikim necesitan mejorar. Y no sólo los judíos, el Pueblo Santo: yo puedo hacer incluso que las naciones gentiles del mundo vuelvan a Dios, y puedo acercarlos a la religión de Israel. Pero 'es suficiente para el siervo [R. Najmán] ser al menos como su amo' [Dios]".[15]

252. El Rebe dijo que para él "correr" no era un esfuerzo en absoluto. Lo que le resultaba difícil era "retornar", y esto era lo que le implicaba trabajo y esfuerzo en lo que a él concernía.

Para explicar más el tema, los términos "correr" y "retornar" que están utilizados en Ezequiel 1:14 para describir a las *jaiot*, se refieren a dos facetas o fases diferentes del servicio Divino.[16] Éstos se aplican a todas las personas, no importa cuán bajo sea su nivel. Hay veces en que uno se siente inspirado en sus devociones. Esto sucede especialmente cuando la persona está orando. De pronto siente un estallido de entusiasmo y dice las palabras con tremendo fervor. Ésta es la fase del "correr". Pero cuando pasan la inspiración y el fervor todo lo que queda es un vestigio. Ésta es la fase del "retornar".[17] Para la mayor parte de la gente el esfuerzo y

---

[14] Ver arriba: 48 y sig.
[15] *Berajot* 58b; ver arriba: 111; cf. arriba: 248.
[16] Ver *Likutey Moharán* I, 6:4; *Ibid.*, 13:3.
[17] Ver *Likutey Moharán* I, 4:9.

el trabajo principal es tratar de alcanzar el "correr", el momento en que el corazón "corre", si así pudiera decirse, en ferviente devoción. "Retornar" es algo fácil para ellos, porque ésa es su naturaleza.[18]

Sin embargo, en el caso del Rebe, esto era al revés, pues él ya había quebrado y aniquilado por completo su materialidad. En su nivel el "correr" era parte de su naturaleza. Para él el principal esfuerzo estaba en el "retornar", pues mientras la persona aún está con vida ésta también es una parte necesaria del servicio divino. De otra manera dejaría su cuerpo y moriría antes de tiempo, Dios no lo permita. Ambos ("correr" y "retornar") son partes necesarias del servicio a Dios.

253. Dijo: "Todo lo que alguien quiera hacer para mí, encontrará siempre muchos obstáculos. La oposición está reunida esperando desbaratar todo lo que alguien quiera hacer para mí. Esto se debe a que una vez que eso se logre muchos ganarán y se beneficiarán de ello. Todos están esperando a que sea terminado. Ahora bien, 'Dios hizo uno frente a lo otro' (Eclesiastés 7:14). Esto enseña que las fuerzas del mal son el espejo de las fuerzas de santidad [y así, también están esperando]. Esto se aplica incluso a temas menores. No importa cuán insignificante pueda ser algo, el solo hecho de que sea para mí, generará muchos obstáculos".[19]

254. <Escuché que una vez dijo: "Voy a estudiar Torá junto con los Siete Pastores".[20] El Rabí Najmán indicó varias veces que él era el aspecto del Mashíaj, pero que la generación no era digna de la Redención.>

Dijo: "Vendrá un tiempo en que la gente dirá maravillada, '¡De modo que conociste al Rabí Najmán! ¿Estuviste en su casa? ¿Conociste a alguno de sus seguidores?' y así en más. El solo hecho de haberme conocido será algo asombroso para la gente. Incluso alguien que meramente conoció a uno de mis seguidores será una persona muy especial".

---

[18] Ver *Likutey Moharán* I, 49:1, final; *Ibid.*, 59; cf. *Ibid.*, 22:5.

[19] Ver arriba: 67; *Sabiduría y Enseñanzas del Rabí Najmán de Breslov*, 185

[20] Cf. carta del Baal Shem Tov impresa en *Porat Iosef*, que el Mashíaj estudia Torá con los Siete Pastores.

255. Luego de que el Rabí Najmán enseñara la lección sobre el versículo "Confía en Dios y haz el bien" (Salmos 37:3; ver *Likutey Moharán* I, 79) comenzó a caminar de un lado a otro dentro de la casa, tal como era su costumbre. Entonces tomó un palo en la mano y dijo, "Y la vara de Dios en mi mano" (Éxodo 17:9), significando que él había conquistado por completo su voluntad.[21]

256. El Rebe dijo en Lipovec: "Yo soy un *ish pele*, una maravilla, y mi alma es asombrosa".

257. Él dijo:[22] "He alcanzado un nivel tal de percepción y de devoción a Dios que hubiera sido capaz de traer al Mashíaj. Pero dejé todo de lado y me dediqué a ustedes, para hacer de ustedes gente mejor. Esto es más importante que cualquier otra cosa: 'Feliz es aquel que toma al malvado por la mano y lo lleva al arrepentimiento' (*Zohar* II, 128b)". Entonces reprochó a sus seguidores diciendo, "He puesto tanto esfuerzo en trabajar con ustedes. ¡Cuántas veces enronqueció mi voz y se me secó la boca de hablar y hablar con cada uno de ustedes! ¿Y qué he logrado? Es posible que ustedes sean puros y sinceros, pero no es eso lo que yo quería. Yo quería que ustedes fuesen Tzadikim, grandes Tzadikim en los niveles más elevados.[23] ¿Cómo podré presentarme ante el Trono de Gloria?[24] Me consuelo con el pensamiento de la poca gente que ya tengo en el Mundo que Viene, aquellos que ya han fallecido. Por lo menos estoy seguro de que ellos son míos... Aquellos que aún están con vida se encuentran en un gran peligro. Pero los que ya han fallecido ciertamente son seguidores míos".[25]

258. Él dijo cierta vez: "Yo sospechaba de que era la mala inclinación en mí la que decía que no había nadie como yo, capaz

---

[21] Ver arriba: 162, en la nota; ver *Tovot Zijronot* 6. El individuo mencionado allí es el Rabí Itzjak Isaac, el yerno del Maguid de Terhovitza.

[22] Cf. arriba: 94.

[23] Arriba: 125-126.

[24] El Rabí Shimón bar Iojai hizo una afirmación similar en el día de su muerte y entonces reveló el *Idra Zuta* (Zohar III, 287 y sig).

[25] Cf. Rashi sobre Génesis 31:42. Dios no da garantías por los vivos.

de guiar a los jóvenes. Pero ahora sé con certeza que soy el único líder de esta generación y que no hay otro como yo".[26]

259. Cierta vez dijo que había pensado en partir con su esposa hacia alguna zona remota donde pudiera vivir en secreto, fuera de la vista del mundo. De vez en cuando saldría a la calle, miraría al mundo y se reiría de todos y de todas las cosas.[27]

"Vendrá un momento", dijo, "en que ustedes recordarán con anhelo cuando tenían esta figura completamente única en sus mismas manos, pero la dejaron ir".

260. "Cierta vez un importante comerciante estaba viajando con una carga de vino húngaro muy fino. Durante el viaje su asistente y el cochero le dijeron, 'Aquí estamos viajando con todo este vino. Es un viaje muy duro y estamos sufriendo. Déjenos probar un poco del vino'. El comerciante estuvo de acuerdo y les dejó probar un poco. Unos días después el asistente estaba sentado en una fiesta de bebedores en una pequeña ciudad. La gente estaba bebiendo vino y alabándolo de manera ostentosa. Ellos decían que era vino húngaro. El asistente dijo, 'Déjenme probarlo'. Le dieron un poco y él dijo, '¡Éste no es en absoluto un fino vino húngaro!'. Los demás se ofendieron y le dijeron que se fuese de allí. Pero él dijo, 'Yo sé muy bien que este vino no es húngaro, porque yo estuve con el comerciante de vinos que verdaderamente tenía vino húngaro y me lo dio de probar. Yo conozco realmente qué sabor tiene'. Pero ellos no le prestaron atención.

"Pero en el futuro", concluyó el Rebe, "cuando llegue Mashíaj, ellos sabrán. Llegará el momento en que sirvan el 'fino vino añejo' guardado para los rectos.[28] A otros los podrán engañar. Les darán vinos rumanos de categoría inferior, *Valajsianos* y *Strovitsanos*, y les dirán 'éste es el fino vino añejo'. Pero no podrán engañar a

---

[26] El Rabí Najmán dijo que la modestia no significa andar con un aspecto depresivo y con la cabeza baja. Uno debe conocer su verdadero valor, sus buenas cualidades y capacidades y con todo esto aun así considerarse menos que los otros. Ver *Likutey Moharán* I, 4; *Ibid.*, II, 22; adelante: 269; *Likutey Halajot, Tefilín* 6:23.

[27] Cierta vez el Rabí Natán y el Rabí Naftalí comenzaron a reírse de las vanidades de este mundo y no pudieron parar durante una hora (*Rabí Eliahu Jaim Rosen*).

[28] Cf. *Berajot* 34b; *Zohar* I, 135b, 192a.

ninguno de *mis* seguidores, porque nosotros ya hemos gustado del buen vino".

261. En la noche anterior a la circuncisión de su hijo, Shlomo Efraim, el Rebe se sentó con nosotros durante un largo rato y se explayó sobre su propia grandeza y las alturas que había alcanzado. Dijo que uno de los motivos por los cuales es muy difícil transmitir una comprensión de su grandeza o incluso a hablar sobre ello es porque otras figuras también han hecho afirmaciones extravagantes sobre ellas mismas. Es muy fácil hablar. Las cosas que ellos dijeron eran similares a las que él dijo sobre él mismo. Depende de cada persona decidir con su propio juicio y tratar de comprender dónde está la verdad.[29]

262. La gente solía decir del Rebe, "No hay camino intermedio". O bien él era lo que decían de él sus opositores, quienes "hablan arrogantemente en contra del recto" (Salmos 31:19), o él era realmente un verdadero Tzadik, en cuyo caso era una figura enteramente única, exaltada y tremenda, más allá de la comprensión de la mente humana.

Muchas veces el Rebe mismo repitió la frase popular, "no hay camino intermedio", indicando que de hecho ésa era la verdad. *No hay* camino intermedio, y al ser enfrentado con la elección uno tiene que elegir simplemente la verdad, pues "la verdad es una" (como está explicado en el *Likutey Moharán* I, 51).[30]

Siendo que no hay camino intermedio, es posible comprender, a partir de la misma intensidad de la oposición que tuvo, algo de la grandeza del Rebe. Simplemente el hecho de volver del revés lo que la gente decía de él, permite formarse alguna idea de su grandeza.

263. El primer Rosh HaShaná del Rebe en Breslov fue en el año 5563 (1802).[31] Yo mismo estuve con él para Rosh HaShaná y

---

[29] Ver *Likutey Moharán* II,15, que trata sobre cómo aquellos que son la imagen contraria de los verdaderos Tzadikim, hacen afirmaciones referidas a ellos mismos que son un espejo de las afirmaciones de los verdaderos Tzadikim sobre ellos mismos. Ver también *Likutey Halajot, Daguim* 4.

[30] *Maim* (publicado en el volumen *Cuatro Lecciones del Rabí Najmán de Breslov*), trata sobre esta lección, con agregados del *Likutey Halajot* y del *Likutey Tefilot*.

[31] Ver arriba:12, 127-128; *Iemei Moharnat* 2; *Tovot Zijronot* 5.

me quedé allí durante los Diez Días de Arrepentimiento hasta después de Iom Kipur, cuando retorné a mi hogar. R. Iudel y R. Shmuel Isaac se quedaron en Breslov para Sukot. R. Iudel me contó algunas cosas muy hermosas que fueron dichas entonces, aunque no recuerdo todo lo que él dijo.[32]

En Hoshana Raba el Rebe dijo públicamente: "¿Qué puedo hacer? Tengo dos asesinos sobre mí que dicen que yo soy un Tzadik y un líder". Al mencionar los "dos asesinos" señaló a R. Iudel y a R. Shmuel Isaac, quienes eran extremadamente devotos de él. Es imposible comprender lo que quiso decir el Rebe. Ellos se encontraban entre sus seguidores más cercanos y él estaba muy orgulloso de ellos.

En Shemini Atzeret el Rebe les habló sobre bailar y aplaudir y trató sobre las diferentes costumbres del baile, tales como saltar, lo que alude al concepto de cómo "Moisés ascendió a Dios" y "Dios descendió en el monte Sinaí" (Éxodo 19:13, 20).

Luego llegó una gran cantidad de gente del pueblo cantando con alegría, tal como es costumbre en Shemini Atzeret.[33] El Rebe les dijo a R. Iudel y a R. Shmuel Isaac que se fueran. "Tengo trabajo que hacer con ellos y esto no tiene nada que ver con ustedes". Ellos se fueron. Por mucho tiempo hubo una tremenda atmósfera de alegría y de felicidad y muchos cantos. El Rebe mismo bailó mucho. Comenzó un poco antes de la caída de la noche y no se detuvo hasta varias horas después de entrada la noche de Simjat Torá, <bailando durante mucho tiempo con cada una de sus hijas comprometidas, Sara y Miriam>. La gracia y la belleza de su danza eran bien conocidas. Estaba más allá de lo común. ¡Aquél que nunca lo vio no ha visto lo bueno en su vida![34]

También escuché entonces de los santos labios del Rebe, que dijo: "Este año bailé mucho, porque estaban siendo tratados

---

[32] *Sabiduría y Enseñanzas del Rabí Najmán de Breslov*, 86. Ver arriba: 185; *Parparaot LeJojmá* 49.

[33] La gente del pueblo de Breslov solía reunirse en la casa del Rebe Najmán al final de Shemini Atzeret y acompañar al Rebe bajo un toldo a la sinagoga, para la celebración de Simjat Torá (*Rabí Levi Itzjak Bender*).

[34] Cf. *Suká* 51a; *Likutey Moharán* I, 64:5.

Sus Logros

los edictos en contra de los judíos. Bailando y aplaudiendo endulzamos los decretos y los hemos anulado".[35]

264. Dijo el Rebe: "Oren por mí. Oren para que pueda recuperarme, y los llevaré por un nuevo camino, un camino que nunca antes ha existido. En verdad es un camino muy antiguo. Y aun así es completamente nuevo".[36]

265. El Rebe mencionó cierta vez que recientemente había comenzado a estudiar *Joshen Mishpat*[37] junto con sus dos comentarios más importantes, el *Siftei Kohen*[38] y el *Meirat Einaim*.[39] En muy poco tiempo había llegado a la Sección 91. En otras palabras, ya había recorrido cerca de doscientas páginas en folio. Dijo que podía recordar lo que había en cada párrafo. En ese momento se encontraba con él un cierto Rav con quien el Rebe comenzó a tratar varios problemas halájicos. El Rav no era capaz de responderle. Más tarde llegó un doctor para hablar con él y tampoco sabía nada. El Rebe dijo, "Cómo pueden ellos tomar..." etc. No puedo recordar esto con claridad.

Hubo muchas ocasiones en que el Rebe trató de memoria las cuestiones halájicas desarrolladas en la edición completa del *Shuljan Aruj* con sus comentarios. Él estaba plenamente versado en todo el *corpus* de la halajá y su comprensión era asombrosa. Incluso alguien que hubiera estudiado recientemente la autoridad cuya decisión estaba bajo discusión no era contrincante para el

---

[35] Arriba: 13; *Sabiduría y Enseñanzas del Rabí Najmán de Breslov*, 131; *Iemei Moharnat* 3; cf. *Likutey Moharán* I,10.

[36] Cf. Arriba: 63, adelante: 392; *Jaiei Nefesh* #35.

[37] "El Pectoral del Juicio" es la cuarta sección del código de leyes, el *Shuljan Aruj*, compilado por el Rabí Iosef (ben Efraim) Caro (1488-1575). Es el texto base de la ley judía para todos los judíos. Esta sección trata sobre las transacciones financieras y los juicios.

[38] "Los Labios del Kohen" es un importante comentario sobre el *Shuljan Aruj* (*Iore Dea* y *Joshen Mishpat*) por el Rabí Shabtai (ben Meir) HaKohen (1622-1663).

[39] "Iluminando los Ojos" es un importante comentario sobre *Joshen Mishpat* por el Rabí Ioshúa (ben Alexander) Follak (m. 1614) quien también compuso el *Drisha* y *Prisha* sobre el *Tur*.

Rebe. Invariablemente sobrepasaba a los eruditos con los cuales hablaba, tan extenso era su conocimiento del Shuljan Aruj.[40]

Alguien me contó que el Rebe dijo: "Si yo comenzase a enseñar mis interpretaciones Talmúdicas, tendría a todos los grandes eruditos de Torá bajo la planta de mis pies.[41] Pero aún no tengo ganas de hacerlo". El Rabí Najmán dijo[42] que es más fácil hacer contribuciones originales en el área del *Nigle*, de la Torá Revelada. Si examinas con atención las palabras del Rebe comenzarás a ver cuán lejos llegaba su sabiduría.

266. Dijo el Rebe: "Yo mismo tengo el poder de hacer todo el bien que hará Mashíaj por Israel. La única diferencia es que yo...". El Rebe se detuvo y no dijo nada más.

De acuerdo con otra versión, el Rebe dijo: "La única diferencia es que yo no soy capaz de completar aún las cosas".

267. <Él dijo: "En el futuro yo cantaré una canción que será el Mundo que Viene de todos los Tzadikim y los Jasidim".[43]

Cierta vez el Rebe levantó las manos hasta la altura de los hombros y las volvió a bajar. "Todos los Tzadikim son para mí de aquí hasta aquí", dijo. En otras palabras, ellos eran desde sus hombros hacia abajo. Luego, levantó las manos por sobre la cabeza, las bajó por los costados de su cabeza y luego hasta los hombros. "Y yo soy de aquí hasta aquí". Estas palabras son muy profundas. (Su significado puede comprenderse a partir de los escritos del Ari, que si uno es capaz de entender, podrá comprender cómo es que al hacer la voluntad de su Creador la persona puede alcanzar un nivel tan grande que llegue a ser el epítome de la "imagen de Dios" a la perfección.)>[44]

---

[40] Ver *Sabiduría y Enseñanzas del Rabí Najmán de Breslov*, 29; ver *Likutey Moharán* I, 82.6; *Ibid.*, 62:2. El Rebe dijo que estudiar los códigos, es decir las diversas opiniones, y llegar a una sola y correcta decisión, aumenta la capacidad del individuo de discernir lo correcto de lo incorrecto y llegar a una decisión apropiada en todas las situaciones de la vida.

[41] Ver *Kojavey Or* p. 28.

[42] Adelante: 343.

[43] Ver *Likutey Moharán* I,64; *Ibid.* II, 8; *Los Cuentos del Rabí Najmán*, #13.

[44] El Ari enseña: Keter, la Corona, del *Partzuf* inferior alcanza sólo al *jazé*, el área del pecho, del *Partzuf* superior. Así, Keter de *Zeir Anpin* se extiende sólo hacia

Alguien me comentó que el Rebe había dicho que él había aprehendido la *iejidá* en el nivel más elevado.[45] Ahora bien, el *nefesh* de *neshamá* es superior a la *iéjidá* del *rúaj*, etcétera. Esto ayudará a explicar lo que el Rebe quiso decir cuando dijo que él había aprehendido la *iejidá* en el nivel más elevado.

"De acuerdo con esto", dijo el Rebe, "Yo conozco 'un poco' y me encuentro en un nivel muy elevado. Pero aun así, todavía quiero más. Porque quién sabe, quizás *hay* más".

<Cierta vez escuché que el Rebe dijo: "Me enorgullezco del hecho de que si yo comenzara a revelar mi gran sabiduría, todos quedarían estupefactos al escucharla. Es precisamente por esto que no puedo permitirme hablar, porque si yo comenzara... Más bien, me refreno y dejo que hable otro. E incluso aunque él no sabe de lo que está hablando, yo soy capaz de extraer una gran sabiduría de sus palabras. De modo que me mantengo en silencio".>

268. Él dijo: "Yo puedo recibir enormes sumas de dinero y así y todo me es absolutamente indiferente. Usualmente cuando alguien recibe dinero, y especialmente cuando es mucho dinero, le cambia el rostro y se vuelve una persona diferente. Pero en mi caso incluso si recibo una enorme suma de dinero yo no cambio de ninguna manera, en absoluto".

Alguien me contó que el Rebe dijo cierta vez que su manera de recibir dinero era una de las propias innovaciones de Dios. Dios Mismo tiene ciertas novedosas innovaciones. Una de ellas era la manera en la cual el Rebe recibía dinero.[46]

---

el *jazé* de *Aba veIma*. Keter de *Aba veIma* se extiende al *jazé* de *Arij Anpin*, etc. (*Etz Jaim, pasim*).

[45] El alma está dividida en cinco niveles. El más bajo es *Nefesh*, seguido por *Rúaj, Neshamá, Jaiá* y *Iejidá*. Cada uno de estos cinco niveles está dividido a su vez en cinco, es decir, *nefesh de nefesh, rúaj de nefesh, neshamá de nefesh*, etcétera. La persona comienza la vida con *nefesh*. Al completar el *nefesh* se le da el *rúaj*, cuando el *rúaj* está completo alcanza la *neshamá*, y así en más. El Ari afirma que la mayor parte de la gente puede alcanzar, en el mejor de los casos, el nivel de *neshamá*. Ver *Etz Jaim, Drushai ABIA* 1; *Shaar HaGuilgulim* 1, 11.

[46] Ver adelante: 499, 502; *Sabiduría y Enseñanzas del Rabí Najmán de Breslov*, 150, 193; *Los Cuentos del Rabí Najmán*, #13.

269. 4 de Elul de 5569, Breslov, el Rebe dijo: "Yo soy más humilde que todos los Tzadikim conocidos. Cada uno tiene su propia tarea, y en cuanto a mí, yo soy el humilde, porque en cuanto a ⬚ ⬚ concierne ellos no tienen ninguna importancia en absoluto. La humildad significa que uno no se considera a sí mismo como algo: es una nada ante sus propios ojos. Dado que ellos no son de importancia alguna en cuanto a mí concierne, yo soy por lo tanto el humilde entre ellos. ¿Qué significa esto? De todos los Tzadikim conocidos, yo soy el humilde en el sentido de que uno hace una cosa, otro algo diferente, pero en cuanto a mí, yo no me atengo a ellos en absoluto. Así, si nos tomas a todos juntos, como una colectividad si así pudiera decirse, yo soy aquel con la cualidad de la humildad. La única cuestión es ¿a quién considero que es más 'nada'? ¿A mí mismo o a ellos?"... Y parecería ser que el Rebe se consideraba a sí mismo más "nada".

"De manera similar con respecto a Moisés: para mí el versículo que lo describe como siendo 'muy humilde por sobre todos los hombres que están sobre la faz de la tierra' (Números 12:3) es problemático. ¿Cómo es posible describir a Moisés de esta manera? Todos eran sus discípulos. ¿Cómo podía ser él humilde delante de ellos? La única manera de explicar el versículo es de acuerdo con las mismas ideas que dije anteriormente. Él era 'humilde por sobre todos los hombres' en el sentido de que poseía la cualidad de la humildad de todos los hombres, él poseía la humildad de toda la humanidad. Porque en cuanto a él concernía, todos estaban en la categoría de la humildad, porque todos ellos eran una nada. Sin embargo, él se consideraba a sí mismo más 'nada' que ellos". Comprende bien esto.

Nota del Editor: Mi propia comprensión de lo que el Rebe quiere decir es que Moisés había alcanzado tal altura en su percepción de la grandeza del Creador que él veía las devociones y el servicio de los seres humanos como siendo "una nada" en relación a la grandeza de Dios. Él mismo era el líder y el maestro de todo Israel porque había logrado más que ningún otro. Sin embargo, se consideraba como una nada, más que cualquier otro. Esto era precisamente porque debido a que su percepción era tan exaltada él percibía más profundamente cómo es que todos sus servicios y devociones no eran de ninguna importancia en relación con la grandeza de Dios.[47]

270. Cierta vez el Rebe pidió que comprobasen la condición de sus *tefilín*. Él dijo: "El Rav de Berdichov (R. Levi Itzjak) ha salido a viajar por el país. Es por esto que estoy pidiendo que mis *tefilín* sean verificados. Es posible que yo haya dicho que para mí ellos no tienen ninguna importancia [es decir, los otros Tzadikim], pero aún así, considero que el Rav de Berdichov es en verdad muy grande.[48] Cuando un hombre tan grande y famoso sale a viajar, quiere decir que hay una falla, si así pudiera decirse, en el 'orgullo y la gloria', es decir en el pueblo judío, que son el 'orgullo y la gloria' de Dios".[49]

"Un hombre que es una figura importante en Israel es la raíz del 'orgullo y la gloria', debido a su estatura y esplendor. Mientras él está en su casa, es como 'el esplendor de un hombre, habitando en su hogar' (Isaías 44:13). El esplendor, el orgullo y la gloria están 'habitando' en su hogar, que es el concepto de la caja de los *tefilín*, que es llamada *bait*, una casa. Pero cuando un Tzadik así sale de viaje se expone a todas las dificultades y problemas del mundo. Cuando alguien viaja se ve sujeto a toda clase de indignidades, tal como nos dicen nuestros sabios (*Bereshit Rabah* 40:4). Y esto se aplica más aún en el caso de un Tzadik como éste, que inevitablemente será tratado menos dignamente de lo que corresponde a su verdadera grandeza. Es posible que se le acuerde insuficiente honor en relación con la total profundidad de su conocimiento. O más aún, puede sufrir indignidades al recibir contribuciones. Todos estos ultrajes son un daño al 'orgullo y la gloria', que ha salido de las casas, las *batim*. Esto presenta dudas con respecto a la validez de los *tefilín*, pues los *tefilín* son el concepto del 'orgullo y la gloria', dado que ellos son llamados *peer*, esplendor" (*Berajot* 11a).[50]

---

[47] Cf. Adelante: 496.

[48] Ver arriba: 171, adelante: 553; *Sabiduría y Enseñanzas del Rabí Najmán de Breslov*, 196; *Likutey Moharán* II, 67.

[49] Cf. *Likutey Moharán* I, 14:5; *Ibid.* II, 72.

[50] Ver *Likutey Moharán* I, 17:1.

271. Es imposible formarse una idea de la grandeza de ser simplemente uno de los seguidores del Rebe. "Es posible", dijo, "que otros utilicen un lenguaje similar para alabar a sus líderes y para loar la grandeza de sus seguidores, pero la verdad es que en cuanto a *mis seguidores* concierne, el hecho de estar unidos a mí es de por sí algo muy grande. Es posible que algunos de mis seguidores no sean nada por sí mismos. Incluso puede ser que no se comporten como es debido. Aun así el mero hecho de que están entre otros que se han acercado al Tzadik, la fuente misma de la santidad, es en sí mismo muy beneficioso. Finalmente también ellos serán inspirados y volverán a Dios".[51]

"Fíjense ustedes mismos las maravillosas enseñanzas que han escuchado. Incluso alguien que no ha escuchado la enseñanza misma pero que sin embargo estuvo presente cuando fue revelada, también es bendecido. Eso muestra el privilegio que es en verdad *escuchar* tal enseñanza. Está de más decir que es un privilegio escuchar una enseñanza como ésa una vez al año. Incluso si sólo escuchas tal enseñanza una vez en la vida, ¡eso sería suficiente! 'Sí sólo has venido al mundo para escuchar esto, sería suficiente' ".[52]

Y en verdad, escribe el Rabí Natán, fuimos dignos de escuchar año tras año las más tremendas y maravillosas lecciones, enseñanzas que hasta el momento nunca habían sido reveladas.

El Rebe le dijo entonces al Rabí Natán: "¡Pero tu alma escucha!". En otras palabras, incluso si no podemos comprender conscientemente el significado de muchas de las cosas que dijo el Rebe, por ejemplo sus motivos para hacer verificar sus *tefilín* cuando el R. Levi Itzjak salió a viajar, aun así fue un tremendo privilegio y un beneficio espiritual simplemente haber estado presente cuando él lo dijo.

No importa cuán bajo pueda estar la persona, hasta las lágrimas mismas que derrama en su esfuerzo por acercarse un poco a Dios... incluso un llanto interrumpido, nunca es en vano. Así comenta el *Zohar* (I, 69) sobre el versículo en Salmos (89:10): "Tú gobiernas la agitación del mar"; cuando una persona trata

---

[51] *Likutey Moharán* I, 285.
[52] Zohar I, 164; *Ibid.* II, 193b.

de avanzar hacia un nuevo nivel, aunque nunca lo logre, el mero hecho de que intenta y lucha por alcanzar un particular nivel de santidad es en sí mismo una forma de alabanza a Dios y es muy valioso para Él.

272. El Rebe dijo de sí mismo: "Yo soy el 'Anciano de los Ancianos' ". Podrás comprender algo de lo que quiso decir si miras cuidadosamente el tremendo relato de "Los Siete Mendigos".[53] En la historia del mendigo que era ciego, la Gran Águila le dice que él es muy anciano y que aun así es un niño de pecho y no ha comenzado a vivir en absoluto. Sin embargo, él es anciano comparado con todos los ancianos mencionados en el cuento. A partir de los otros incidentes en el relato también podrás alcanzar algo de comprensión sobre la grandeza del Rebe. A través de estas alusiones el sabio comprenderá.

273. El Rebe se enorgullecía de que nunca había comenzado a hacer algo en este mundo sin primero conocer su subyacente significado místico. Esto se aplicaba incluso al fumar en pipa. El Rebe no comenzaba hasta no conocer su significado místico. Esto se aplicaba a sus otras prácticas: nunca comenzaba algo hasta que no comprendía su significado oculto.

Con respecto al fumar, el Rebe comprendía su significado místico pero muchas veces nos dijo que nosotros no debíamos hacerlo. Una vez habló durante un tiempo sobre el tema de fumar tabaco, y dijo que era un hábito muy necio que de ninguna manera ayudaba a la limpieza del cuerpo tal como decía la gente. Con respecto al uso del rapé, eso era todavía peor.[54]

274. El Rebe dijo: "En un cuanto a qué será de mí, no tengo idea. Pero esto he logrado con el Todopoderoso: El Recto Mesías será uno de mis frutos".[55] El Rebe dijo esto públicamente, y era muy insistente en que debíamos prestarles el debido honor y respeto a sus hijos,[56] porque ellos eran árboles muy preciosos que darían

---

[53] *Los Cuentos del Rabí Najmán*, pgs. 208-212.
[54] Adelante: 472.
[55] Adelante: 513; *Shearit Israel* #96, 97, 100.
[56] *Oneg Shabat* p. 42.

frutos inusuales y buenos.[57] También dijo que él había escogido sus descendientes del Mundo de *Atzilut*, Emanación, el mundo más elevado.[58]

275. <Yo le dije al Rebe: "Quizás éste es el significado del dicho, 'El Hijo de David sólo vendrá cuando nadie esté prestando atención' (*Sanedrín* 97a). En otras palabras, nadie pensará que éste es él. Pero en verdad, él ya ha llegado... *y aquí está él...*". Él estuvo de acuerdo conmigo y dijo que éste era el significado de, "Y su rey saldrá de entre ellos" (Jeremías 30:21).[59] Entonces el Rebe se entusiasmó y exclamó: "De hecho fue Rav Najmán quien dijo esto en el Tratado *Sanedrín* (98b): 'Si él [el Mesías] viene de aquellos que aún están vivos, ¡entonces yo soy él! Como está escrito, "Y su rey saldrá de entre ellos"'. Pronto y en nuestros días, Amén".

Nota del Editor: Esto tuvo lugar luego de que el Rebe diera su lección "¡Debes saber! Hay diferencias entre las lecciones de Torá" del *Likutey Moharán* II, 28. El corazón del Rabí Natán fue tan conmovido por la tremenda profundidad de las palabras del Rebe que literalmente se encendieron dentro de él como una llama. No podía contenerse, de modo que incluso estando todos presentes habló abiertamente diciendo, "Quizás éste es el significado, etcétera".>

También en público, el Rebe dijo: "La gente presupone que cuando llegue el Mesías no habrá más muertes. Esto no es así. Incluso el mismo Mashíaj también morirá".[60]

276. Escuché de alguien más que el Rebe dijo que él sabía, antes que todos los otros Tzadikim, de los problemas que iban a acaecerle al pueblo judío, Dios no lo permita. Esto se debía a que él conocía el decreto y el problema cuando aún se encontraba

---

[57] Adelante: 583.
[58] El Ari explica que las *neshamot*, la almas, emanan de mundos diferentes. La mayoría proviene del Mundo de *Beriá*, el Trono. Sin embargo, los Tzadikim muy grandes, debido a su santidad, pueden traer almas desde el Mundo de *Atzilut* (*Shaar HaGuilgulim* 18, 19; *Etz Jaim, Shaar Main Dujrin veMain Nukvin* 4).
[59] Cf. *Targum Ionatán loc. cit.: Meshijeon*.
[60] Cf. *Suká* 52a.

en su raíz. Sólo más tarde el tema llegaba a ser conocido por los demás Tzadikim. "La razón para esto", dijo el Rebe, "es que yo conozco mi propia bajeza y debido a esto sé de la verdadera grandeza y santidad del pueblo judío y cuán valiosos y exaltados son a los ojos de Dios. Ellos fueron traídos y tomados del lugar más tremendo y exaltado.[61] Es por esto que yo conozco todo antes que los otros Tzadikim". En mérito al Rebe, que Dios tenga piedad de nosotros, anulando todos los decretos severos y llevando todo hacia el bien.

277. Hemos mencionado en otra parte que el Rebe estaba totalmente en desacuerdo con los líderes que no tomaban en serio los rumores sobre los decretos pendientes en contra de los judíos.[62] La gente decía que Dios nunca haría tal cosa. Pero el Rebe decía que ellos estaban terriblemente equivocados. ¿Acaso no hubo muchos problemas y decretos en contra de los judíos en las eras anteriores? Que Dios nos proteja de ello en el futuro.

El Rebe mismo estaba muy preocupado por estos decretos. Habló mucho sobre ellos y se abocó de todo corazón a tratar de endulzarlos y anularlos. Él quería que cada judío, y en especial los líderes, orasen a Dios constantemente sobre estos decretos, tal como solían hacer nuestros antepasados y así como hizo Mordejai cuando a Hamán se levantó en contra del pueblo judío. En cada generación es nuestro deber clamar a Dios en contra de todos los decretos que nos amenazan. Dios, en Su bondad, escuchará nuestro clamor y anulará los decretos transformándolos en bien.

278. El Rebe dijo que una de las cosas que él había logrado de Dios era que cada vez que la gente venía a él pidiendo que orase por una parturienta que estaba teniendo dificultades en dar a luz, sus dificultades durarían sólo hasta el momento en que ellos llegaran hasta él. Apenas llegaran hasta él, ella daría a luz.[63]

---

[61] *Likutey Moharán* II, 7:3.

[62] Ver arriba: 126; *Sabiduría y Enseñanzas del Rabí Najmán de Breslov*, 131 nota 444.

[63] Este poder le fue transmitido al Rabí Iudel. Ver *Until The Mashiach* 300-301.

279. Alguien me contó que el Rebe dijo: "El Rabí Shimón bar Iojai fue una figura única, tal como saben todos. Desde la época del Rabí Shimón[64] hasta la época del Ari,[65] de bendita memoria, el mundo estuvo quieto. (En otras palabras, en el período intermedio, no hubo nuevas revelaciones comparables a aquellas del Rabí Shimón. Sólo el Ari reveló enseñanzas enteramente nuevas y originales. Hasta su época no hubo nadie que pudiera revelar tales ideas). Desde la época del Ari hasta la época del Baal Shem Tov el mundo estuvo quieto nuevamente y ninguna nueva enseñanza fue revelada hasta que llegó el Baal Shem Tov. Él también fue una figura totalmente única y reveló enseñanzas completamente nuevas. Desde el tiempo del Baal Shem Tov hasta el presente el mundo estuvo quieto nuevamente. No ha habido nuevas revelaciones en un nivel similar y el mundo se ha estado sosteniendo sólo a través de las revelaciones del Baal Shem Tov. Entonces llegué yo y ahora estoy comenzando a revelar enseñanzas tremendas y exaltadas que son totalmente nuevas y originales".[66]

280. Domingo, 25 de Nisán, 5570 (1810). El Rebe había estado hablándome sobre las enseñanzas del Baal Shem Tov y lo originales que eran. Toda la historia del Baal Shem Tov no tuvo paralelo.[67] Nunca antes había habido nada parecido, excepto quizás en algún grado en las obras del Ari, de bendita memoria. Esto llevó al Rebe a tratar sobre los escritos del Ari, que elogió en términos brillantes por las tremendas revelaciones que contenían, tal como es bien sabido. El Rebe había estado estudiando el *Likutey*

---

[64] El Rabí Shimón bar Iojai fue el primero en recibir permiso para exponer abiertamente sobre la Kabalá. De aquí las diferencias en la terminología del *Zohar* comparada con las anteriores obras kabalistas.

[65] El Rabí Isaac Luria (1534-1572), decano de todos los Kabalistas y líder de la comunidad mística en Safed. Recibió el permiso de elaborar sobre los escritos del Zohar.

[66] *Jaiei Nefesh* #34.

[67] Los discípulos del Baal Shem Tov remarcaron cierta vez, "Si toda la grandeza del Ari es lo que se encuentra mencionado en el *Shivjei HaAri zal*, entonces hemos visto mucha mayor grandeza en el Baal Shem Tov".

Torá[68] del Ari, que contiene notables enseñanzas. Dio como ejemplo el comentario del Ari sobre el versículo de Génesis 22:23: "*Shmone eile*, estos ocho, tuvo Milka", donde él trata "ocho veces 'estos', etcétera".[69]

El Rebe continuó diciendo: "Lo que nadie nunca notó es que todas sus revelaciones sólo conciernen al Asia [Menor]. Todos los eventos tratados tuvieron lugar sólo en Asia. Pero la verdad es que la Torá contiene un relato de todo lo que existe en el Universo. No hay nada de lo que la Torá no hable.[70] Es así que encontramos que Alemania está mencionada en la Torá.[71] Lo que sucede es que la Torá no hace una historia completa de todo. A veces, las cosas son mencionadas sólo para ser ignoradas inmediatamente. Sólo donde quiere, la Torá nos da la historia completa, tal como en el caso de Labán, etcétera. Sin embargo, la Torá contiene alusiones a todo; lo que sucede es que los sabios de otras épocas sólo revelaron lo que concierne a Asia. Aun así, la verdad es que existieron muchas naciones en otras partes del mundo, incluso antes de la revelación de la Torá. En el momento en que fue dada la Torá, había muchas naciones lejanas que tuvieron conocimiento de la Entrega de la Torá a través de las rutas de comunicación que existían entonces. Así, el estado de Sajonia existió incluso antes de los días de Abraham. Hungría también era una nación muy antigua y lo mismo sucede con los otros países fuera de Asia. Sin embargo nada se dice de estas naciones. Los lugares que están mencionados, Egipto y demás, y "estos ocho" que tuvo Milka, todos están en Asia. Aun así la Torá contiene alusiones a todas las cosas porque Moisés tenía conocimiento de todo.

---

[68] *Likutey Torá* contiene interpretaciones Kabalistas de la Torá de acuerdo a la Kabalá del Ari. Esta obra es parte de la edición del Rabí Meir Popper de los escritos del Rabí Jaim Vital. Publicada por primera vez en Zolkove, 1775.

[69] *Eile* equivale a 36, y 36 x 8 = 288, el número de "chispas" que cayeron durante la "Ruptura de los Recipientes". "Milka" se refiere al "Rey". Ver *Shaar HaHakdamot, Shaar RPJ Nitzotzin; Etz Jaim, Shaar RPJ Nitzotzin; Shaar HaPesukim, VaIerá; Likutey Torá, VaIerá.*

[70] Ver *Zohar* III, 221a; cf. *Taanit* 9a; *Julin* 139b.

[71] El nombre Ashkenaz en Génesis 10:3 es aceptado tradicionalmente como una referencia a Alemania.

El Rebe continuó diciendo que todos los eventos que suceden en este mundo contienen alusiones a cosas del orden más elevado. No hay nada en el mundo que carezca de significado. El mundo nunca está quieto, ni un solo momento. Hay un constante movimiento y cambio, y cada detalle tiene un significado. Pero ello no es más que una débil alusión en relación al *Ein Sof*, el Infinito.[72] Nada en el mundo es más que una débil alusión en relación con lo que será en el futuro, cuando se produzca la renovación del mundo.

El Rebe dijo entonces que todo lo que sucede es meramente "trabajo sobre un fino hilo de metal" en relación con el Infinito. El Rebe habló mucho sobre esto, pero es imposible explicarlo por escrito pues estamos tratando con temas muy exaltados concernientes a los misterios del trabajo de Dios en el mundo. Aquellos que escucharon estas cosas directamente del Rebe podrán quizás tener un atisbo de comprensión de la importancia de sus palabras, aunque no pudieran entenderlas en su totalidad.

281. 5569 (1808-9). Un sábado a la noche dijo el Rebe: "Incluso si llegara a nosotros una gran alma, aun así yo sería considerado una figura de importancia. La oposición que sufro no es en realidad una oposición en contra de mí... Yo estoy sentado aquí en mi casa...".

El Rebe continuó: "Ya hubo un caso de alguien que sufrió oposición y que se construyó una torre alta y se sentó en ella. Ellos pelearon contra él y le arrojaron flechas y piedras ardientes, pero no pudieron hacerle nada. Sin embargo, existen piedras preciosas que están formadas por gases y vapores. Había una piedra preciosa en particular que estaba formada de aire, pero aún no había adquirido toda su perfección. Mientras estaban disparando sus flechas, le arrojaron esta piedra preciosa que cayó en la torre. Esta piedra era una piedra de gracia. Tan pronto cayó en la torre todos ellos se prosternaron delante de él y dijeron: '¡Larga vida al rey! ¡Larga vida al rey!'.

"Sin embargo, en cuanto a ustedes, sus almas son pequeñas y ellas caen en el curso de las batallas. Esto es a lo que se refiere

---

[72] Ver *Etz Jaim, Drush Igulim veIosher*, 5; Cf. arriba: 240, 243.

el versículo de Lamentaciones (4:1): 'Las santas piedras están esparcidas'. El motivo para el uso de la expresión 'esparcidas' es que estas almas aún están incompletas y ellas caen antes de alcanzar su perfección. Pero el alma grande que mencioné, la piedra preciosa de la historia, posee una gracia perfecta. Aún le faltan otras formas de perfección, pero con la ayuda del hombre sabio también las adquiere".[73]

282. Luego de Pesaj 5565 (1805) el Rebe dijo que había dos cosas que él ahora comprendía, pero que era incapaz de comunicarlas. Las dos cosas en cuestión parecían evidentes, es decir, su significado simple parecía ser el significado correcto. Pero recién ahora las había comprendido.

La primera era la afirmación de los sabios (*Berajot* 28b): "Cuando una persona transgrede dice: 'Nadie me verá' ". El Rebe no dijo nada. Simplemente puso énfasis en las palabras "Nadie me verá", sin explicar qué era lo que se le había revelado, pues él ya había dicho que no podía ponerlo en palabras porque el significado simple parecía ser el correcto. Sin embargo, pese a ello, sólo ahora comprendía este misterio.

La segunda cosa que ahora comprendía era que, "El objetivo de todo conocimiento de Dios es comprender que uno es realmente un ignorante".[74] (Él dijo que si de hecho ahora había alcanzado este objetivo, comprendiendo que era realmente un ignorante, entonces también sabía que él no sabía nada en absoluto). La prueba era que en ocasiones anteriores también había creído que había alcanzado el objetivo, pero aún podía ver cuán lejos había estado de él. (Y habló de sí mismo con desdén, porque ahora se daba cuenta de que sus anteriores "comprensiones" habían sido mera locura). Porque hoy realmente no sabía que él era verdaderamente ignorante. El Rebe dijo que esta segunda comprensión también era algo imposible de poner en palabras y de explicar, porque el significado simple parecía evidente y aun así era sólo ahora que conocía su significado.

---

[73] Ver *Los Cuentos del Rabí Najmán*, #7, sobre la "piedra de gracia".
[74] *Bejinat Olam* 33:13; Cf. *Kuzari*, 5:21; *Alimá Rabati*, p. 36; *Keter Shem Tov*, p. 3a #3.

283. Al comienzo del verano de 5570 (1810), durante el viaje desde Breslov a Umán, el Rebe retomó este tema y habló más sobre lo que acabo de mencionar, es decir, que no sabemos absolutamente nada. Enfatizó la grandeza de Dios diciendo que es imposible explicarla. Él dijo que no sabemos absolutamente nada.

Yo le dije: "¿Pero no has hablado ya de esto antes? Explicaste que el objetivo de todo conocimiento es comprender que uno es realmente un ignorante. ¿No dijiste entonces que incluso cuando alcanzamos este objetivo y comprendemos nuestra ignorancia, aún no sabemos absolutamente nada... etcétera?".

El Rebe respondió: "¡Quién sabe cuál era el objetivo del 'conocimiento' que dije que había que alcanzar!". La implicancia era que el conocimiento que él había alcanzado en esa ocasión, luego del Pesaj del año 5565, aún no era la comprensión final de la ignorancia, era meramente un nivel inferior de comprender la ignorancia. En verdad, había alcanzado un nivel de comprensión de la ignorancia. Pero él quería que entendiésemos que existe un conocimiento más allá del conocimiento, una percepción más allá de la percepción. En todos los casos de conocimiento y de percepción, el objetivo es siempre comprender la propia ignorancia.

Entonces dijo que incluso desde el momento en que se fue de Breslov (unas pocas horas antes, porque aún no habíamos recorrido doce millas) nuevamente "no sabía": nuevamente había tratado de alcanzar el nivel de no conocer. Comprende esto, porque estos temas son muy profundos y exaltados. Feliz el hombre que alcanza tales percepciones en verdad. El Rebe era único con respecto a su "no conocer", como él mismo dijo. Esto es algo que nadie puede comprender, pero no puedo evitar registrarlo para que aquellos que son dignos puedan vislumbrar un poco, cada uno de acuerdo con la capacidad de su corazón, y mediante esto ser capaz de discernir una pequeña porción de la grandeza del Creador.[75]

---

[75] Arriba: 215; *Sabiduría y Enseñanzas del Rabí Najmán de Breslov*, 153; *Iemei Moharnat* 51. El Rabí Abraham ben reb Najmán Jazán de Tulchin dijo, "Espero que 10.000 años después de la Resurrección, pueda ser capaz de comprender una de las conversaciones simples del Rabí Najmán, tal como el Rebe la comprendió en este mundo" (*Rabí Eliahu Jaim Rosen*).

284. Cierta vez el Rebe dijo que a través de él era posible obtener una pequeña comprensión de la grandeza del Creador. A través de ver las extraordinarias y tremendas alturas de sus propias percepciones - y después de todo, ¿qué era él? ¡un pedacito de hombre! - de esto uno podía hacer una inferencia tras otra y comprender algo de la grandeza del Creador. Y en verdad todo aquel que fue capaz de discernir la grandeza del Rebe simplemente quedó anonadado con el pensamiento de la grandeza del Creador. Mediante la comprensión de la grandeza del Rebe podía formarse una mínima estimación de la grandeza del Creador.[76]

285. El Rebe me dijo cierta vez con un tono de nostalgia: "¿Dónde puedes encontrar un grupo de amigos como aquellos que estaban con el Rabí Shimón bar Iojai? Yo también pondría mi cabeza entre ellos". <Agregó: "En verdad, donde fuere que se encuentre un grupo así, yo sería su maestro".>[77]

286. Él dijo: "He pensado mucho en el mundo. Donde sea que pueda encontrarse algo de verdadero bien, debería por derecho acercarse a mí".[78]

287. <Él dijo: "En cuanto a qué rey saldará victorioso, yo por cierto que lo sé. Yo incluso sé lo que otro Tzadik no sabe".>

En el verano de 5563 (1803) cuando comencé a ser su seguidor, le escuché decir que él conocía las raíces mismas de la Torá en el lugar de donde la santa Torá proviene.[79] La Torá tiene raíces que son más elevadas aún que la Torá misma, y es de allí que

---

[76] Antes de que el Rabí Natán se encontrase con el Rabí Najmán, no podía imaginar cómo incluso Moisés podía haber sido más grande que su suegro, el Rabí David Zvi Orbaj. El Rabí David Zvi no se recostó a dormir cuarenta años, sino que descansaba sentado con una vela encendida entre los dedos de modo de cuando sentía el calor se despertaba y retomaba sus estudios. Sin embargo, luego de ver al Rebe Najmán, dijo que recién ahora había comenzado comprender lo que era la verdadera grandeza (Aveneha Barzel p. 5). Ver adelante: 553, nota 149.

[77] Ver *Idra Raba* (*Zohar* III, 127b-145 a) y *Idra Zuta* (*Zohar* III, 287b-296b).

[78] Adelante: 310; *Tovot Zijronot* 7; *Likutey Moharán* II, 7.

[79] *Sabiduría y Enseñanzas del Rabí Najmán de Breslov*, 76; adelante: 361. La Torá está enraizada, si así pudiera decirse, en los pensamientos de Dios Mismo, dado que la revelación de la Torá nos revela la voluntad de Dios (*Alshij, Bereshit*).

proviene toda la Torá. Sin embargo, estas raíces no pueden estar investidas en absoluto dentro de la Torá. Y hay un nivel de Torá que se encuentra en la categoría de *asmajta*, término utilizado para designar un texto de las Escrituras que es soporte para cierta enseñanza de Torá que no se encuentra de manera explícita en los Cinco Libros de Moisés. La enseñanza está meramente *sustentada* por el texto porque ésta es, en verdad, muy elevada y exaltada.

288. Dijo el Rebe: "'Ven, reconozcamos los beneficios que recibimos incluso de aquellos que engañan' (*Ketubot* 68a). A través de la misma oposición que ellos han levantado en contra de nosotros yo he alcanzado grandes alturas, y es una gran bondad que ellos me están haciendo. Es un hecho que la oposición lo lleva a uno hacia grandes alturas de percepción".[80]

Encontramos lo mismo en el Talmud (*Temurá* 16a): Los sabios nos dicen que durante los días de duelo por Moisés, se olvidaron trescientas leyes. Ioshúa se volvió al Santo, bendito sea, Quien le dijo: "Es imposible decírtelas. Ve y ocúpate de la guerra". Entonces Otniel ben Kenaz las volvió a descubrir a través de la dialéctica. Ahora bien, Otniel era un hombre de guerra, como aprendemos del Libro de Ioshúa (15:17): Caleb dijo, "A aquél que capture Hebrón le daré mi hija Ajsa". Otniel capturó la ciudad. Vemos entonces que fue a través de la batalla que él logró restaurar las leyes que habían sido olvidadas.

289. Cierta vez le escuché decir al Rebe: "Yo soy un recipiente nuevo lleno de vino añejo" (*Avot* 4:7). Entre sus papeles estaba escrito lo siguiente, de su propia mano: "Yo soy el Anciano del lado de la santidad, que revela cosas que ocultó el Anciano de Días".

290. Le escuché decir: "Ahora puedo decir: 'Todos los sabios de Israel son para mí como la piel del ajo', excepto que en mi caso no hay 'aparte de', y no quiero hacer una mera afirmación a medias".

Fue Ben Azai quien dijo: "Todos los sabios de Israel son para mí como la piel del ajo, aparte de este calvo" (*Bejorot* 58a). El Rebe

---

[80] Ver adelante: 402.

estaba diciendo que él también estaba en situación de decir tal cosa, excepto que en su caso no había un "aparte de", no había otro sabio que podía compararse con él. Comprende esto. Parecería ser, a partir de lo que él dijo, que algo más estaba implícito en este respecto, pero que no podía hacer la afirmación completamente y por tanto no deseaba hacerla en absoluto.

<Nota del Editor: El Rabí Najmán le dijo a R. Lipa, "Mírame bien. Si te preguntas por qué yo no les digo esto a ellos", señalando al Rabí Natán y al Rabí Naftalí, "es porque ellos están siempre mirándome". También le dijo al R. Lipa, "Tú me ves ahora. Pero asegúrate de verme en Rosh HaShaná".>

<Dijo el Rebe: "Cuando alguien viene a mí, tan pronto como lo veo yo sé todo sobre él, desde el sombrero hasta los pies".>[81]

<Durante uno de los viajes del Rebe, el dueño de casa en cuya vivienda se hospedaba el Rebe se acercó a él quejándose de que no ganaba lo suficiente para vivir. El Rebe Najmán sintió una gran piedad de él porque el posadero era muy pobre y tenía varias hijas que casar. Poco después, un milagro le sucedió a este hombre. En su hogar se hospedó un rico hacendado que, mientras estaba allí, perdió una billetera llena de dinero. El posadero la encontró e inmediatamente se la devolvió. Más tarde, la billetera volvió a perderse. Disgustado por su mala suerte el hacendado se fue de la casa sin su dinero. Poco tiempo después, el posadero encontró la billetera. Con el dinero, el hombre casó a sus hijas y dio de comer a su familia.

Nota del Editor: A partir de esta historia uno puede comprender que es necesario contarle todas las dificultades y problemas a un erudito de Torá. También saca a luz el poder que tienen los Tzadikim para evocar la compasión de Dios. Y esto es todo lo que se requiere para que la persona se salve completamente.>

---

[81] Ver *Sabiduría y Enseñanzas del Rabí Najmán de Breslov*, 184; dijo el Rabí Najmán: "Apenas una persona me da la mano al decir *shalom aleijem*, yo sé todo sobre ella".

XI. Sus Seguidores:

291. Rabí Iudel y Rabí Shmuel Isaac solían viajar desde Dashev a Medvedevka para visitar al Rebe.[1] En un momento decidieron mudarse a la región de Medvedevka para estar más cerca de él, y así lo hicieron.

Entonces el Rebe les dijo que extrañaba muchísimo el viaje de ellos cuando solían venir a verlo. Con cada paso que daban en su camino hacia él se creaba un ángel. Ellos le dijeron, "Pero ¿qué hay de todos los esfuerzos y pasos dados antes de que rentásemos el carruaje para traernos?". "Ellos también están incluidos", respondió el Rebe. "Cada uno de esos pasos también crea un ángel".

En la víspera del último Rosh HaShaná en Umán el Rebe habló sobre esto y dijo: "Si sólo fuese digno de ver la luz clara y brillante del camino por el cual ustedes viajaron para estar conmigo".[2]

292. Él dijo: "La gente se asombraría si se diese cuenta del amor que existe entre nosotros".[3]

293. <Él dijo: "Con respecto a cada uno de mis seguidores Dios dice, 'Israel, en quien Yo Me enorgullezco' (Isaías 49:3)".>

Cierta vez el Rabí Najmán les dijo a sus seguidores: "¿En qué otra cosa tienen que pensar? Todo lo que necesitan hacer es proveer los ladrillos y el cemento y yo construiré con ellos los edificios más tremendos y asombrosos". (En otras palabras, nosotros debíamos ocuparnos de nuestras devociones con simplicidad - estudiando Torá, y cumpliendo con las mitzvot - y él haría su trabajo, haciendo con ello lo que debía hacer.

---

[1] Ver arriba: 9; *Until The Mashiach*, p.20, *Ibid*. Apéndice F.
[2] Adelante: 315, 328.
[3] *Shearit Israel* #101.

Al decir esto, acentuó la palabra "edificios" como para enfatizar la extraordinaria belleza de las construcciones que haría).[4]

294. Alguien me contó que el Rebe dijo cierta vez que si hubiera querido revelarles a otros el temor al Cielo que él mismo poseía, habría sido imposible estar a cuatro codos de su casa. Pero él lo ocultó deliberadamente.[5]

Yo le escuché decir personalmente: "Yo soy un 'tesoro' del temor al Cielo. Todo aquel que quiera puede recibir de mí". Y en verdad era algo muy visible cómo todo aquel que se volvía su seguidor pronto se sentía pleno de un poderoso sentido de temor religioso, y comenzaba a realizar sus devociones con un gran entusiasmo. Nada parecido se ha visto antes. Incluso hoy en día el temor del Rebe está guardado en sus santos escritos. Aquel que estudie y trabaje con ellos con verdad y honestidad alcanzará un gran temor y se verá llevado a servir intensamente a Dios.[6] Pues todas las palabras del Rebe son como brasas ardientes.

295. Alguien me contó que el Rebe dijo cierta vez: "Si supiéramos de un tesoro con seguridad iríamos corriendo allí y cavaríamos muy profundo; aunque tuviéramos que ensuciarnos las manos con basura y barro para poder sacarlo. ¿Acaso no soy yo un 'tesoro' del temor al Cielo?[7] ¿Por qué la gente no está deseosa de correr tras de mí y alcanzarlo?". Ellos le preguntaron cómo era posible lograrlo, y él dijo: "Con los labios y con el corazón. Ustedes deben abrirse paso y pedir por ello. 'En sus bocas y en sus corazones para que ustedes puedan hacerlo' (Deuteronomio 30:14)".

296. Dijo el Rebe: "El *Zohar* (I, 11b) menciona que 'hay temor y hay temor'. Yo deseo revelar una clase de temor como el que nunca ha sido conocido antes, y quiero imbuírselo a mis seguidores."

---

[4] *Shearit Israel* #22.

[5] Adelante: 330; *Kojavey Or*, p.26. El Rabí Iudel se hizo seguidor del Rebe debido al gran temor que el Rebe le reveló.

[6] Cf. *Likutey Moharán* I, 192; *Tovot Zijronot* 6.

[7] *Tovot Zijronot* 6; *Oneg Shabat* p. 63, 127, 307; *Emunat Uman* #24.

297. El Rebe le dijo a uno de sus seguidores: "Los Shabatot que mis seguidores pasan conmigo son muy grandes. Son mejores que siete ayunos completos de Shabat a Shabat".[8]

298. El Rebe habló cierta vez del poder espiritual del rey David. Al clamar ocho veces "Abshalom, hijo mío, hijo mío" (Samuel 2, 19:1) fue capaz de elevarlo de las siete cámaras del infierno y llevarlo hacia el Jardín del Edén. El Rebe dijo que él mismo tenía este poder, y que solamente con palabras podía elevar a una persona de las siete cámaras del infierno y llevarla hacia el Jardín del Edén.[9]

299. Cierta vez el Rebe me estaba explicando la imposibilidad de ser un judío verdaderamente devoto si no se está cerca del Tzadik de la generación. Me dijo: "Antes de que el verdadero Tzadik esté en el mundo es posible acercarse a Dios por uno mismo. Pero una vez que el Tzadik ya está en el mundo, no hay otra manera de acercarse a Dios si no es estando cerca del Tzadik".[10]

300. El Rebe estaba saliendo de cierta ciudad en el momento en que acababa de fallecer un hombre que había establecido un pequeño vínculo con él. Este hombre no había tenido la costumbre de viajar a Breslov para estar con el Rebe. Simplemente se había sentido atraído por el Rebe en Zlatipolia. Ahora había fallecido, dejando una excelente reputación y un muy buen nombre.

El Rebe dijo entonces: "Es imposible siquiera comprender el nivel de alguien que me toca meramente con su dedo meñique. Ustedes ven, este hombre no era un seguidor mío muy comprometido. Como ustedes bien saben, simplemente tenía un pequeño apego pues nunca viajó para venir a verme. Aun así, ustedes ven qué buen nombre ha dejado tras de sí: todos lo alaban y comentan cómo él recordaba a su Hacedor hasta en el último

---

[8] Cf. *Likutey Moharán* I, 167.

[9] *Sotá* 10b. Ver *Tosafot, v.i. deisei lealma deati*, que el rey David elevó a Abshalom a través de la plegaria. También ver arriba: 94 nota 37, 228.

[10] Ver *Sabiduría y Enseñanzas del Rabí Najmán de Breslov*, 111; *Likutey Moharán* I,123; *Rabbi Nachman's Tikkun* p.99; *Biur HaLikutim*, Introducción; *Jaiei Nefesh* #34.

momento. Hablan de él con genuina admiración, pues incluso si alguien me toca sólo al pasar, sus logros duran por siempre".

301. Uno de los seguidores del Rebe me dijo que cierta vez el Rebe habló con él sobre cuán fuerte puede atacarnos la inclinación al mal. Dijo el Rebe: "Yo conozco la inclinación al mal que tienen todos ustedes. Si les fuera quitada, brotarían innumerables fuentes de sangre y el mundo entero se llenaría de sangre. Incluso si se purifican, necesitarán un gran mérito para apreciar cuán enorme era la inclinación al mal que tenían. Sólo yo la conozco".

302. <Cierta vez hubo una polémica sobre el gran líder Rav Shalom Shajne de Probisht. Me contaron que el Rebe dijo: "Llegará un tiempo en que todos verán la diferencia entre su grandeza y la de R. Shmuel Isaac" [el seguidor del Rebe].

Luego, el R. Naftalí me contó esta historia de manera algo diferente. Dijo que la discusión había sido sobre R. Iudel, R. Shmuel Isaac y el líder arriba mencionado. Fue entonces que el Rebe dijo, "Llegará un tiempo en que todos verán la diferencia entre él y ellos".>[11]

Alguien me contó que el Rebe dijo que sin lugar a dudas cada uno de nosotros lograría finalmente aquello que tenía que hacer en este mundo. Continuó el Rebe, "El Santo, bendito sea, nunca me haría algo así como sacarme a alguno de mis hombres en la mitad". Cada uno de nosotros tendría muchos años de lucha y sistemáticamente se abriría paso hasta que al final llegaría al santo nivel que debía alcanzar en este mundo y que era, en primer lugar, el propósito mismo de haber sido creado.

303. Con respecto al privilegio de estar con él, el Rebe dijo que cada vez que la persona tenía el mérito de estar con él en su casa y cada vez que lo miraba, eran acciones que nunca se perderían.

---

[11] Alguien le preguntó cierta vez al Rabí Natán, "¿Quién es más grande? ¿Una persona pequeña que se une al Tzadik o una gran persona que no lo hace?". El Rabí Natán contestó: "Si alguien hacía una gran contribución para el Tabernáculo pero no se la llevaba a Moisés, no tenía valor alguno. Sin embargo, incluso un objeto pequeño e insignificante, cuando le era entregado a Moisés, tenía su lugar de valor en el Tabernáculo" (*Aveneha Barzel* p.74 #62.).

304. En Lipovec escuché que el Rebe les dijo a sus seguidores de allí: "¿Cómo podrán arrepentirse ustedes? ¿Serán suficientes todos sus días y toda su fuerza para corregir un solo punto de todo el daño que han hecho? Sólo es posible debido a que yo me arrepiento por ustedes y que tengo el poder de rectificarlo todo, es decir, todo el daño que ustedes han hecho hasta ahora. De aquí en más, lo más importante es no continuar como antes. Yo ni siquiera me preocuparé por los pecados que puedan cometer de manera no intencional. Lo más importante es que se aseguren al menos de no pecar deliberadamente".[12] El Rebe habló largo rato sobre esto.

305. Cierta vez luego de *Slijot*, en la víspera de Rosh HaShaná, el Rebe se puso de pie y dijo: "Otros estarían muy satisfechos si su Rosh HaShaná fuera tan bueno como el Erev Rosh HaShaná de ustedes".[13]

306. Dijo el Rebe: "Mi fuego arderá hasta la llegada del Mashíaj".[14]

307. Me contaron que dijo: "En cuanto a mí, no hay nada que yo deba hacer en este mundo. Para mí mismo no hay nada que yo necesite hacer. Sólo vine al mundo para acercar las almas judías a Dios. Pero yo sólo puedo ayudar a alguien que viene a mí y me dice qué es lo que necesita. A él puedo ayudarlo".

308. El Rebe estaba hablando con cierto individuo que era muy simple. Él le dijo, "Tú tienes el poder de despertar al servicio a Dios incluso a un gran hombre. Un pequeño trozo de madera puede encender un gran tronco. Dijeron nuestros sabios, '¿Por qué las palabras de Torá son comparadas a la madera? Para enseñarte que así como un pequeño trozo de madera puede encender a uno más grande, lo mismo sucede con las palabras de Torá...' (*Taanit* 7a)".

---

[12] *Emunat Uman* 325.

[13] *Imrot Torot*.

[14] Arriba: 126, 172; *Parparaot LeJojmá* I, 61:8; *Ibid.* II, 7:7; *Kojavey Or, Sijot veSipurim* p.70; *Shearit Israel* #120; *Emunat Uman* #26; *Oneg Shabat* p. 322.

309. Él dijo: "El verdadero Tzadik puede beneficiar mucho a la persona incluso luego de que ésta ha fallecido y ha pasado al otro mundo. Esto se aplica mientras ella sea digna de acercarse al Tzadik para recibir su *tikún*. Deben saber que el principal obstáculo que enfrenta a la persona que no lo merece es que no la dejan ir al verdadero Tzadik para ser purificada. Simplemente la empujan y la ubican en el sendero equivocado, colocando en su mente toda clase de dudas confusas, diciendo que el Tzadik no tiene ningún poder. Incluso allí, entre los ángeles destructores y las fuerzas del mal, hay una gran oposición al Tzadik, tal como la que existe en este mundo. Lo más importante allí es estar constantemente conscientes de esto y no dejarse engañar. Simplemente mantente firme en tu deseo de ir a ver al verdadero Tzadik y no a otro lado, entonces con seguridad se te permitirá hacerlo".[15]

Escuché que el Rebe dijo: "También allí es necesaria una gran determinación para mantenerse firme en la fe en el Tzadik". Y contó la historia de lo que le sucedió a cierto seguidor del Rabí Mendel de Vitebsk quien había sido enviado en una misión desde Tierra Santa y falleció en el mar.[16]

310. Él dijo: "Cuántos casos hubo en que la 'imagen de Dios' estaba hundida en el barro y yo los saqué de allí.[17] Es notable cómo el rostro mismo de la gente que se acerca a mí cambia y se transforma en un rostro judío, la 'imagen de Dios' (Génesis 1:27). Yo tengo gente aquí que dudo que el foso más profundo del infierno hubiera sido suficiente para ellos. El agujero más profundo del infierno les habría sido muy pequeño, porque de haber podido lo habrían atravesado y habrían descendido más abajo todavía. Pero debido a mí ellos se acercaron a Dios".[18]

---

[15] Arriba: 228.

[16] Arriba: 227.

[17] Ver *Likutey Moharán* I,19:2.

[18] Cf. Arriba: 286. El Rabí Najmán era capaz de atraer a toda clase de personas. Ver *Likutey Moharán* I, 7:7.

311. Él dijo: "Yo soy capaz de hacer los recipientes más extraordinarios. La cuestión es que yo mismo me veo forzado a fabricar las herramientas ".

312. "Hasta el más pequeño de mis seguidores <logrará lo que los líderes más importantes de la generación no podrán>".[19]

313. Hay una historia sobre el santo Rabí Itzjak Isaac, de bendita memoria.[20] El Rebe tuvo una visión en la cual vio multitudes y multitudes que se apretujaban para escuchar Torá. Ellos le dijeron a alguien, "Tú enséñanos Torá". Él lo hizo y el Rebe escuchó y quedó muy impresionado - y el Rebe sabía cómo juzgar cuando se trataba de la Torá. Aparentemente dijo que nunca había escuchado Torá como ésa y preguntó si el alma que la había enseñado estaba en este mundo. Ellos se la mostraron y él envió por esa alma... y lo que sucedió, sucedió.

Antes de Pesaj, el Rabí Itzjak Isaac soñó toda la enseñanza de Torá que el Rebe había escuchado y fue a contárselo al Rebe en un estado de gran temor y temblor. Entonces el Rebe salió y el Rabí Itzjak Isaac quedó en un estado de gran debilidad. Poco tiempo después falleció.

Nota del Editor: He escuchado que en una ocasión algunos de los seguidores del Rebe estaban hablando con él, lamentándose con pesadumbre de la muerte del Rabí Itzjak Isaac. El Rebe los consoló y dijo: "Pero ahora tenemos al Rabí Natán".

314. Me contaron que cierta vez él dijo: "Al más pequeño de mis seguidores yo lo llevo por un sendero apto para un gran Tzadik. <También se acercarán a mí líderes muy conocidos, aunque yo deberé contar con una gran riqueza para ellos, pues son como prosélitos no queridos cuya conversión tiene motivos ulteriores". El Rebe nos pidió que pensásemos en el líder más importante de la generación. Al final dijo que este líder se encontraría ciertamente de pie del otro lado de la puerta,> muy celoso de los seguidores del Rebe, especialmente de aquél

---

[19] Ver arriba: 302 nota 11.
[20] Ver arriba: 11; *Kojavey Or* p.25.

suficientemente privilegiado como para acercarle <al Rebe una llama para encender la pipa>.[21]

315. Cierta persona había estado cerca del Rebe pero posteriormente se alejó.[22] Más tarde retornó y viajó para estar con el Rebe durante los días intermedios del Pesaj 5569 (1809). El Rebe le dijo: "Es posible que pasen muchos años y la persona no avance espiritualmente en absoluto. Puede quedarse exactamente donde estaba o incluso empeorar. Pero si se mantiene unida al verdadero Tzadik, la unión en sí misma es muy buena: en verdad, es de un valor inestimable; mas si no estuvo unida al Tzadik puede volverse peor, mucho peor.[23]

"Los caminos mismos buscan cumplir con su misión, tal como nos dice el Midrash en un comentario sobre el versículo de Lamentaciones (1:4), 'Los caminos de Sión están de duelo': 'Los caminos mismos están de duelo porque los peregrinos de las festividades que solían pasar por ellos han dejado de hacerlo'. Lo mismo sucede en el caso de aquellos que suelen viajar al verdadero Tzadik. Me asombra cómo has podido abandonar nuestro precioso y amado grupo. Mires por donde lo mires, no has ganado nada. Si en los años en que estuviste lejos de mí no anduviste en los caminos de Dios, entonces ciertamente has perdido. Y si serviste a Dios como deberías haberlo hecho, en verdad habría sido mejor si te hubieras quedado entre nosotros y hubieras servido a Dios, viviendo como un judío en compañía de estos preciados compañeros.[24] Entonces otros se habrían beneficiado y crecido a través de tus esfuerzos. No puedo decirte lo que yo soy ni lo que tú has perdido. Si de aquí en adelante te quedas conmigo, llegarás a lamentar lo que sucedió en el pasado".

---

[21] *Oneg Shabat* p. 35, 446, 497, 500, 508.

[22] Adelante: 552. Éste fue R. Lipa, el primero de los discípulos del Rabí Najmán proveniente de Nemirov, ver *Kojavey Or, Aveneha Barzel* p.9. Luego de ver las fervientes plegarias de R. Lipa, el Rabí Natán y el Rabí Naftalí decidieron viajar a ver al Rebe Najmán. Ver *Until The Mashiach* p.165.

[23] Cf. *Avot* 4:14.

[24] Ver arriba: 292; cf. arriba: 169, todas las casas que se agregan con cada discípulo adicional.

316. Había una persona que no había estado con el Rebe durante varios años. El Rebe la reprendió y le dijo: "¿Acaso no fue 'el mundo entero creado sólo para seguir y servir a este hombre'? (*Shabat* 30b). Siendo así, cada persona está obligada a agregar su ayuda y su fuerza y ser parte de los seguidores de este Tzadik.[25] Hay algunas personas que se vuelven parte de los seguidores del Tzadik mediante sus plegarias o su temor al Cielo: esta es *su manera* de fortalecer y ayudar al Tzadik. Pero en cuanto a ti, lo que yo puedo ver es que no eres útil en absoluto para el mundo, porque no contribuyes en nada al grupo de los seguidores de este Tzadik".[26]

317. Alguien me contó que el Rebe dijo cierta vez: "Hay mensajeros[27] - en idish, *shtopeten* - que van de una persona a otra, de ésta a una tercera, y así en más, hasta que finalmente el tema llega al Tzadik. De todos los árboles y hierbas, y en verdad de todo en el mundo salen mensajeros que pasan de una persona a la otra y de ésta a otra más hasta que finalmente el tema encuentra su manera de llegar a los oídos del verdadero Tzadik. Cuando le llega el mensaje, él es capaz de utilizarlo para recibir consejos con los cuales poder servir a Dios. Éste es el significado de la afirmación de los sabios de que 'el mundo entero sólo fue creado para *letzavot*, seguir, a este hombre' (*Ibid.*). *Letzavot* también tiene el significado de 'consejo'. En otras palabras, 'el mundo entero sólo fue creado para *aconsejar* a este hombre', pues las seiscientas trece mitzvot son llamadas en el *Zohar* los seiscientos trece consejos, y esto es lo que está expresado en la palabra *letzavot*, 'aconsejar' ".

El Rebe agregó que lo que dijo sobre los mensajeros que circulan hasta que el mensaje alcanza al verdadero Tzadik se refiere sólo al consejo sobre *cómo* debe llevar a cabo su servicio. Sin embargo, en cuanto al servicio mismo del Tzadik, es algo tan exaltado y oculto que ni siquiera los ángeles ni los *serafines* lo comprenden. Sólo Dios Mismo lo sabe. Todos los "seguidores"

---

[25] Ver *Likutey Moharán* I, 160.
[26] Ver *Likutey Moharán* I, 35.
[27] *Likutey Halajot, Haosé Shliaj Ligvot Jovo* 3:2.

del Tzadik, que lo sirven tal como se explicó, pueden tener alguna conexión con el Tzadik en su aspecto físico, mientras él también esté investido en un cuerpo. Pero con respecto a su alma, esto es algo totalmente diferente, algo exaltado más allá de todo.[28] Hubo muchas otras cosas notables que se presentaron en el curso de esta conversación.

318. Él dijo: "Venir a mí y acercárseme es muy difícil. Incluso mis hijos, ¿y quién puede estar más cerca de mí que ellos?, experimentan toda clase de confusiones cuando quieren venir a estar conmigo. El momento más difícil para acercarse es al comienzo. Mientras uno se encuentre en el período inicial, es en verdad muy difícil. Más tarde, lo que sucede, sucede. Pero al comienzo, mientras dura el período inicial, es una tarea dura y difícil venir y acercarse".[29]

319. Él dijo: "Yo haré de ustedes grupos y grupos...".[30]

320. "Todo aquel que me toma en cuenta y cumple todo lo que le digo ciertamente se volverá un gran Tzadik, suceda lo que suceda. Lo más importante es dejar de lado tus propias ideas por completo y hacer sólo lo que yo digo: cumplir con todo al pie de la letra".[31] El Rebe habló entonces sobre el versículo de Deuteronomio (32:6), "Oh pueblo tonto y poco sabio" (ver *Likutey Moharán* I, 123). Obviamente, cuanto más uno estudie más logros tendrá.[32]

321. Él dijo: "Yo tengo un *mazal* que hace que la gente me escuche y haga lo que yo le digo que debe hacer. En verdad, algunos de mis seguidores me rogaron que...".

322. Uno de sus seguidores estaba hablando con él sobre el servicio a Dios. El Rabí Najmán dijo: "¿No es esto lo que anhelo

---

[28] Ver *Sabiduría y Enseñanzas del Rabí Najmán de Breslov*, 14.
[29] *Mejilta, Itró*.
[30] Cf. *Sanedrín* 97a.
[31] *Aveneha Barzel* p. 20. El Rabí Natán así lo hizo y consecuentemente fue el más apto para recibir la luz del Rebe.
[32] Ver *Sabiduría y Enseñanzas del Rabí Najmán de Breslov*, 76, con respecto a los estudios sugeridos por el Rebe.

todos los días? Todo el tiempo estoy de pie, esperanzado, expectante, anhelando, esperando que Dios me dé el privilegio de verlos como yo quiero que sean, sirviéndolo con honestidad y sinceridad tal como yo deseo que hagan. Y espero que con la ayuda de Dios esto sea así. No sólo estoy hablando sobre los que están cerca de mí en persona, sino también sobre aquellos que están cerca de mis seguidores, y en verdad de todo el que tiene un mínimo contacto con ellos. En verdad también ellos se volverán sinceros y devotos judíos, y no sólo eso. Pueden incluso volverse muy grandes Tzadikim, sin importar lo que hayan sido cuando comenzaron".[33]

El Rebe dijo con estas mismas palabras: "Con mis propios ojos yo ya he espiado y examinado a cada uno por separado... Y espero que con la ayuda de Dios así sea". También dijo en la misma ocasión: "Yo he completado... y *completaré*".[34]

323. Cierta vez que el Rebe estaba hablando con nosotros dijo que se preguntaba cómo es que éramos dignos de escuchar directamente de sus labios tales enseñanzas de Torá, tremendas y exaltadas. Y dijo, "Pero, 'en cada asamblea de diez hombres la *Shejiná* se encuentra presente' (*Sanedrín* 39a)".

324. De mí mismo [Rabí Natán], el Rebe le dijo al Rabí Itzjak de Terhovitza que en cuanto a decir Torá "él es único en su generación". <Me contaron que cuando me acerqué por primera vez a él dijo que iba a ser difícil. Esto era porque comprendió que yo era un *baal majshavá*, un pensador profundo, una de las veinticuatro características que hacen que le sea más difícil a la persona [acercarse a Dios].[35] Sin embargo él dijo que lo iba a intentar.>

325. Cierta vez le pregunté si yo debería hablar con los demás [sobre el servicio a Dios]. "¿Hablar con ellos? ¡Sí!". "Pero yo no sé lo que le sucede a la otra persona", le dije. "No necesitas saberlo", respondió. Yo continué, "¿De qué manera puedo ser de ayuda

---

[33] *Jaiei Nefesh* #35.

[34] Arriba: 115, 172, 229.

[35] Ver *Rif* sobre *Ioma* 8; *Iad HaJazaká*, *Hiljot Teshuvá* 4:5.

para ella?". "¿Porqué te preocupas por eso?", respondió, y yo comprendí que lo que él quería decir era, "De hecho has logrado algo".[36]

326. Él me dijo: "Yo ya he retirado de ti algo del 'yugo del gobierno y del yugo de las obligaciones mundanas' (*Avot* 3:6)". También me dijo, "En cuanto a ti, yo ya te he tomado de este mundo".

327. Él dijo que muchas anécdotas se contarían sobre sus seguidores, historias e historias sobre cada uno de ellos.

328. Cuando yo estaba viviendo en Nemirov solía viajar regularmente a Breslov para ver al Rebe. Cierta vez me contaron que él dijo que estaba en desacuerdo con el hecho de que la gente fuera a verlo en carruajes y no a pie. Esto me hizo una gran impresión, porque yo sabía que era realmente apropiado que fuésemos a verlo a pie. Yo anhelaba mucho hacer esto, y Dios quiso que tuviese el privilegio de viajar tres veces hacia él a pie. En cada una de esas ocasiones yo sabía muy bien que ganaría mucho por haber viajado a pie. De no haber estado decidido a llegar allí, de la manera que fuera e incluso a pie, no podría haber estado con él esas tres veces. ¡Alabado sea Dios, Quien es bueno y hace el bien tanto a los malvados como a los justos! Habiendo logrado llegar allí esas tres veces, yo mismo soy al menos consciente en parte de cuánto gané, porque aún recuerdo lo que escuché en cada ocasión. Y sabré más de esto en el futuro, si soy digno.

Mi amigo el Rabí Naftalí también fue a pie luego de que escuchó lo que había dicho el Rebe. Entre los demás seguidores del Rebe unos pocos viajaban seguido largas distancias a pie para estar con él.[37] Felices de ellos y feliz de su porción. En mi caso, gracias a Dios, siempre había suficiente dinero como para pagar los gastos, pues yo provenía de una familia acomodada. Sólo fue debido a mi gran anhelo que Dios hizo posible que también yo fuese a pie algunas veces.[38]

---

[36] Arriba: 435; *Sabiduría y Enseñanzas del Rabí Najmán de Breslov*, 286; *Iemei Moharnat* 82.

[37] Arriba: 291; *Kojavey Or p.* 26 , que esto se refiere particularmente al Rabí Iudel y al Rabí Shmuel Isaac.

[38] Likutey Halajot, Guitin 4:10, 11.

329. Me contaron que el Rebe habló cierta vez sobre un hombre en particular que solía ir a pie a visitarlo. "El malvado Nabucodonosor dio meramente tres pasos y se ganó un poder real tremendo.[39] Cuanto más aún gana un simple judío cuando camina siete kilómetros y más para poder ver al Tzadik. No hay ojo que haya visto su recompensa".

Parece que el Rebe había estado hablando sobre un hombre de Terhovitza que solía caminar regularmente desde Terhovitza hasta Breslov, ¡una distancia de cerca de 140 kilómetros!, para poder ver al Rebe. Cierta vez yo estaba con el Rebe cuando este hombre llegó de Terhovitza. El Rebe me dijo que cada vez que este hombre tenía problemas espirituales solía caminar desde Terhovitza hasta Breslov. Comprendí que el Rebe apreciaba mucho esto.

En otra ocasión, luego de la muerte de un joven de Nemirov que había sido uno de sus seguidores, el Rebe lo alabó también, diciendo que el joven había tomado la costumbre de que cada vez que tenía un problema en conexión con su judaísmo iba a pie desde Nemirov a Breslov. ¡Felices de ellos!

330. Él dijo: "Yo puedo transformarlos a todos ustedes en Tzadikim perfectos en el más alto de los niveles. ¿Pero qué pasaría con ello? Si es así, Dios Se estaría sirviendo a Sí Mismo".

En otras palabras, su deseo era que nosotros trabajásemos en la tarea de servir a Dios, utilizando su poder y guía; no que él simplemente nos lo entregara en bandeja, si así pudiera decirse.

Explicó lo mismo de otra manera. Cierta vez dijo: "Yo puedo imbuir en una persona tal temor al Cielo que ésta abandonaría todos sus sentidos y quedaría totalmente anulada".[40] Uno de sus seguidores en particular lo presionaba una y otra vez, pidiéndole que le diese el temor al Cielo. <Nota del Editor: Me parece que éste era el Rabí Shimón, su asistente.> El Rebe le dijo que ciertamente él tenía el poder de darle el más tremendo sentimiento de temor, pero que no había propósito en ello porque simplemente quedaría anulado. Sin embargo, el hombre persistió con su pedido. Luego

---

[39] *Sanedrín* 96a.

[40] Arriba: 294.

que dejó al Rebe se sintió de pronto abrumado por un tremendo sentimiento de temor. Comenzó a clamar a Dios y a emitir los sonidos más extraños. Casi se murió. Esto continuó hasta el día siguiente cuando volvió a ver al Rebe, quien le preguntó si había experimentado un sentimiento de temor. El hombre respondió, "Ya no quiero más esto". Le rogó al Rebe que se lo quitase. El Rebe así lo hizo y el hombre volvió a la normalidad.

Sobre el mismo tema, el Rebe le dijo a alguien: "Si yo pasara mis manos sobre tus ojos, verías tremendas maravillas. Pero no deseo hacerlo. Quiero que *tú* trabajes en el servicio a Dios hasta que tú mismo logres algo". Sobre el mismo tema cierta vez me dijo: "Si Dios quisiera que Él Mismo Se sirviese a Sí Mismo, no tendría necesidad de ti".

Escribe el Rabí Natán: En otras palabras, el Tzadik puede invocar la voluntad de Dios para ayudar a una persona en sus devociones, pese al hecho de que la persona hubiera actuado de una manera que le hiciera merecer ser rechazada. El Tzadik puede aun así despertar el amor de Dios y hacer que Él acerque a tal persona y la ayude a servir a Dios, pero el Tzadik no puede pedirle a Dios que haga todo Él Mismo. El Rebe también me dijo: "Sin mí tú no puedes lograr nada", es decir, yo no sería capaz de servir a Dios completamente por mí mismo sin su poder y su guía. "Pero", continuó, "¡sin ti yo tampoco puedo lograr absolutamente nada!"[41], es decir, él no puede ayudarme mientras yo no haga el esfuerzo de ganarme su ayuda, porque allí donde yo debo tomar la iniciativa, él mismo no puede hacer nada sin mí, aunque en definitiva todo proviene de él.

331. Nota del Editor: Durante un tiempo un grupo de los seguidores del Rebe que vivían en Nemirov tuvieron su propio *minian*, o quórum de plegaria.[42] Si embargo, más tarde lo suspendieron. El Rebe dijo: "Quién sabe lo que habría sucedido si hubieran continuado su *minian*. El *minian* de ustedes solía abrir los cielos mismos".

---

[41] *Likutey Halajot, Avedá uMetzia* 3:15; *Jaiei Nefesh* #35.

[42] Ver *Tovot Zijronot* 5.

Una noche el Rabí Naftalí estaba cantando una melodía en la casa de estudios junto con algunos de los otros seguidores del Rebe. El Rebe ya se había ido a la cama, pero se levantó y entró al salón de estudios para escucharlos cantar. Más tarde les dijo: "Deben saber que su cantar abría los cielos mismos. ¡Piensen esto! Yo ya me había ido a la cama, ¡pero su canto me sacó de la cama y vine hasta aquí!".

332. Él dijo: "Soy un río que limpia de todas las manchas".[43]

<Nota del Editor: Cierta vez se vanaglorió en broma: "Todo aquel que se enfrente conmigo, aunque sea mínimamente, nunca podrá limpiarse con las Siete Aguas".[44]>

333. Él dijo del Rabí Natán y del Rabí Naftalí: "Ellos son verdaderas joyas". En otra ocasión alguien estaba hablando con el Rebe sobre el Rabí Natán y dijo que estaba seguro de que el Rabí Natán se volvería un Tzadik completo. El Rebe se enojó con él y le dijo que no era correcto. "Yo te digo que él *ya es* un Tzadik".[45]

Cuando el Rabí Natán y el Rabí Naftalí comenzaron a acercarse al Rebe, él les dijo: "En verdad yo ya los conozco desde hace un tiempo. Lo que se sucede es que hace mucho que no nos hemos visto cara a cara. Pero ahora nos estamos viendo".[46]

Nota del Editor: He escuchado que cierta vez, el santo Rabí Levi Itzjak de Berdichov estaba en Terhovitza. Durante el curso de la comida que había sido preparada para una gran cantidad de gente, el Rabí Levi Itzjak habló en los términos más elogiosos sobre la grandeza propia del Rabí Najmán, aparte de la grandeza

---

[43] Arriba: 86.

[44] Cf. *Los Cuentos del Rabí Najmán* #10.

[45] Adelante: 579.

[46] *Kojavey Or, Aveneha Barzel* p.9; *Tovot Zijronot* 5.

En 1801, el Rabí Natán había tenido un sueño. En el sueño, trataba de subir una escalera que se extendía desde la tierra al cielo. Cada vez que subía, aunque se elevaba más alto, volvía a caer. Al llegar cerca de la cima, volvió a caer y casi perdió la esperanza. En ese momento un rostro apareció al final de la escalera y dijo: "¡Cae, pero manténte firme!". Cuando al año siguiente el Rabí Natán se encontró por primera vez con el Rabí Najmán, comprendió que el rostro del sueño era el rostro del Rebe (*Aveneha Barzel* p.7).

de sus ancestros. Continuó alabando a los seguidores del Rebe en términos brillantes, diciendo que casi todos ellos eran excepcionalmente eruditos y totalmente temerosos de Dios, con muchas buenas acciones en su haber. Especialmente mencionó al Rabí Natán como siendo un Tzadik.

Cuando el Rabí Levi Itzjak partió de Terhovitza, el Rabí Shmuel Itzjak de Tcherin se sentó junto a él en su carruaje. El Rabí Levi Itzjak le dijo: "Créeme, si yo pensara que la gente me habría de escuchar, gritaría con una voz que podría escucharse de un extremo al otro del mundo: 'Todo aquel que desee ser genuinamente puro y santo y servir a Dios en verdad debe asegurarse de unirse lo antes posible al santo Rabí Najmán de Breslov'. Pero sé muy bien que no sólo no me escucharían, sino que desatarían la oposición más intensa en mi contra y hasta pudiera estar en peligro de perder a alguien que de otra manera habría podido influir para arrepentirse. Es por esto que no tengo otra opción más que mantenerme en silencio".

334. Cierta vez el Rebe estaba encomiando a sus seguidores y dijo que incluso si uno de ellos llegara a estar confuso e inseguro, Dios no lo permita, aun así su fe en el Rebe no disminuiría. Mencionó a uno de sus seguidores por su nombre, un individuo excepcionalmente santo, y dijo que este hombre había alcanzado un nivel de arrepentimiento en el que había expiado por completo todos los pecados que podía haber cometido. La literatura kabalista[47] menciona que todo el que alcanza ese nivel tiene asegurado que ya no va a pecar. "Yo les garantizo", dijo el Rebe, "este hombre nunca va a pecar".

Algún tiempo después el hombre atravesó por un período muy difícil, volviéndose muy inseguro. Sufría de una severa depresión. Fue llevado al Rebe y le dijo que el motivo principal de su depresión era la enseñanza de los sabios de que cuando un hombre pobre es llevado a su juicio celestial y trata de excusarse por haber estudiado tan poca Torá debido a su pobreza, ellos le preguntan si era más pobre que Hilel.[48] En ese caso no había

---

[47] Ver *Teshuvat HaKané* 12a.
[48] Hilel se las arregló para estudiar Torá pese a su extrema pobreza. Ver *Ioma* 35b.

esperanza alguna para el pobre. Continuó diciendo que su solo consuelo era el hecho de ser seguidor del Rebe y que sabía que con la ayuda del gran poder del Rebe sería exonerado al llegar a su juicio celestial.

335. El Rebe les dijo cierta vez a sus seguidores: "Lo único que me da algo de placer y contento es cuando veo a uno de mis seguidores mostrar algún signo de su unión a la Torá y al servicio a Dios. ¡Fue sólo por esto que me abandoné a mí mismo, a mi esposa y a mis preciados hijos! Yo podría haber sido un líder y un Tzadik famoso, tal como todos los demás, cuyos jasidim van a verlo sin saber para qué van: ellos llegan y se van y no tienen idea de por qué. Pero yo nunca quise nada de esto. Mi única preocupación es hacer que ustedes se arrepientan. Si ustedes quieren saber qué es valioso para mí, les diré: es cuando veo al mendigo más pobre, que anda con un sombrero roto, con sus vestimentas rasgadas y sus zapatos gastados, sirviendo a Dios.[49] Yo les ruego: sean judíos buenos y puros. Esta es mi sola esperanza y deseo".

336. El Rebe les dijo cierta vez a sus seguidores: "Durante tres días seguidos estuve trabajando, sin éxito, tratando de alcanzar un nivel especial de comprensión, hasta que finalmente utilicé algo que uno de mis seguidores había conseguido. Mediante esto logré alcanzar el nivel que quería. ¡No es para asombrarse entonces que el Baal Shem Tov tuviese una capacidad especial para alcanzar percepciones muy exaltadas, teniendo seguidores que eran Tzadikim tan grandes y cuyos logros eran tan notables!".

En otra ocasión, antes de Shavuot 5567 (1807), el Rebe estaba hablando sobre un hombre que se había acercado un poco a él y de cuya muerte acababa de enterarse. "¿Quién sabe lo que le sucede ahora allí?" dijo el Rebe. "Al menos si hubiera estado tan

---

[49] El hijo del Rabí Iudel, R. Najmán, vivió en extrema pobreza, y muchas veces no tenía ni siquiera suficiente comida para el Shabat. Cierta vez un hombre que estaba cerca del Rabí Natán lo vio y suspiró debido a la situación de R. Najmán. El Rabí Natán dijo: "¿De él tienes piedad? ¡Él está de pie desde la medianoche, orando y estudiando Torá! Guarda tu piedad para el hombre rico Moshé (Chenkes), quien tuvo una buena comida esta noche, bebió vino y se acostó a dormir. ¡¿Cuántos años le llevará a él purificar su alma?!" (Kojavey Or, p.70, #6).

cerca de mí como mis verdaderos seguidores... Es casi Shavuot. En ese caso él debería estar bajo la ilusión de que está ocupado preparándose para su viaje para estar conmigo en Shavuot, contratando un carruaje y demás, hasta que finalmente ellos deberían preguntarle, '¿Por qué te estás ocupando de todo esto? Ahora estás muerto'. Y eso sería un gran favor para él, porque al menos sabría que ya está muerto.[50] Pero quién sabe, puede ser que se encuentre bajo la ilusión de que tiene una barrica de destilación o algo así en la mano, buscando comprar cebada y demás para hacer bebidas alcohólicas. Podría muy bien estar agotándose en todas estas actividades imaginarias". Sin embargo, luego de Shavuot, el Rebe dijo que en verdad el hombre había estado con él para Shavuot.

337. En el mismo período, antes de Shavuot de 5567, algunas personas de Zaslov le hablaron al Rebe sobre un individuo pudiente que le había dado grandes sumas de dinero al santo Rabí Baruj. En ese momento se encontraba allí un hombre muy pobre de Nemirov. El Rebe les dijo: "Este hombre pobre me ha dado más a mí, en relación con su situación, que el hombre rico al Rabí Baruj". El hombre en cuestión se ganaba la vida como maestro de escuela. Era común que las escuelas contratasen a sus maestros en la época de Pesaj. Aun así, cuando el hombre escuchó que el Rebe estaba en Zaslov y que existía la posibilidad de que se quedase allí para Shavuot, pensó que si aceptaba un trabajo no podría estar con el Rebe para Shavuot. No podría abandonar su clase durante el tiempo que le llevaría viajar ida y vuelta a Zaslov. Debido a esto decidió no aceptar el trabajo y pasó todo el verano sin nada con que ganarse el sustento. "Vean entonces", dijo el Rebe, "que él ha dado su propio corazón para estar cerca de mí, y eso es más de lo que dio el rico".

338. Cuando el Rabí Natán comenzó a acercarse al Rabí Najmán, el Rebe se lo mencionó a su hija Odel, hablando de él en los términos más elevados. Él le dijo "¿Qué puedo decirte sobre su sabiduría? Con sólo mirar esta sinagoga él podría decirte cuánto mide de alto".

---

[50] Ver Arriba 227.

En el mismo período el Rebe también le habló de él al Rabí Itzjak, yerno del Maguid de Terhovitza, alabando grandemente sus cualidades. Hasta ese momento R. Itzjak no había visto todavía al Rabí Natán y no sabía qué aspecto tenía. El Rebe le dijo: "Si te fijas en él verás que tiene una humildad tan profunda que es literalmente como polvo y barro". Así fue que poco tiempo después, R. Itzjak estaba caminando cuando se encontró con el Rabí Natán que venía andando por la calle con paso firme tal como solía hacer, vestido con las ropas finas de las clases elevadas. Aun así, R. Itzjak pudo ver de una vez que éste era el hombre que el Rebe le había descrito, un hombre que a su propios ojos era literalmente como polvo y barro.

339. Dijo el Rebe: "En el futuro todos en el mundo serán jasidim de Breslov - *Li osid lavó vet di ganze velt zein Breslover Jasidim*.[51]

"El Midrash (*Bereshit Rabah* 34:21) comenta sobre el versículo de Ezequiel (36:26), 'Yo les daré un *LeV BaSaR*, un corazón de carne': 'No leas *BaSar*, "carne", sino *BoSeR*, "contento". Todos estarán contentos debido a la buena fortuna de sus compañeros'.

"Las letras de las palabras *Lev BoSeR*, 'un corazón contento', deletrean la palabra *BreSLoV*".

Cuando el Rebe se fue de Zlatipolia para mudarse a Breslov, el Maguid de Terhovitza tuvo un sueño estando en la suká. Allí se mostraba cómo el hecho de que el Rebe se mudase de Zlatipolia a Breslov estaba aludido en el versículo de Ezequiel arriba citado. La primera parte del versículo dice: "Y Yo les quitaré el corazón de piedra...". La frase "corazón de piedra" se relaciona con el versículo de Reyes I, 10:27, que nos dice que el rey Salomón "hizo que en Jerusalén la plata fuese como *piedras*". El nombre Zlatipolia connota una "abundancia de riqueza y dinero" - *zlati* en ruso significa "oro". "...y Yo les daré un corazón de carne - *Lev BaSaR*", éstas son las letras del nombre BreSLoV.

---

[51] *Emunat Uman* #22.

XII. La Grandeza de Sus Libros y Enseñanzas:

340. Él dijo: "El mundo aún no ha saboreado lo que tengo para ofrecer. Si ellos escuchasen una sola de mis enseñanzas conjuntamente con su melodía y con su danza correspondiente, llevaría a todos a un estado de extremo éxtasis y de total trascendencia de sí mismos. Y quiero decir el mundo entero, ¡incluso los animales y las plantas! Todo lo que existe sería anulado. Sus mismas almas expirarían por el tremendo deleite.

"Si quieres comprender esto, piensa en el poder de la música y de la danza. Alguien que realmente sabe música puede ejecutar melodías que surgen de la esencia misma de la música, melodías que tienen el poder de atraer, tras cada matiz, el alma misma del que escucha. El oyente se vuelve totalmente subordinado a la melodía: se entrega al atrayente poder de la música. La melodía lo atraviesa, lo eleva y lo arrastra tras de sí.

"Esto sucede más aún en el caso de la danza. Alguien que realmente sabe cómo bailar puede hacerlo de tal manera que su cuerpo exprese cada sutileza de la música al son de la cual está bailando. Cada miembro de su cuerpo debe moverse de acuerdo con la música: a veces la música puede indicar un movimiento de cabeza, de las piernas o de los brazos, etc., o puede pedir que el bailarín se incline y gire. Los movimientos del cuerpo deben estar en perfecta armonía con la música.

"Ahora vayamos un paso más adelante y pensemos en una melodía con palabras. En una canción perfecta, las palabras de la canción están unidas a la melodía en cada detalle. La canción expresa en palabras exactamente lo mismo que la música expresa a través de la belleza de la melodía. Ahora agreguemos el elemento de la danza: la danza expresa en términos del movimiento del cuerpo lo que las palabras y la música expresan en su propio lenguaje. Todo trabaja en armonía.

"Cuando las palabras, la melodía y la danza están relacionadas entre sí y tramadas en una perfecta unidad, todo aquel que sea digno de experimentarlo quedará tan abrumado por el deleite que su alma literalmente expirará y caerá en un estado de total entrega. Éste es el más grande de todos los placeres. Aquel que no ha saboreado esto no sabe nada del placer. Feliz del ojo que aprecia esto, pues incluso en el mundo que viene no todos serán dignos de escuchar y ver esto, pues sólo aquellos que trabajan en la víspera del Shabat comerán en el Shabat.[1]

"Aquellos que están alrededor de tal ejecutante mientras éste canta y baila están incapacitados de hacer nada. Simplemente expiran con anhelo y deleite. (Trata de comprender bien esto. Es imposible explicarlo por escrito. Aquel que tenga una comprensión de la música y de la danza será capaz de hacerse una mínima idea de la belleza, del placer y del anhelo que hemos mencionado). Cuanto más cerca esté la persona, más naturalmente le llegarán los movimientos. Cuanto más cerca esté de la melodía y de la danza, y cuanto más comprensión tenga, más los movimientos de la música y de la danza le llegarán naturalmente como resultado del poder de atracción del deleite que ellas producen. Vemos así que cuando la persona escucha la música y observa el baile, el placer que ello evoca la arrastra y la lleva. Espontáneamente comenzará a moverse, a cantar y a bailar. El canto y el baile le llegan automáticamente.

"Lo mismo sucede en el lado de la santidad. Cuanto más cerca esté la persona de la lección, de su música y de su danza, más le llegarán los movimientos de la canción santa y de la danza de la lección, de manera natural y automática".

Todo esto lo escuché yo mismo. El Rebe comenzó esta conversación diciendo: "Ellos sólo necesitan escuchar una de mis lecciones junto con su melodía y su danza y el mundo entero expiraría". El Rebe entonces se detuvo y preguntó: "¿Qué dije?". Yo repetí lo que él había dicho. El Rebe me dijo entonces: "¿Qué crees? ¡Hasta los animales y las plantas expirarían!". Entonces dijo lo que ha sido registrado aquí.[2]

---

[1] *Avoda Zara* 3a.
[2] Cf. *Likutey Moharán* I, 64:5; también ver *Los Cuentos de el Rabí Najmán*, #11.

La Grandeza de Sus Libros y Enseñanzas

341. El Rebe dijo que su incapacidad periódica de enseñar Torá era en sí mismo algo único, más único aún que sus otras cualidades. "Puedo tener varias ideas completamente originales y poderosas y de pronto olvido todo. No recuerdo nada. No sé nada en absoluto de ningún libro. Ni siquiera sé una canción. Todo está completamente olvidado. Todo me está oculto. Esto en sí mismo es algo realmente extraordinario".

Varias veces le escuché decir cosas como éstas. Era bastante usual que dijese: "Ahora no sé nada, absolutamente nada". Él decía esto aunque sólo unos minutos antes había revelado las enseñanzas más asombrosas y originales.

342. En la literatura rabínica[3] encontramos el concepto de que cada persona comienza desde su propio versículo. Es así que vemos que "un sabio deriva la enseñanza de este versículo y el otro la deriva de un versículo diferente". Cada individuo tiene un lugar donde comienza *su* aprendizaje y *su* Torá. De acuerdo con el lugar de su comienzo en el versículo en cuestión, de allí mismo se revela para él, paso a paso, toda la Torá. Para otra persona la Torá se revela en un orden diferente de acuerdo con *su* lugar de comienzo. Esto es diferente para cada persona. En cada caso la Torá se revela en un cierto orden de acuerdo con el lugar donde la persona comienza, sea donde fuere que esté. Si un *Taná* particular, un maestro de la Mishná, hubiera llegado al versículo que "le pertenecía" a otro *Taná* diferente, no habría sido capaz de tomar de allí, porque cada individuo sólo puede tomar y recibir si comienza en su propio lugar. <"Pero", dijo el Rebe, "¡yo puedo comenzar en cualquier parte que elija!". Comprende esto.>[4]

343. El Rebe dijo que si su libro *Likutey Moharán* no hubiera llegado nunca al mundo, los eventos habrían tomado un curso diferente.

---

[3] *Bava Kama* 92b; cf. *Meguila* 10b.

[4] "La persona estudia Torá desde donde lo desea su corazón" aquellas áreas y aquellos temas a los cuales se siente atraída. "Primero la persona estudia y ésa es la Torá de Dios: a medida que progresa ella se transforma en propia" (*Avoda Zara* 19a). Ver *Likutey Moharán* I, 22:10, donde dice: "La Torá de Dios Mismo está en el mundo de *Atzilut*, el Mundo de la Emanación". Ver también *Los Cuentos del Rabí Najmán*, #12, donde cada uno de los hombres del rey toma sus poderes de su propia fuente individual.

Muchas veces sintió el deseo de producir una obra halájica dando decisiones legales sobre todas las leyes del *Shulján Aruj*. La obra habría dado una decisión definitiva sobre cada detalle de la halajá o habría asentado cuál de las decisiones de las autoridades previas era obligatoria. Sin embargo, ahora que el *Likutey Moharán* había llegado al mundo la otra obra nunca se materializaría. Pues era mucho más fácil desarrollar novedades en el estudio Talmúdico. Nadie tiene idea del sendero que el Rebe hubiera tomado con sus innovaciones. Pero, para todo aquel que sí lo supiera, habrían sido muy fáciles.[5] Lo único necesario para comprenderlas sería dominar los trece principios de interpretación de la Torá.[6]

344. Un miércoles, lectura de la Torá *Trumá*, fui a ver al Rebe, quien me dijo lo siguiente: "Últimamente la vida no ha sido nada fácil para mí. Durante meses he anhelado y esperado comprender cierta cosa. En verdad, yo *ya* conocía el tema, pero no lo había conocido a través de la Torá. Por meses he estado anhelando conocerlo a través de la Torá, porque ¿cómo es posible que haya algo que *no* esté aludido en la Torá?[7] Y ahora lo he encontrado mencionado en la Torá. Al comienzo me estaba muy oculto. En verdad, hay cosas a las cuales la Torá alude meramente con una ligera indicación. ¡Cuántas leyes se basan en cada trazo de las letras de la Torá! Como dicen los sabios: 'En cada trazo de cada letra montañas y montañas de halajot' (*Menajot* 29b). Pero ahora he encontrado este tema mencionado explícitamente en la Torá. También hay cosas que están más allá de la Torá. Ahora bien", continuó el Rebe, "ahora que he descubierto dónde está mencionado este tema en la Torá, estoy feliz con mi vida. Si hubiera dejado el mundo sin encontrarlo, pero lo hubiera hecho en el otro mundo, ellos lo contarían como parte de mi recompensa en el Mundo que Viene. Mientras que ahora, por el contrario...". En otras palabras, ahora que había alcanzado esta comprensión mientras estaba en este mundo, merecía una recompensa muchísimo más grande en el próximo mundo.

---

[5] Cf. arriba: 265.

[6] Sanedrín 86a.

[7] Cf. *Taanit* 9a, *Julin* 139b; *Zohar* III, 121a.

La Grandeza de Sus Libros y Enseñanzas

345. "En cuanto a mí", dijo, "yo no soy parte del mundo presente. Es por esto que el mundo no puede soportarme. El papel de líder no me interesa en absoluto. En el mundo presente no es mi parte llegar a tener autoridad. Por el contrario, ello es 'risas y burla' (*Eruvin* 68a). Incluso lo poco que tengo va en contra de la naturaleza. Debo forzarme a aceptarlo contra mi propia naturaleza, porque es sólo por este medio que lo que digo puede llegar al mundo. Si no fuese por la poca autoridad que tengo, ninguna de mis enseñanzas, conversaciones e historias habrían podido llegar al mundo. Si no hubiera una generación como la presente y mis enseñanzas hubieran sido dadas en la época del Ari, de bendita memoria, o incluso en tiempos del Rabí Shimón bar Iojai, de bendita memoria, se habría producido una gran conmoción".[8]

346. El Rebe dijo que el *Likutey Moharán* era "el comienzo de la Redención.[9] Ahora que ha salido", dijo, "mucho deseo que la gente lo estudie. Deben estudiarlo hasta que lleguen a saberlo de memoria,[10] porque está repleto de consejos y de guías, con el poder de despertar a los hombres a Dios de una manera en que nada puede comparársele. <Aquellos que lo hacen no necesitan ninguna otra obra sobre ética ni guía moral>". Más tarde dijo explícitamente que estudiar sus obras era el comienzo de la Redención, que llegue pronto y en nuestros días. Dijo que la mejor manera de estudiar sus obras era seguir dos rutinas separadas. La primera debía ser estudiar rápidamente para llegar a conocer todos los textos. La segunda debía ser un estudio a fondo, pues sus libros contenían las profundidades más grandes.[11]

347. Cierta vez el Rebe estaba alentando a alguien para que estudiase su libro. Dijo que era una gran mitzvá estudiarlo en

---

[8] Cf. arriba: 86.

[9] *Iemei Moharnat* 94. Ver *Likutey Halajot, Hiljot Tefilat Minja*, 7:64. donde afirma: "¿Por qué las obras de los Tzadikim son llamadas *Likutey*, colecciones? Porque ellas juntan las 'chispas' de los exiliados (aquellos que han caído de su fe)".

[10] *Iemei Moharnat* 29.

[11] Para un tratamiento mayor sobre la profundidad de sus obras, ver *Sabiduría y Enseñanzas del Rabí Najmán de Breslov*, 131, 190, 199-211.

su totalidad, y que uno podía desarrollar una gran mente al hacerlo, pues incluso en su interpretación literal la obra contiene una profunda sabiduría. Aquellos que estudian sus obras constantemente pueden volverse puros y santos y así llegar a ser dignos de percibir el significado interno que contienen. Hay mucho más bajo la superficie que no es evidente, en absoluto, en el nivel literal. Feliz aquél que puede estudiarlos en forma asidua.

348. Él dijo: "En mis enseñanzas hay *profundidad*". Si bien algunas de sus lecciones fueron registradas por otras personas, allí donde el texto es propio de él, uno puede examinarlo con el mismo cuidado y precisión, con que se examina un pasaje bíblico.[12] Da la sensación de que el Rebe se repite constantemente de una manera que parece superflua. En verdad esto es intencional y cumple un propósito muy importante. Uno debe examinar lo que él dice con gran cuidado. Aquél que tiene ojos y se dedica de todo corazón a comprender las palabras del Rebe entenderá una pequeña porción de la tremenda profundidad que contienen sus textos. No tienen paralelo con ninguna otra obra.

349. El Rebe estaba cierta vez alabando su propio libro y dijo que era posible, mediante su estudio, volverse un total *baal teshuvá*, un "maestro del arrepentimiento". Quería que se imprimiese una y otra vez, difundiéndolo por el mundo entero.

Él dijo: "Habrá gente que estudiará y orará por medio de este libro". Y dijo que si la persona está dispuesta a sentarse con sus obras y a estudiarlas con un espíritu de apertura y honestidad,[13] sin tratar de encontrar errores ni de polemizar por el solo hecho de hacerlo, entonces sin duda alguna se cortarán los tientos mismos de su obstinado corazón.

Dijo que todos deberían tratar de comprar el libro. Aquel que no tuviese el dinero debería vender <todos sus otros libros para comprar esta obra. Si no tuviese libros para vender,> debería vender su misma almohada para poder comprarlo.[14] Dijo que el libro demostraría tener una gran importancia, y sería muy

---

[12] Adelante: 362, 389.

[13] Cf. *Likutey Moharán* I, 281.

[14] Cf. *Sabiduría y Enseñanzas del Rabí Najmán de Breslov*, 199-211.

solicitado. Se imprimiría una y otra vez.[15] "Si yo pudiese verlo... Estaría allí y observaría...". Dijo que en el caso de las lecciones que él mismo había pasado por escrito, el lenguaje mismo era muy beneficioso, pues estas lecciones eran universales.[16]

350. Le escuché decir: "Mis enseñanzas de Torá están compuestas enteramente de *bejinot*, categorías y análisis".[17]

351. Cuando el manuscrito de la primera parte del *Likutey Moharán* estaba siendo encuadernado, el Rebe dijo: "Para ustedes esto puede parecer algo simple, pero ¡cuántos mundos dependen de ello!".[18]

352. Él dijo: "El Malo tiene un gran poder parar cubrir los ojos de la gente. Si no fuera por esto, el libro produciría un tremendo despertar en el mundo".

353. Él dijo que conocía el lugar de todos los Tzadikim del pasado, desde Adán hasta el presente, el lugar de donde provenían, el lugar de donde eran tomadas sus enseñanzas de Torá y dónde llegaron cuando dejaron este mundo. Comenzó diciendo cómo el Baal Shem Tov era de la *sefirá* de *Biná*, comprensión, mientras que el Maguid de Mezritch[19] era de la *sefirá* de *Jojmá*, sabiduría, y cómo incluso aunque *Biná* es inferior a *Jojmá*, las enseñanzas de Torá del Baal Shem Tov eran tomadas del nivel de *Biná* que se encuentra por sobre *Jojmá*. Por otro lado, las enseñanzas del Rabí Baruj eran tomadas del nivel de *Biná* que está más abajo de este nivel de *Jojmá*. "Sin embargo, en cuanto a mis enseñanzas de Torá, <ellas son tomadas de niveles superiores a éstos. Incluso si yo fuese a recibir de estos niveles inferiores, no querría tales

---

[15] Hay más de 50 ediciones del *Likutey Moharán* impresas hasta la fecha, en Rusia, Polonia, los Estados Unidos y principalmente en Israel. Al presente existe una traducción al español de las primeras seis lecciones publicada por el Breslov Research Institute.

[16] Ver *Kojavey Or* p. 77-78, #26-27.

[17] Cf. *Sabiduría y Enseñanzas del Rabí Najmán de Breslov*, 200.

[18] Arriba: 81; *Iemei Moharnat* 9.

[19] El Rabí Dov Ber, el Maguid de Mezritch (1704-1772), fue discípulo del Baal Shem Tov y el principal líder Jasídico luego del fallecimiento del Baal Shem Tov. Ver *Until The Mashiach* p. 227-228.

enseñanzas. Sólo estoy interesado en enseñanzas que son enteramente originales>."[20]

<Me contaron que dijo que sus lecciones provenían de un lugar del que nadie antes había recibido>. Cierta vez lo escuché hablar con orgullo de la grandeza de sus enseñanzas y dijo: "¡¡Acaso no sé de dónde son tomadas!?". Por lo que dijo y de la manera en que lo dijo, la implicancia era que él tomaba sus enseñanzas de Torá de los lugares más elevados y exaltados.

354. "Apártate del mal y haz el bien" (Salmos 34:15).

El Rebe dijo: "Mi manera de 'apartarse del mal' es una innovación extraordinaria, y mi 'hacer el bien' también es extraordinario, porque en verdad yo hago mucho bien y mis enseñanzas de Torá hacen mucho en el mundo. Todas las bendiciones del mundo descienden debido a mis enseñanzas".

El Rebe estaba hablando con alguien y le dijo: "¿Cuál es tu negocio? ¡Tú negocias con trigo! Esto también es atraído desde arriba debido a mis enseñanzas".[21]

Él dijo: "Hay dos grupos de personas por las cuales yo siento una gran pena: aquellos que son capaces de acercarse a mí y no lo hacen, y aquellos que están cerca de mí pero que no llevan a cabo lo que yo digo.[22] Porque yo sé que cuando llegue el tiempo para ellos en que deban estar yaciendo en el piso con sus pies hacia la puerta [esperando su entierro], ellos se mirarán a sí mismos y se lamentarán mucho el no haber sido dignos de acercarse a mí o de cumplir con lo que yo dije .

"Entonces sabrán que si me hubieran seguido y hubieran hecho lo que yo decía, no hay nivel en el mundo al que no los habría llevado. Pero entonces ya no les será de ayuda".

Él dijo: "Si Mashíaj no viene pronto, Dios no lo permita, el mundo me echará mucho de menos, más aún que <al Baal Shem Tov>."[23]

---

[20] Ver *Likutey Moharán* I, 15:4.

[21] En el *Tikuney Zohar* 16 encontramos que *jitá* (חטה), trigo, tiene el valor numérico de 22, la cantidad de letras del *alef-bet*. Dado que todo en la creación tiene su fuente en las letras del *alef-bet*, si alguien alcanza la fuente entonces todo proviene de él.

[22] *Oneg Shabat* p.159.

[23] Arriba: 249.

355. Alguien me contó que el Rebe había alabado sus enseñanzas de Torá y enfatizado su grandeza, y que dijo que la gente debería hacer grandes esfuerzos para adquirir sus libros. Porque aunque estén dentro de un baúl o en una caja, son igualmente muy beneficiosos. Dijo que sus libros tienen un gran poder protector para la casa y que pueden incluso proteger en contra de pérdidas y daños a la propiedad y a las posesiones. El Rebe mencionó a cierto hombre adinerado que conocía y dijo que incluso para él "sería muy beneficioso si mi libro estuviese en su casa, porque lo protegería contra todo, y sus riquezas quedarían con él". El Rebe le dijo a la persona con la cual estaba hablando que alentase a ese hombre a que comprase sus libros. En otra parte se menciona cuánto deseaba el Rebe que sus enseñanzas se difundiesen entre todos los judíos, aunque no por su propio honor, Dios no lo permita.[24]

356. Luego de dar la lección, "Rabí Shimón abrió su discurso" (*Likutey Moharán* I, 60) el Rebe dijo: "Fue una hermosa boda; habría sido adecuado invitar a Dios a la boda, junto con Su corte celestial". Yo le dije, "¡Definitivamente ellos estuvieron aquí!". "Aparentemente", respondió.

Nota del Editor: Escuché que en la misma ocasión les dijo a sus seguidores que él los podría haber mantenido allí durante tres días y tres noches mientras daba esta lección y ellos no habrían podido distinguir entre el día y la noche.[25]

357. Él dijo que no quería que ninguna de las enseñanzas que reveló antes de su visita a la Tierra Santa fuese incluida en sus libros, sino sólo aquéllas que dio después.[26] Y en cuanto a éstas, todas deberían ser registrarlas por escrito, incluso sus conversaciones casuales: todo debería ser puesto por escrito. Muchas veces nos dijo que registrásemos cada conversación que escuchásemos de él. "Cuando algo está escrito en un libro", dijo, "si la persona no lo recuerda hoy puede volver a mirarlo y volver a aprender de

---

[24] *Iemei Moharnat* 29.
[25] Cf. *Zohar* II, 15a.
[26] Adelante: 382, 479.

ello en otro momento. Pero las cosas que ustedes oyen de mis labios nunca más las volverán a escuchar. De modo que deben asegurarse de recordar cada palabra y de escribir todo, cada conversación, cada historia... Todo". (Fue debido a esto que yo comencé a pasar por escrito algunas de las cosas que le escuché decir personalmente o de segunda mano, pero todo esto no fue más que una pequeña fracción).

358. El Rebe dijo explícitamente que cada una de sus conversaciones tenía el poder de llevarnos hacia la pureza y la santidad e incluso de hacernos Tzadikim como él quería que fuésemos en nuestras vidas.[27] Sólo debíamos estar dispuestos a seguir lo que él decía y trabajar con ello. Todo aquel que tuvo el privilegio de escucharlo en persona sabe muy bien que ésta es la verdad. Incluso hoy en día, estudiar sus palabras tiene un gran poder para inspirarnos a acercarnos a Dios y seguir Sus caminos. Sólo debemos disponernos a seguir las palabras del Rebe exactamente como ellas están registradas en esta obra y en otras. Cada una de sus conversaciones tiene un formidable poder parar inspirar a la gente en el acercamiento a Dios.[28] Ellas contienen caminos sólidos y directos hacia Dios, senderos que son accesibles para todos, sin importar su nivel. Incluso gente de los niveles más elevados puede recibir una clara guía y dirección a partir de cada una de sus palabras. En el otro extremo, hasta la persona que se encuentra en el más bajo de los niveles, Dios no lo permita, también puede recibir dirección y guía sobre cómo salvar su alma de la destrucción y retornar en verdad a Dios. Todo lo que se necesita es prestarles cuidadosa atención a las palabras el Rebe y cumplirlas con honestidad y simpleza, sin ninguna sofisticación. Felices de aquéllos que se aferran a sus palabras.

359. Cierta vez dijo como con asombro: "Para el mundo todos son iguales, el *Zohar* y los *Tikunim*". En lo que dijo estaba implícito

---

[27] *Shearit Israel* #22.

[28] El Rabí Natán dijo cierta vez: "La diferencia entre los jasidim y los mitnagdim es la misma que hay entre un *knish* caliente y un *knish* frío. Aunque ambos tienen los mismos ingredientes uno tiene un sabor mucho mejor debido a que está caliente" (*Aveneha Barzel* p.5). De la misma manera, las enseñanzas del Rebe tienen un gran poder para inspirarnos a poner un gran esfuerzo y calidez en nuestras devociones.

que en verdad hay una tremenda diferencia entre el *Zohar* y el *Tikuney Zohar*. Aunque el *Zohar* es muy santo y tremendo, la santidad del *Tikuney Zohar* es mucho más grande.

360. Dijo el Rebe: "Todo aquello que yo les digo de mis ideas de Torá no son más que fragmentos, y estos fragmentos están miles y miles de niveles más abajo que el nivel en el cual yo los percibo. Soy incapaz de expresarlos más abajo". Este punto ha sido hecho notar en otra parte.[29]

361. Me contaron que anteriormente había dicho que tenía ciertas enseñanzas de Torá sin vestimentas. Esto quiere decir que era incapaz de vestirlas con vestimenta alguna. Él citó el dicho Talmúdico, "El texto bíblico es un mero soporte" (*Pesajim* 81b), es decir, el texto bíblico citado en el pasaje Talmúdico en cuestión es un mero soporte, *asmajta*, no la fuente para el dictamen de la Ley Oral bajo debate. Continuó diciendo: "Las enseñanzas de la Torá descansan sobre el texto bíblico tal como una persona puede descansar sobre algo que la sostiene, <y en verdad aquello que está siendo sustentado es más grande que aquello que lo soporta>". De manera similar, su percepción de la Torá eran tan exaltada que no podía estar vestida de ninguna manera excepto a través de una *asmajta*. Comprende esto.

Dijo que el motivo por el cual tenía que esforzarse tanto antes de dar sus lecciones se debía a que le era muy difícil hacer descender sus ideas de Torá y vestirlas con vestimentas y palabras para poder expresarlas y revelarlas.[30] Antes de dar sus lecciones solía sentarse con nosotros durante una hora o dos y a partir de sus movimientos y gemidos era claro que estaba luchando. Se sentaba sin hablar, pero sus movimientos revelaban la intensidad de la lucha. Sólo después abría sus labios y comenzaba a hablar.

Una vez lo pude ver con mis propios ojos cuando él estaba por comenzar a dar la lección "Nueve Tikunim" en el *Likutey Moharán* I, 20. Repitió una y otra vez las palabras "nueve tikunim", y cada vez tiraba fuertemente de su barba con ambas manos. Casi se

---

[29] Próximo párrafo; arriba: 287.

[30] Ver arriba: 141, con respecto a las dificultades que tenía antes de enseñar.

arrancó los pelos de la barba debido al infinito temor y devoción de ese momento.

Dijo que todo lo que hacía en público le era extremadamente difícil, y cuando daba una lección sentía como si su misma alma lo fuese a abandonar apenas le saliera de la boca la primera palabra. Sentía lo mismo cuando recitaba el *kidush* en el Shabat, cuando sentía que no bien dijera la primera palabra su misma alma partiría.[31]

362. Las lecciones y los discursos del Rebe son universales. Cuanto más uno las explora más descubre su maravillosa frescura, dulzura y radiante luz.[32] Ellos poseen una gran profundidad tanto en su significado simple como en el nivel oculto y místico. Todas sus lecciones contienen tremendos secretos, pero esto es algo que es imposible de explicar. Cada lección trata también del significado místico de las mitzvot: cada lección se relaciona con alguna de las devociones místicas tal cual están explicadas en las obras kabalistas tales como el *Etz Jaim* y el *Pri Etz Jaim*. Así, la lección "¿Quién es el hombre que desea vida?" (*Likutey Moharán* I, 33) se relaciona con el significado kabalista de la mitzvá del *lulav*, aunque no parece haber una referencia explícita al *lulav* en la lección. De manera similar, yo creo que la lección "Cuando los malvados se me acercan" (*Likutey Moharán* I, 101) se relaciona con el significado kabalista del *kidush*.[33] Lo mismo ocurre con las otras lecciones del Rebe. Así, una cantidad de lecciones en el libro, tales como "Las carrozas del Faraón" (*Likutey Moharán* I, 38), "Con Trompetas" (*Ibid*. 5), "Yo soy" (*Ibid*. 4), "Feliz el pueblo" (*Ibid*. 35) y varias otras lecciones que dio en ese período, todas están relacionadas con el significado místico de los tefilín.

Le escuché decir al Rebe que él quería escribir un comentario sobre el *Etz Jaim*. No había necesidad de un comentario simple explicando el lenguaje; lo necesario era dar lecciones de Torá que constituyeran un comentario. Agregó: "Yo ya he dado varias

---

[31] *Sabiduría y Enseñanzas del Rabí Najmán de Breslov*, 210.

[32] Cf. *Eruvin* 54a.

[33] Ver adelante: 387.

La Grandeza de Sus Libros y Enseñanzas 313

lecciones que son relevantes al *Etz Jaim*".[34] Además, me contaron que el Rebe dijo que recientemente había completado el *Etz Jaim* y había comprendido que era todo *musar*, una guía moral.

Con respecto a las lecciones escritas con sus propias palabras, dijo que ellas debían ser examinadas minuciosamente tal como los versículos bíblicos. Ellas contenían muchos significados ocultos. Hay pasajes donde el Rebe se repite aparentemente sin motivo alguno. Sin embargo, estos pasajes deben ser examinados minuciosamente, porque cada una de las repeticiones tiene un propósito. El Rebe dijo también que las lecciones que fueron escritas con sus propias palabras tienen un poder especial debido a su universalidad.[35] Lo más importante es el *musar*, la guía y las prescripciones para la vida práctica que surgen de cada una de sus lecciones. Esto aparte de los secretos ocultos que contienen, que no pueden ser explicados por escrito y que deben ser dejados para que el lector mismo se forme su propia idea.

363. Me contaron que en el período anterior a que yo me acercase a él, dijo que anhelaba un seguidor que fuera un erudito

---

[34] El Rabí Abraham Sternhartz solía estudiar el *Etz Jaim* y el *Pri Etz Jaim* simultáneamente con el *Likutey Moharán* para demostrar cómo se unían (Raví Zvi Aryeh Rosenfeld).

El Rabí Abraham Sternhartz (1862-1955), fue el líder más importante de Breslov de la generación pasada. Bisnieto del Rabí Natán y nieto del Rabí Najmán, el Rav de Tcherin, nació en Breslov y fue criado por su abuelo en Tcherin luego de quedar huérfano siendo niño. Se casó a la edad de 16 años luego de haber completado todo el Talmud; a la edad de 19 años respondía cuestiones halájicas y fue nombrado *baal tefila*, el líder de la plegaria para Rosh HaShaná en Umán a la edad de 22 años. Sirvió como escriba en Tcherin y como Rav en Kremenchug y Umán hasta su llegada a la Tierra Santa en el año 1936.

El Rabí Abraham compuso el *Tovot Zijronot* y el *Imrot Tehorot*. Sus obras no publicadas, entre ellas un comentario sobre el *Likutey Moharán*, se perdieron durante la expulsión de los judíos de la Ciudad Vieja de Jerusalén en 1948. En 1940, luego de que había quedado claro que el viaje a Umán en Rusia se había vuelto imposible, fundó el *minian* para la comunidad de Breslov en Merón para Rosh HaShaná. El Rabí Zvi Aryeh Rosenfeld (1922-1978), el Rabí Guedalia Koenig (1921-1980), el Rabí Zvi Aryeh (Hirsh Leib) Lippel (1902-1979), el Rabí Shmuel Horowitz (1913-1973), el Rabí Moshé Burstein (n. 1934), el Rabí Michel Dorfman (1913-2006), el Rabí Najmán Burstein (n. 1934), el Rabí Shmuel Shapiro (1922-1989) y otros líderes del movimiento de Breslov de la presente generación son algunos de sus discípulos.

[35] Arriba: 348.

y estuviera dotado de un notable poder del lenguaje.[36] Entonces él podría explicar los escritos del Ari tan claramente que incluso la gente joven capaz de tomar un libro y comprenderlo sería capaz de estudiar y entender todos los escritos del Ari.[37]

364. Cierta vez yo estaba hablando con el Rebe sobre las enseñanzas Kabalistas del Ari. Él dijo que hay una completa unidad entre las enseñanzas del Ari y las del Rabí Moshé Cordovero.[38] Algunos años después tuve otra oportunidad de tratar con él sobre la Kabalá del Ari, y él dijo que era mucho más exaltada que la Kabalá del autor del *Pardes*.[39] Yo quedé asombrado y le pregunté temblando, "¿Pero no escuché de tus propios labios que en verdad todo es una unidad?". Él dijo: "Es correcto, si yo dije esto yo sabía lo que estaba diciendo". Esto puede parecer algo misterioso, pero todo aquel con un corazón comprensivo será capaz de acceder a una mínima concepción de cómo la contradicción aparente puede en verdad ser reconciliada y que las palabras del Rebe están "vivas y son eternas, verdaderas, firmes, establecidas, duraderas y rectas". Porque la verdad última y profunda es que ambos grupos de enseñanzas son una total unidad. Pero pese a esto, el acercamiento del Ari a la revelación de los secretos místicos es mucho más exaltada que los métodos del *Pardes*, aunque en verdad ellos son una unidad. Es imposible hablar sobre esto en profundidad porque "la gloria de Dios es algo oculto" (Proverbios 25:2), y aquellos que son sabios comprenderán.

365. El Rebe dijo que aquellos que estudian sus obras y que tienen poca inteligencia creen que en sus libros se encuentran aludidos los conceptos kabalistas del Ari y de otros, y consideran un punto a favor el que sus obras alcancen un nivel tan elevado. Lo que

---

[36] Adelante: 367.

[37] Ver *Zohar* I, 118a, "Cuando se acerque el tiempo de la llegada del Mesías, hasta los niños revelarán gran sabiduría y profundidad...".

[38] El Rabí Moshé Cordovero (1522-1570), fue el líder de la escuela de Kabalá de Safed antes del Ari. El Ari dijo del Rabí Moshé Cordovero que había fallecido sin pecado.

[39] *Pardes Rimonim*, "El Huerto de Granadas", una importante obra Kabalista del Rabí Moshé Cordovero, impresa por primera vez en Salónica en el año 1583.

esa gente no comprende es que lo que ocurre es exactamente lo opuesto: el enfoque kabalista de las primeras autoridades también está incluido en sus escritos. Aunque el Rebe no terminó el pensamiento de manera explícita, su significado fue muy claro: sus enseñanzas van *más allá* de aquellas de los primeros maestros y el objetivo de sus propias enseñanzas es mucho más exaltado. Sin embargo, las ideas de los maestros anteriores también están incluidas en sus enseñanzas.

366. Durante los días intermedios de Sukot del año 5569 (1808) el Rebe preguntó: "¿Dónde estábamos en las plegarias?".[40] Más tarde se explicó diciendo que sus enseñanzas seguían el orden del libro de plegarias y que cada lección estaba relacionada con un lugar diferente de las plegarias. "Ahora todavía estamos antes de '*Baruj she-amar*' pero después de '*Hodú*' ".

Dijo que era correcto esperar que hubiera alguien con un poder tal de plegaria que sus oraciones estuviesen de acuerdo con todas las lecciones. Sin embargo, él mismo debería vivir una vida muy larga para ser capaz de terminar todo el orden de las plegarias, es decir, dar enseñanzas siguiendo el orden completo de las plegarias hasta el mismo final.

367. Cuando me acerqué por primera vez, él les comentó a algunos otros en un momento en que yo no estaba presente, "Le agradezco a Dios por enviarme un joven que hará posible que ninguna de mis palabras vuelva a perderse". Su intención era que yo debía escribir cada palabra que surgiera de sus labios, sus discursos y enseñanzas e incluso sus conversaciones casuales, pues éstas también son Torá. Así, ni una sola palabra volvería a perderse.[41]

368. Cierta vez llegó a su casa y preguntó por mí, pero se sintió muy desilusionado al no encontrarme allí en ese momento. Dijo que no tenía nadie a quien decirle lo que tenía que revelar. "Yo puedo retener una enorme cantidad para mí mismo", dijo, "y no hablo a no ser que el agua llegue hasta el borde, de modo que

---

[40] Cf. arriba: 102.
[41] Arriba: 363.

deba fluir hacia fuera, pero en este momento ni siquiera tengo a alguien con quien hablar".

Él ya me había dicho al volverme uno de sus seguidores: "Si eres puro y sincero serás capaz de escuchar muchas cosas de mí, porque yo necesito alguien con quien hablar. Muchas veces debo sacar ciertas cosas y decirlas. Es por eso que necesito alguien con quien hablar".

En varias ocasiones le reveló Torá a quienquiera que estuviese con él en ese momento. Cierta vez me habló sobre una de estas ocasiones, contando que le había dado una lección a un hombre que no entendía nada de lo que le estaba diciendo. Luego me dijo, "Dado que debía hablar y revelar una enseñanza, y en vista de que este hombre estaba allí, yo se la dije". Pero realmente quería que sus palabras fuesen escuchadas por alguien que pudiera al menos comprender algo.

369. Él me dijo: "¡En verdad debes sentirte alentado viendo que tienes una parte tan grande en el libro!"[42], es decir en el *Likutey Moharán*, que estaba siendo impreso en ese momento. Continuó diciendo que todo el libro era mío, pues sin mí el libro nunca habría llegado al mundo. Me explicó cómo era que todo el libro había llegado gracias a mí. Entonces dijo: "Tú mismo sabes algo de la verdadera grandeza de este libro y de su santidad. Incluso más que esto, tú debes tener fe en su grandeza. Han impreso mil ejemplares", dijo, "y cada uno de ellos llegará a manos de varias personas". En otras palabras, yo debería sentirme alentado por haber tenido el privilegio de tener una influencia tan positiva sobre la comunidad en su totalidad.

Cierta vez en que yo no estaba presente les habló a sus otros seguidores sobre la gran parte que yo tenía en el libro. "¡En realidad, todo el libro!". Les dijo que ellos debían sentirse en deuda conmigo, pues sin mi trabajo no habría quedado ni una sola página de sus libros.

370. Él dijo: "Cada uno de ustedes tiene una parte en mi Torá, pero Natán tiene una parte más grande que la de todos ustedes.

---

[42] Arriba: 81; *Tovot Zijronot* 8.

Saben muy bien que si no hubiera sido por él ustedes no tendrían ni una sola página de mi libro".[43]

371. Él me dijo: "¿Te vas a deprimir? De todas las personas tú deberías estar especialmente alegre, siempre". Y dijo: "¿Vas a dejarte caer? ¡Mucho habrá de suceder! Manténte firme, hermano mío". También me dijo: "Dios está contigo. ¡No temas!".

Nota del Editor: En cuanto a lo que el Rebe le dijo el Rabí Natán, que las cosas ya habían sido muy buenas para él, y que no podía entonces estar deprimido, Dios no lo permita, escuché del Rabí Itzjak Leib de Teplik que el Rebe cierta vez le dijo que si él le dijese la mitad de las cosas que solía decirle al Rabí Natán y al Rabí Naftalí, tanto él [R. Itzjak Leib] como el mundo entero no podrían sobrevivir.

372. Dijo que no había un solo miembro del cuerpo humano sobre el cual no hubiese enseñado Torá. Ya había dado lecciones sobre cada miembro del cuerpo humano. Es un axioma kabalista que la forma humana posee el significado místico más elevado.[44]

373. Cierta vez habló sobre los logros del Baal Shem Tov y de algunos otros Tzadikim. Dijo que indudablemente habían logrado mejorar el mundo. Sin embargo, luego de que dejaron este mundo los efectos de sus obras no perduraron: la iluminación y el despertar que evocaron en sus discípulos no perduró en las generaciones siguientes. Lo que se necesitaba, dijo, era lograr algo que se mantuviera para siempre.

En otra ocasión habló de manera similar, diciendo que era necesario dejar discípulos que tuvieran sus propios discípulos, y que éstos a su vez tuvieran también sus propios discípulos y así en más. [De esta manera el movimiento ganaría fuerza y continuaría creciendo] de generación en generación.[45]

374. Alguien me contó que el Rebe dijo que él no les daba mucha importancia a sus propias y exaltadas percepciones. Lo más

---

[43] *Tovot Zijronot* 8.

[44] *Etz Jaim, Shaar Pirkey Hatzelem* 6.

[45] Arriba:172; adelante: 543; *Likutey Moharán*, 7:4; *Likutey Halajot, Netilat Iadaim* 3:6; *Oneg Shabat* p. 57, 503.

importante era cuando lograba comunicarles algo a los demás. Todos los mundos, desde el más elevado al más bajo, dependían de las palabras que él decía en público.

375. Una noche estuvimos alrededor de él hablando durante mucho tiempo sobre las diferentes enseñanzas que él había revelado. (Hoy en día ellas han sido publicadas, pero en ese momento sus libros aún no habían sido impresos). Yo mismo mencioné una cantidad de diferentes lecciones que él había dado, alabando su asombrosa frescura y originalidad. Y en verdad todo lo que él enseñó era una completa novedad en sí mismo, despertando el alma con su dulzura y frescura. La conversación continuó durante un tiempo.

A la mañana siguiente, salí con él en un viaje que debía emprender. Él dijo: "Ayer desplegamos nuestra mercadería y la colocamos en orden. Gracias a Dios es en verdad una muy buena mercadería. Qué excelente sería si este negocio tuviera un asistente de primera clase que pusiera en orden toda la mercadería de manera prolija, doblando cada pieza y colocándola en su lugar adecuado con el borde mirando hacia fuera, tal como hace un asistente profesional. (Ellos pliegan la mercadería con prolijidad dejando sólo una pequeña parte saliente para que los compradores puedan ver qué hermoso es el producto tan pronto como entran en el negocio). En el momento en que alguien entra a comprar algo, el asistente puede inmediatamente mostrarle aquello que el cliente necesita y rápidamente desplegarlo delante de él. De esta manera puede mostrarle inmediatamente el esplendor y la gloria de su excelente mercadería".

Lo que quiso decir el Rebe es evidente. Se necesitaba una persona que conociera en profundidad todas sus enseñanzas y que pudiera "ordenar" cada lección de manera apropiada, con el "borde mirando hacia fuera", si así pudiera decirse. Entonces cuando viniera alguien, queriendo acercarse al Rebe y conocer sus enseñanzas, esta persona le sugeriría inmediatamente qué enseñanzas le eran las más apropiadas. Todas las enseñanzas del Rebe son universales en su alcance, y cada individuo puede encontrar en ellas exactamente aquello que necesita. Lo único que se requiere es alguien que las conozca en profundidad y que pueda sugerir la enseñanza más apropiada en un momento determinado. Tú mismo puedes comprender los otros detalles de la analogía del Rebe.

376. El Rebe me dijo cierta vez que él tenía sus propios y muy elevados propósitos en la manera en la cual solía conversar con la gente. Sin embargo, "Me es imposible revelar estas cosas", dijo, "porque aún tengo que hablar contigo", y si él me las fuese a revelar ya no sería capaz de lograr con sus conversaciones lo que él quería.

También le dijo al Rav de Breslov, R. Aarón: "En verdad te quiero mucho y mi bendición para ti es que en el próximo mundo puedas ser digno de comprender mis conversaciones cotidianas".[46] El Rebe dijo esto antes de haber estado en la Tierra Santa.

377. El Rebe le había dicho a su hermano, R. Ijiel, que debía dedicarse a hablar con la gente para acercarla a Dios. R. Ijiel presentó un problema ante esto diciendo que había ocasiones en que uno se veía forzado a entablar conversaciones vanas o tratar sobre asuntos seculares.[47] El Rebe le respondió que el hecho mismo de que uno llevase algo de Torá a esas conversaciones era el modo de elevarlas. De manera similar, los sabios dijeron: "Ellos quisieron suprimir el libro del Eclesiastés. ¿Y por qué no lo hicieron? Porque comienza con palabras de Torá y termina con palabras de Torá" (*Shabat* 30b). El tema ya ha sido tratado[48] relativo al hecho de que la persona que conoce plenamente las obras del Rebe puede encontrar todas las conversaciones del mundo en sus enseñanzas. No hay una sola conversación en todo el mundo que no tenga alguna relación con sus enseñanzas.

378. El Rebe mismo escribió muchas de sus propias lecciones. Algunas fueron registradas por el círculo interno de sus seguidores y el resto por mí. El Rebe dijo que lo que yo escribí estaba muy cerca de expresar lo que él quería y que mi utilización del lenguaje era aceptable para él. Dijo que yo sólo era inferior a él en términos de la claridad con la cual se expresaban las enseñanzas, y que

---

[46] Ver arriba: 509; *Tovot Zijronot* 7; arriba: 283 nota 75.
[47] Arriba: 240.
[48] *Sabiduría y Enseñanzas del Rabí Najmán de Breslov*, 204.

mi estilo era de lejos superior al de los otros. Sin embargo, sus propios escritos eran por supuesto muy superiores. Sin embargo después del suyo, mi estilo era el más cercano comparado con el de los otros miembros del círculo, que a él le habían parecido muy poco aceptables en varios aspectos. En su mayor parte fallaban completamente en comprender el significado buscado, e incluso lo poco que comprendían eran incapaces de pasarlo por escrito de la manera en la cual lo habían entendido en sus corazones. "El Señor Dios me ha dado la lengua de los instruidos" (Isaías 50:4) y gracias a Dios mi lenguaje halló gracia a sus ojos.

379. Cuando el Rebe viajó a Novorich, el Rabí Naftalí lo acompañó en el mismo carruaje. El Rabí Naftalí tenía una copia del manuscrito del *Sefer HaMidot*. El Rebe lo vio y dijo: "¡Mi querido y amado amigo! ¡Mi amado y fiel amigo! Esto es lo que me hizo un judío".[49] En otras palabras, fueron las enseñanzas sobre los diferentes rasgos de carácter que componen el *Sefer HaMidot* las que le permitieron al Rebe quebrar todos sus rasgos y deseos y alcanzar lo que alcanzó.[50]

380. El Rebe dijo que el *Sefer HaMidot* había incluido un capítulo sobre la curación que contenía todos los remedios.[51] Dijo que no había una sola enfermedad en el mundo cuyo remedio no estuviese incluido allí. Sin embargo, él no había querido publicar este capítulo y lo había quemado.

381. El Rebe dijo que si el Baal Shem Tov hubiese escuchado sus enseñanzas, las habría encontrado originales, y que también para el Rabí Shimón bar Iojai habrían sido originales, incluso para su tiempo.[52]

382. "Cuando quise ir a la Tierra de Israel, les di a mis enseñanzas una nueva dirección. Cuando emprendí mi viaje, ellas volvieron

---

[49] *Mei HaNajal* p. 151. Ver *Until The Mashiach* p. 134, 289-290.

[50] El Rebe escribió la primera parte del *Sefer HaMidot* antes de los 13 años. La segunda parte fue escrita en su juventud. Siguiendo estas enseñanzas fue capaz de lograr lo que logró.

[51] Arriba: 200 nota 19.

[52] Ver arriba: 86; cf. *Sabiduría y Enseñanzas del Rabí Najmán de Breslov*, 211.

a ascender hacia un nivel superior. Cuando estuve allí, les di otra nueva dirección. Y al volver, les di otra vez una nueva dirección".

Sus tremendas percepciones de Torá realmente comenzaron luego de su visita a la Tierra Santa, y en verdad llegó a alcanzar un nivel en el cual se sentía realmente avergonzado de sus enseñanzas anteriores al viaje. La mayor parte del *Likutey Moharán* está compuesta por las enseñanzas reveladas luego de su retorno de la Tierra Santa, con la excepción de tres o cuatro páginas en la mitad del libro.[53]

383. Cierta vez que el Rebe estaba hablando sobre el *Likutey Moharán* dijo con una sonrisa que sus libros serían impresos y que en cada uno de ellos habría escrito luego de su nombre, "autor de este libro y de este otro y de este otro, etcétera", tal como hacen en los libros cuyos autores poseen muchas otras obras. Él quería indicar que quedarían muchos de sus libros, y esto se ha cumplido con la ayuda de Dios.[54]

384. <"Yo hubiera pensado que ustedes me traerían un caballo como recompensa por las lecciones de Torá que les he dado". Durante la noche del Shabat él habló de su deseo de tener un buen caballo y una buena montura. Es verdad que está escrito, "En vano el caballo será para salvación", pero aun así, "El caballo está preparado para el día de la batalla: pero la salvación proviene de Dios" (Proverbios 21:31).>

"El hecho de que ninguna palabra salga de mis labios sin alguna novedad, es algo bien sabido. Pues ni siquiera el aliento que sale de mis labios carece de originalidad".[55]

---

[53] Arriba: 357.

[54] Ver *Until The Mashiach* p. 287-295, para una lista de los libros escritos por el Rabí Najmán y sobre él. Si se toman en cuenta todas las otras obras escritas por los jasidim de Breslov, (Rabí Natán, Rabí Najmán de Tcherin, Rabí Abraham Jazan de Tulchin, Rabí Alter de Teplik, los discípulos de estos, etcétera, hasta el día de hoy) que se basan en las enseñanzas del Rabí Najmán, existen más de 50 trabajos originales sobre el pensamiento de Breslov. Además, hay muchos libros que están siendo compilados hoy en día sobre temas específicos (tales como la alegría, la fe, el Shabat y las festividades, los tefilín, etcétera) al igual que las traducciones al inglés, francés, español, alemán y ruso, que llevan toda esta selección a más de 150.

[55] *Jaiei Nefesh* #35.

385. Cierta vez le dije que incluso sus conversaciones cotidianas eran literalmente Torá. El dijo que esto era correcto y que tal como era imposible que un estudioso de Torá hablase sin dejar al menos que algunas pocas palabras de Torá, expresiones del Talmud y demás, entrasen en su conversación, lo mismo en su caso: no importa lo que dijese, la Torá forzosamente estaba presente. En verdad, pudimos ver con nuestros propios ojos muchas veces cómo sus conversaciones cotidianas se transformaban en enseñanzas de Torá. Una conversación casual se transformaba en la más extraordinaria enseñanza de Torá. Yo sólo estoy hablando de lo que era visible para nosotros, aparte de las muchas cosas ocultas contenidas en sus conversaciones, de las cuales la gente en nuestro nivel no tenía concepción alguna.

386. El Rebe nos dijo que tenía la costumbre de hacer toda clase de súplicas y ruegos a Dios cuando se sentaba solo a la mesa en su habitación privada para la tercera comida del Shabat. Él solía hablarle y hablarle a Dios hasta que alcanzaba un punto en el que estaba diciendo Torá espontáneamente, sin siquiera intentarlo. Él escuchaba las palabras de Torá que le salían de los labios y veía cuán hermosas eran y cuán dignas de ser trasmitidas a los demás. "Éstas son las lecciones que a veces doy luego de la partida del Shabat, después de la *havdalá*". En otras palabras, esas enseñanzas estaban basadas en la Torá que él había dicho espontáneamente durante la tercera comida.[56]

387. La lección "Cuando los malvados se acercan a mí" (*Likutey Moharán* I, 101) contiene las intenciones kabalistas del *kidush*.[57]

388. El Rebe dijo que incluso aquellos que escuchan las enseñanzas del Tzadik sin comprenderlas las entenderán en el próximo mundo.[58] En esencia, sus lecciones están dirigidas a nuestras almas y cuando lleguemos al próximo mundo nuestras almas estarán bien versadas en estas exaltadas enseñanzas. En este mundo lo más importante es cumplir con las enseñanzas del Tzadik al pie de

---

[56] Ver arriba: 168; *Likutey Moharán* II, 7, final.
[57] *Parparaot LeJojmá* 101; *Kedushat Shabat* 101.
[58] *Sabiduría y Enseñanzas del Rabí Najmán de Breslov*, 26.

la letra de acuerdo con su significado simple. Debemos seguirlas de la manera en la cual el Rebe nos aconsejó tantas veces, es decir, andar con una lección en particular durante un período de tiempo, hasta que todas nuestras devociones desde la mañana hasta la noche estén de acuerdo con la lección en cuestión.[59] Luego de esto se debe continuar con otra enseñanza tomada de otra lección. Se debe seguir esta práctica constantemente hasta que uno haya logrado pasar por todas las lecciones del Rebe. Dios lo ayudará en esto. Es muy importante no apurarse ni tratar de hacer todo de una sola vez. Hay que proceder con calma y de manera ordenada, avanzando constantemente un poco cada vez. Esta es la manera de alcanzar un progreso genuino, hasta que al final serás capaz de cumplir con todas las enseñanzas del Rebe.[60]

389. Las conexiones mediante las cuales están estructuradas las lecciones del Rebe se asemejan a las utilizadas para armar un tejido. Comienza uniendo dos cosas. Luego, une una tercera a la segunda utilizando una cantidad de fuertes lazos. La tercera la une a una cuarta, y así en más. Entonces usualmente vuelve a unir las cuatro entre sí. Al comienzo ellas no estaban unidas en absoluto: la primera estaba unida a la segunda, la segunda a la tercera y la tercera a la cuarta, pero aun así no había conexión entre la cuarta y la primera. Sin embargo, su próximo paso es traer un pasaje bíblico, un dictado rabínico o alguna otra prueba para unir las cuatro entre sí hasta que el lazo es completamente firme.

Entonces vuelve atrás y comienza a unir una serie de otras cosas, formando una segunda estructura que conecta con la primera estructura. Al comienzo estas dos estructuras santas están unidas en la medida en que uno de los elementos de la segunda estructura está conectado a uno de los elementos de la primera. Pero luego, vuelve atrás y muestra cómo todo en cada estructura está unido con todo en la otra. Coloca puentes de conexión mediante los cuales el tercer elemento de la primera

---

[59] *Ibid*.
[60] Ver *Likutey Moharán*, Introducción; *Parparaot LeJojmá*, Introducción; adelante: 594.

estructura se une al cuarto de la segunda y al segundo elemento de la tercera estructura. Luego trabaja en las uniones entre la segunda y la tercera estructura, y así en más, hasta que todo está entrelazado en una notable unidad.

El Rebe Mismo trató este tema en mi presencia el día después de Iom Kipur 5571 (1810), siete días antes de su fallecimiento. Sería valioso extender este análisis trayendo ejemplos de varias lecciones para permitir que el lector comprendiese un poco de los métodos del *Likutey Moharán*.[61]

(El Rebe me explicó cierta vez que todas sus lecciones son como entrar a un palacio que contiene cámaras y habitaciones, antesalas y entradas, todas de la más tremenda belleza, con un piso sobre el otro, cada uno con su propio y único estilo. Tan pronto como entras a una habitación y empiezas a examinarla, maravillándote de la extraordinaria novedad del diseño, comienzas a notar una asombrosa apertura que conduce a otra habitación. Y así sucede de una habitación a la siguiente, y luego a otra más, cada una abriéndose a la siguiente con entradas y ventanas, todo unido y entrelazado entre sí con la sabiduría más profunda y la belleza más elevada. Es imposible explicar esto por escrito a aquél que aún no han comenzado a comprender algo de la profundidad de las palabras del Rebe. Feliz de la persona que es digna de paladear la agradable dulzura de sus profundas y santas enseñanzas).

---

[61] Ver *Biur HaLikutim*, Introducción, que explica la metodología subyacente y los principios utilizados en el *Likutey Moharán*.

El *Biur HaLikutim* es un profundo estudio sobre el *Likutey Moharán* escrito por el Rabí Abraham ben Reb Najmán Jazan de Tulchin (1849-1917), líder de Breslov en Umán y en Israel. El Rabí Abraham se mudó a Israel cerca del año 1894 y durante 19 años viajó ida y vuelta a Umán para estar con la comunidad de Breslov para Rosh HaShaná (ver adelante: 413-406). En el año 1914 estalló la Primera Guerra Mundial y se vio forzado a permanecer en Rusia donde falleció el quinto día de Jánuca, 1917.

Fue autor del *Biur HaLikutim*, *Kojavey Or* (5 secciones), *Sipurim Niflaim*, *Sijot veSipurim* y otras obras. Entre sus discípulos se encontraban el Rabí Eliahu Jaim Rosen (1899-1984), fundador y decano de la Ieshiva de Breslov en Jerusalén, el Rabí Moshé Gildman (m.1946), el Rabí Iojanan (ben Baruj) Galant (m.1979) y el Rabí Levi Itzjak Bender (m. 1989). Estos y otros discípulos del Rabí Abraham compusieron el libro *Aveneha Barzel* junto con el Rabí Shmuel Horowitz.

390. En el *Likutey Moharán* II, 4:12 se encuentra un párrafo sobre la curación de una herida, que parece no tener explicación ni conexión con el resto de la lección.

Nota del Editor: Escuché de uno de los seguidores del Rebe que antes de Shavuot 5569 (1809), cuando fue dada esta lección, uno de los seguidores más eminentes del Rebe en Ladizin cayó enfermo con una infección anal muy severa.[62] Su condición era crítica y los médicos habían perdido toda esperanza, diciendo que sería imposible que sobreviviese. El único tratamiento concebible era abrir el área infectada, limpiarla y drenar todos los fluidos peligrosos, pero esto sería imposible dado que la infección estaba dentro del recto y el tratamiento sería indudablemente fatal.

Cuando la gente de Ladizin vino a ver al Rebe para Shavuot le contaron sobre la situación. En Shavuot mismo el Rebe dio la lección citada arriba, en la cual habló en detalle sobre la curación. Cuando la gente de Ladizin retornó a su hogar se enteró de que en el momento mismo en el que el Rebe estaba dando la lección, el área infectada se había abierto y el dolor del hombre había disminuido inmediatamente. Luego de varios días, el área se curó completamente.[63]

Innumerables veces vimos con nuestros propios ojos cómo las cosas que sucedían en el mundo, y especialmente con los seguidores del Rebe, estaban todas incluidas en sus lecciones. Por medio de sus enseñanzas de Torá él traía influencias dulces, positivas y saludables a todos los aspectos del mundo, tanto en general como en particular, espiritual y físicamente.

<Cada una de las lecciones del Rebe incluía todas las circunstancias que estaban teniendo lugar en ese momento. Por ejemplo, la lección "Y cuando ellos vaciaron sus alforjas" (*Likutey Moharán* I, 17) está cronométricamente relacionada con todo lo que estaba sucediendo en ese momento. Aparte de los aspectos ocultos de los cuales sólo Dios sabe, la enseñanza también se dirige a todos aquellos presentes en el momento en que fue dada. Las preocupaciones, pensamientos y situaciones, al igual que las

---

[62] *Parparaot LeJojmá* II, 4:9, donde se menciona que éste era R. Getzel.
[63] Cf. *Berajot* 34b; *Baba Kama* 50a.

circunstancias y problemas que afectaban a todas y a cada una de las personas que estaban allí pueden encontrarse explícitamente en las palabras de la lección. En verdad, los eventos del mundo en general y las guerras que se estaban llevando a cabo, incluso todo aquello que estaba sucediendo en todos los mundos superiores, todo está aludido en sus palabras, siendo su universalidad muy grande desde todos los puntos de vista. Su notoriedad no puede expresarse en palabras ni ser comprendida por el corazón. En algunos casos, fuimos capaces de ver cómo incidentes comunes y corrientes se encontraban entrelazados con cada una de sus lecciones y enseñanzas de una manera maravillosamente única y tremenda. Nada como ello ha sido visto u oído jamás.>

391. El Rebe cierta vez contó una historia para explicar cómo él revelaba enseñanzas y cuentos tan notables y compartía tantos de sus pensamientos con nosotros, aunque no parecía posible que sus palabras pudieran alcanzar su propósito.

Cierta vez había un rey cuyo único hijo se enfermó tan gravemente que todos los médicos perdieron la esperanza de curarlo. En eso llegó un médico de notable sabiduría. El rey le rogó que hiciese todo lo posible para curar al príncipe. El médico le dijo que en verdad las posibilidades de curación eran muy remotas. Sin embargo, aún existía un último recurso. Si lo intentaban, podría haber una mínima posibilidad de que el príncipe recobrase la salud. "Pero no sé si debo decirle cuál es este método", dijo el médico, "porque en verdad será muy difícil de utilizar". El rey lo instó a que le revelase el método. El médico dijo: "Debe saber que la enfermedad de su hijo es tan crítica que ahora es casi imposible que pueda tragar siquiera una sola gota de medicina. Sin embargo, existen ciertos remedios que son tan valiosos que una pequeña botella cuesta miles y miles [de piezas de oro]. Lo que debe hacer es llenar barriles con estos remedios preciosos y volcar baldes de este remedio sobre su hijo. Obviamente todos estos remedios preciosos se perderán, pero como resultado el príncipe se pondrá un poco más fuerte. Y es posible que a medida que le derramen todo esto encima, le entre en la boca una pequeña gota y entonces quizás pueda recuperar la salud". El Rey estuvo de acuerdo de inmediato y dio instrucciones para que hicieran lo que él había dicho, y así fue como el príncipe se curó.

El significado es obvio. Es precisamente debido a que estamos tan aplastados por nuestra enfermedad, la enfermedad del alma, Dios no lo permita, que el Tzadik, el médico leal, está forzado a derramar sobre nosotros tales inapreciables remedios, incluso aunque pareciera que virtualmente todos se pierden. Sin embargo, el dulce aroma es absorbido y con el tiempo es posible que seamos capaces de permitir que penetre una gota en nuestras bocas y en nuestro ser interior. Entonces habrá alguna esperanza de curarnos, espiritual y físicamente.[64]

---

[64] Ver arriba: 99. Cf. *Makot* 23b, que "Dios quiso hacer meritorio al pueblo de Israel y por eso les dio Torá y mitzvot en medida abundante".

El Rabí Natán cierta vez comentó sobre este pasaje Talmúdico: "Si Dios quería recompensarnos tanto ¿por qué nos dio una cantidad tan grande de leyes y de restricciones? Es suficiente una pequeña carga para un amigo". Y respondió: "Si sólo hubiera unas pocas mitzvot, entonces sólo aquellos capaces de cumplirlas alcanzarían el mérito. Dado que existen numerosas mitzvot, dondequiera que vaya un judío, podrá encontrar una mitzvá que cumplir" (*Rabí Eliahu Jaim Rosen*).

XIII. Sus Opositores:[1]

392. Dijo el Rebe: "¿Cómo *no* va a haber oposición contra mí, viendo que estoy viajando por un nuevo sendero por el cual ningún hombre ha viajado anteriormente <ni siquiera el Baal Shem Tov, ni ningún otro ser vivo>? En verdad, el sendero es muy antiguo, y aun así es completamente nuevo".[2]

393. Él dijo: "Aunque el Baal Shem Tov estuviese vivo no podría compararse conmigo".

394. Él dijo: "Hay gente que no me conoce en absoluto, y aun así se opone a mí". Continuó citando el pasaje del *Zohar* (II, 17a): "Vamos, portémonos astutamente con ellos" (Éxodo 1:10). "¿Cómo puedes imaginar", pregunta el *Zohar*, "que el Faraón fue a ver a cada una de las personas y les dijo 'Vamos, portémonos astutamente con ellos'? Sino que eso se lo puso en sus corazones, etcétera".

395. R. Iudel me contó sobre una conversación que el Rebe tuvo cierta vez con él en la cual le dijo que Abraham también sufrió la misma clase de oposiciones que él sufría, pues también Abraham trabajó con gente joven tratando de acercarla a Dios. Las fuentes mencionan específicamente las actividades proselitistas de Abraham.[3] Él entraba en una ciudad y corría clamando, "¡Ay! ¡Ay!", y la gente corría detrás de él como se corre tras un loco. Él discutía entonces con ellos, tratando de mostrarles que estaban atrapados en una manera de pensar profundamente equivocada.[4]

---

[1] Ver *Sabiduría y Enseñanzas del Rabí Najmán de Breslov*, 212-13.

[2] Arriba: 264; ver *Tovot Zijronot* 5, que esto les fue dicho al Rabí Natán y al Rabí Naftalí. Cf. *Likutey Moharán* II, 93.

[3] *Bereshit Rabah* 39:21; *Rambam, Iad HaJazaká*, Leyes de la Idolatría 1:3.

[4] Ver *Los Cuentos del Rabí Najmán*, #12.

Él estaba bien familiarizado con todos los argumentos y razones que ellos utilizaban para justificar sus prácticas idólatras. La idolatría de los antiguos estaba unida a toda clase de creencias espurias y Abraham las conocía muy bien. Él solía demostrar la falsedad de sus ideas y revelar la verdad sobre la cual se basa nuestra santa fe. Parte de la gente joven se sentía atraída por él. En cuanto a la gente mayor, nunca trataba siquiera de acercarla porque ya estaban firmemente atrapados en sus falsas creencias y habría sido muy difícil hacerlos cambiar. Era la gente joven la que se sentía atraída: ellos *corrían* detrás de él.[5] Él iba de ciudad en ciudad y ellos corrían detrás de él. Sin embargo, los padres y las esposas de estos jóvenes se oponían fuertemente a su nueva fe, diciendo que habían caído víctimas de malas influencias y que habían sido arruinados. Mostraban una hostilidad tan decidida que algunos de estos jóvenes volvían a sus viejos caminos bajo el peso de la presión en sus hogares, producto de sus padres, esposas y parientes. Sin embargo, unos pocos se mantenían firmes en su unión a Abraham.

Abraham le dedicó un gran esfuerzo a la difusión de la verdadera fe y escribió muchos libros, ¡miles de libros![6] Tuvo numerosa descendencia y podemos presumir que si ellos fueron sus hijos, todos siguieron el sendero de la rectitud. Incluso Ishmael se arrepintió.[7] Sin embargo, más tarde, cuando Abraham reflexionó sobre cómo podía asegurar que su legado de libros y enseñanzas perdurasen en el mundo, ponderó profundamente a cuál de sus hijos debía dejárselos. Al final, decidió dejarle todo a Itzjak, y así lo hizo (Génesis 25:5).

Itzjak siguió el mismo sendero que su padre: hizo muchos conversos[8] y también fue autor de muchas obras sobre la fe y la creencia. También se preguntó a cuál de sus hijos debía confiarle

---

[5] Ver *Likutey Moharán* II, Introducción: "Abraham era uno".

[6] Cf. *Avoda Zara* 14b; *Zohar* II, 236; la copia del tratado *Avoda Zara* que tenía Abraham contenía 400 capítulos.

[7] *Baba Batra* 16b.

[8] Rashi sobre Génesis 37:1.

sus libros y su sabiduría, pues se sentía muy orgulloso de Esaú, quien había logrado engañar a Itzjak sobre su verdadero carácter, al punto en que Itzjak lo amaba. Así, la Torá escribe (Génesis 25:28): "E Itzjak amaba a Esaú porque había cacería en su boca". Rashi explica que las palabras "había cacería en su boca" viene a decirnos que Esaú solía engañar a Itzjak con sus palabras, haciéndole preguntas sobre cómo diezmar la sal, etcétera, para hacerse querido por él. Sin embargo, pese a su apego a Esaú, Itzjak finalmente comprendió que debía confiarle sus enseñanzas a Iaacov.

Iaacov se dedicó asimismo a la tarea de acercar a Dios a la generación más joven, y también escribió una fenomenal cantidad de libros sobre la fe. Iaacov les enseñó a todos sus hijos porque todos eran Tzadikim. Pero también se preguntó a cuál de ellos debía confiarle toda la herencia de su sabiduría. Al final eligió a Levi, dándoles a los demás enseñanzas más generales. Es por esto que la tribu de Levi era mucho más fuerte y firme en su fe que las demás, y por lo que no adoraron el becerro de oro. Tampoco estuvieron sujetos a la servidumbre en Egipto,[9] porque la tribu de Levi era más fuerte que todas las otras en el campo de la fe.[10]

En la misma conversación el Rebe habló sobre los medios mediante los cuales la persona puede asegurarse de que luego de su muerte irá con el Tzadik.[11]

396. En Umán habló sobre sus opositores y las mentiras que ellos habían dicho sobre él. Dijo como quejándose: " '¿Habré de redimirlos...?' ". Estaba citando el versículo en Hoshea (7:13) donde el profeta se queja de que quería actuar sólo para el bien de Israel, pero que ellos dijeron mentiras sobre él. "¿Habré de redimirlos, viendo que han dicho mentiras en contra de mí?". Sin

---

[9] *Shmot Rabah* 5:20.

[10] En cuanto a qué fue lo que sucedió con todos estos escritos, ver *Likutey Moharán* II, 32, donde el Rabí Najmán explica que las enseñanzas santas desaparecen del mundo para que también sean eliminadas las obras ateas. Ver también adelante: 607.

[11] Ver arriba: 227.

embargo, el Rebe sólo citó las primeras palabras del versículo, "¿Habré de redimirlos...?". Él cantó las palabras con una voz muy dulce, con la melodía tradicional de los libros de los profetas.

397. Cierta vez él estaba hablando sobre su verdadero nivel y la tremenda santidad que había alcanzado.[12] De pronto dijo: " 'Luego de estas cosas y de esta verdad vino Senaquerib...' ". Estaba aludiendo a los versículos de Crónicas II (32:1), que siguen al relato de la rectitud del rey Ezequías. Inmediatamente después está escrito, "Luego de estas cosas y de esta verdad vino Senaquerib". En otras palabras, fue *debido* a las grandes alturas de la rectitud del rey Ezequías que Senaquerib tuvo que venir, si así pudiera decirse, y Ezequías sufrió mucho debido a él. No debemos sorprendernos de la gran oposición a la cual se enfrentan los verdaderos Tzadikim.

398. Fue durante la vida del Rabí Najmán que comenzaron a ser considerados por primera vez los decretos que el gobierno ruso impondría más tarde en contra de los judíos.[13] Escuché que cierta vez el Rebe se refirió a los rumores y dijo que él hubiera podido encontrar alguna manera de anular los decretos, pero ¡qué podía hacer, dado que había otros que no estarían de acuerdo con él! Citó el pasaje en *Taanit* (14a) [que relata que en un período de calamidad en los días del Rabí Iehudá Nesiá, él decretó trece ayunos pero no fueron respondidos. Quería decretar más pero el Rabí Ami se le opuso. En otras palabras, el Rabí Iehudá no podía tener éxito] "porque le faltaba apoyo".

399. Cierta vez estábamos conversando sobre el tema de rimar los versos.[14] Él dijo: "Hay algo en ello, porque el mundo entero...", yo no recuerdo la exacta expresión que utilizó pero era algo así como "el mundo entero sigue esta práctica". Él citó el versículo de Isaías

---

[12] El Rabí Najmán dijo cierta vez: "Así como aquellos que se me oponen no saben nada de mí, de la misma manera aquellos que me conocen tampoco saben nada de mí" (*Aveneha Barzel* p.24 #12).

[13] Ver arriba: 127.

[14] Cf. arriba: 103.

(5:7), "Esperaba *mishpat*, justicia, y he aquí *mispaj*, violencia; *tzedaká*, rectitud y he aquí *tzeaká*, clamor". Las palabras hebreas riman.

<En la misma ocasión estábamos haciendo rimas burlándonos del emisario del Malo. El Rebe se enojó con nosotros y dijo que no le agradaba lo que estábamos haciendo. Entonces nos contó un sueño que había tenido en el cual alguien estaba componiendo rimas alabándose y despreciando a su adversario. En el sueño, este rimador se volvió hacia nosotros y rimando los versos nos dijo cuán afortunados éramos de haber llegado a ser seguidores del Rebe. Él nos alentó y nos alabó por haber sido dignos de esto. El Rebe repitió algunos de los versículos que él había escuchado en su sueño pero yo los he olvidado.

Nota del Editor: *Likutey Moharán* I, 221 concluye: "He puesto a Dios delante de mí siempre, *shiviti IHVH leNeGDi TaMid*", (Salmos 16:8). Este versículo es una referencia a un oponente, "MiTNaGueD". Me contaron que lo que el Rebe en verdad dijo fue: "En cuanto a mi oponente, no hay solución. Pero Dios me salvará de él". Entonces concluyó la lección como arriba.>

400. El Rebe trató cierta vez el tema de sobre cómo en este mundo es la gente de grado inferior la que es considerada importante, mientras que la gente de verdaderos méritos es ignorada.[15] Esto podemos verlo muy bien en nuestra época, pero el Rebe dijo que era un fenómeno recurrente en toda la historia. Aun así, pese a esto, hay alguien oculto en un lugar inferior que se ríe del mundo entero, mientras que en verdad él lo sostiene y lo sustenta a través de sus méritos.[16] Su verdadera alegría está en Dios, y él está real y verdaderamente vivo en el sentido más pleno de la palabra. Hay muchas y diferentes clases de "vida".[17] Alguna gente vive una vida muy problemática aunque en apariencia no se note. Dentro de

---

[15] Ver *Los Cuentos del Rabí Najmán*, #6.
[16] Ver *Likutey Moharán* I, 56:1.
[17] Arriba: Introducción, 8; ver *Los Cuentos del Rabí Najmán*, #13.

la categoría de "vidas problemáticas" hay varias gradaciones.[18] El sufrimiento de una persona no es como el de otra. Incluso alguien cuya vida no es literalmente una vida de sufrimiento no puede ser necesariamente comparada con otro. Las diferentes formas de vida son muy diversas. Sin duda la vida de un caballo no tiene comparación con la vida de un hombre. Así como hay una gran diferencia entre las diversas formas de vida a un nivel físico, igualmente hay diferencias en la calidad de las diferentes vidas espirituales de la gente. La verdadera vida es deleitarse en Dios. Algunas personas logran esto incluso en este mundo, y otras no lo logran en absoluto. La vida espiritual contiene todas las gradaciones que existen dentro de la categoría de la vida física. El Rebe dijo que no envidiaba en absoluto la grandeza de aquellos que son considerados grandes hoy en día.

<También agregó: "Hay buenos judíos que no tienen suficientes ingresos como para cubrir sus necesidades. Se encuentran presionados y confundidos debido a su situación. En verdad, esto es muy beneficioso para el mundo. Porque de hecho, hay valiosas conversaciones que se llevan a cabo como resultado de esta confusión. Aun así, hay diferencias. El Midrash (*Bereshit Rabah* 17:5) enseña: 'Hay un estado de sueño asociado con la profecía, tal como en "Un sueño cayó sobre Abram" (Génesis 15:12), y un estado de sueño asociado con la locura...' es decir, con una mente confusa".>

401. Él dijo: "Todos los grandes Tzadikim alcanzaron extraordinarios niveles. Pero habiendo alcanzado su nivel, se quedaron allí. En cuanto a mí, gracias a Dios yo me vuelvo una persona diferente en cada nuevo momento". Él citó la oposición que sufría como prueba de esto. Pues el Tzadik es llamado un árbol (Salmos 92:13), y tiene raíces y ramas. Ahora bien, cada Tzadik antes de que pueda lograr un nuevo nivel, debe enfrentar la oposición, pues los sabios dijeron: "El conflicto es como una grieta producida por una entrada de agua..." (*Sanedrín* 7a), es decir, el conflicto y la oposición están en la categoría de "agua". Es

---

[18] Ver *Sabiduría y Enseñanzas del Rabí Najmán de Breslov*, 308.

el agua, la oposición, la que eleva al Tzadik. "Pero en cuanto a mí", continuó el Rebe, "yo necesito una constante oposición, porque constantemente y a cada momento me estoy moviendo de nivel en nivel. Si yo supiera que ahora estoy parado donde estaba antes, me rechazaría completamente en este mundo".[19]

402. Escuché la misma idea de otro de los seguidores del Rebe, aunque fue expresada de manera algo diferente. Cierta vez algunos de sus seguidores se estaban quejando de que les era difícil soportar la oposición y la persecución que estaban sufriendo. El Rebe les dijo: "Créanme, yo tengo el poder de hacer la paz con el mundo entero y entonces no tendría ni un solo oponente. Pero ¿qué puedo hacer? Hay niveles y palacios que es imposible alcanzar si no es a través de la oposición que uno enfrenta".[20] Y la prueba es que Moisés mismo tuvo oposición. Moisés ciertamente tenía el poder de llevar tras él a todo el pueblo judío. Está escrito que "Moisés *reunió* a toda la congregación de los hijos de Israel" (Éxodo 35:1), pues Moisés era la conciencia colectiva de todo el pueblo judío[21] y tenía el poder de reunirlos y llevarlos hacia él. Aun así, pese a esto, está escrito que "ellos miraban tras Moisés" (Éxodo 33:8) que los sabios interpretan de manera negativa (*Kidushin* 33b). Hay también otros ejemplos de oposiciones a Moisés. Porque hay ciertos niveles que no pueden alcanzarse si no es a través de la oposición que uno sufre. Los sabios dicen: "El conflicto es como una grieta producida por una entrada de agua..." (*Sanedrín* 7a), como está escrito, "El comienzo del conflicto es como cuando se deja salir el agua" (Proverbios 17:14). Está escrito que el "hombre es un árbol del campo" (traducción literal de Deuteronomio 20:19). Cuanta más agua se le da a un árbol, más crece.[22]

---

[19] Ver *Likutey Moharán* I, 161.

[20] Arriba: 288.

[21] *Etz Jaim, Shaar Hearat HaMojin*; ver *Zohar* III, 9a.

[22] Arriba: 62.

XIV. Su Rosh HaShaná:[1]

413. Dijo el Rabí Najmán: "Mi Rosh HaShaná es más grande que todo. No puedo comprender cómo es que si mis seguidores realmente creen en mí, no son escrupulosos sobre el hecho de estar conmigo para Rosh HaShaná. ¡Nadie debería faltar! Rosh HaShaná es toda mi misión".

Nos dijo que anunciáramos públicamente que todo aquel que se considerara uno de sus seguidores o que tomase en cuenta lo que él decía debería estar con él para Rosh HaShaná, sin excepción.[2] Todo aquel que tiene el privilegio de estar con él en Rosh HaShaná puede estar muy, muy contento. "Vayan, coman manjares y beban vinos sabrosos, pues el gozo del Señor es su fuerza" (Nehemías 8:10), este versículo se refiere a Rosh HaShaná.[3]

404. Alguien le dijo cierta vez al Rebe que prefería estar con él para el Shabat Shuvá más que para Rosh HaShaná. En Rosh HaShaná no había lugar ni siquiera para estar parado en la sinagoga y no tenía buenas habitaciones donde comer y dormir. Como resultado se sentía tan desorientado que era incapaz de concentrarse en sus plegarias. Por eso prefería estar con el Rebe en cualquier otro momento y no en Rosh HaShaná. El Rebe le respondió: "Así comas o no comas; así duermas o no duermas; así ores o no ores (es decir con la concentración apropiada); ¡sólo asegúrate de estar conmigo para Rosh HaShaná, no importa lo que suceda! *Io essen nit essen, io shlofen nit shlofen, io davenen nit davenen - obi du zolst bai mir zain oif Rosh HaShone*".[4]

---

[1] Ver *Sabiduría y Enseñanzas del Rabí Najmán de Breslov*, 214-215.
[2] Arriba: 117; *Tovot Zijronot* 8.
[3] *Likutey Halajot, Hiljot Shabat* 7:46. Ver adelante: 491.
[4] *Imrot Tehorot, passim*.

Todas las distracciones que mencionó el hombre eran en realidad puramente imaginarias - no eran otra cosa que los ataques del Malo - pues, gracias a Dios, era perfectamente evidente que en su mayoría las personas oraban con mayor concentración cuando estaban entre los jasidim reunidos en Rosh HaShaná que como lo hubieran hecho de haberse quedado en sus propias ciudades.

405. Él dijo: "Mi Rosh HaShaná es algo completamente nuevo,[5] y Dios sabe que no es algo que heredé de mis padres. Dios Mismo me dio el regalo de conocer lo que es Rosh HaShaná. Está demás decir que todo lo que ustedes son depende de Rosh HaShaná. ¡El mundo entero depende de mi Rosh HaShaná!".[6]

406. En la víspera del último Rosh HaShaná en Umán estábamos de pie alrededor del Rebe para darle nuestros *tzelaj*, trozos de papel con nombres, etc., y dinero para la redención.[7] El Rebe preguntó por un cierto hombre de Nemirov que no había venido para Rosh HaShaná.[8] R. Naftalí comenzó a dar excusas por él, pero el Rebe no las aceptó y criticó fuertemente su ausencia. Luego, el Rebe habló sobre otra persona que tampoco había venido para Rosh HaShaná debido a una cantidad de problemas.[9] Antes de Rosh

---

[5] *Ieraj HaEitanim*, Introducción.

[6] Ver *Likutey Moharán* II, 94. El Rabí Najmán menciona allí que en Rosh HaShaná, se juntan tres "cabezas":
* la cabeza del año, Rosh HaShaná
* la cabeza del mundo, el Tzadik
* la cabeza de cada persona.
Esta unión produce grandes *tikunim*.

[7] Ver *Sabiduría y Enseñanzas del Rabí Najmán de Breslov*, 214. Uno debe dar una redención en la víspera de Rosh HaShaná.

[8] Éste era R. Moshé de Nemirov.

[9] Éste era Rabí Aarón, el Rav en Breslov. Rabí Aarón, aparte de ser el rabino de la ciudad, también tenía una voz muy agradable y era el líder de la plegaria de Musaf en la principal sinagoga de Breslov (ver arriba: 117, 188). Mientras el Rebe vivió en Breslov, el Rabí Aarón solía orar el Servicio de la Mañana con el *minian* del Rebe y luego ir a la sinagoga de la ciudad para Musaf. Luego de que el Rebe se mudó a Umán, antes de Rosh HaShaná, la gente del pueblo le dijo al Rabí Aarón: "El Rebe nos dejó, y ahora usted también nos está dejando para estar con el Rebe en Umán, ¿qué será de nosotros?". El Rabí Aarón, conociendo la insistencia del Rebe para estar

HaShaná el hombre en cuestión había hecho un viaje especial para ver al Rebe y contarle sobre sus dificultades y el Rebe mismo le había dicho que volviera a su casa aunque ello significara no estar con él para Rosh HaShaná. Este hombre era uno de los principales seguidores del Rebe y era muy doloroso para él no poder estar con nosotros para Rosh HaShaná. Comenzó a decirle al Rebe que él no tenía que volver a su casa sino que quería quedarse para Rosh HaShaná. El Rebe no aceptó esto y envió al hombre de vuelta a su hogar. Al hacerlo, le dijo, "No puedo siquiera imaginar el dolor por el hecho de que no estés conmigo para Rosh HaShaná". "Si es así", dijo el hombre, "¡me quedo aquí!". Pero el Rebe no estuvo de acuerdo y el hombre volvió a su hogar.

Luego, en Erev Rosh HaShaná, el Rebe habló con nosotros sobre esto y dijo que este hombre merecía realmente una gran compasión. Él había querido genuinamente estar con nosotros para Rosh HaShaná pero no había podido debido a varios problemas. Entonces el Rebe clamó desde lo más profundo de su corazón, "¿Qué puedo decirles? ¡No hay nada más grande!", vale decir, que estar con él para Rosh HaShaná. Dijo entonces con una voz plena de emoción: "¿Qué puedo decirles? ¡No hay nada más grande! Incluso si otros grandes Tzadikim no lo dicen, bueno, esto también será otra pregunta más".[10]

En otras palabras, incluso sin esto, ya la gente tenía toda clase de preguntas sobre las cosas que decía el Rebe. Su insistencia para que estuviésemos con él en Rosh HaShaná sería precisamente otra pregunta más.

Hay una cantidad de inferencias que pueden hacerse a partir de lo que él dijo en esa ocasión. Nuevamente aprendemos la

---

con él para Rosh HaShaná, viajó a Umán para pedirle consejo sobre lo que debía hacer. La conversación que siguió está mencionada en el texto.

El Rabí Najmán dijo más tarde: "Si Moshé y Aarón hubieran venido, entonces yo hubiera estado mejor". Aunque el Rabí Aarón formaba parte de los discípulos más importantes y eruditos del Rabí Najmán, mientras que R. Moshé era un hombre simple, aun así lo que se requería era su presencia. Ver *Likutey Moharán* II, 8:6 donde se explica que la curación se produce mediante "muchas casas". También ver arriba: 169, cómo cada individuo adicional produce un aumento en las "casas". Cf.*Tovot Zijronot* 8.

[10] Arriba: 117.

importancia de nuestra obligación de estar con él para Rosh HaShaná. Ya habíamos sabido de esto con anterioridad pero por el tiempo que se tomó en hablar sobre ello en ese momento y por sus tremendos gestos comprendimos más aún cuán vital era esto. Y no es algo que pueda ser puesto por escrito. También aprendimos lo mucho que quería que estuviéramos con él en Umán para Rosh HaShaná, cada año, luego de su muerte, y nada es más grande que esto.[11] También comprendimos cuán determinados debíamos ser para quebrar los obstáculos que se presentan en el camino hacia toda acción santa, especialmente las barreras que impiden estar con el Rebe para Rosh HaShaná. Estas, más que todas las otras, deben ser quebradas por completo. Uno debe estar tan decidido a estar con él para Rosh HaShaná que incluso si el Rebe mismo le dijera que no fuese para Rosh HaShaná, no debería prestarle atención. En verdad, lo mejor sería ni siquiera preguntarle porque él te diría que no fueras, mientras que en verdad uno debe ser absolutamente insistente sobre el hecho de estar allí. (Esto se aplica también a las futuras generaciones).

Este concepto de no preguntar se relaciona con el dicho de los sabios de que "allí donde la persona quiere ir por allí es llevada". Rashi cita este dicho en su interpretación del versículo [en Números 22:35, donde se le dice a Bilaam:] "Ve con los hombres". Encontramos el mismo concepto en el episodio donde se envía a los espías (*Ibid.* 13:1; cf. *Sotá* 34b): Moisés mismo se vio obligado a enviarlos aunque realmente no tenía deseo de hacerlo. Lo mismo experimentamos con el Rebe en varias ocasiones, y especialmente en relación con Rosh HaShaná. Había gente que enfrentaba severos obstáculos para poder estar con él para Rosh HaShaná. Cuando lo consultaban personalmente él respondía que no deberían ir para Rosh HaShaná. Si ellos protestaban y mencionaban sus advertencias sobre la importancia de estar con él para Rosh HaShaná, el Rebe les respondía como si estuviese enojado con ellos y no aceptaba ninguna palabra más. Ellos actuaban de acuerdo con esto y no venían para Rosh HaShaná.

---

[11] *Parparaot LeJojmá* 4:5; *Ibid.* 61:8.

Pero aquellos de nosotros que tuvimos el privilegio de estar seguido con él fuimos capaces de inferir, y en verdad también lo escuchamos de manera bien explícita, que sus sentimientos más profundos eran muy diferentes. Sólo se debía a que ellos habían preguntado sobre el tema que él estaba obligado a hablar de la manera en que lo hacía. Hay mucho por decir sobre este tema.[12]

Un Rav o líder que es consultado sobre si se debe hacer algo que implica un sacrificio inevitablemente responderá de manera negativa, aunque su verdadero deseo sea que la persona se sacrifique y quiebre todas las barreras. Es por esto que aquel que realmente quiera acercarse y quebrar todas las barreras debe evitar preguntar sobre ello. Comprende bien esto.

Otra cosa que dijo el Rebe en esa ocasión era que había casos de gente que durante todo el año era incapaz de recibir su *tikún*, su rectificación. Sin embargo, también ellos podían recibirlo en Rosh HaShaná. El resto del año incluso él mismo era incapaz de darles su *tikún*, pero podía hacerlo en Rosh HaShaná. Él dijo que en Rosh HaShaná podía alcanzar ciertas cosas y hacer ciertos *tikunim* de los cuales no era capaz durante el resto del año.[13]

---

[12] Ver *Sabiduría y Enseñanzas del Rabí Najmán de Breslov*, 214.

[13] Ver adelante: 491; *Ieraj HaEitanim*, Introducción; *Alim LeTerufá* 409.

Desde el fallecimiento del Rabí Najmán en el año 1810, hasta la invasión nazi a Ucrania en 1941, los jasidim de Breslov en Rusia viajaban para estar en Umán para Rosh HaShaná. Hasta el cierre de la frontera rusa en el año 1917, la gente también venía desde Polonia e Israel. Cuando Umán se hizo inaccesible, los jasidim de Polonia comenzaron su propio *kibutz* o reunión, para Rosh HaShaná en Lublín, en la Ieshivat Jajmei Lublín del Rabí Meir Shapiro. En la Tierra Santa, la pequeña comunidad de Breslov comenzó a formar un *kibutz* en Jerusalén. En 1940, el año en que la gente dejó de viajar a Umán, el Rabí Abraham Sternhartz comenzó un *kibutz* en Merón, en la tumba del Rabí Shimón bar Iojai.

Luego de la guerra, los pocos jasidim de Breslov que quedaron en Rusia renovaron su *kibutz* en Umán pese a la amenaza de prisión bajo el régimen de Stalin y los gobiernos subsiguientes. Este *kibutz* se interrumpió cuando los jasidim sobrevivientes recibieron permiso para emigrar a Israel a comienzo de los años 70.

Hoy en día, y desde la caída del régimen soviético, la reunión para Rosh HaShaná en Umán vuelve a llevarse a cabo con una asistencia cada vez más numerosa, contando actualmente (año 2006) con la presencia de más de 20.000 jasidim.

XV. Evitar la Filosofía y la Importancia de la Fe:

407. El Rebe habló muchas veces sobre las obras filosóficas <particularmente el *Moré Nevujim*[1]> y nos prohibió estrictamente estudiarlas o siquiera mirarlas.[2] Y enfatizó la importancia de esta prohibición. Tales obras sólo confunden la mente e implantan creencias infundadas que no están de acuerdo con la sabiduría de la Torá. Los autores de estas obras no creen en las fuerzas del mal,[3]

---

[1] "La Guía de los Perplejos" escrita por el Rabí Moshé ben Maimón (1135-1204), más conocido como el "Rambam" o como Maimónides. Originalmente escrita en árabe fue traducida al hebreo por R. Shmuel (ben Iehudá) Ibn Tibon y publicada por primera vez en Roma antes de 1480.

Maimónides escribió su "Guía" como una refutación a aquellos influenciados por la filosofía griega quienes desafiaban la autoridad de Dios y de la Torá. Su intención era utilizar la filosofía griega misma para responder a sus cuestionamientos. Aunque el Rambam tenía buenas intenciones, dado que se basó en la metafísica de Aristóteles su obra fue vista por la mayoría de los rabinos y codificadores más importantes de la época como una impiedad. Muchos incluso sospecharon a Maimónides de herejía.

Entre aquellos que se opusieron con vehemencia a la obra estaban las siguientes autoridades universalmente aceptadas: Raavad (Rabí Abraham ben David de Piskaria), el Rabí Shlomo ben Abraham de Montpellier, el Rabí Iona haJasid de Gerondi y Rashba (Rabí Shlomo ben Adret). El Rabí Shlomo de Montpellier impuso una prohibición sobre el *Moré Nevujim* y el libro fue quemado públicamente.

Esta controversia entre los líderes llevó a un conflicto abierto en todas las comunidades judías de la época, tanto sefardíes como ashkenazíes. La judería Europea, particularmente las comunidades de España y Francia, sufrieron terriblemente durante varias generaciones los efectos de esta controversia.

[2] Adelante: 412; ver *Likutey Moharán* I, 62:2; *Ibid*. 64:2.

[3] Rambam, comentario sobre la Mishná, *Avoda Zara* 4:7.

Es muy importante notar que aparte de las obras Jasídicas que critican duramente al Rambam por estos puntos de vista, el Rabí Eliahu, Gaón de Vilna y líder indiscutido de las comunidades lituanas tenía esto para decir: "El Rambam negaba la existencia de amuletos, de la magia, de los demonios, etcétera. Pero *todos* aquellos que vinieron después se opusieron a él en estas enseñanzas porque él había seguido el sendero de la filosofía. Esta filosofía confundió al Rambam debido a su retórica, llevándolo a explicar el Talmud en un estilo figurativo lejos de su significado simple y verdadero.

Evitar la Filosofía y la Importancia de la Fe 341

y esto va en contra de todo lo que encontramos en las enseñanzas de los sabios, especialmente en el *Zohar*, en los escritos del Ari y del Baal Shem Tov, etcétera, todos los cuales se fundan en el *ruaj hakodesh*, la inspiración divina, y tienen el poder de despertar a la gente y de inspirarla al servicio a Dios.

Todo aquél que se preocupe por su bien debe mantenerse muy lejos de las diversas obras filosóficas escritas por los eruditos anteriores, tales como los comentarios de orientación filosófica impresos en las *Mikraot Guedolot* - ediciones de la Biblia con comentarios, etcétera. No hay necesidad de enumerarlos a todos. El Rebe también se oponía al estudio del *Sefer HaAkedá*[4] pues aunque la obra misma era correcta citaba los argumentos de los filósofos y discutía problemas filosóficos. Lo mismo se aplica al "*Shaar HaIjud*" en el *Jovot HaLevavot*,[5] al *Sefer HaIekarim*,[6] al *Milat HaHigaion*[7] del Rambam, su *Guía de los Perplejos* y de hecho a todas las obras filosóficas. Todas estaban igualmente prohibidas de ser leídas pues dañan grandemente y confunden la fe de la persona. Todo aquel que no sabe nada de ello y anda por el sendero de la pureza es muy afortunado, pues "en esto no está la porción de Iaacov" (cf. Jeremías 10:16).

"Yo no creo en ella [la filosofía] en absoluto, Dios no lo permita; ni en ella, ni en una porción de ella, ni en ninguna parte de ella. Todo en el Talmud tiene un significado profundo, pero no la profundidad de los filósofos que es solamente una 'profundidad externa', sino la verdadera profundidad tal cual es percibida por los hombres de la verdad" (*HaGra, Iore Dea* 179:13).

Agrega el Jida sobre este tema: "El Ari dijo que fue sólo la grandeza de la sabiduría del Rambam lo que lo salvó" (*Shem HaGuedolim, Rambam*).

[4] "El Libro de la Atadura" escrito por el Rabí Itzjak (ben Moshé) Aaramá fue publicado por primera vez en Salónica en el año 1482.

[5] "Los Deberes del Corazón" escrito en árabe por el Rabí Bajaie Ibn Pakuda (c. 980) y traducido al hebreo por el Rabí Iehudá Ibn Tibon (f. 1190). Fue publicado por primera vez en Nápoles en el año 1490.

[6] "El Libro de los Fundamentos" escrito por el Rabí Iosef Albo (c. 1380-1444). Fue el principal contrincante en la famosa Disputa del año 1413 contra el apóstata Ioshúa Lurki, que tuvo lugar en presencia del Papa.

[7] "El Lenguaje de la Lógica" es una explicación de la terminología filosófica. Fue traducida del árabe por el Rabí Moshé Ibn Tibon (c. 1260) y publicada por primera vez en Venecia en el año 1552.

Este punto ya ha sido explicado varias veces,[8] pero necesita ser repetido una y otra vez debido a la gravedad de la prohibición, dado que toca los fundamentos mismos de nuestra fe. El Rebe repitió sus advertencias innumerables veces. Cada vez que tenía ocasión de mencionar estas obras enfatizaba la gravedad de la prohibición del estudio de la filosofía. Nos advertía que nos mantuviésemos lo más lejos posible de tales obras y que ni siquiera las miráramos. Esto se aplicaba particularmente a las obras escritas por los filósofos de nuestro tiempo,[9] que deben ser evitadas por todo aquel que quiera salvarse de la destrucción.

Era común que escuchásemos decir al Rebe: " 'Es bueno agradecer a Dios' (Salmos 92:2) por enviarnos a Moisés su siervo fiel, quien nos liberó de todas nuestras perplejidades y nos dio la Torá, ordenándonos creer en Dios sin ningún tipo de especulación y cumplir toda la Torá y las mitzvot en su sentido literal".

(Los pocos pasajes filosóficos en el *Mishne Torá* del Rambam, en los capítulos sobre los Fundamentos de la Torá, de la Ética y de la Idolatría. también deben ser evitados por completo, tal como todo otro pasaje donde trata sobre la filosofía).

<Él dijo que aunque en el *Shaar HaGuilgulim*[10] se afirma que el Rambam representa la *peá* izquierda de Moisés, él personalmente no estaba convencido de que esto proviniera en verdad del Ari mismo.[11] "En mi opinión, el Ari no es la fuente de esta afirmación".

---

[8] Ver *Sabiduría y Enseñanzas del Rabí Najmán de Breslov*, 5, 32-38, 40, 81, 102, 216-226.

[9] Tales como las obras de Moisés Mendelsohn, Naftalí Hertz (Wesley) Wiesel e Itzjak Satanov.

[10] "La Puerta de la Reencarnación" es una de las *Shmona Shearim*, "Ocho Puertas", de la Kabalá del Ari. Este volumen expone sobre la anatomía y transmutación del alma. Fue escrito por el Rabí Jaim Vital, discípulo del Ari y publicado por primera vez en Francfort am Main en el año 1684.

[11] El *Shaar HaGuilgulim* 36 dice lo siguiente: "El Rambam y el Ramban (Najmánides) provienen de las dos *peiot*, [del tikún] de la barba de *Zeir Anpin*, al cual se nombra con el [Santo Nombre] *El Shadai* (אל שדי). Este Nombre tiene el valor numérico de 345, el mismo que Moshé (משה), por lo cual ambos, Maimónides y Najmánides, se llamaban Moshé. El Rambam proviene de la *peá* izquierda y por lo tanto nunca alcanzó la sabiduría del Santo *Zohar* y el Ramban de la *peá* derecha y por lo tanto alcanzó esta sabiduría".

Evitar la Filosofía y la Importancia de la Fe 343

Otra vez el Rebe habló de un sueño que tuvo en el cual se enfadó con el Rambam por haber escrito tales obras. "De acuerdo con sus erradas nociones", nos dijo, "es imposible que Dios pueda hacer cambios en las formas más simples de la creación, ni siquiera en una mosca. ¡Tan grandemente han errado en su tontera!".

Concerniente a lo que está escrito en la *Guía de los Perplejos* donde se afirma que no es posible que un triángulo se transforme en un cuadrado, el Rebe dijo: "Yo creo que Dios puede transformar un triángulo en un cuadrado, pues los caminos de Dios nos están ocultos. Él es Omnipotente y nada Le es imposible. Está prohibido hacer preguntas filosóficas: lo único necesario es la fe perfecta en Dios.">

408. El Rebe se burlaba de los comentarios del Rambam[12] sobre la idea de que en la Entrega de la Torá Moisés empleó trucos ingeniosos, Dios no lo permita. Está prohibido repetir tales nociones incluso en tono de broma. Que Dios nos proteja de ideas perversas como éstas. Todo aquel que ha tenido aunque sea una sola idea de esta clase merece una gran compasión. No hay necesidad de contradecir tales tonterías. Es bien sabido que las autoridades anteriores protestaron con vehemencia en contra de estas obras filosóficas.[13] Es posible que el Rambam tuviese sus defensores, pero es bien sabido que ellos sólo lo defendieron por respeto a su conocimiento de la Torá, porque también escribió notables obras sobre todas las áreas de la Halajá, tal como el *Mishne Torá*.

El Rebe mismo dijo que allí donde el *Mishne Torá* habla sobre halajá es una obra excelente. Pero, en cuanto a la *Guía de los Perplejos*, que Dios lo perdone por las inusitadas distorsiones que contiene, las cuales alcanzan las raíces mismas de la Torá. Nadie

---

[12] *Oneg Shabat* p.200; *Jaiei Nefesh* #31.

[13] Ver *Teshuvot HaRivash* #43; *Teshuvot Javot Yair* #210; *Lev Tov* sobre *Jovot HaLevavot*; *Teshuvot HaRashba* #419; *Sefer HaIashar* 6:13; *Rav Hai Gaon* sobe *Jaguigá* 14b (en *Ein Iaacov*); *Sheviley Emuná* p.100; *Shiltei Guiborim, Avoda Zara, Rif* 5b, #1; *Bartenura* sobre *Sanedrín* 10:1; *HaGra, Iore Dea* 179:13. *HaShla, Mesejta Shavuot*, se expresa muy duramente en contra de estas filosofías, tal como lo hace el *Alshij*, especialmente en su comentario sobre Proverbios. Los dos libros *Majnia Zedim* y *Kinat HaShem Tzevaot* tratan sobre este tema.

puede negar el hecho obvio de que mucho del libro va en contra de la Torá y de las enseñanzas rabínicas. Incluso en el *Mishne Torá* los pasajes que tratan de filosofía han hecho un gran daño, tal cual explicaron numerosas autoridades que protestaron amargamente en contra de las afirmaciones del Rambam con respecto a que los primeros cuatro capítulos del *Mishne Torá* contienen una explicación de "La Carroza" (Ezequiel 1) y de "La Obra de la Creación" (Génesis 1).[14] ¡Ay de los ojos que han visto tales cosas! ¡Ay del corazón que tiene percepciones tan perversas como éstas! Puntos de vista que se diluyen ante todas las enseñanzas kabalistas transmitidas por el santo *Taná*, Rabí Shimón bar Iojai, por el Ari y demás.

En cuanto a ti, lector, entiendo que seas remiso a insultar el honor del Rambam. De todos modos, debes evitar mirar cualquiera de los pasajes que tratan temas filosóficos, para no ser corrompido como muchos otros lo están hoy en día. Ellos basan sus ideas retorcidas en pasajes tales como éstos y mantienen estas obras como su escudo y refugio. Piensa en esto con cuidado. ¿Quién merece más respeto y temor, la *Guía de los Perplejos* basada como está en las doctrinas del griego Aristóteles,[15] o el *Zohar* y los escritos del Ari, que fueron compuestos por el Rabí Shimón bar Iojai y sus compañeros, con *ruaj hakodesh*, inspiración divina, teniendo como maestro al profeta Elías? En el caso de estos últimos, la mayor parte de sus enseñanzas fueron transmitidas de maestro a discípulo desde el mismo Moisés. Allí donde ellos introdujeron innovaciones lo hicieron con *ruaj hakodesh* del nivel más elevado, sus obras tienen el poder de fortalecer la fe que heredamos de Abraham, y de alentarnos a observar la Torá con todos sus detalles. Las obras filosóficas, por su parte, hacen simplemente lo contrario. Muy afortunado es aquél que elige la verdad sin engañarse.

---

[14] Ver *Jaguigá* 11b, que esto trata de los secretos y misterios más profundos de la Kabalá.

[15] *Sefer HaBrit*, especialmente en *Maamar Jug HaShamaim*, utiliza un lenguaje mucho más fuerte sobre el tema.

Evitar la Filosofía y la Importancia de la Fe   345

409. El Rebe dijo también que uno puede decir a partir del rostro de la persona si es que ésta ha estudiado la *Guía de los Perplejos*.[16] En otras palabras, los rostros de aquellos que estudian esta obra cambian para peor, porque están encaminados a perder la "imagen de Dios" (Génesis 1:27) que le da santidad al rostro. Todos pueden ver que la mayor parte de las personas que estudian estas obras hoy en día se vuelven completamente ateas y debemos sospechar que también transgreden toda la Torá. Pues ésta y otras obras que tratan de filosofía desarraigan por completo a la persona de la fe tradicional de Israel, de la unión con la Torá y de la fe en Dios. Tales personas terminan completamente corrompidas.

Yo mismo he hablado con numerosas personas observantes que en algún momento estudiaron obras filosóficas. Todas ellas dicen de manera explícita que lamentan profundamente haberlas estudiado y desearían ni siquiera haber escuchado de su existencia. Ellas mismas advierten que hay que mantenerse muy lejos de estas obras. Feliz es aquél que se mantiene bien lejos de ellas y se aferra a la fe pura, de acuerdo con nuestra tradición ancestral. El pueblo judío cree en Dios sin especulaciones tontas y vacías.

410. Un Rosh HaShaná el Rebe habló sobre la prohibición del estudio de los comentarios de la Torá desde un punto de vista filosófico (tales como las obras de Ibn Ezra,[17] especialmente el comentario conocido como *Margalit*,[18] las obras del *RaLBaG*,[19]

---

[16] Cf. adelante: 440 en una afirmación similar, "Uno puede decir a partir del rostro del otro si éste practica *hitbodedut*". Hay una tradición oral del Rabí Abraham ben Reb Najmán Jazan, que en el día en que uno se saltea el *hitbodedut*, el satán estudia con él un capítulo del *Moré Nevujim* (*Rabí Eliahu Jaim Rosen*).

[17] Rabí Abraham Ibn Ezra (1089-1164). Su comentario sobre la Torá incluye ideas contrarias a las enseñanzas Talmúdicas. Sin embargo, algunas autoridades adscriben estas herejías a sus discípulos.

[18] "La Joya" es una colección de tres comentarios sobre Ibn Ezra, publicada por primera vez en 1722 en Amsterdam y editada por el Rabí Iekutiel Lazi Ashkenazi.

[19] Rabí Levi ben Guershon (1288-1344). Su obra filosófica principal es el *Miljemet HaShem*, publicada por primera vez en Italia en el año 1560. En esta obra explica los milagros como eventos racionales y naturales. Estas ideas también aparecen en su comentario sobre la Biblia. Cf. *Teshuvot HaRivash* #45.

etc., de las cuales se sabe muy bien que contienen afirmaciones contrarias a la Torá, al punto en que uno debería rasgar sus vestimentas al escuchar una sola palabra de ellas). El Rebe dijo que todas sus premisas básicas están tomadas de Aristóteles y de otros ateos famosos, algunos de los cuales provienen de antes del período Talmúdico y otros de su misma época. Cuando los maestros de la Mishná y del Talmud introdujeron la prohibición de estudiar las obras que tratan sobre el pensamiento griego tenían en vista estas obras ateas, que eran parte intrínseca de la cultura griega.[20] Cada vez que la palabra *apikoros* es utilizada en la literatura rabínica se refiere a aquellos influenciados por la manera de pensar de estos ateos. Otros malvados también son descritos como *apikoros* debido a su inclinación a negar a Dios. La razón por la cual se emplea la palabra *apikoros* es porque la responsabilidad por el daño yace en aquél que lo inició. Había un cierto filósofo cuyo nombre era Epicuro,[21] que era un *apikoros*, cuyos puntos de vista son realzados en las obras filosóficas.

¿Cómo puede alguien que quiere ser un judío estudiar obras como éstas, basadas como están sobre las ideas de reconocidos ateos, que son la fuente de todo el ateísmo en el mundo?[22] Es imposible poner por escrito todo lo que el Rebe dijo en esa ocasión sobre la estricta prohibición de estudiar estas obras. Él agregó que los únicos comentarios y obras de *musar* que uno debería estudiar son aquellos basados en las enseñanzas de los sabios del Talmud,[23]

---

[20] Ver *Menajot* 46b: "Maldito aquel que les enseña a sus hijos la sabiduría griega".

[21] Epicuro (342?-270 a.e.c.), filósofo griego que creía en buscar la buena vida y negaba la Divina Providencia.

[22] El Rabí Natán dijo cierta vez que el versículo en Isaías (3:14), "Dios juzgará a los líderes y a los ancianos de Su pueblo" fue dicho sobre los grandes líderes de los judíos que cometieron el error de entrar en el mundo de la filosofía (*Kojavey Or* p.76).

[23] El Talmud fue completado en el año 505 e.c. por Mar bar Rav Ashi y Meremar en Babilonia y es el estudio básico de todo erudito de la Torá. Compuesto por la *Mishná* y la *Guemará*, es *la fuente* de todas las leyes, costumbres y tradiciones del judaísmo.

Evitar la Filosofía y la Importancia de la Fe

los Midrashim[24] [es decir, Rashi,[25] etc.], el *Zohar* y los escritos del Ari, incluyendo las obras escritas por los Tzadikim de los tiempos más recientes que se basan en esas "montañas de santidad" y siguen las enseñanzas del Baal Shem Tov. Entre tales obras están aquellas del Rabí Iaacov Iosef de Polnoie,[26] y el *Likutey Amarim*.[27] El Rebe hizo una lista de otras obras las cuales es bueno estudiar. Todo aquel con sentido será capaz de comprender por sí mismo qué obras evitar y cuáles estudiar, es decir aquellas basadas en el Talmud, en los Midrashim, el *Zohar*, los escritos del Ari y del Baal Shem Tov.

411. El Rebe se burlaba de las explicaciones de las mitzvot dadas en la *Guía de los Perplejos*, diciendo: "¿Cómo es posible que alguien imagine explicar con razones vacías como éstas los sacrificios y las ofrendas de incienso? ¡Cuántos tremendos *tikunim*, rectificaciones, se logran en los mundos superiores, mundos sin fin, por medio del mero recitado de las palabras de la Torá que describen estas prácticas!". (En otras palabras, si hubiera algo de verdad en sus falsas teorías, ¿qué utilidad tendría recitar los pasajes de la Torá en cuestión?). "¿Cómo puede alguien decir tantas tonterías sobre el motivo para el incienso, el cual tiene implicancias tan profundas que incluso el mero recitado de su

---

[24] Los *Midrashim*, aunque van desde el comentario puro hasta las homilías, se basan enteramente en las enseñanzas de los sabios del Talmud.

[25] Ver *Sabiduría y Enseñanzas del Rabí Najmán de Breslov*, 223, donde el Rebe Najmán exalta a Rashi y a sus comentarios, especialmente sobre la Biblia y los Profetas (ver arriba 169 en la nota). Agrega el Rabí Natán: "Es suficiente para una persona estudiar sólo Rashi. Todo aquel que deja a Rashi y estudia comentarios filosóficos se separa de la vida misma y se desarraiga de Dios y de la Torá" (*Likutey Halajot, Tefilín* 4:7).

[26] El Rabí Iaacov Iosef HaKohen de Polnoie (1710-1784) fue uno de los discípulos más cercanos del Baal Shem Tov. Su obra, el *Toldot Iaacov Iosef* fue el primer libro Jasídico en ser impreso. Sus otras obras incluyen *Ben Porat Iosef, Tsofnat Paneaj* y *Ketonet Pasim*. Algunas fuentes indican que vivió hasta los 110 años de edad. Ver *Until The Mashiach* p.229.

[27] Del Maguid de Mezritch; arriba: 353 nota 19.

descripción tiene influencia en los mundos más elevados, tal cual está mencionado en el *Zohar*[28] y en los escritos del Ari?".[29]

"En verdad es imposible comprender la razón para los sacrificios y la ofrenda de incienso. Debemos simplemente creer en las palabras de Moisés. No hay duda de que todas estas prácticas se basan en las razones más profundas, pero es imposible que la mente humana pueda comprenderlas. Tan grandes son estas prácticas que incluso el mero recitado de los pasajes de la Torá que las describe tiene el poder de generar tremendos *tikunim* en todos los mundos.

"Lo mismo se aplica a las razones detrás de todas las mitzvot: ellas son tremendamente exaltadas y están ocultas de los ojos de todos los seres vivos, tal cual está escrito, 'Y ocultas de los ojos de todo lo vivo' (Job 28:21), y 'Tus testimonios son maravillosos' (Salmos 119:129)".

Cierta vez le escuché al Rebe decir que estudiar estas obras filosóficas es igual que atravesar un desierto desolado donde uno nunca puede encontrar a nadie. De manera similar, al pasar por estas obras uno nunca encuentra nada santo.

412. En cuanto al hecho de que el Rebe mismo estudiaba obras filosóficas de vez en cuando, éste es el concepto del viaje de los Hijos de Israel a través del desierto. El desierto es el lugar de las fuerzas del mal. Encontramos en el *Zohar* (II, 157a; III, 183b) que la razón por la cual los Hijos de Israel atravesaron el desierto fue para que al hacerlo aplastasen las fuerzas del mal. Éste era el propósito del Rebe al estudiar estas obras, que eran un "desierto". Comprende esto. Sin embargo, a nosotros nos está estrictamente prohibido consultar estos textos.

Estudia también la lección "Ve al faraón" (*Likutey Moharán* I, 64) que explica la prohibición de entrar en la especulación filosófica, la cual deriva del Espacio Vacío. La lección explica por qué el gran Tzadik *sí* está obligado a penetrar en tales obras para elevar las almas que allí han caído.

---

[28] I, 100b; II, 218b, 224a.
[29] *Shaar HaKavanot* 3; Ver también *Likutey Moharán* I, 13:1, 24:2, 35:8.

Evitar la Filosofía y la Importancia de la Fe

413. El Rebe habló cierta vez sobre un cómico de Lemberg cuyo repertorio incluía una canción que en uno de sus versículos tenía las palabras "El viejo, viejo, viejo Dios". El Rebe repitió la palabra "viejo" varias veces, tal como lo hiciera el comediante cuando cantaba la canción: el cómico solía decir las palabras "viejo, viejo, viejo" una y otra vez antes de terminar con la palabra "Dios" y así hacía el Rebe cuando mencionaba la canción.

El propósito del Rebe era claro: él quería imbuir en nosotros la fe simple que debíamos tener en Dios como el Anciano, más viejo que lo más viejo. Nuestra fe es una herencia de nuestros primeros ancestros, los santos patriarcas. Todo aquel que tuvo el privilegio de escuchar las palabras del Rebe pudo entender esto, e incluso hoy en día es posible comprender un poco. El Rebe habló sobre este cómico una y otra vez con diferentes personas y cada vez que lo mencionaba repetía las palabras "viejo, viejo, viejo" una y otra vez.

El Rebe no sólo reveló las lecciones más tremendas, tales como nunca antes se habían escuchado, y contó las historias más originales, sino que también habló mucho con nosotros de una manera más íntima y más cotidiana. Todo lo que él quería era imbuirnos de fe y fortalecer nuestra determinación de cumplir la Torá y las mitzvot, las cuales en sí mismas dependen de la fe.[30] De muchas maneras nos trató como un padre enseñando a su pequeño hijo: el padre debe descender al nivel del niño para introducirlo lentamente en el estudio de la Torá y en el cumplimiento de las mitzvot. De manera similar, sólo que miles de veces más, el Rebe descendía a nuestro nivel y se vestía con toda clase de diferentes vestimentas, hablando con nosotros sobre lo que parecían ser temas cotidianos... hasta que finalmente se desarrollaba una conversación sobre el servicio a Dios. Y en verdad, incluso los temas mundanos que él mencionaba antes de llegar al tema de la devoción, también eran enteramente Torá, sólo que en un principio nosotros no comprendíamos las enseñanzas implícitas en lo que él estaba diciendo. Sólo luego de pasar de tema en tema

---

[30] Cf. *Makot* 24a. Habakuk basó los 613 preceptos de la Torá en la fe.

emergía el hecho de que la conversación tenía como objetivo directo la devoción.[31] Todo el propósito del Rebe en esto era difundir la fe en Dios. Era algo extraordinario estar con él, escuchar su sabiduría y experimentar su simpleza. Cada palabra que decía y cada movimiento que hacía, en su tremenda santidad y pureza, contenía la sabiduría más profunda y asombrosa, mientras que al mismo tiempo era totalmente simple y puro, pues la simpleza y la verdadera sabiduría son una misma cosa.[32]

414. Alguien le preguntó cierta vez al Rebe sobre la afirmación del *Shuljan Aruj*[33] de que "Cuando una persona menciona el Nombre de Dios durante sus plegarias debe tener en mente el significado del nombre [tal como es leído, *Adonai*, que Dios es el Señor, *Adon*, de todo, y el significado del nombre tal cual está escrito, *IHVH*, que Él fue, es y será eternamente]".

El Rebe le dijo: "¿No es suficiente para ti el significado literal: *Adonai*, Dios?[34] ¡Al concentrarte en el significado simple tus manos y piernas y todos los doscientos cuarenta y ocho miembros y los trescientos sesenta y cinco tendones deberían temblar!".

Escuché que el Rebe dijo algo similar en otra ocasión. Esto fue en Umán cuando él estaba parando en la casa de Najmán Natán. Una noche, luego de la cena, yo me quedé a solas con él. Luego de terminar la Bendición de Después de las Comidas, el Rebe se sentó en silencio. Entonces dijo en un tono de temor: "¡D... D... Dios!". Cuando comenzó a decir el nombre de Dios estaba sacudiéndose y temblando de modo que sólo pudo decir la mitad de la palabra. Pero entonces toda la palabra, "Dios", salió de sus santos labios con tremendo temor, como una flecha enviada por un poderoso guerrero. Su intención simple era demostrar el grado de temor que cada nombre de Dios debe generar: debemos sacudirnos y temblar con temor de Su Nombre, porque Él llena el mundo entero y se encuentra sobre nosotros constantemente. Es

---

[31] Ver arriba: 243.

[32] Ver *Sabiduría y Enseñanzas del Rabí Najmán de Breslov*, 15, 32, 101; *Likutey Moharán* I, 123; *Likutey Moharán* II, 19, 44, 78.

[33] *Oraj Jaim* 5:1.

[34] Cf. *Likutey Moharán* II, 120.

Evitar la Filosofía y la Importancia de la Fe 351

imposible expresar esto adecuadamente por escrito. Pero aquellos que comprenden y buscan la verdad serán capaces de extraer las deducciones por sí mismos y fortalecerse con la simple fe de que el mundo entero está lleno de la gloria de Dios (cf. Isaías 6:3) y que Dios está con nosotros todo el tiempo. Piensa cuidadosamente lo que he escrito aquí hasta que te sientas lleno de temor a Dios.

415. Está explicado en el *Likutey Moharán* I, 21, que la solución a la paradoja de la libertad de elección frente al conocimiento que Dios tiene de todas las cosas, se encuentra dentro de la categoría de la "sabiduría que rodea" (*makif*), que el hombre sólo puede recibir en el futuro.[35]

El Rebe dijo cierta vez que tenía la respuesta adecuada a esta paradoja y que ella era absolutamente clara, pues él nunca decía algo que dejara incertidumbre. Todo lo que decía era "claro y blanco como una hoja de papel".[36] Él ya había puesto por escrito esta solución, pero el manuscrito se había perdido y ahora había olvidado lo que había escrito. (Éste era siempre su modo. Toda idea original que desarrollaba la ignoraba seguidamente por completo, sin prestarle más atención. Todo lo que él quería era algo nuevo).[37]

Cierta vez le escuché decir que una cosa imposible de comprender era cómo la libertad de elección está contenida dentro del conocimiento mismo.

416. El Rebe nos dio cierta vez una prueba de que el mundo fue creado a partir de la nada. Si no fuera por esto, cómo sería posible que hubiese lugar para todos los habitantes del mundo. Es un hecho irrefutable que la población humana aumenta constantemente. De una sola persona surgen innumerables generaciones, miles y cientos de miles de almas. Si lo que ellos dicen fuera verdad (es decir, la teoría de los ateos, que mantiene que el mundo siempre existió y que el espacio y el tiempo no tienen límite) el mundo entero estaría ahora completamente lleno, y no habría suficiente

---

[35] Ver arriba: 142, 150.
[36] Cf. *Ketubot* 46a.
[37] Ver *Sabiduría y Enseñanzas del Rabí Najmán de Breslov*, 33.

lugar en el mundo, finito como es, para albergar a todos, viendo que la población aumenta constantemente a un ritmo tan acelerado.

En otro momento el Rebe nos dio una segunda prueba, esta vez a partir de los muertos. Cuando alguien muere y es enterrado, el tamaño de la tierra aumenta, aunque sea levemente. Incluso luego de que se pudre y se transforma en un puñado de polvo, aun debemos decir que al menos se ha agregado algo al polvo de la tierra. De modo que ahora el mundo entero debería ser tan grande que alcanzase a los mismos cielos y más allá, es decir, de acuerdo con el confuso y torcido punto de vista de los ateos. Si es así, cómo podría haber suficiente espacio en el mundo para albergar el constante aumento del tamaño de la tierra. Pues, al menos algo se agrega cada vez que alguien es enterrado, y el número de muertos es ilimitado. De acuerdo con sus erradas ideas (es decir, de que el mundo siempre existió), no habría lugar para albergar a todos ellos.

Comprende bien esto, pues estas pruebas son conclusivas para todo aquel que esté dispuesto a aceptar la verdad sin oponerse obstinadamente por el solo hecho de oponerse. La primera prueba es a partir de los vivos; la segunda, a partir de los muertos.

Sin embargo, no hay una real necesidad de pruebas y especulaciones. Todo lo que necesitamos es una fe simple en Dios. Debemos creer incuestionablemente que Dios creó el mundo en seis días, tal cual está escrito, "En el comienzo, creó Dios los cielos y la tierra" (Génesis 1:1). Mi única razón para registrar lo anterior es que esas son las palabras mismas del Rebe, y no es correcto que ninguna de ellas se pierda.[38]

Es por esto que no he dudado en incluir estas dos conversaciones, con el afán de demoler las teorías de los ateos y mostrar qué confusas y tontas son. Pues si ellos examinasen estas dos pruebas con honestidad, verían con claridad que son incontrovertibles, y entonces quizás sus ojos se abrirían y retornarían a la verdad. Sin embargo, en cuanto a nosotros, no

---

[38] Años más tarde, cuando el Rabí Natán estaba en Lemberg, fue a ver a un importante *maskil*, con la esperanza de escuchar algo que había dicho el Rebe. Ver *Kojavei Or, Aveneha Barzel* p.67 #44.

necesitamos pruebas, ni siquiera las pruebas dadas arriba, porque nosotros somos "creyentes, hijos de creyentes",[39] la simiente de Abraham, Itzjak y Iaacov, y creemos en Dios y en Su santa Torá de manera incuestionable y con una fe perfecta. La fe es el fundamento de toda la Torá, como dicen los sabios (*Makot* 24a): "Vino Habakuk y redujo todo a un solo principio: 'El Tzadik vivirá por su fe' (Habakuk 2:4)".

417. Había rumores de que el Zar quería introducir una cantidad de decretos en contra de los judíos,[40] incluyendo una regulación que exigía que los niños judíos recibiesen una educación secular e idiomas extranjeros.

Con respecto a este último decreto el Rebe dijo que los judíos deberían proclamar un ayuno y rogar a Dios con mucha más vehemencia que contra todos los otros decretos. Este decreto era más calamitoso que cualquier otro mal en el mundo, dado que haría que los niños se volvieran completamente en contra de la religión, como en verdad hemos visto debido a nuestros muchos pecados. El hecho es que todo aquel que entra en ese sendero se aleja totalmente de la religión. Que Dios tenga piedad de Su pueblo Israel y salve a su remanente.

El Rebe dijo cierta vez: "¡Oy! ¡Oy de nosotros, que ni siquiera nos detenemos a pensar cómo salvar a nuestros hijos y a las generaciones futuras de estas maléficas aguas tormentosas que amenazan con arrasar el mundo entero, Dios no lo permita! Porque ésta es la única manera de describir la difusión de los estudios seculares, el estudio de lenguas extranjeras y la filosofía".[41]

---

[39] Alguien que se sentía débil en su fe le pidió al Rabí Natán que le explicase la afirmación del Talmud (*Shabat* 152b): "Pudrirse es tan doloroso para los muertos como una aguja en una persona viva". Cuando el Rabí Natán contestó: "El *Zohar* menciona que el *Nefesh* se mantiene con el cadáver" (ver arriba 211), el hombre se sintió satisfecho y partió. Uno de los seguidores del Rabí Natán le confesó entonces que este problema también lo preocupaba. El Rabí Natán le dijo: "¡¿Tú también quieres comprender?! ¡Si nuestros sabios dicen que es así entonces yo lo creo completamente y ni siquiera trato de comprenderlo!" (Kojavey Or p.76 #20).

[40] Arriba: 127.

[41] Ver *Sabiduría y Enseñanzas del Rabí Najmán de Breslov*, 220.

418. Escuché que el Rebe dijo cierta vez: "Yo soy uno que 'sabe qué responder al ateo' (*Avot* 2:14)". También escuché que dijo: "Yo y mis seguidores".[42]

419. El Rebe me dijo: "Hay muchas cosas que al comienzo eran secretas pero que más tarde fue permitido revelar. Por ejemplo, hay ciertas ideas en la Kabalá que antes del Rabí Shimón bar Iojai y del Ari eran prácticamente ocultas y no eran tratadas excepto en el más estricto secreto. Si embargo más tarde, en los días del Rabí Shimón bar Iojai y del Ari ya no se mantuvieron en secreto y fue permitido revelarlas hasta cierto grado. De la misma manera, hay muchas cosas que hoy son secretas pero que en el tiempo que viene ya no serán más secretas".[43] Algo similar se aplica a las obras filosóficas, algunas de las cuales fueron escritas por eminentes eruditos, y tenidas en gran estima, <particularmente la *Guía de los Perplejos*>. Pero el Rebe nos advirtió de no mirar en ellas en absoluto porque se oponen directamente a la Torá.[44]

420. Alguien me contó que el Rebe dijo: "Es muy bueno cuando una persona tiene el privilegio de entrar en los portales de la fe y pasear por allí. Hay innumerables habitaciones y cámaras y uno puede ir y pasear de un cuarto a otro y de palacio en palacio. Los senderos están bien demarcados, y son senderos verdaderamente notables. De ahí uno continúa, y pasea a través de palacios de confianza y demás. Luego de esto uno avanza más y más. ¡Cuán afortunados son aquellos que entran y pasean por estos palacios!".[45]

421. Él dijo: "Los Tzadikim son muy valiosos a los ojos de Dios, incluso los Tzadikim de hoy en día. Y aunque su único mérito fuese el hecho de que se alejan del estilo de vida vulgar tan prevaleciente, eso en sí mismo es una gran cosa. Pues hoy en día hay demasiada gente que ha adoptado el estilo de vida de los gentiles, la filosofía y la especulación, cuyo objetivo es parecerse

---

[42] Ver *Likutey Moharán* I, 8:5.
[43] Ver *Likutey Moharán* I, 186.
[44] Ver arriba: 407 nota 8.
[45] Cf. *Likutey Moharán* I, 245.

a los gentiles en sus conductas, así sea con la vestimenta, la forma de vida o demás. Es suficiente que los Tzadikim se alejen de esta gente. Pues aparte del nivel de su devoción religiosa, los líderes religiosos de hoy en día se han alejado al menos del estilo de vida vulgar, al igual que sus seguidores. El mero hecho de que son cuidadosos de no dejarse crecer el cabello excepto en las *peiot*, asegura que no siguen la moda corriente en el estilo de corte de cabello de los hombres. Esto automáticamente los aleja del estilo de vida de los gentiles y de los círculos de los librepensadores y filósofos. Esto, en sí mismo, es algo muy grande, pues la filosofía y la especulación son los peores males. Afortunado es aquél que se mantiene bien lejos de ello".

El Rebe dijo también: "Incluso los Tzadikim hoy en día entran también en la categoría de la asimilación, porque en sus hogares se conducen como príncipes y aristócratas. Es un hecho que la gente suele decir en estos días que los Tzadikim 'viven como príncipes'. Debido a esto, deben ser considerados como 'asimilados' y es por eso que son incapaces de enseñar Torá. Tal vez sea cierto que enseñen un poco para cubrir las necesidades de sus seguidores. Pero no pueden enseñar Torá en el sentido absoluto. Y dado que no saben Torá, no saben nada. Hasta la profecía se encuentra en un nivel inferior a la Torá,[46] pues la Torá es más grande que todo e incluye a todo. Uno depende de lo otro: los líderes que se conducen como príncipes son ignorantes de la Torá, y en verdad su misma ignorancia de la Torá es el motivo por el cual tienen que conducirse como príncipes. Siendo ignorantes de la Torá deben conducirse como príncipes, pues de otra manera ¿cómo sabrían los demás que ellos son importantes, viendo que no son estudiosos de la Torá? Es así que está escrito: "Su rey y sus príncipes se encuentran entre las naciones, no hay Torá; ni sus profetas han encontrado visión de Dios" (Lamentaciones 2:9).

422. Dijo el Rebe: "Hay algo que ustedes no saben y es que en Alemania no se consigue el *Zohar*. Aunque es probable que el *Zohar* se imprima allí, no es posible conseguirlo, y todas las copias se venden en nuestras regiones. Y es *debido* al hecho de

---

[46] *Zohar* III, 35a; Ver *Baba Batra* 12a.

que el *Zohar* no se encuentra allí que ellos andan vestidos como los alemanes. Pues las vestimentas están en la categoría del *makif*, lo trascendente, y debido a esto es de la mayor importancia cuidar que las ropas estén limpias y pulcras...".

El Rebe se detuvo en la mitad de lo que estaba diciendo y nunca explicó la relación entre las vestimentas usadas en Alemania y el hecho de que las copias del *Zohar* no pudieran encontrarse allí.[47]

423. Él dijo de la filosofía: "Los filósofos han considerado en verdad la grandeza y exaltación de Dios, y sus especulaciones apuntan a la sublime majestad de Dios, una grandeza que está más allá del poder de concepción del pensamiento. Pero fueron totalmente incapaces de deducir una sola mitzvá de la Torá a partir de sus especulaciones. En verdad, esto es imposible, y es por lo cual niegan con tanta vehemencia la Torá. Este es el motivo por el cual es tan importante evitarlos".

424. El Rebe se oponía a la teoría de las *Shemitot*[48], ciclos del tiempo, como se explica en ciertas obras Kabalistas. <Cada vez que él hablaba de esto expresaba su desacuerdo. La obra *Shaarei Gan Eden*, que ha sido reeditada recientemente, no encontraba favor a sus ojos precisamente porque está basada en la teoría de las *Shemitot*. Él dijo cierta vez de manera explícita que esta teoría era incorrecta. Nosotros le pedimos que dijera más al respecto. "¿Y qué pasaría si yo revelase más?", respondió. "¡Acaso ya no les he dicho suficiente sobre esto!". Él no quiso decir nada más, sólo dejar en claro que no era como la gente sostenía.> Y dijo que el Ari también estaba en desacuerdo completamente con estas ideas. <En cuanto a la cuestión presentada al comienzo del *Shaarei Gan Eden*, en realidad no se resuelve en base a la teoría de las *Shemitot*. En última instancia, incluso esta solución requiere que

---

[47] Ver *Los Cuentos del Rabí Najmán* #2.

[48] La teoría de las *Shemitot* considera básicamente los años de la Creación separados en ciclos de 1000 años cada uno, con cada ciclo correspondiente a una *sefirá* diferente. El tema de las *Shemitot* fue tomado por muchos de los primeros Kabalistas incluido el Rabí Moshé de León (m.1305) autor de *Nefesh HaJojmá* y difusor del *Zohar*.

nos apoyemos solamente en la fe, pues está prohibido investigar lo que existió antes de la Creación.[49] ¿No es mejor entonces ni siquiera comenzar con estas investigaciones filosóficas sino más bien basarnos desde el comienzo en la fe? Esto se aplica a todas las cuestiones y especulaciones concernientes a los exaltados caminos de Dios y a la creación del mundo. Él insistió sobre esto una y otra vez: está prohibida la investigación filosófica. La fe en Dios es todo lo que uno necesita. La teoría de las *Shemitot* también está rechazada por el autor del *Shivjey HaAri*,[50] que afirma que aquellos que dicen que el mundo estuvo previamente en el ciclo del Amor y que ahora se encuentra en el ciclo del Temor están equivocados. Los primeros discípulos de la Kabalá del Ari escucharon ciertos conceptos de su maestro y ellos le agregaron, incorrectamente y por su cuenta, la teoría de las *Shemitot*.>

425. Cierta vez dijo el Rebe: "Mediante la fe la persona puede alcanzar tal estado de anhelo que ni siquiera llega a saber qué es lo que anhela, y sólo puede clamar: '¡Guevalt! ¡Acércame! Yo quiero ser judío' ".[51]

<El Rebe trató cierta vez sobre el debate que en ese entonces tenía lugar entre los científicos. Una opinión mantenía que los planetas estaban en movimiento girando alrededor de la tierra. La otra opinión sostenía que era la tierra la que estaba en rotación y giraba. De acuerdo con sus explicaciones, la tierra no se caía debido a la gran velocidad con que rotaba sobre su eje. Esto estaba comprobado por un experimento que incluía un objeto circular y un vaso lleno de agua. El objeto circular tenía el vaso puesto dentro de él y era hecho girar a gran velocidad. Ninguna gota de agua caía del vaso. Esto era visto como una prueba de por qué la tierra se mantenía fija en el cielo. Sin embargo, el Rebe no estaba

---

[49] *Jaguigá* 11b.

[50] "Alabanza del Ari", son historias sobre la vida del Ari y de sus discípulos, tomadas de la introducción de la obra kabalista *Emek HaMelej* por el Rabí Shlomo Shimmel. La edición citada aquí fue impresa junto con el *Likutey HaShas* y esto aparece al final de la página 31.

[51] Ver *Sabiduría y Enseñanzas del Rabí Najmán de Breslov*, 32, 33.

de acuerdo con este razonamiento. Más bien estaba del lado de la primera opinión, citando el versículo, "Y la tierra permanece eternamente" (Eclesiastés 1:4).>[52]

<Hay cierta clase de pájaro del cual sólo existe uno en el mundo. Cuando este pájaro envejece, se debilita. Comprendiendo esto, el pájaro vuela hasta la cima de una montaña, donde construye un nido con todo tipo de hojas fragantes. El pájaro se sienta en el nido hasta que siente que retornan sus fuerzas. Entonces comienza a volar más arriba todavía, hacia el sol. Finalmente, es consumido por el calor del sol y cae al mar, donde se ahoga. En su lugar se crea entonces otro pájaro.>[53]

<Existe cierto gusano que es creado dentro de un árbol. Este gusano se mantiene en el árbol en un capullo hecho de barro. Luego de investigar el tema, algunos concluyeron que este capullo era obra de hechicería. El Rebe estaba en desacuerdo con su conclusión. Él dijo que el gusano construía el capullo a partir de la propia humedad de su cuerpo y del polvo del aire. Cuando el polvo cae sobre lo húmedo se forma una caparazón alrededor del gusano.>[54]

---

[52] Cf. *Bereshit Rabah* 10:4; *Sefer HaBrit, Maamar Jug HaAretz*, 8; *Likutey Halajot, Guitin* 4:3.

[53] Cuando Eva comió del Árbol del Conocimiento (Génesis 3) ella les dio del fruto a todos los animales y pájaros. Un pájaro, el *jol*, se negó a comer y como recompensa se le otorgó una larga vida (*Bereshit Rabah* 19:5). La afirmación del Rebe se refiere probablemente a la famosa ave Fénix.

[54] La investigación científica sobre los parásitos, etcétera, comenzó en el siglo XIX. Antes de esto, no se sabía cómo era posible la existencia de los capullos, por lo cual se presumía que eran obras de hechicería.

XVI. Su Ingenio:

426. "Busca la paz y persíguela" (Salmos 34:15).

Dijo el Rebe: "Nuestros sabios comentaron: 'Busca la paz', en tu lugar; 'y persíguela', a partir de un lugar diferente (*Ierushalmi, Pea* 1:1). En otras palabras, hay veces en que uno debe estar en paz con los mismos enemigos de Dios, y debido esto, ellos lo perseguirán desde otro lugar". Comprende esto.

427. Dijeron los sabios (*Shabat* 34a): "Las prostitutas se maquillan unas a las otras. ¿No deberían también los estudiosos de la Torá hacer lo mismo [es decir, honrarse unos a los otros] más aún, *kol she-ken*?".

El Rebe dijo que soñó con una cantidad de interpretaciones sobre este dicho.

"Una explicación es como sigue: El Talmud está preguntando, 'Si las prostitutas se maquillan unas a las otras, ¿no deberían hacer lo mismo los estudiosos de la Torá?'. En otras palabras, la pregunta es, si las prostitutas se maquillan unas a las otras, por qué los estudiosos de la Torá no se honran los unos a los otros. Las palabras que siguen, '*kol she-ken*, más aún', deben ser tomadas como una respuesta a esta pregunta. Así, el Talmud debe ser interpretado como explicando la razón por la cual los estudiosos de la Torá no se honran los unos a los otros. La razón es, '*kol she-ken*, más aún', una frase que alude al dinero. Pues encontramos en otra parte (*Ibid.* 63a) que la misma frase *kol she-ken* es utilizada con la connotación de dinero. Los sabios dicen, ' "Si largura de días está en su mano derecha [de la Torá]" (Proverbios 3:15) ¿no estará más aún, *kol she-ken*, la riqueza y el dinero?'.

"Una segunda interpretación de la misma afirmación: 'Las prostitutas se maquillan las unas a las otras. Debido a *esto*, los estudiosos de Torá no *kol she-ken*'. En otras palabras, podemos tomar la afirmación del Talmud como una explicación de por qué los estudiosos de la Torá no tienen dinero, que como hemos visto está aludido en la frase *kol she-ken*. Así, si encontramos que 'los estudiosos de la Torá... no *kol she-ken*, es decir, los estudiosos de Torá no tienen *kol she-ken* = dinero, la razón para esto es *debido* a que 'las prostitutas se maquillan unas a las otras'. Pues los estudiosos de la Torá son llamados *roé*, pastores. Pero cuando abunda la inmoralidad, ellos son llamados *roé zonot*, compañeros de las prostitutas, y 'aquél que anda en compañía de prostitutas pierde su riqueza' (Proverbios 29:3).[1]

"Una tercera interpretación de la afirmación del Talmud: 'Las prostitutas se maquillan unas a las otras. ¿Estudiosos de la Torá?'. Es decir, el Talmud está preguntando, '¿Cuándo se maquillarán los estudiosos de Torá los unos a los otros, en el sentido de honrarse los unos a los otros?'. Y la respuesta es: 'No... *kol she-ken* [=dinero]'. Es decir, ellos lo harán cuando no estén más sujetos al deseo de dinero".[2]

428. Escuché algo ingenioso en nombre del Rebe: "Desde que el zar ruso conquistó el país,[3] el dinero se ha transformado en escoria y la bebida en *ponche*. [*Ponche* es una bebida hecha de vino y miel mezclados con agua]. 'Tu plata se ha transformado en escoria, tu vino se ha mezclado con agua' (Isaías 1:22)".

429. (A partir de un manuscrito). El Cantor de Breslov había querido ir a la ciudad de Tomshpil para el Shabat Shira, pero no había llegado a su destino y había tenido que pasar el Shabat en otro pueblo. Dado que la lectura de la Torá era Beshalaj (Éxodo 13:17-17:16) el Rebe hizo notar: "Dios no los llevó por el camino de la tierra de Tomshpil", un juego sobre las primeras palabras de la porción de la Torá: "Dios no los llevó por el camino de la tierra de los *Plishtim*, filisteos". Las letras de *PLiSHTiM* son las mismas que las letras de *ToMSHPiL*.[4]

---

[1] Ver *Likutey Moharán* I, 29:5.

[2] Ver *Likutey Moharán* I, 23:2.

[3] Ver *Until The Mashiach*, Síntesis histórica xxvii.

[4] Es interesante notar que la oposición al Rabí Natán por parte de R. Moshé Zvi de Savran, fue instigada primero por el Rav de Tomshpil (*Iemei Hatlaot* p.3, 4).

XVII. Contra la Obstinación y la Impaciencia:

430. El Rebe dijo: "Estoy seguro de todas las cosas que digo y que hago porque siempre tengo muchos motivos para ello. Y una de las cosas sobre las cuales soy muy firme es no dar consejos en la forma de órdenes".

Cada vez que el Rebe daba un consejo, nunca lo hacía en la forma de órdenes que debían ser cumplidas exactamente como él las especificaba. Más bien ofrecía una guía en la forma de una buena sugerencia.[1] La persona estaba libre entonces de seguirla o uno, dependiendo de su elección. Ciertamente el Rebe *quería* que la gente siguiera su consejo, pero nunca insistía en que todo debía ser precisamente como él deseaba. Si seguían por ese camino, muy bien; y si no, pues no.

"Tengo muchas razones para esto", dijo, "y también sé que todo lo bueno de este mundo nunca es perfecto. No importa cuánto bien haya en este mundo, siempre surgirá de él algo malo, pues es imposible que el bien de este mundo sea perfecto". Por esa razón, el Rebe no quería insistir en que la gente hiciera exactamente lo que él mismo deseaba que hiciesen. No quería que ellos se enfadasen más tarde con él cuando, como resultado de ello, surgiera algo malo y entonces lo culparan por su consejo.

El Rebe tenía el mismo enfoque con todo. Nunca trataba de forzar un tema o insistir en que las cosas debían ser exactamente como él deseaba. Nunca trataba de presionar a su asistente a que hiciese lo que tenía que hacer de manera inmediata.[2]

431. Cuando quieras dormirte y no puedas, nunca te fuerces a hacerlo. Cuanto más trates de forzarte más se alejará el sueño de

---

[1] *Likutey Halajot, Taaruvot* 5:6.
[2] Ver *Until The Mashiach*, p.64, 317, concerniente a R. Jaikel, el asistente del Rebe.

ti.³ Lo mismo se aplica a todo en el mundo. Nunca debes tratar de forzarte demasiado en algo, porque cuanto más trates de forzarte más potente se hará la oposición.

Hay veces en que esto se aplica incluso a la plegaria y a la devoción. Ciertamente debes ser extremadamente diligente y hacer todo el esfuerzo posible para santificar tu vida y alcanzar el nivel de la verdadera devoción. Cuando algo puede hacerse hoy nunca lo dejes para mañana. El mundo no se detiene ni un solo instante. Todo lo que puedas hacer para servir a Dios debes hacerlo inmediatamente y con determinación, sin demoras. ¿Quién sabe qué obstáculos, internos o externos, enfrentarás si lo dejas para más tarde? El mundo del hombre sólo consiste del presente.⁴

Sin embargo hay veces en que pese a todo tu esfuerzo y determinación parece que no logras lo que quieres. A veces debes simplemente esperar. No te desalientes por no alcanzar lo que quieres. Que esto no te haga retroceder. Debes esperar hasta que llegue el momento. Esto es algo que no puede ser explicado adecuadamente por escrito.

El Rebe mismo era único en este aspecto. Nadie podía igualar la velocidad y diligencia con la que hacía las cosas. Todo aquello que debía hacerse, incluso si se trataba meramente de necesidades físicas, lo hacía inmediatamente y con una asombrosa velocidad. Y en especial cuando se trataba de tareas espirituales. Pero al mismo tiempo el Rebe estaba siempre extraordinariamente tranquilo. Si veía que con todos sus esfuerzos no estaba logrando lo que quería se mantenía igualmente paciente y relajado.

Lo único importante es mirar hacia Dios en todo momento con anhelo y deseo,⁵ incluso cuando las cosas no están yendo tan bien

---

³ En otra parte, el Rebe Najmán dice: "La persona que tenga dificultades para dormir deberá reflexionar sobre su creencia en la resurrección de los muertos" (*El Libro de los Atributos*, Dormir, p. 65).

⁴ Ver *Erjin* 6:5, que "*hekdesh*, la santidad, sólo tiene este tiempo y lugar presentes; *Likutey Moharán* I, 272; ver también *A Day in the Life of a Breslover Chassid* (Breslov Research Institute, 1987).

⁵ Adelante: 554.; *Sabiduría y Enseñanzas del Rabí Najmán de Breslov*, 14, 51, 62, 155, 259, 260.

como te gustaría con tus plegarias y devociones. Nunca pierdas la esperanza, no importa lo que suceda. Tan pronto como Dios te dé la oportunidad de hacer algo santo, hazlo de inmediato.

Es imposible explicar esto por escrito, pero si eres inteligente y quieres la verdad, serás capaz de encontrar una guía sobre cómo tener éxito en tus devociones.

432. Él dijo que si el maestro fuerza demasiado a un niño, éste terminará sin saber nada. Es necesaria una gran habilidad para enseñarle a un niño al ritmo correcto sin ser demasiado severo ni apurarlo demasiado. De esta manera el niño puede entender mucho más y de manera más fácil. Muchas veces el maestro trata de introducir algo en la memoria del niño diciendo, "¡Recuerda! ¡Recuerda!". Si el maestro repasara la lección usando un tono más suave el niño retendría muy bien lo aprendido y lo recordaría. Sin embargo, al repetir tantas veces "¡Recuerda! ¡Recuerda!", si uno le pidiera más tarde al niño que explicase el significado del versículo que aprendió, es muy probable que responda que significa "¡Recuerda! ¡Recuerda!". El niño piensa que estas palabras son la traducción del versículo. Si apuras demasiado a un niño puedes confundirlo totalmente.

Esto es algo difícil de explicar con claridad, pero la idea debería ser clara para todo aquel con inteligencia. Es algo de lo cual los maestros necesitan ser conscientes y que se aplica también a otras esferas. Como principio fundamental, uno nunca debe tratar de forzarse demasiado en ningún área. Simplemente avanza con suavidad y constancia.

Es muy difícil explicar esto, pero hay una historia que ilustra muy bien este punto. Cierta vez un hombre llevó a su hijo pequeño a ver al Rebe. Durante el camino el padre le repitió una y otra vez al niño que cuando le diesen algo de beber él debía comenzar la bendición con el acostumbrado "*Savri Maranan ve Rabanan* - Atención mis maestros y señores". El padre ensayó esto muchas veces con el niño para que lo recordase bien y no cometiera ningún error. Más tarde, cuando el niño llegó ante el Rebe y comenzó a decir, "*Savri*", no pudo continuar y quedó muy confundido. El Rebe le dijo al padre: "Es evidente que trataste de forzarlo para que dijera *'Savri'* correctamente, y es por ello que él no puede decir nada en absoluto. Si no lo hubieras forzado tanto con seguridad habría sido capaz de decirlo muy bien ahora". Fue entonces que el Rebe trató todo el tema tal cual está registrado arriba.

433. Cierta vez, durante uno de sus ataques de tos, el Rebe necesitó expectorar pero no pudo hacerlo. Sin embargo, no trató de forzarse y un poco más tarde la flema salió por sí misma con facilidad. Yo estaba con él en ese momento y me dijo: "Incluso a partir de esto podemos ver que uno no debe forzarse demasiado en nada. Al principio no podía sacar la flema, pero me relajé y no hice ningún esfuerzo. Y pronto salió por sí misma".

El Rebe hizo un gesto como para indicar que el mismo principio se aplicaba a todas las cosas. Uno nunca debe insistir en que todo deba ser exactamente como se quiere, ni aun si lo que se desea es genuinamente santo. Cuando uno puede hacer algo de manera inmediata debe actuar con rapidez. Las cosas santas nunca deben posponerse ni siquiera por un momento. Por el contrario, es necesario hacer todo el esfuerzo posible para realizarlas de inmediato. Pero si, pese a todo, no es factible hacerlo de inmediato, uno no debe volverse ansioso ni agitarse, sino que debe relajarse y esperar tranquilamente la ayuda de Dios, elevar los ojos al Cielo con la esperanza de lograrlo al final. Dios con seguridad lo ayudará más tarde a obtener lo que desea. Él dijo más que esto, pero hay algunas cosas que sólo pueden ser transmitidas de manera oral.

434. Cuando puse por escrito el *Sefer HaMidot* el Rebe me dictaba, a partir de sus notas, y yo lo registraba. Llevó un largo tiempo finalizar la obra, porque cuando comenzamos sólo escribí cerca de medio folio luego de lo cual no hubo oportunidad de continuar hasta tres o cuatro meses más tarde. Entonces me senté con él y escribí un poco más, pero luego de esto no pudo hacerse nada más durante un período de cerca de dos años. Entonces, antes de

Jánuca 5566 (1805) me quedé en Breslov durante tres semanas y fue entonces que completé el registro del *Sefer HaMidot*. Cada día me sentaba con él a escribir durante varias horas, sin pausa, hasta que concluimos la obra, gracias a Dios. Para el Rebe era una tarea muy difícil, pero en su amor al pueblo judío ponía toda su fuerza en aquello que era útil para beneficiar a la comunidad en su totalidad.

Hubo una ocasión en que pasé casi un día escribiendo mientras él me dictaba. Hacia la noche me dijo, "Hagamos un recuento de lo que hemos hecho hoy. Muy bien, oramos y también estudiamos un poco. Y luego escribimos, y esto también es estudiar, pues pasar por escrito enseñanzas de Torá es considerado una forma de estudiar". Entonces agregó, "Sea lo que fuere que deba lograr, siempre quiero hacerlo y terminarlo de inmediato, sin falta, sin dejarlo para otro momento. Si hubiera sido posible completar la escritura del *Sefer HaMidot* en un solo día con gusto lo habría hecho".

En verdad el Rebe era extremadamente rápido en hacer aquello que necesitaba hacerse: lo hacía de inmediato y sin demoras. Esto se aplicaba incluso a sus cuestiones diarias. Sea lo que fuere que se presentase él lo llevaba a cabo de manera inmediata, para no ser molestado más tarde. Porque sabía que si no lo hacía de inmediato era posible que nunca lo pudiese realizar, porque más tarde no querría pensar en ello en absoluto. Su mente estaba siempre dedicada a aquello necesario para sus devociones y debido ello quería asegurarse de que todo lo que debía hacerse, incluyendo los asuntos cotidianos, se realizara de inmediato y sin demoras. Incluso cuando quería estudiar o realizar alguna otra tarea santa, si surgía algo que necesitaba de su atención, aunque no fuera santo en sí mismo, usualmente trataba de hacerlo lo más rápido posible para librarse de ello y tener su mente libre. Sin embargo, si no podía hacerlo de inmediato nunca se volvía ansioso. Si podía hacerlo más tarde, al día siguiente o en algún otro momento, lo haría; y si no, entonces no. Nunca estaba tenso en lo más mínimo ni agitado por nada. Pero estas cosas no pueden ser explicadas en absoluto por escrito.

435. El Rebe me prescribió un programa de estudio regular que implicaba cubrir mucho terreno diariamente. Además de esto, me dijo que debía pasar cierto tiempo, todos los días, conversando con otra gente para relajar la mente, pese al hecho de que los días no eran suficientemente largos como para completar los estudios prescritos.[6] Sin embargo, el Rebe dijo que era muy importante descansar la mente conversando con otra gente un rato cada día. En el *Likutey Moharán* I, 35 (#4)[7] se explica que hablar con otra gente se asemeja a dormir pues relaja la mente. Además, el Rebe me dijo más tarde que incluso durante el estudio uno necesita hacer una pausa y descansar de vez en cuando para relajar la mente. Uno debe simplemente dejar que sus pensamientos corran libres por un tiempo, mientras no pasen los límites de lo santo hacia el ámbito de los malos pensamientos y fantasías.

Al mismo tiempo el Rebe quería que terminara la cuatro secciones del *Shuljan Aruj* dentro del año, y me especificó una cuota de cinco páginas al día. Yo seguí esta rutina cerca de medio año y terminé todo el *Oraj Jaim*[8] junto con el *Maguen Abraham*[9] y el *Turei Zahav*[10] y la mayor parte del *Iore Dea*.[11] Sin embargo, luego de esto surgieron toda clase de obstáculos y dificultades y no pude completar la cuota diaria de estudios que el Rebe me había prescrito. El Rebe me dijo entonces que debía estudiar

---

[6] Ver arriba: 325; *Iemei Moharnat* 82; *Sabiduría y Enseñanzas del Rabí Najmán de Breslov*, 286. Cf. *Ibid*., 62.

[7] Ver *Likutey Moharán* II, 78.

[8] "El Sendero de Vida" es la primera sección del *Shuljan Aruj* que trata de las leyes de la plegaria, del Shabat y de las festividades.

[9] "El Escudo de Abraham" es un importante comentario sobre el *Shuljan Aruj, Oraj Jaim* por el Rabí Abraham Abele Gombiner de Kalish (1637-1683), quien fue aceptado como uno de los jueces rabínicos más notables de su era.

[10] "Las Filas de Oro", un comentario muy importante sobre las cuatro secciones del *Shuljan Aruj*, por el Rabí David (ben Shmuel) HaLevi de Lvov (1586-1667), quien fuera el yerno del famoso Rabí Ioel Sirkes, el *Baj*.

[11] "Enseñanza de Conocimiento" es la segunda sección del *Shuljan Aruj*, que trata de las leyes dietéticas y otras áreas que requieren decisión rabínica.
Las otras dos secciones son *Joshen Mishpat*, arriba: 265, nota 34, y *Even HaEzer*, "La Roca de Ayuda", que trata de las leyes del matrimonio y del divorcio.

también Kabalá, y no fue sino hasta varios años después que pude completar en su totalidad las cuatro secciones del *Shuljan Aruj*.

Yo no me sentía bien por esto, pero cierta vez, cuando le hablé al Rebe sobre el tema él me tranquilizó diciendo: "En verdad esto es algo único en nosotros, que queramos terminar todo rápidamente. En cuanto al resto del mundo, ellos pueden pasar tres o cuatro años en vacuidades y no obtener nada en absoluto de su tarea".

Lo que él quería transmitir era que uno no puede nunca forzar el tema, no importa cuánto desee terminar todo de una vez. Si uno ve que es imposible y que los obstáculos surgen por todos lados, no debe dejar que esto lo desvíe de su objetivo. Con calma debe hacer lo que pueda, esperando la ayuda de Dios, hasta que al final logre completar la tarea.

Pese a lo que escribí antes con respecto a que es imposible explicar esto por escrito, he registrado sin embargo sintéticamente estos puntos. Todo aquel que lo quiera genuinamente, podrá recibir una importante guía y aliento sobre cómo servir a Dios con determinación y vigor, mientras que, al mismo tiempo, no debe tratar de forzar las cosas ni abandonar si las cosas no suceden como uno quiere. Siempre es necesario ser pacientes y esperar... y esperar... y esperar... hasta que Dios mire desde el Cielo y vea. Con la ayuda de Dios este consejo me ha ayudado grandemente y aún espero la ayuda de Dios con confianza, porque yo sé que finalmente Dios terminará las cosas para mí.

XVIII. Hitbodedut: Reclusión y Meditación:[1]

436. Cuando el Rebe me habló sobre hitbodedut, recluirse en un lugar y meditar y conversar con Dios, yo dije, "¡Pero en verdad el hombre tiene libertad de elección!". El Rebe no me respondió de manera explícita sino sólo indirectamente, como diciendo, "¡Pero aun así!", queriendo decir que aunque él no me pudiese explicar este tema completamente, aun así era necesario seguir su práctica. No pude preguntar más porque yo sabía que la misma cuestión se aplica a todas las plegarias ordenadas por los sabios sobre temas tales como el arrepentimiento y el acercarse a Dios, por ejemplo la bendición "Haznos retornar" en la plegaria diaria de la *Amidá* y demás.[2]

437. (De un manuscrito de un miembro de nuestro grupo).
El Rebe dijo que es bueno que la persona diga durante su meditación: "Hoy comienzo a unirme a Ti".[3] Uno debe hacer cada vez un nuevo comienzo, pues lo que venga después siempre va de acuerdo con el comienzo. Incluso los filósofos dicen que el comienzo es la mitad de la acción. Pase lo que pase, siempre es bueno comenzar de nuevo y decir, "Hoy comienzo...". Supón que las cosas ya están bien, ¡ahora estarán mejor! Y si no estaban bien antes, Dios no lo permita, entonces ciertamente es necesario comenzar de nuevo.[4]

---

[1] Ver *Sabiduría y Enseñanzas del Rabí Najmán de Breslov*, 7, 117, 227- 234, 108, 156, 259; *Likutey Moharán* II, 25, 93, 95-101. *Expansión del Alma* (en el libro *Meditación, Fuerza Interior y Fe*, editado por Breslov Research Institute) se centra enteramente en hitbodedut y en la meditación.

También ver *Likutey Moharán* I, 15:1-4, "Saboreando la Luz Oculta". El Rabí Natán dijo: "Todo aquel que quiera saborear la 'Luz Oculta' [Rabí Najmán] debe practicar hitbodedut" (*Rabí Eliahu Jaim Rosen*).

[2] Ver *Likutey Halajot, Hiljot Pikadon* 3:7.

[3] *Sabiduría y Enseñanzas del Rabí Najmán de Breslov*, 2.

[4] Ver *Restaura Mi Alma* (en el libro *Meditación, Fuerza Interior y Fe*, editado por Breslov Research Institute), que se basa en el concepto de comenzar de nuevo cada día.

438. Cierta vez el Rebe nos habló bastante tiempo sobre la importancia del hitbodedut. Habló en términos encomiosos sobre la grandeza de esta práctica y dijo que si bien es imposible decirle a la gente que la realice más de una hora al día,[5] por temor a que les sea demasiado pesada, la verdad es que realmente necesitan pasar el día entero en meditación y plegaria recluida.[6] El Rebe dijo muchas cosas hermosas sobre el hitbodedut, diciendo que esta práctica se encuentra por sobre todo lo demás. Él dijo: "Ustedes saben, es incluso posible susurrarle a una pistola para que no dispare, pues el poder de la palabra es muy grande".[7] Comprende bien esto. El Rebe continuó hablando sobre esto durante todo el día. Afortunado aquel que sigue esta práctica con asiduidad.

439. En el último Rosh HaShaná en Umán se encontraba con el Rebe su nieto, Israel, el hijo del yerno del Rebe, R. Itzjak Isaac de Kremenchug. El niño tenía entonces sólo tres o cuatro años de edad. El Rebe se encontraba en una condición de salud muy delicada, cercana a la muerte, entonces le dijo a su nieto, Israel: "Pídele a Dios que me ponga bien otra vez". El niño respondió, "Dame tu reloj y yo voy a orar por ti". El Rebe dijo: "Ustedes ven, ¡ya es un Rebe, pues me pide que le dé algo para que él ore!". El Rebe le dio entonces el reloj, el pequeño niño lo tomó y apartándose a un lado dijo, "¡Dios! ¡Dios! ¡Que mi *zeide*, mi abuelo, se ponga bien!". La gente que estaba allí comenzó a sonreír, pero el Rebe dijo: "Así es como debemos pedirle las cosas a Dios. ¿Qué otra manera hay de orarle a Dios?". En otras palabras la esencia de orar a Dios es la total simpleza: hablar a Dios como un niño habla con su padre o de la manera en que una persona habla con un amigo.[8]

440. El Rebe dijo: "Cuando la persona está meditando, aunque sólo pueda decir las palabras *'Ribonó Shel Olam - Señor del Universo'*, esto es algo muy bueno".[9]

---

[5] *Oneg Shabat* p.156.

[6] Ver *Berajot* 21a, "Si sólo uno pudiese orar durante todo el día".

[7] *Likutey Moharán* II, 96.

[8] Cf. *Sabiduría y Enseñanzas del Rabí Najmán de Breslov*, 7.

[9] Cierta vez alguien alababa a cierta persona delante del Rabí Natán, diciendo que ella sabía de memoria 1.000 páginas del Talmud. El Rabí Natán dijo, "Pero mi discípulo, Ozer, puede decir 1.000 veces *'Ribonó Shel Olam - Señor del Universo"* (*Kojavey Or, Aveneha Barzel* p.49 #1). Ver también *Emunat Uman* #38.

Él dijo que era posible reconocer si una persona meditaba o no.[10]

441. El Rebe le dijo a alguien que meditase una vez durante el día y una vez durante la noche.

Cierta vez, el Rebe le preguntó a uno de sus seguidores si gruñía y suspiraba mucho durante su hitbodedut.[11] "Sí", le respondió. El Rebe continuó y le preguntó si gemía y suspiraba desde lo más profundo de su corazón. El Rebe le dijo: "Cuando yo gruño y suspiro, si tengo mi mano apoyada sobre la mesa mientras suspiro, después me siento tan cansado que me es imposible levantarla de la mesa y tengo que esperar un poco hasta que me vuelva la fuerza".

En otra ocasión el Rebe aferró a R. Shmuel Isaac por sus prendas cerca del corazón y le dijo, "¿Por un poco de sangre como ésta [en tu corazón] vas a perder este mundo y el próximo?[12] Hazte el hábito de clamar y gruñir hasta que te veas libre de ella y subyugues el mal en tu corazón. Entonces alcanzarás el nivel en que 'mi corazón está vacío dentro de mí' (Salmos 109:21)".

El Rebe le contó una historia a R. Iaacov Iosef [de Zlatipolia]: "Había un cierto rey que envió a su hijo a estudiar a lugares distantes. Finalmente el hijo retornó al palacio del rey plenamente versado en todas las artes y las ciencias. Cierto día el rey le dio instrucciones a su hijo de que tomase una piedra enorme, grande como una muela de molino, la levantase y la llevase hasta el piso superior del palacio. No es necesario decir que el príncipe ni siquiera podía mover la roca de tan grande y pesada que era.

"El príncipe se sentía muy mal por no poder cumplir con el deseo de su padre. Sin embargo, finalmente, el rey le dijo a su hijo, '¿Realmente pensaste que yo te pediría que hicieras algo tan difícil como eso? ¿Acaso te pediría que tomaras la roca tal cual era, la levantaras y la llevaras hasta allá arriba? Ni siquiera con toda tu sabiduría podrías haber hecho algo así. Ésa no era mi intención

---

[10] Ver arriba: 409 nota 16. Ver *Aveneha Barzel* (p.66 #43), el Rabí Natán dijo: "Pueden estar seguros de que si hacen hitbodedut cuarenta días seguidos verán un cambio para bien".

[11] Ver *Likutey Moharán* I, 8:1, 109; arriba: 163.

[12] Cf. *Likutey Moharán* II, 108.

en absoluto. Lo que yo quería era que tomases un martillo y golpearas la piedra hasta transformarla en pequeños pedazos. De esta manera serías capaz de llevarla hasta el piso de arriba'. De la misma manera Dios nos ordena 'levantar nuestros corazones con nuestras manos hacia Dios en los cielos' (Lamentaciones 3:41). Nuestro corazón es un 'corazón de piedra' (Ezequiel 36:26), una piedra muy pesada, y no hay manera de elevarla hacia Dios si no es tomando un martillo y quebrando el corazón de piedra. Entonces seremos capaces de elevarlo. ¡El martillo es el *habla*!".[13] Comprende esto.

Cierta vez el Rebe estaba hablando sobre cuán importante era recitar salmos, plegarias y súplicas y pasar mucho tiempo en meditación recluida. R. Iudel le preguntó, "¿Cómo conseguimos el corazón?", ¿cómo podemos hablar con un verdadero despertar en el corazón? El Rebe le dijo en respuesta: "Dime, ¿de qué Tzadik recibes el despertar en el corazón? Lo más importante es decir las palabras con los labios". En otras palabras, mediante muchas plegarias y súplicas, y articulando las palabras con la boca, el corazón se despierta automáticamente.

442. El Rebe le dijo a [R. Shmuel Isaac, quien era] uno de los más eminentes seguidores del Rebe, que durante hitbodedut debía hablarle a cada uno de los miembros y órganos de su cuerpo, explicándoles que todos los deseos del cuerpo eran vacuidad, porque al final el hombre está destinado a morir. El cuerpo es llevado entonces a la tumba, y todos los miembros y órganos se descomponen, etc. Él [R. Shmuel Isaac] aún era joven cuando el Rebe le dijo que siguiera esta práctica. Así lo hizo durante un tiempo, pero entonces volvió al Rebe y se quejó de que su cuerpo no escuchaba y que se mantenía insensible a todos sus argumentos. El Rebe dijo: "No te desanimes: continúa y no cejes en tus esfuerzos. Más tarde verás los resultados". El hombre se atuvo al consejo del Rebe y lo siguió fielmente. Finalmente alcanzó un nivel en el que cada miembro u órgano al cual le hablaba era tan sensible a sus palabras que la vida misma salía de él, dejándolo completamente vacío de fuerza o sensación. Esto era en verdad visible en el caso

---

[13] Ver *Likutey Moharán* I, 57:1.

de sus miembros externos, tales como los dedos de sus manos y de sus pies, etcétera. Con respecto a los órganos vitales internos, tales como su corazón, etcétera, el debía detenerse al hablar con ellos por temor a que la vida los abandonase, literalmente, Dios no lo permita.

Cierta vez [R. Shmuel Isaac] estaba conversando con un grupo de gente que concordaba con él en el hecho de que este mundo no es nada Estaban hablando sobre el propósito de las funciones corporales del hombre, etc., cuando de pronto se desmayó y perdió todas sus energías dando la sensación de que realmente había muerto. Sólo con un gran esfuerzo pudo ser resucitado y volver a la conciencia. Dijo entonces que la influencia santa del Rebe le había permitido alcanzar un nivel en el que cada vez que llegaba a ser consciente del terrible castigo que les esperaba a los malvados y del destino final de todo lo mundano, todos sus miembros, hasta el dedo pequeño del pie, sentían literalmente como si ya estuvieran en la tumba y descomponiéndose. El sentimiento era tan intenso que necesitaba de una gran determinación para aferrarse a la vida, pues de otra manera el alma se le escaparía, literalmente, Dios no lo permita.[14]

443. Escuché que el Rebe les dijo también a otras personas: "Debido a que el cuerpo de ustedes es tan denso y fuerte, deben debilitarlo con palabras de santidad referidas al objetivo último de la vida".

No hace falta decir que uno también debe dirigirse palabras de aliento para inspirarse y motivarse y no abandonar por completo, Dios no lo permita. Esta idea aparece en las canciones y versos del Rebe (impresos al comienzo del *Likutey Moharán* y en *Shir Iedidut*, el verso que comienza con *jazak*, sé fuerte) y en muchos lugares de sus escritos. También es la idea que subyace a las plegarias que decimos cada mañana: "¿Qué somos nosotros, qué es nuestra vida... excepto por el alma, etc... pero nosotros somos Tu pueblo, etc. Felices somos".[15]

---

[14] Ver *Tovot Zijronot* 8, para información adicional sobre las devociones del Rabí Shmuel Isaac.

[15] Ver *Likutey Moharán* II, 125.

TERCERA PARTE

SIJOT MOHARÁN

SUS CONVERSACIONES

XIX. Devoción a Dios:

444. El Rebe me dijo cierta vez que le hubiera gustado que yo fuese un Rav en cierta comunidad con autoridad para decidir en temas legales y rituales. Yo le expliqué que tenía toda clase de dudas y ansiedades sobre emitir reglas halájicas y que me sentía extremadamente nervioso y preocupado con respecto a entrar en este campo. "¿De qué hay que preocuparse?", respondió, "mientras tengas alguien en quien apoyarte no necesitas temer en absoluto". En otras palabras, en la eventualidad de encontrarme con un caso que requiriese una decisión y mi inclinación fuera darla como *kosher*, mientras tuviese una fuente halájica sólida de la cual depender en sustento de mi decisión, no tenía por qué preocuparme con temores de que ésta podría haber sido diferente, aunque existiesen opiniones diferentes.

Nota del Editor: Está de más decir que uno no puede basarse en opiniones que nunca han sido aceptadas como halájicamente válidas. El Rebe quería simplemente hacer notar que no hay necesidad de ser extremadamente escrupuloso al dar decisiones halájicas.[1]

445. Hubo muchos casos de gente que fue a ver al Rebe con enfermedades muy graves y que él vio que no había posibilidades de que sobrevivieran. Solía hablar con ellos de una forma que iba directamente a sus corazones, diciendo: "¿Qué temor tienen de morir? El mundo allí es mucho más hermoso que aquí".[2]

---

[1] Ver *Sabiduría y Enseñanzas del Rabí Najmán de Breslov*, 235, con respecto a que uno debe elegir una mitzvá y ser particularmente escrupuloso en llevarla a cabo a la perfección. Todos los otros preceptos deben ser realizados de una manera equilibrada, en el sentido del "sendero del medio".

[2] Cf. *Sabiduría y Enseñanzas del Rabí Najmán de Breslov*, 250.

446. Domingo luego del Shabat Najamú 5569 (1809). Estábamos de pie junto al Rebe cuando pasó delante de la ventana de su casa una procesión funeraria. La gente de la procesión lloraba y gemía como hace la gente en los funerales. El Rebe dijo: "Probablemente el hombre muerto se esté riendo en su corazón por la manera en que lloran por él. Cuando alguien muere la gente llora por la persona como diciendo: qué bueno habría sido si hubiera seguido viviendo en el mundo, sufriendo más pruebas y tormentos, y haber pasado así muchas más amarguras".

Yo le dije al Rebe, "Pero con seguridad incluso allí él no tendrá descanso del sufrimiento, porque no era lo suficientemente recto como para escapar a los dolores del Guehinom y a los tormentos de la tumba. De ser así, entonces también allí sufrirá". El Rebe me respondió: "Pero al menos éste será el fin de su dolor y de su sufrimiento, pues una vez que haya atravesado lo que tenga que atravesar, va a disfrutar de la recompensa por todo aquello que haya adquirido en este mundo en la forma de buenas acciones".

Yo le insistí al Rebe y le dije, "Pero de seguro existe la reencarnación. Puede ser que tenga que reencarnarse nuevamente en este mundo, y si es así ¿qué ha ganado con morir y dejar detrás los problemas de este mundo?". El Rebe respondió: "Si él quiere puede argumentar allí obstinadamente y decir que no quiere ser reencarnado para retornar a este mundo, de ninguna manera".[3] Yo dije, "Sin embargo, aunque él *no quiera* ser reencarnado, ¿en qué lo ayudará esto?". "Ciertamente que lo va a ayudar", respondió el Rebe, "si se obstina en su argumento y dice, 'Hagan lo que quieran conmigo aquí hasta el último detalle, pero no me hagan retornar nuevamente al *olam hazé*, al mundo físico, en ninguna forma de reencarnación, terminen todo aquí'. Ciertamente puede lograr esto". Yo volví a insistirle al Rebe una y otra vez sobre este tema preguntándole si eso realmente podía ayudar, y él dijo que con seguridad ayudaría mientras el muerto se mantuviese firme en su pedido.

---

[3] *Mei HaNajal* p.148; *Shearit Israel* #32.

Devoción a Dios

Yo tomé muy en serio lo que dijo el Rebe y decidí fijarlo en mi mente para no olvidarlo. Espero ser capaz de recordarlo en el Mundo que Viene y hacer este pedido delante del tribunal celestial para ser salvado de la reencarnación. No importa lo que pueda sucederme, pues 'no sé en qué sendero me estarán llevando' (*Berajot* 28b), aun así es mejor que ser reencarnado y tener que quedar expuesto a los peligros de este mundo con todas sus vanidades.[4] De ahora en adelante, que Dios nos haga volver a Él con un perfecto arrepentimiento de acuerdo con Su deseo.[5]

Durante la misma ocasión, mientras estábamos de pie a su alrededor, el Rebe me pidió que leyese la lección que había dado el invierno anterior durante el Shabat, lectura de la Torá Itró, en presencia de nuestro distinguido amigo R. Itzjak Segal, el yerno del Maguid de Terhovitza. Ésta era la lección que comienza con "Existen Tzadikim ocultos" del *Likutey Moharán* II, 32. Yo recité toda la enseñanza en presencia del Rabí Itzjak y de los demás que estaban allí, incluyendo el Rebe mismo. Luego de esto el Rebe dijo: " 'Exáltala y ella te exaltará a ti' (Proverbios 4:8), ¿acaso Dios tiene a alguien más que exalta y estima a la Torá de manera tan elevada y la busca tanto como yo?". Continuó hablando durante un rato y con gran elocuencia y alabanza por la grandeza de sus enseñanzas.

447. El Rebe enseñó que debemos orar por los compañeros que tienen problemas, y para ilustrar este punto contó la historia sobre un rey que envió lejos a su hijo.... Yo escuché esta historia en nombre del Rabí Iudel.

Nota del Editor: El Rabí Itzjak Dov de Terhovitza me contó que él también escuchó una historia del R. Iduel sobre el mismo tema, y

---

[4] El Rabí Alter Tepliker le escribió al Rabí Israel Karduner (líder de la comunidad de Breslov en la Tierra Santa al principio del siglo XX): "El Rebe Najmán dijo que uno puede aceptar inmediatamente el castigo para evitar ser reencarnado, porque es muy fácil repetir los errores de la vida. Sin embargo, el Rabí Natán agregó: 'Aun así, si yo supiera que al menos una vez en mi vida tendría la oportunidad de estar junto a la tumba del Rebe Najmán para poder orar allí, elegiría la reencarnación' " (*Najat HaShuljan*, final, en la carta).

[5] Cf. *Zohar* II, 109b.

parece ser que esta es la historia que tenía en mente el Rabí Natán. Por tanto he considerado apropiado incluir la historia aquí:

El Rebe le dijo al R. Iudel que orar por un amigo que está en problemas mantiene a la persona lejos de la arrogancia.[6] El R. Iudel dijo, "¡Pero parece todo lo contrario y que uno se volvería más arrogante aún! Si estoy orando por mi amigo, ¡eso implica que soy más importante que él!". El Rebe le respondió contando esta historia:

"Había un rey que se enojó con su hijo y lo envió lejos. Más tarde, el príncipe volvió y aplacó a su padre, quien estuvo de acuerdo en que retornase. Tiempo después, el príncipe volvió a ofender a su padre y el rey volvió a enviarlo lejos. El príncipe nuevamente calmó a su padre, y lo mismo sucedió varias veces. El príncipe ofendía al rey, quien lo echaba; cuando el príncipe aplacaba a su padre, éste le permitía volver.

"Cierta vez sucedió que el príncipe ofendió a su padre y el rey se enojó en extremo. El rey pensó para sí, 'Qué sentido tiene enviarlo lejos si más tarde, cuando se calma mi ira, él viene y me aplaca nuevamente. No quiero que esto vuelva a suceder. Cuando lo eche esta vez arreglaré las cosas del tal manera que no será capaz de volver y aplacarme'. ¿Qué hizo el rey? Nombró a uno de sus ministros para que actúe como intermediario entre él y el príncipe, y le dijo lo siguiente: 'Cuando venga el príncipe y quiera aplacarme, no le permitas entrar'. El príncipe volvió varias veces pidiendo ser admitido ante su padre para poder así aplacarlo, pero el ministro no lo dejó pasar, pues ésas eran las instrucciones que le había dado el rey. Esto sucedió una y otra vez.

"Finalmente el ministro vio el gran anhelo que el príncipe sentía por su padre, y cuánto estaba sufriendo por no ser capaz de llegar hasta el rey y tratar de aplacarlo. El ministro pensó para sí, 'Si así es como extraña el príncipe a su padre, es de suponer que el rey también está sufriendo mucho debido a que su hijo no vuelve. Pues, cuanto más grande es el deseo de aquel que desea,

---

[6] Cf. *Baba Kama* 92a.

más grande es el deseo que se despierta en aquél que es deseado.[7] El ministro se sintió extremadamente apenado por ambos, por el rey y por su hijo, y también él mismo sufría, pues se decía, 'En verdad yo soy la causa de todo esto, dado que soy la pantalla que los separa: soy yo quien hace que ambos, el rey y el príncipe, estén sufriendo'.

"El ministro pensó, 'Debe haber alguna manera para hacer que se reconcilien, pues con seguridad el rey no quiere que su hijo sufra todo el tiempo y que nunca pueda llegar hasta él. El rey mismo debe estar sufriendo debido a esto'. El ministro llegó a comprender que todo el tema dependía de él.[8] 'Yo mismo voy a ir a ver al rey y rogarle por el príncipe; le pediré que lo perdone y que le permita retornar'. Eso fue exactamente lo que hizo el ministro. Fue a ver al rey y le habló del intenso anhelo que el príncipe sentía por él. Le rogó que lo perdonase. El rey accedió inmediatamente y volvió a colocar al príncipe en su puesto.

"El significado de la historia es obvio. Cada vez que un amigo está sufriendo, así sea física o espiritualmente, debemos decir, 'Sin duda yo soy la causa de esto: es debido a mis pecados. Yo mismo soy la pantalla que se encuentra entre el Rey de reyes, el Santo, bendito sea, y el mundo. Pues el Santo, bendito sea, constantemente desea entregar bendiciones y bondades a Sus hijos. Pero yo, es decir, mis pecados, son una pantalla que retiene todo esto. La solución es que yo mismo interceda ante el Rey por mi amigo'.

"Cuando uno hace esto, con seguridad no será dominado por la arrogancia. La raíz de la arrogancia es cuando la persona se enorgullece de tener cualidades que le faltan a su amigo. Pero, cuando la persona cree que la sola causa de la deficiencia de su compañero, espiritual o material, es la pantalla que ella misma ha levantado entre su amigo y el Santo, bendito sea, Quien desea

---

[7] Ver *Likutey Moharán* I, 66:4.

[8] Cf. *Iebamot* 78b, que durante el reinado del rey David hubo tres años de hambre. Luego de investigar por diferentes pecados que hubieran sido la causa del hambre y no hallar ninguno, encontró la falta en él mismo, es decir, "todo el tema dependía de él".

entregar bendiciones todo el tiempo, con seguridad que no se volverá arrogante. Por el contrario, su orgullo será quebrado y alcanzará la genuina humildad".

La misma persona también me dijo que había escuchado una historia que el Rebe contó para ilustrar la importancia de hablar con los demás sobre el temor al Cielo.[9]

Había cierta vez un hombre muy rico que poseía una fortuna incalculable. Ese hombre hizo un anuncio de que todo aquel que necesitase pedir prestado dinero podía ir y él se lo facilitaría. No hace falta decir que una gran cantidad de gente estaba deseosa de aceptar esta oferta de modo que vinieron y tomaron el dinero prestado. El hombre rico tenía una agenda en la cual mantenía el registro de todos los préstamos que había hecho. Un día tomó este libro y comenzó a hojearlo. Vio que había dado en préstamo una enorme suma de dinero y que ni una sola persona se había tomado la molestia de devolver su deuda. Naturalmente, estaba muy enojado y disgustado.

Entre la gente que había tomado dinero prestado estaba cierto hombre que había perdido el dinero en un negocio infructuoso. No tenía nada con qué devolver su deuda. Le preocupaba grandemente la imposibilidad de pagar y decidió que lo menos que podía hacer era ir en persona a ver al hombre rico y explicarle todo el problema, mostrando que no había sido su falta y demás. De modo que el deudor fue a ver al hombre rico y comenzó a explicar toda la historia de cómo había recibido un préstamo de él, pero que cuando había llegado el momento de devolverlo fue incapaz de hacerlo debido a que lo había perdido. No tenía idea de lo que podía hacer.

El hombre rico le respondió, "¿Qué me importa el dinero que me debes? ¿De qué valor es una suma tan pequeña como la que tú me debes, así me la pagues o no, comparada con el total de todos los préstamos que llega a los cientos de miles? Lo que quiero que hagas es que vayas a ver a toda la gente que tomó prestado y les pidas ese dinero. Hazles recordar cuánto me deben y pregúntales

---

[9] *Najlei Emuna* #34.

por qué no me pagan sus deudas. Incluso si ellos no pagan todo, si cada uno devuelve al menos una pequeña parte de su deuda, eso llegará a ser miles de veces más que toda la suma que me debes". El significado de la historia es evidente.

Nota del Editor: Escuché más tarde que algunas personas decían que esta historia fue contada por el Rabí Itzjak, el yerno del Maguid de Terhovitza.

Escuché además de la misma persona que R. Guershon de Terhovitza cierta vez se quejó ante el Rebe diciendo que tenía grandes dificultades con sus devociones. El Rebe le dijo: "Simplemente haz el bien y trabaja en tus devociones con honestidad. Si persistes en ello, el bien quedará y el mal desaparecerá automáticamente".

448. El Rav de Breslov contó que cierta vez en que el Rebe se encontraba de viaje, comenzó a orar el servicio de la mañana y al llegar al momento de prosternarse en el *Tajanum*, la plegaria de súplica, apoyó la cabeza sobre el brazo derecho como es la costumbre en nuestros tiempos.[10] Entonces se le presentó el Rabí Saadia Gaon[11] y le dijo que debía apoyarla sobre el brazo izquierdo también en las plegarias de la mañana.

449. Alguien le dijo al Rebe que ciertos pecados graves se le habían vuelto tan habituales que difícilmente podía controlarse y no cometerlos. El Rebe le habló sobre el concepto de *hitkashrut*, de atarse. Hay una manera de atarse con un lazo muy fuerte, y mediante esto es posible superar la tentación y liberarse del pecado. El Rebe no explicó más, pero incluso así es posible comprender la idea hasta cierto punto, y que es un método extraordinariamente poderoso.[12]

---

[10] De acuerdo con la costumbre prevaleciente, es sólo en el momento de prosternarse en el servicio de la tarde que la cabeza se apoya sobre el brazo izquierdo. Ver *Oraj Jaim* 131:1 ReMa, *Mishna Berura* 4-6 citando *HaGra*.

[11] Rabí Saadia (ben Iosef) Gaon (882-942) fue director de la Academia de Sura en Babilonia.

[12] Ver *Likutey Halajot, Rosh Jodesh* 6:20.

450. Poco después de Shavuot 5561 (1801), el Rebe contó la siguiente historia. Uno de sus seguidores había estado cavilando durante varios años una cierta idea sobre el Mundo que Viene. Quería tratar el tema con el Rebe, pero nunca se había presentado la oportunidad y supuso que nadie más sabía lo que estaba pensando pues qué profeta puede conocer los pensamientos de otra persona. Durante muchos años había seguido con esa idea. Este Shavuot el hombre en cuestión fue a estar con el Rebe.

En Shavuot el Rebe tuvo un sueño en el que vinieron dos hombres: aparentemente uno de ellos era más importante que el otro y fue sólo debido a él que el segundo también había venido. "Yo les pregunté qué estaban haciendo aquí. El primero, el más importante, respondió que el hombre que tenía esa idea sobre el Mundo que Viene lo había forzado a jurar, sosteniendo un rollo de la Torá,[13] de que él vendría, y él juró. Me contó entonces sobre los pensamientos que esta persona había tenido. Luego, cuando el hombre mismo vino a despedirse de mí antes de retornar a su hogar yo le hablé del pensamiento que había estado en su mente. Él estaba abrumado de emoción y pleno de alegría por el hecho de que yo había comprendido lo que él estaba pensando".

451. Encontré lo siguiente en un manuscrito de uno de nuestro grupo:

El Rebe dijo que es mejor conversar sobre temas concernientes a nuestras devociones con un buen amigo. Así como el vino tiene el poder de elevar el espíritu de la persona, tal cual está escrito, "Dadle una bebida fuerte a aquel que está por perecer y vino al que tiene amargura en su alma" (Proverbios 31:6), de manera similar, la conversación con un amigo tiene el poder de elevar nuestro espíritu. Está escrito (*Ibid.* 12:25): "La preocupación en el corazón del hombre lo encorva, *iashjena*". Nuestros sabios comentan, "Que hable, *iesijena*, con otros" (*Ioma* 75a). Ahora bien, cuando una persona bebe un poco de vino, esto le levanta el espíritu, pero si bebe mucho se emborracha y debe recostarse. Lo mismo sucede con las cosas que uno le dice a su amigo. Sus palabras

---

[13] Ver arriba: 228.

pueden estar mezcladas con una gran proporción de hipocresía y de arrogancia, pero si contienen un mínimo de verdad tienen el poder de elevar el corazón. Sin embargo, si no hay verdad en ellas, sino sólo hipocresía y arrogancia, de modo que cuando sale comete toda clase de pecados corriendo detrás de sus deseos, palabras como éstas no pueden elevar en absoluto el corazón. Son como el vino tomado en demasía: solamente emborracha.

452. El Rebe dijo: "Dios es siempre bueno".

453. Él dijo: "Cuando ustedes me contemplan, indudablemente me consideran un Tzadik perfecto. Aun así, aunque yo cometiese el pecado más grave, aun eso no me haría caer. Luego del pecado aún seguiría siendo recto, tal como lo era antes. El hecho es que me arrepentiría".[14]

454. Él dijo: "Llegará un tiempo en que un hombre bueno y simple será tan notable como el Baal Shem Tov".[15]

455. En estos días hay ciertos líderes famosos que carecen de credenciales genuinas,[16] pero que a veces piensan que son ellos mismos quienes han logrado realizar milagros. La gente viene a verlos pidiendo hijos, etcétera, y si más tarde estas personas tienen hijos y sus pedidos se cumplen, estos líderes toman todo el crédito para sí.[17]

El Rebe contó una parábola sobre esto concerniente a un hombre que estaba viajando cuando de pronto se encontró con un lobo. El hombre estaba muy atemorizado y levantó su bastón como si estuviese apuntando un rifle. Hizo como que estaba por dispararle al lobo esperando ahuyentarlo con esto. En el mismo momento, alguien que realmente tenía un arma disparó y mató al lobo. El hombre que tenía el bastón pensó que él mismo había

---

[14] Ver *Berajot* 19b.

[15] *Sabiduría y Enseñanzas del Rabí Najmán de Breslov*, 36, que esto se refiere a uno que se lava las manos antes de comer pan; ver *Kojavey Or, Sijot VeSipurim* p.76.

[16] Ver arriba: 537 nota 128.

[17] Ver Rashi, Génesis 25:19; *Likutey Moharán* I, 10:4, sobre Abimelej.

matado al lobo: no se dio cuenta de que el lobo había sido muerto por el hombre que tenía el rifle verdadero, pues obviamente es imposible matar a un lobo con un palo.

El caso de estos líderes populares es exactamente igual. En cada generación existen ciertos Tzadikim genuinos que logran todo mediante sus plegarias. Todos los cambios en la fortuna de los hombres, en verdad, todo en el mundo, sucede debido a ellos. Estos líderes populares creen que son ellos los que logran los milagros. Son como el hombre que dijo que mató al lobo con su palo. La verdad es que todo está en manos de los Tzadikim genuinos.

456. 5569 (1809). Las Tres Semanas.[18] Miriam, la hija del Rebe, había partido rumbo a Tierra Santa. El Rebe contó un sueño que tuvo en el cual él le preguntó a alguien que había llegado si había escuchado alguna novedad. La respuesta fue que, "Mijal está en camino a la Tierra Santa". El Rebe dijo: "¿Son estas novedades? Yo ya lo sé". Aquél del sueño comenzó a bendecir a la hija del Rebe para que pudiera tener un viaje pacífico por el mar y llegase en paz a Tierra Santa. Le dio muchas bendiciones a ella y le dijo al Rebe que las noticias que le había dado también tenían la connotación de bendiciones, porque el término *MIJaL* estaba compuesto por las iniciales de las palabras con las cuales comienza el versículo: "*Ki Malajav Ietzavé Laj* - Pues Él encargará a Sus ángeles para que te cuiden en tus caminos" (Salmos 91:11).

457. "Alguien dijo que un sueño que había tenido en el cual se le caían los dientes significaba que su sabiduría iba a desaparecer.[19] Pero yo le dije: 'Por el contrario tu *locura* es la que va desaparecer, pues la traducción en arameo de *shen hasela*, (un risco pedregoso, Samuel I, 14:4), es *jozek*' " [*shen* es un diente].

Nota del Editor: *BaMidbar Rabah*, 3: "La palabra *shen* es una expresión que significa *jozek*, fortaleza, etcétera". El Rebe estaba jugando con el lenguaje, pues la palabra *joizek* en *idish* era utilizada localmente para nombrar a un demente.

---

[18] Entre el 17 de Tamuz y el 9 de Av. Ver *Until The Mashiach*, p.167-168

[19] Ver *Los Cuentos del Rabí Najmán*, #7.

Devoción a Dios

458. Él dijo: "Para todo aquel bien versado en el Santo *Zohar*, todas sus enseñanzas tienen un tema en común: traer bendiciones al mundo - 'el aceite de abundante santidad' - y santificar los mundos.[20]

"Hay veces en que el *Zohar* establece una conexión entre dos cosas, y otras veces la establece entre dos cosas diferentes: todo depende del tema en consideración. Los sabios del *Zohar* recibieron muchas enseñanzas de una línea directa de tradición, de maestro a discípulo, extendiéndose hacia atrás, hasta el mismo Moisés. En última instancia, todas las enseñanzas de la Kabalá derivan de Moisés.

"Los sabios del *Zohar* estaban en posesión de ciertos libros, tal como el Libro de Rav Hamnuna, etcétera,[21] y también había muchas cosas que ellos mismos revelaron.

"Hay lugares en el *Zohar* donde el debate de ciertos temas está acompañado de cifras y números muy precisos y detallados. Por ejemplo, donde trata sobre los *Heijalot*, los palacios celestiales, el *Zohar*[22] especifica con gran detalle el número de puertas, etc., por ejemplo, mil setenta y cuatro, etcétera. Tales números se deducen mediante el uso de nombres divinos de acuerdo con un sistema conocido de reglas y métodos basados en la tradición. Lo mismo sucede con el Nombre de Cuarenta y Dos [letras].[23] Todas las cifras dadas en el *Zohar* son deducidas de acuerdo con los métodos relevantes al tema en cuestión. Los sabios del *Zohar* conocían cuál nombre divino o cuál grupo de nombres divinos interrelacionados se aplicaban en ese contexto y deducían las cifras de acuerdo a ello.

---

[20] *Zohar* II, 146 a; III, 34a, 285b.

[21] *Zohar* I, 245a; III, 17a, 58b. Algunos otros libros citados en el *Zohar* son: *Safra deAdam HaRishón* (I, 37b); *Safra deAsiá Kartiná* (III, 299a, 305b); *Safra deAshmodai* (II, 128a; III, 19a, 43a, 77a,); *Safra deJanoj* (I, 72b; III, 10b, 248b, 253b); *Safra deTzeniuta*, del patriarca Iaacov (II, 47b; III, 48b); *Safra deBei Rav Iaiba Sava* (III, 155b); *Safra deShlomo Malka* - el Rey Salomón (I, 13b; III, 10b, 70b).

[22] *Zohar* I, 38-45; II, 263-267.

[23] Este nombre está contenido en las letras iniciales de la plegaria *"Ana BeKoaj"*. Ver *Tikuney Zohar* 4; *Etz Jaim, Shaar Shevirat Keilim* 2.

459. Dijo el Rebe: "A veces una epidemia se difunde debido a que una persona se contagia de la otra. Hay diferencias en el modo en que comienza tal enfermedad. A veces la persona se infecta directamente, si así pudiera decirse, a través de un decreto Celestial, sin recibir la enfermedad de algún otro que ya la tiene. En otro caso, la gente se enferma de manera indirecta, en el sentido de que reciben la enfermedad de alguna otra persona. La diferencia es que en el caso de la persona que se infecta directamente, la enfermedad se manifiesta con todos sus síntomas, pues cada forma de enfermedad tiene una variedad de síntomas. Como en el caso de la gripe cuyo síntoma principal es el dolor de cabeza, pero hay otros síntomas como la congestión nasal, el estornudo, etcétera. Cada uno de los diferentes síntomas es una enfermedad de por sí. Todo aquel que recibe la enfermedad de manera directa, sin contagiarse de otros, presenta todos los síntomas. Pero aquellos que se contagian de otros ya infectados no muestran todos los síntomas". El Rebe dijo algunas otras cosas en conexión con esto.

460. Entre los manuscritos del Rebe noté lo siguiente al pasar: "Aquél que carece de *guevurat anashim*, de fuerza viril, debe recitar el Cantar de los Cantares, el Libro de los Proverbios y el Eclesiastés, pues ellos están en la categoría de 'tres gotas', como está mencionado en el *Tikuney Zohar* (13, 53b)".

461. Él dijo: "Un rey es más grande que un profeta de acuerdo con los preceptos de la Torá".[24]

462. El Rebe dijo cierta vez: "Ayer el turco vino a verme en un sueño y se quejó mucho sobre las diversas fuerzas que estaban haciendo la guerra contra él. Yo sentí gran piedad por él, y realmente merece piedad, porque aún lleva su nombre original, Ishmael, mientras que en el caso de todos los otros, no se sabe quiénes son, porque se han mezclado.[25] Sin embargo, los turcos aún tienen su nombre original. Yo le di algunos consejos y al parecer él ya sabía cuál era el consejo, pero simulaba no conocerlo".

---

[24] Ver *Horaiot* 13a.

[25] Ver *Iadaim* 4:4; Senaquerib, rey de Ashur, mezcló todas las naciones. Ver también la nota siguiente.

Devoción a Dios

Hubo otra ocasión en que el Rebe habló sobre esto y dijo: "En la lectura de la Torá para Rosh HaShaná leemos: 'Y también del hijo de la sierva haré una nación' (Génesis 21:13), en otras palabras él posee ciertamente un gran poder, viendo que esto es lo que la Torá dice de él".[26]

463. El Rebe tenía una copia de un libro que contenía las fórmulas incluidas en los amuletos escritos por el Rabí Ionatán.[27] El Rabí Ionatán había sido objeto de una gran controversia y oposición.[28] Entre las fórmulas estaban las palabras עבדו מביחו, *avdó mbijó*. *Avdó* significa "su sirviente". Los oponentes del Rabí Ionatán decían que esta fórmula era una referencia a "Su siervo, el Mesías" (עבדו משיחו, *avdó meshijó*).

El Rebe estaba hablando sobre esto nosotros y dijo que de allí no podía extraerse ninguna prueba. Agregó que si él mismo escribiese amuletos y sus opositores los encontrasen, también se opondrían a algo como esto, especialmente la palabra *avdó*. Sin lugar a dudas, dirían que sus intenciones no eran buenas y se opondrían a la palabra *avdó* arguyendo que no era una palabra que pudiera tener un lugar apropiado entre los nombres divinos de un amuleto.

---

[26] Ver *Suká* 52b, "Dios lamenta haber creado cuatro cosas: El Exilio, Babilonia, Ishmael y el Malo. Ver *Maharsha* (v.i. *Ishmaelim*), quien explica que Su arrepentirse por Ishmael se refiere no a su nacimiento sino a las bendiciones adicionales que Dios le confirió (Génesis 17:20). El *Zohar* (II, 32a) agrega: "Fueron estas bendiciones adicionales las que les dieron a los ishmaelitas el control sobre la Tierra Santa cuando estuvo deshabitada. Su posesión impide que los judíos retornen a la Tierra Santa".

[27] Rabí Ionatán Eybeschetz (1696-1764) fue Rav de Altona, Hamburgo, Vengshel y más tarde de Praga. Fue autor del *Urim uTumim, Kraisi uPlaisi* y *Iaarot Dvash*.

[28] En Praga, un número inusitado de mujeres estaban muriendo al dar a luz. El Rabí Ionatán distribuyó amuletos a las mujeres restantes y la plaga se detuvo. El Rabí Iaacov Emden de Altona (1695-1776), uno de los más importantes oponentes del Sabetianismo, sospechó que el Rabí Ionatán era un miembro secreto del grupo de este falso mesías. Esto dio lugar a la controversia más amarga entre estos dos gigantes de la Torá y los líderes de la judería ashkenazí, terminando por arrastrar a las comunidades judías de todo el norte de Europa.

Sin embargo, el Rebe explicó que la Torá consiste enteramente de Nombres Divinos.[29] Ahora bien, con respecto al uso de nombres divinos para invocar, para pedir o para orar, él dijo que la función del nombre es despertar el ángel correspondiente al propósito en cuestión. Este nombre le es dado entonces al ángel, porque el ángel no tiene nombre: se le da un nombre de acuerdo con su misión.[30] El Rebe concluyó que era perfectamente lícito escribir, entre otras invocaciones a los ángeles, las palabras *avdó mbijó*, pues מביחו, *MBIJO*, es un acróstico del versículo, ונח מצא חן בעיני ה' - "*VeNoaj Matzá Jen Beinei IHVH* - Y Noé encontró gracia a los ojos de Dios" (Génesis 6:8).

464. La gente le había estado contando al Rebe toda clase de historias sobre diversos grupos de personas de Berdichov incluyendo, entre otras, a algunas personas adineradas de allí y también algunos líderes populares.

El Rebe dijo: "Si juntamos todas estas historias sobre las diferentes clases de personas de Berdichov, incluyendo las historias sobre estos Tzadikim (es decir, estos líderes populares), todas ellas juntas no suman nada. Es como un árbol que crece en un jardín o en un campo entre gran cantidad de otros árboles. Incluso en un solo árbol existen toda clase de variaciones: puede haber una rama cuyas hojas se han secado, o lugares donde la fruta se pudrió debido a un gusano, o una rama donde la fruta que está cerca de la punta se ha echado a perder. Hay toda clase de variaciones e imperfecciones incluso entre las hojas y las frutas de un solo árbol, aun así el árbol sigue siendo un árbol, y el jardín, aunque contenga una gran cantidad de árboles, ciertamente sigue siendo un jardín.

"El significado de esta comparación debe ser clara, al menos en parte, para alguien con inteligencia. El mundo de hoy contiene mucha gente que es totalmente corrupta y otras que, aunque con cierta decencia, también tienen sus diversas imperfecciones, incluyendo los así llamados líderes. Sin embargo, el árbol santo

---

[29] Ver *Rosh, Nedarim* 3:2; *Zohar* II, 55b, 65b; y *Likutey Moharán* I, 1.

[30] Rashi, Génesis 32:30.

sigue siendo un árbol, y más aún, el jardín, que contiene tantos árboles - es decir almas - sigue siendo un jardín. Todas las imperfecciones no llegan a ser más que una nada".[31]

465. El Rebe dijo que era su deseo que ninguno de sus seguidores fuese un maestro de escuela.[32] Muchas veces habló sobre esto. También dijo que en cuanto al hecho de ganarse la vida, lo mejor es vivir en una gran ciudad. Dijo en tono de broma: " 'No hay nadie que no tenga su momento, ni nada que no tenga su lugar' (*Avot* 4:3). Aprendemos de aquí que cada persona tiene su momento. Puede ser que en el curso de sus actividades comerciales, cuando llegue su momento, la persona obtenga una gran ganancia. Debido a que es su momento, es posible que Dios le disponga un gran éxito en los negocios y así en ese momento pueda obtener una gran ganancia. Sin embargo, en el caso de un maestro de escuela, cuando llega su momento de éxito, ¿qué sucede? Su alumno le trae una linda torta o algo similar junto con su salario mensual.[33] ¡El momento de éxito del maestro viene y se va y lo único que obtiene es algo sin valor como esto! Por otro lado, otra persona, puede obtener una ganancia sustancial cuando llega *su* momento.

"Lo mismo se aplica a la idea de que 'no hay nada que no tenga su lugar'. La gran ciudad es un lugar de grandes negocios. Al vivir en una gran ciudad siempre hay posibilidades de que surja algo grande y la persona se enriquezca. La ciudad es el lugar

---

[31] Ver *Tikuney Zohar* 14; *Los Cuentos del Rabí Najmán*, #13, "Segundo Día".

[32] Adelante: 591; *Sabiduría y Enseñanzas del Rabí Najmán de Breslov*, 240; *Alim LeTrufá* 163.

[33] Era costumbre que el alumno le llevase a su maestro su salario en Rosh Jodesh. En la plegaria de Musaf de Rosh Jodesh dice: "Un tiempo de perdón para todos sus descendientes". Por lo tanto, el hijo, el descendiente, debe traer el salario como una clase de redención, para el perdón (*Taamei HaMinhaguim* #451, citando al *Maté Moshé*).

En Rosh Jodesh es una mitzvá tener una comida como en un día de fiesta (*Oraj Jaim* 419:1). Dado que la gente solía preparar un plato adicional para la comida de Rosh Jodesh, invariablemente le enviaban una porción de ella al maestro del niño, junto con su salario. A esto hace referencia el Rebe Najmán al decir que la buena fortuna del maestro de escuela lo hace acreedor a una sabrosa torta.

indicado para tales cosas. Por su parte, en un pueblo pequeño, la clase de oportunidad para obtener ganancias que puede llegar a presentarse se encuentra en una escala mucho menor. Todo va de acuerdo con el lugar, porque 'no hay nada que no tenga su lugar' ".

466. Viernes a la noche, Shabat Jazón 5569 (1809).[34] Algunas de las personas presentes le habían contado al Rebe sobre un incendio que tuvo lugar en Ostrog en la víspera del Shabat anterior y la terrible angustia y las horribles muertes sufridas por una cantidad de gente. El Rebe dijo: "Más de una persona sufre duramente de acuerdo con el *nigún*".

El Rebe se estaba refiriendo a la melodía cantada al final del *piut*, o poema, *Unesané Tokef*,[35] de la liturgia de las Altas Festividades. Las primeras palabras, "Quien para descansar, quién para vagar" se cantan con la melodía usual, entonces el canto continúa hasta, "Quién será hecho descender y quién será elevado". Luego de esto, se canta la melodía sola sin palabras, antes de decir, "Pero el arrepentimiento, la plegaria y la caridad evitan el decreto malo". La melodía sin palabras también hace referencia a ciertos decretos. Anteriormente, se mencionaron un número específico de decretos al entonar las palabras del *piut*: quién será hecho descender y quién será elevado, etc. Luego de esto, la melodía continúa por sí misma sin palabras, como si aludiera a otros decretos sin mencionarlos de manera explícita. Es de esta parte de la melodía que surgen todos los decretos que no están especificados explícitamente en las palabras del *piut* mismo: el líder de la plegaria sólo alude a ellos en la melodía que canta. Esto

---

[34] El Shabat que precede al Ayuno del Nueve de Av es conocido como el Shabat Jazón. El término *jazón*, visión, es la primera palabra de la lectura de la *haftará* leída ese día.

[35] "Recitaremos cuán tremendamente santo...", una emotiva plegaria sobre los Días Tremendos, Rosh HaShaná y Iom Kipur. Se dice que había sido publicada por el Rabí Klonimus (ben Meshulam) de Mayence, uno de los más importantes *paitanim*, poetas litúrgicos judíos, del siglo XI. Cuenta la historia popular del Rabí Amnon, que ofreció este poema-plegaria justo antes de morir debido a las heridas infligidas por los gobernantes de Mayence, Francia, por haberse negado a renegar de su fe.

Devoción a Dios

será comprendido por aquellos que estén familiarizados con las melodías de la liturgia de las Altas Festividades.

467. Cierta vez el Rebe estaba hablando sobre las plegarias de las Altas Festividades y dijo que cuando el líder de la plegaria comienza a guiar las plegarias en la frase *HaMelej*, El Rey,[36] la costumbre es que el líder de la plegaria cante primero mientras la congregación repite las palabras después de él. Así continúan hasta que el líder de la plegaria se mira a sí mismo, si así pudiera expresarse, como diciendo, "¿Quién soy yo para estar al frente de la congregación?". Es por esto que se invierte el orden y la congregación dice las palabras primero y el líder de la plegaria las canta después. Pues la costumbre es que en las diferentes plegarias que son recitadas más adelante, la congregación lee primero el versículo y el líder de la plegaria las canta después. Éste es el caso con *Melej elion, amitz hamenusé*,[37] *Ata hu Eloheinu bashamaim uva-aretz*[38], *Unesané tokef*, etc. Previamente el líder de la plegaria guiaba y la congregación lo seguía, hasta que él se examinó a sí mismo como diciendo, "¿Quién soy yo...?".

468. El Rebe dijo: "Indudablemente es un motivo de gran envidia cuando un gran Tzadik pasa años trabajando en sus devociones con los más tremendos esfuerzos, físicos y mentales, sin descansar nunca de sus devociones y sufriendo toda clase de dolores y aflicciones - y más tarde viene alguien más joven y en poco tiempo logra todo por lo que el otro Tzadik ha trabajado durante tantos años.[39] Vemos así en el Midrash (*Kohelet Rabah* 5): 'R. Bun logró en sólo veintiocho años lo que el otro *Taná* logró en cien' ".

Escribe el Rabí Natán: No sé qué quiso decir el Rebe con esto, porque él había dicho previamente que es ciertamente imposible

---

[36] Siguiendo el *pesukei dezimra*, los versículos de canción, en el Servicio de la Mañana.

[37] "Rey Exaltado" por el Rabí Shimón (ben Isaac) Ben-Abun de Mayence, Francia (siglo XI). Este poema alaba los exaltados atributos de Dios, contrastándolos con las fallas de los gobernantes mortales.

[38] "Tú eres nuestro Dios", es uno de los poemas más antiguos de la liturgia judía. Se desconoce su autor.

[39] *Sefer HaMidot, Jidushin deOraita* B13; adelante: 576.

que alguien se vuelva de pronto un gran Tzadik sin mucho trabajo y esfuerzo, incluso si es el hijo de un Tzadik y proviene de un linaje de grandes hombres. El Rebe contó entonces una hermosa parábola sobre alguien muy joven quien de pronto se hizo famoso. Aun así "no todo aquel que desea asumir el manto puede hacerlo" (*Berajot* 16a), no todos son adecuados para la fama. La parábola era sobre un hombre que había crecido en Walajia, Rumania, en la casa de un príncipe. El príncipe lo elevó de pronto a un puesto de grandeza. Su propósito al hacerlo era hacer enfadar a los otros que eran más grandes que él.

469. Esto fue antes de Pesaj. Alguna gente había estado contándole al Rebe sobre un cierto hombre que era viudo. El Rebe dijo que el faraón también era viudo porque había sido dejado solo, sin su ejército, pues "ninguno de ellos quedó" (Salmos 106:11). A partir de lo que dijo el Rebe comprendimos que estaba revelando una alusión al texto bíblico, porque las primeras letras de las palabras hebreas del versículo del Salmo, *Ajad Mehen Lo Notar*, deletrean la palabra *ALMaN* que significa "viudo". Sin embargo, el significado profundo de lo que dijo el Rebe sigue siendo un misterio.[40]

470. Él dijo: "Hoy en día el deseo de dinero y de influencia es más fuerte que el deseo sexual.[41] La gente desea riquezas y posesiones, poder, influencias y posición social. La fuerza de este deseo es algo que podemos ver con nuestros propios ojos. Hasta la gente más común, los asalariados, y gente por el estilo, consideran al dinero como su principal objetivo. Todo el dinero que ganan lo envían a sus hogares, a sus esposas, para mejorar sus vidas, en lugar de malgastarlo en los placeres corporales como solía hacerse en el pasado. Esto se debe a que hoy en día el deseo de dinero e influencia es más fuerte que el deseo sexual".

471. "Su amor también cesa", es decir, el amor y la amistad que existen entre la gente no religiosa y entre la mayoría de las personas. El suyo no es un verdadero amor. Cada uno se preocupa sólo de

---

[40] Cf. *Sefer HaMidot, Alman* B2.
[41] Ver *Los Cuentos del Rabí Najmán*, #12. *Likutey Moharán* I, 23:5.

sus propios intereses. Toda expresión de amor y de amistad es puramente externa, para dar una buena impresión y con motivos ulteriores. En verdad, todos tienen envidia de los demás.

"Sin embargo, el amor que existe entre la gente temerosa de Dios, honesta y sincera, y en especial entre el Tzadik y sus seguidores, no tiene precio. Y este es el verdadero amor, la esencia misma del amor. El amor del Tzadik por sus seguidores es muy, muy grande: él desea sólo su verdadero bien.[42] Si él pudiera, les daría a ellos todo el bien de todos los mundos. Incluso le gustaría que tuviesen el bien de este mundo, pese al hecho de que el bien de este mundo no es realmente muy necesario, dado que el bien principal es el bien duradero del Mundo que Viene. Sin embargo, el Tzadik busca el bien de sus seguidores incluso en este mundo, y desearía que ellos tuviesen todas las cosas buenas de este mundo, casas hermosamente decoradas, jardines y demás, aunque sólo sea para enfadar a los malvados, que tienen todas estas cosas.[43] Cuánto más aún él desea su bien *espiritual*. Si él supiera que ellos recitan sus plegarias con la devoción apropiada y que Dios Se regocija en ellos, ciertamente se vería muy gratificado.

"Y también el amor que los seguidores del Tzadik sienten por él es algo muy grande. Su amor por él es intensamente poderoso, y también es un amor verdadero.

"Sin embargo, es posible que entre la mayoría de la gente, entre los malvados y los gentiles, el amor y la amistad sean considerados más importantes que cualquier otra cosa. Pero la verdad es que ellos nunca experimentan el amor genuino. Sólo aquellos que son honestos y temerosos de Dios, y tienen el privilegio de estar cerca del verdadero Tzadik, conocen el significado del verdadero amor".

---

[42] Ver *Avot* 5:6; arriba:195.

[43] El Rabí Natán estaba meditando sobre la frase "Nuestros hijos y riquezas aumentarán como la arena", de la canción *HaMavdil* (cantada luego del Shabat). "Hijos, yo puedo comprender", dijo. "Pero ¿para qué necesita uno tanto dinero?". La única respuesta a la que pudo arribar era que los malvados viesen que la gente observante también tenía dinero (*Rabí Eliahu Jaim Rosen*).

472. El Rebe nos advirtió seriamente en contra del hábito de fumar o de utilizar rapé. Habló mucho sobre esto, diciendo que la persona religiosa debía evitar este hábito pues es una pérdida de valioso tiempo, tiempo que debería pasar en Torá y en plegaria. El tabaco es absolutamente innecesario, y fumar no tiene beneficio alguno en cuanto a mover el vientre se refiere, tal como sostienen algunos. Y en especial el caso de aquel que ya tiene la costumbre de fumar, pues algo a lo cual el cuerpo ya está habituado no puede tener ningún efecto positivo en absoluto, tal como es sabido por experiencia. Se ha mencionado en otra parte[44] que uno no debe preocuparse demasiado por mover el vientre, en el sentido de limpiar el cuerpo completamente antes orar. El único momento para ir al excusado es cuando uno en verdad siente la necesidad. De otra manera, no hay necesidad de pensar en ello en absoluto.

El Rebe dijo de sí mismo que aunque tenía el hábito de fumar, aun así nunca encendía su pipa antes de orar. Nunca en su vida había fumado antes de la plegaria.

En cuanto al uso del rapé, el Rebe dijo que era muy dañino y que tenía una influencia negativa sobre las devociones de la persona. Una vez que alguien caía en el hábito de usar rapé, ya no podía estar sin ello ni siquiera por un rato. Esta era una tremenda distracción para el estudio de la Torá y la plegaria, especialmente si no era posible adquirirlo. Este era un fenómeno bien conocido entre los habituados a usar rapé. El rapé era también un hábito muy difícil de quebrar. Por tanto, es mejor nunca llegar al hábito de fumar o de utilizar rapé. Son totalmente innecesarios, pueden ser peligrosos y son una distracción para el estudio de la Torá y la plegaria.[45]

---

[44] El Rebe advirtió contra dañar el cuerpo y perder el tiempo. La Jasidut de Breslov llama a esto *BaTLaN*.
- *Brumfin*, licor
- *Tabak*, tabaco
- *Lulka*, pipa
- *Nekiut*, obsesión de mover el vientre

[45] *Sabiduría y Enseñanzas del Rabí Najmán de Breslov*, 30.

473. Encontré lo siguiente entre sus manuscritos:

" 'Es un precepto positivo el que la persona escriba para sí misma un rollo de Torá'.[46] Esto quiere decir que uno mismo debe escribir un libro de Torá. ¡Cuánto más debe entonces escribir *STaM* [un rollo de Torá, Tefilín y Mezuzot]!".[47]

474. "Cuando tomes el recuento de los Hijos de Israel, de acuerdo con su número, entonces cada hombre dará su rescate a Dios por su alma..." (Éxodo 30:12).

" 'Cuando *tomes* el recuento de los Hijos de Israel' - esto es *masá*, tomar. '...entonces cada hombre *dará* su rescate' - esto es *matán*, dar. Aquí encontramos el concepto de *masá u-matán*, toma y daca".[48]

475. R. Itzjak, el yerno del Maguid de Terhovitza, me dijo que le escuchó decir al Rebe que mientras uno está de viaje debe ser muy cuidadoso con respecto a sumergirse en una *mikve*, pues la *mikve* tiene el poder de salvar de los asesinos.[49]

476. Las Intenciones místicas al Comer:[50]

De la juventud del Rebe:

A) Las letras de la palabra hebrea para mesa, ShuLJaN (שלחן), tienen el valor numérico de 388:

Shin-300, Lamed-30, Jet-8, Nun-50 = 388.

---

[46] Ver *Menajot* 30a,b; *Baba Batra* 13a, b; *Shabat* 133b; *Rambam, Sefer Ha Miztvot* #18; *Sefer HaJinuj* #613.

[47] El rollo de Torá, los tefilín y las mezuzot deben estar escritas sobre pergamino hecho con el cuero de animales permitidos para comer (Shabat 108a).El Rabí Natán explica que la curtiembre del cuero para objetos santos los eleva. Cuánto más aún puede el hombre desarrollar su materialidad para recibir esta santidad, es decir, Torá, tefilín, mezuzot (*Likutey Halajot, Tefilín* 1, *Ibid.* 5:35).

[48] Esta expresión en hebreo se refiere a los negocios y al comercio.

[49] Cf. Jeremías 14:8, "*Mikve Israel moshio... - la Esperanza de Israel los salvará*". Alternativamente esto puede leerse como, "La *mikve* [en la cual se sumerge] Israel lo salvará en momentos de peligro".

[50] Comer puede ser una forma muy elevada de devoción a Dios, siempre y cuando se lo haga de la manera apropiada. Por lo tanto, estas "intenciones" otorgan un elemento más para pensar sobre cómo se puede anular el "Otro Lado" al comer.

Éste es igual al valor numérico de las palabras en la expresión קליפה נדחה פיה - *Klipá Nidjé Piá*, que significa: "En cuanto a la *klipá*, la cáscara, su boca es puesta de lado".

> *Kuf*-100, *Lamed*-30, *Iud*-10, *Pé*-80, *Hei*-5, *Nun*-50, *Dalet*-4, *Jet*-8, *Hei*-5, *Pé*-80, *Iud*-10, *Hei*-5 = 387. Agregar una unidad por la frase misma = 388.

En otras palabras, que la *klipá*, la cáscara, sea puesta de lado en la mesa para que no tome sustento de la comida de la persona.

B) Las letras de *shuljan* (שולחן), deletreadas en pleno utilizando una *vav* (=6), tienen el valor numérico de 394.

Esta es igual al resultado de la expresión ה' לקרבנו - *IHVH Iekarbenu*, "Dios nos acercará".

> *Iud*-10, *Hei*-5, *Vav*-6, *Hei*-5, *Iud*-10, *Kuf*-100, *Resh*-200, *Bet*-2, *Nun*-50, *Vav*-6 = 394.

C) Cuando alguien estaba enfermo, el Rebe usaba la *kavaná* de *shuljan* (שלחן) - teniendo el mismo valor numérico que צו רפואה - *TzU ReFUAH* - para curación.

> *Tzadi*-90, *Vav*-6, *Resh*-200, *Pé*-80, *Vav*-6, *Alef*-1, *Hei*-5 = 388.

D) *Shuljan* (388 = שלחן) más cuatro unidades por sus cuatro letras tiene el mismo valor numérico (392) que la expresión ש"ך חסד - *Shin-Kaf JeSeD*. [*Jesed* significa amor; *Shin-Kaf* se refiere a los 320 *dinim* o decretos severos].

> *Shin*-300, *Kaf*-20, *Jet*-8, *Samej*-60, *Dalet*-4, = 392.

[Esto quiere decir que los decretos severos son "endulzados" mediante *Jesed*].[51]

---

[51] Ver *Berajot* 55a, donde la mesa de uno (*shuljan*) es comparada con el altar (*mizbeaj*). Ver *Ketubot* 10b, donde encontramos que el *mizbeaj* (altar) es llamado así porque cumple las siguientes funciones: *meziaj* (une los decretos), *mezin* (alimenta), *mejavev* (hace amado), *mejaper* (perdona el pecado). Si aplicamos esto ahora a las cuatro "intenciones" mencionadas en el texto, encontramos:
   a) *mezin* - nos alimenta a nosotros y no al "Otro Lado".
   b) *mejavev* - Dios nos acercará.
   c) *mejaper* - perdona el pecado, es decir, traerá curación. (Ver *Nedarim* 41a: Aquel que está enfermo no puede ser curado a no ser que primero se le perdonen todos sus pecados).
   d) *meziaj* - une los decretos, es decir, suaviza los decretos (Jaim Kramer).

Hay cuatro clases de *Jasadim*, de bondades.⁵²

ShuLJaN (שלחן) tiene el mismo valor numérico que *JaShMaL* (חשמל) (Ezequiel 1:4), que es la vestimenta de las Diez Sefirot.⁵³

Jet-8, *Shin*-300, *Mem*-40, *Lamed*-30 = 378.
Sumarle a esto las Diez Sefirot cubiertas por el *Jashmal* = 388.

Shuljan (שלחן) tiene el mismo valor numérico que la expresión *Shin-Ain Jai* - ש״ע חי.⁵⁴ Pues hay Trescientas Setenta radiaciones de la Luz del Rostro, y está escrito: "En la luz del rostro del Rey Viviente" (Proverbios 16:15). [*Jai* significa viviente].

Shin-300, *Kaf*-20, *Jet*-8, *Samej*-60, *Dalet*-4, = 392.
Shin-300, *Ain*-70, *Jet*-8, *Iud*-10 = 388.

477. Lo siguiente proviene de antes del viaje del Rebe a la Tierra Santa.

Un hombre vino a ver al Rebe para pedirle que intercediera porque no tenía hijos.⁵⁵ El Rebe le dijo que diera dinero para caridad. El hombre replicó que no podía hacerlo. El Rebe le dijo que entonces debía tener fe, pues la fe es como la caridad. Así está escrito de Abraham (Génesis 15:6): "Él tuvo fe en Dios y Él se lo consideró como caridad". El Rebe dijo que mediante la fe uno se hace digno de tener hijos. El valor numérico de *emuná* - fe, es *banim* - hijos.

Alef-1, *Mem*-40, *Vav*-6, *Nun*-50, *Hei*-5 = 102
Bet-2, *Nun*-50, *Iud*-10, *Mem*-40 = 102

El hombre aceptó y fue bendecido con hijos.⁵⁶

---

⁵² *Shaar HaMitzvot, Parashat Ekev*; *Sidur HaAri* [Rabí Shabtai], II:15 *Seder Seudat Talmid Jajam*.

⁵³ De acuerdo con la Kabalá, el *Jashmal* es la fuerza que protege a lo santo de lo no santo.

⁵⁴ Ver *Etz Jaim, Shaar Atik*.

⁵⁵ Ver *Sabiduría y Enseñanzas del Rabí Najmán de Breslov*, 34. Éste era Reb Dov de Tcherin.

⁵⁶ *Oneg Shabat* p.58.

478. Dijo el Rebe: "El libro conocido como *Sefer Raziel*[57] no proviene de la época de Adán, y no es el libro que el ángel le dio a Adán. Este libro no tiene poder para proteger contra los incendios y en verdad ya ha sucedido que el libro mismo se ha quemado". El Rebe habló mucho sobre esto, dando claras pruebas de lo que decía.

479. Él dijo: "Contar historias sobre los Tzadikim, mostrando su grandeza y extraordinarios poderes, endulza los juicios severos y trae amor al mundo.[58] Ésta es la interpretación del versículo: 'Él magnifica la salvación de Su rey y hace bondad con Su ungido' (Salmos 18:51). Dice el Talmud, '¿Quiénes son los reyes? Los sabios' (*Guitin* 62a). Al magnificar la salvación de Su rey, es decir, cuando hablamos en términos magníficos sobre la ayuda y salvación que se produce a través de los Tzadikim, 'Él hace bondad con Su ungido'. La palabra hebrea para 'Su ungido', *meshijó*, puede leerse como *mesijó*, que quiere decir 'aquel que habla sobre él'. Dios hace bondad sobre el *mesijó*, sobre aquel que habla sobre los Tzadikim en términos magníficos, contando historias para mostrar su grandeza".

También escuché de una lección que el Rebe dio sobre el versículo, "Levántate, toma al niño y sosténlo firme en tu mano; pues Yo haré de él una gran nación" (Génesis 21:18) y de una lección sobre el versículo, "Pero Dios llevó al pueblo por el camino del desierto por el Mar Rojo" (Éxodo 13:18); los miembros de nuestro grupo tienen también una cantidad de otras lecciones que el Rebe dio antes de estar en la Tierra Santa. Sin embargo, no quiero publicarlas porque le escuché decir al Rebe que él no deseaba que se imprimiesen las lecciones que dio antes de su peregrinación a la Tierra Santa, y en verdad no estaba contento de que algunas de ellas ya hubieran sido impresas. Sólo quería dejar registrado aquello que dijo luego de su peregrinación.[59]

---

[57] "El Libro del [Ángel] Raziel". Cf. *Sefer Kol HaNevua*, p.141 Nota 15, por el Rabí Kohen, impreso por Mosad HaRav Kook.

[58] Cf. *Likutey Moharán* I, 234; *Iemei Moharnat* II, Introducción.

[59] Arriba: 182, 357, 382.

Devoción a Dios

Él dijo: "Ahora que he estado en la Tierra Santa, incluso las cosas más simples que diga deben ser registradas por escrito". Tentador como es publicar las lecciones que dio antes de su peregrinación (porque a nuestro juicio también contienen las enseñanzas más extraordinarias y exaltadas, pues el Rebe ya era una figura única incluso antes de su viaje a la Tierra Santa) incluso así, "¿Quién puede venir después del rey?" (Eclesiastés 2:12) y quién puede conocer sus motivos para no querer que se impriman. Sin embargo, no pude evitar copiar una pequeña porción de ellas en varios lugares.

480. Yo mismo le escuché decir cierta vez que tragar la propia saliva ayuda a la limpieza del cuerpo.

481. "La luna se presentó delante del sol quejándose de que él sólo trabajaba durante el día y durante el verano, mientras que ella tenía que trabajar incluso en el invierno, durante las largas y frías noches. El sol trató de aplacarla mandando a que le hicieran un abrigo. Los sastres más grandes y prestigiosos fueron llamados para esta tarea. Los sastres más pequeños también querían ir, pero dijeron, 'Si no nos han llamado no debemos ir'. Los sastres grandes y prestigiosos respondieron al llamado, pero dijeron que era imposible realizar una vestimenta para la luna porque a veces ella era grande y a veces pequeña: sería imposible trabajar con las medidas adecuadas. Vinieron los sastres pequeños y dijeron que ellos podían trabajar sus medidas y hacer el vestido. Ellos les dijeron a los pequeños sastres: 'Si los grandes sastres no pudieron hacerlo, ¿cómo podrán ustedes?' ".

482. El Rebe me habló cierta vez sobre el tema de la humildad y de cómo el hecho de ser humilde es el verdadero objetivo de la vida, etcétera.[60] También trató sobre el ideal de servir a Dios por sí mismo y no esperando una recompensa,[61] y el aparente problema de que parece imposible no esperar al menos algo de retribución. Al presentar estos problemas, el Rebe me había

---

[60] Ver *Likutey Moharán* II, 22.
[61] *Avot* 1:3; cf. *Likutey Moharán* II, 37.

leído el pensamiento, pues estas mismas preguntas habían estado rondando en mi mente durante un tiempo. El Rebe no ofreció ninguna solución, pero el hablar meramente sobre el problema era como si estuviese diciendo que él era consciente de todos los pensamientos que me estaba preocupando aunque no era posible todavía darles una respuesta. Por lo que dijo, comprendí que sólo era mediante un duro trabajo con las devociones, plegarias y ruegos a Dios que era posible ser digno de conocer los caminos de la verdadera humildad y servir a Dios sin motivos ulteriores. Sea la voluntad de Dios que pronto nos volvamos dignos de todo esto.

483. Cierta vez sucedió que tuvimos problemas durante un mes en particular debido a que la luna no estaba visible en absoluto y no se recitó el *Kidush HaLevaná*, la Santificación de la Luna. Luego, el Rebe dijo que el *Kidush HaLevaná* debe ser recitado lo más temprano posible y que uno puede comenzar a decirlo incluso antes de que hayan pasado los primeros siete días del mes.[62] Nos pidió que examináramos las fuentes halájicas y encontramos que la mayor parte de las opiniones estaban a favor de recitar el *Kidush HaLevaná* antes del día séptimo del mes, sobre las bases de la ley del Talmud.[63]

Cierta vez me atrasé con el *Kidush HaLevaná*. El Rebe me dijo que apenas la luna se hiciera visible de entre las nubes debería decir la bendición sobre ella tal cual estaba, tan pronto como la viera. Lo que quería decir es que yo no debía prestarles atención a rigores innecesarios, etcétera. Apenas la luna se hace visible entre las nubes, uno está obligado a consagrarla tal cual está.

Nota del Editor: Está de más decir que cuando el Rebe habló de la luna estando visible entre las nubes, se refería a nubes tenues y traslúcidas tal como se indica en la Halajá.

484. Cierta vez le escuché decir al Rebe que el fenómeno que se observa entre los estudiosos de la Torá, en que cada uno quiere

---

[62] La bendición sólo puede ser recitada cuando la luna es visible. Ver *Oraj Jaim* 426:1, *Maguen Abraham, Turei Zahav, Mishbatzot Zahav, ad. loc.*

[63] *Kojavey Or, Aveneha Barzel* p.89; ver también *Iemei Moharnat* 15.

traer específicamente una nueva regla halájica, puede en verdad ser una fuerte expresión de la mala inclinación.[64]

485. Él dijo: "Un capítulo de los Salmos bien dicho es como un trago de *ponche*".[65]

486. Él dijo: "El Mundo que Viene que podemos experimentar en este mundo, cuando Dios nos ayuda a veces, es inimaginable".[66]

487. Él dijo: "Los Tzadikim están cometiendo un error al retrasar sus plegarias más allá del límite del tiempo establecido".[67]

488. *KaF KeLA*, el "hueco de la honda", una expresión para el infierno, tiene el valor numérico de trescientos. (*Kaf*-20, *Pé*-80, *Kuf*-100, *Lamed*-30, *Ain*-70 = 300). Estos son los trescientos años durante los cuales el novio fue un "fugitivo y vagabundo" (Génesis 4:12). Hay toda una historia sobre el novio, de cómo al salir de la cámara nupcial fue vagando de casa en casa y de ciudad en ciudad, etcétera. Yo escuché que el Rebe contó esta historia en nombre de los ancianos del movimiento Jasídico, aparentemente en nombre del santo Rabí Iaacov Iosef, el predicador de Ostrog.[68]

489. Escuché que cierta vez alguien fue a ver al Rebe y el Rebe le dijo: "Los ángeles guardianes de Grecia[69] y de Francia estuvieron conmigo, y me rogaron que les dijese cuál de ellos saldría victorioso. Mi respuesta fue que aquel que le diera más apoyo al pueblo judío saldría victorioso".

---

[64] Ver arriba: 91; cf. *Meguila* 6b, para alcanzar una decisión verdadera y apropiada, uno debe tener la ayuda del Cielo.

[65] El *ponche* es una bebida hecha de vino y miel. Ver *Sabiduría y Enseñanzas del Rabí Najmán de Breslov*, 23.

[66] Cf. *Avot* 4:17.

[67] Ver *Oraj Jaim* 89:1.

[68] No debe confundirse con el Rabí Iaacov Iosef de Polnoie, éste es el Rabí Iaacov Iosef de Ostrog, quien es mejor conocido por las primeras letras de su nombre, R. IaIbO (1738-1791?). Su bisnieto se casó con Odel, la nieta del Rebe.

[69] Esto alude a Rusia, pues la religión dominante en el imperio moscovita en ese momento era la ortodoxa griega.

490. Un niño de nueve años de edad que estaba enfermo con algo de fiebre fue enviado por su padre para ver al Rebe. El Rebe habló con él durante largo tiempo y le dio un maravilloso consejo. El niño en cuestión era un niño muy temeroso. El Rebe le dijo: "¿De qué tienes miedo *ahora*? Piensa cuánto miedo tendrás cuando te lleven al cementerio y te dejen allí solo: todos se irán y te dejarán yaciendo entre los muertos. Hoy tienes miedo de salir solo de noche. ¿Qué harás entonces?".[70]

El Rebe dijo mucho más en la misma línea. También dijo: "¿Quién en el mundo quiere quemarse a sí mismo con sus propias manos? Cuando pecas es como si te quemaras a ti mismo con tus propias manos, porque finalmente vas a recibir el duro y amargo castigo por haber pecado. De seguro que te cuidas lo suficiente como para no quemarte con tus propias manos".

El Rebe le dio entonces al niño una *segulá* para su fiebre: debía tomar del polvo arrastrado por los pies hasta el umbral de la puerta y colocarlo en un recipiente al fuego hasta que quedara blanco y totalmente quemado. El polvo debía ser puesto a su lado y entonces se curaría.

El niño creció y las palabras que el Rebe le había dicho se mantuvieron inscritas en su corazón y las recuerda hasta el día de hoy. El Rebe le dijo también muchas otras cosas. A partir de esto podemos ver la manera en la cual el Rebe consideraba incluso a un niño y buscaba imbuirlo del temor al Cielo para que comenzase a aprender cómo servir a Dios y recordar las palabras del Rebe incluso cuando fuera un adulto. Es así que está escrito, "Entrena al niño en el camino que debe seguir, e incluso cuando sea adulto no se apartará de él" (Proverbios 22:6).

Hubo muchas otras cosas que el Rebe le dijo a este niño en varias ocasiones, tal como la necesidad de "circuncidar el prepucio

---

[70] Ver *Avot* 6:10; ver también *Pirkei de Rabí Eliezer* #34, que el hombre tiene tres amigos durante su vida: su riqueza, su familia y sus buenas acciones. Cuando el hombre se enferma y enfrenta la muerte su primer amigo, la riqueza, lo deja porque no lo puede ayudar en absoluto. Su segundo amigo, la familia, sólo lo acompaña hasta el entierro, luego de lo cual se va y lo deja detrás. Es sólo el tercer amigo, las buenas acciones, que permanecen junto a él y para siempre.

del corazón"[71] y demás. También escuché de muchas otras personas, quienes fueron niños en época del Rebe, asombrosas y hermosas palabras que escucharon de él en su niñez. Ellos aún las recuerdan y mirando en retrospectiva comprenden ahora cómo el Rebe fue capaz de transmitirles ciertas cosas que les serían muy beneficiosas tiempo después.

491. En el año 5566 (1805) entre Rosh HaShaná y Iom Kipur el Rebe salió de la *mikve*. Dijo que en ese momento se le había revelado desde el Cielo cómo debían comportarse sus seguidores con respecto al ayuno durante todos los días de sus vidas, cuántos ayunos debería practicar cada uno en cada año y cómo y cuándo deberían ayunar.[72]

Luego de Sukot cada uno de nosotros fue a verlo individualmente y el Rebe le entregó una hoja de papel diciéndonos cuándo ayunar. El Rebe tenía consigo una hoja en la cual había escritas, de su propia mano, una cantidad de cosas. Sin embargo, no sé qué había en ella, porque no dejó que nadie viese lo que allí había escrito. Fue sólo cuando me senté con él, esperando recibir la hoja con mi propio esquema de ayunos, que lo vi sentado a la mesa con una hoja de papel escrita frente a él. Estuvo sentado allí durante mucho tiempo pensando y examinando lo que había en esa hoja. Fue necesaria mucha energía de su parte para finalmente hablar y decirme qué días del año yo debía ayunar. Me dijo que lo escribiese en un trozo de papel para recordarlo. Me advirtió severamente con respecto a olvidarlo y no perder mi trozo de papel.

Nos indicó que el momento en el cual debíamos tomar formalmente la decisión de ayunar como nos había prescrito debía ser en Rosh HaShaná, antes de que él diese su lección de Torá, mientras se estaba preparando. Ése sería el momento en el cual deberíamos tomar la decisión formal de llevar a cabo estos ayunos en el año entrante. Más aún, aquel que no estuviese con él para Rosh HaShaná no debería ayunar en absoluto.

---

[71] Cf. *Likutey Moharán* I, 141; arriba: 175.
[72] Ver *Sabiduría y Enseñanzas del Rabí Najmán de Breslov*, 185.

Exactamente lo mismo sucedió cuando el Rebe les prescribió los ayunos a sus otros seguidores. Todos ellos me contaron cómo estuvo sentado allí, frente a la hoja, con la expresión más asombrosa en el rostro, por lo que pareció ser más de una hora, antes de transmitirle a cada uno el esquema de ayunos que debía seguir. Por lo que el Rebe dijo comprendimos que estos ayunos eran algo muy valioso: eran devociones en el más exaltado de los niveles. Felices de nosotros que fuimos dignos de llevarlas a cabo.

Seguimos estos ayunos durante dos años. Entonces, cuando el Rebe volvió de Lemberg, nos dijo que no debíamos ayunar más. Él dijo: "Todo aquel que no viene a estar conmigo para Rosh HaShaná no debe ayunar en absoluto. Y aquel que pasa Rosh HaShaná conmigo ciertamente no tiene necesidad de ayunar, luego de haber estado en Rosh HaShaná conmigo".[73]

Dijo entonces: "Ustedes no sienten lo que está siendo hecho con ustedes en absoluto. Primero les dije que ayunaran, después les dije que no ayunaran... etcétera". En otras palabras, esto en sí mismo nos debería haber dado una pequeña comprensión de su grandeza. El hecho de habernos dado instrucciones de ayunar en días específicos durante el año, cada uno con su propio esquema personal de días de ayuno, era en sí mismo y sin lugar a dudas un gran logro. Nunca antes se escuchó que alguien fuera capaz de darle a cada persona un esquema de ayunos que debía seguir durante toda su vida, hasta el mínimo detalle. Aun así, con todo lo grande como era esto, el Rebe alcanzó más adelante un nivel más elevado todavía. Debido a las alturas que logró más tarde, no había más necesidad de que observásemos ni siquiera los ayunos que él nos había revelado previamente. A través de esto, todo aquel que tenga cerebro en su cabeza será capaz de comprender un poco de la grandeza del Rebe.

<Los días en los cuales yo debía ayunar eran: el 3 y el 19 de Tevet, el 2 y el 16 de Iar, el 9 y el 11 de Sivan, y el 22 de Adar.> Él dijo que si una de esas fechas que nos daba caía en Shabat

---

[73] Ver arriba: 403-406, sobre la importancia de estar con él para Rosh HaShaná.

o durante cualquier otro día en el cual no se permite ayunar, el ayuno debía ser pospuesto para el día siguiente. El Rebe me dijo que yo tenía que ser especialmente cuidadoso con la mitzvá del *maaser*, el diezmo de caridad,[74] durante los meses en los cuales debía ayunar, y hacer todos los esfuerzos posibles con ello. También hablé con él sobre esta mitzvá luego de que me dispensara de los ayunos y me dijo que yo debía igualmente hacer todos los esfuerzos posibles para observarla de la manera más escrupulosa. Debía hacerlo durante todo el año, sólo que en estos meses más aún.

492. Cuando el Rebe les dio a sus seguidores las hojas de papel con el esquema de ayunos, uno de ellos le dijo: "Esto no es lo que nosotros hubiéramos esperado. Hubiera pensado que usted nos pediría que ayunásemos muchas veces durante el año, pero ahora vemos que los ayunos prescritos son muy pocos en verdad". El Rebe respondió: "Acaso no le dijo Elisha a Naamán, 'Báñate y quedarás puro' (Reyes 2, 5:13). Aun así Naamán no quería creer que sería curado con algo tan simple y dijo, 'No son acaso Amana y Farpar, los ríos de Damasco, mejores... ¿no podría bañarme en ellos y quedar puro?' (*Ibid*. 12). Recién cuando le dijeron sus sirvientes, 'Padre mío, si él le hubiera dicho de hacer algo grande, ¿no lo habría hecho? Cuánto más aún cuando él dice, "Báñate y quedarás puro" ' (*Ibid*. 13), Naamán escuchó y se sumergió en el Jordán siete veces 'y su carne retornó y fue pura' (*Ibid*. 14). Ustedes son iguales. Creen que para ser curados debo prescribirles devociones difíciles. No tienen fe en que mediante algo simple que yo les diga podrán llegar a curarse espiritualmente por completo".[75]

Mucho debemos recordar esto. Hay veces en que la persona se abstiene de llevar a cabo cierta acción santa debido a que es difícil y a causa de los obstáculos que se le interponen en el camino. Simplemente no hace el esfuerzo necesario para quebrarlos. En otros momentos es al revés. Se abstiene de la tarea porque es demasiado fácil y la considera tan simple que no puede creer que la

---

[74] El 10% del ingreso que debe ser dado para caridad. Ver *Iore Dea* 249:1.
[75] Ver *Sabiduría y Enseñanzas del Rabí Najmán de Breslov*, 141.

vida misma de su alma pueda depender de algo tan insignificante. Pero la verdad es que debemos ser tan escrupulosos con una mitzvá menor como con una mayor,[76] [porque] "ella no mide el sendero de la vida" (Proverbios 5:6).[77]

"Todo cuanto encuentre para hacer tu mano, hazlo" (Eclesiastés 9:10). Porque, básicamente, la manera como el Malo ataca a la gente y le pone obstáculos en su camino es creando barreras mentales. A veces la persona se hace la idea de que realizar cierta cosa es algo muy pesado; así es como el Malo trata de impedir que la haga. Otras veces, el Malo le hace tomar un punto de vista superficial sobre el tema y considerarlo tan insignificante que no se le ocurre que la vida misma de su alma depende de ello.[78] Todo esto sucede con el objetivo de detener a la persona, Dios no lo permita. Y hay veces en que esto es más grande que cualquier obstáculo real. Pero "aquel que va con simplicidad y pureza andará seguro" (Proverbios 10:9). Uno no debe prestarle atención a los obstáculos ni a las distracciones. "Todo cuanto encuentre para hacer tu mano, hazlo".

493. El Rebe habló cierta vez sobre la gente que tiene toda clase de cuestionamientos sobre los Tzadikim, en especial sobre él mismo, pues la gente tenía muchas preguntas sobre él. Hablando en vena ligera dijo: "En verdad, son las mismas preguntas que la gente tiene sobre nosotros lo que nos da nuestro sustento y riqueza. Los Tzadikim se ocupan de la Torá en aras de sí misma. Su riqueza y sustento sólo viene a través de esas preguntas. Nuestros sabios presentaron un problema con respecto al versículo, 'Largura de días en su mano derecha y en su izquierda riquezas y honor' (Proverbios 3:16). Ellos preguntaron cómo era posible que largura de días estuviese en la 'mano derecha' de la Torá pero no así riquezas y honor. La respuesta que dieron es que

---

[76] Cf. *Avot* 2:1.

[77] Los sabios explican este versículo de manera homilética como refiriéndose a que Dios oculta la recompensa de las miztvot para que la gente no deje de realizar los preceptos menores.

[78] Cf. Rashi, Deuteronomio 7:12.

si allí puede encontrarse largura de días, *cuánto más aún* riquezas y honor.⁷⁹ Vemos a partir de esto que, por el hecho mismo de preguntar sobre la cuestión, riquezas y honor son traídas a los Tzadikim. Los Tzadikim van hacia la mano derecha, en el sentido de que buscan la Torá por sí misma. Si no fuera por el hecho de que nuestros sabios hicieron esta misma pregunta, no habría habido riquezas ni honor para los Tzadikim, de acuerdo con el significado aparente del versículo, que parece implicar que 'en su mano derecha' sólo hay largura de días. Aun así, a través de la misma pregunta que ellos hicieron - '¿Cómo es posible que allí pueda encontrarse largura de días pero no riquezas y honor?' - en verdad riquezas y honor les fueron dadas a los Tzadikim.

"Es por esto que los sabios respondieron, '*cuánto más aún* debe haber allí riquezas y honor'. La inferencia es que los Tzadikim reciben su sustento a través de las preguntas mismas, porque esencialmente es a través de las preguntas que los Tzadikim tienen riquezas y honor".⁸⁰

494. Aunque el Rebe dijo lo anterior en un tono ligero, en la forma que es llamada en *idish* un *vertel*, en verdad hay mucho más implícito en esto. Las palabras del Rebe contienen gran hondura y profundos significados místicos. Todo lo que él dijo, incluso sus observaciones hechas a la ligera, contienen significados místicos con un tremendo grado de profundidad. Hasta una persona simple y con poca inteligencia puede comprender algo de las tremendas alusiones que contienen.

Nota del Editor: Mira en el *Likutey Moharán* I, 12, y en *Likutey Halajot, Talmud Torá* 3 - que está basado en la lección del *Likutey Moharán* - y podrás comprender más sobre las observaciones del Rebe en la sección 493.

495. El Rebe contó cierta vez una historia de cómo el Baal Shem Tov había dicho en una ocasión un *vertel* y en el mundo de *Atzilut* sonrieron. En otras palabras, el Baal Shem Tov llevó alegría

---

[79] *Shabat* 63a; arriba: 426.

[80] *Likutey Halajot, Pidion Peter Jamor* 3:3; *Parparaot LeJojmá* 12:2.

incluso al mundo de la Emanación: tanto que ellos sonrieron ante su *vertel*.

496. Cierta vez la gente que estaba con el Rebe hablaba sobre el orgullo. El Rebe dijo: "¿Para qué necesitan hablar sobre el orgullo?[81] Considérenme a mí, yo no tengo orgullo en absoluto". (En otras palabras, 'Cómo se les puede ocurrir que ustedes no tienen nada sobre lo cual sentirse orgullosos considerando que incluso yo no tengo orgullo en absoluto'). Pues el Rebe ya se había preciado de que era capaz de decir sobre él mismo que estaba vacío de orgullo. Ser capaz de decir esto era el grado último de la verdadera humildad, como encontramos en el caso de Moisés, que escribió de él mismo, "Y el hombre Moisés era muy humilde" (Números 12:3). De manera similar encontramos en el Talmud (*Sotá* 49b): R. Iosef dijo, "No digas que la *humildad* [ha partido del mundo], pues yo aún estoy [aquí]".

497. Él aprobaba grandemente a aquellos que eran dignos de verlo en un sueño, incluso durante su vida. Dijo que entre sus seguidores había algunos a los cuales él se les aparecía en un sueño en la forma de un anciano. También dijo que si nosotros fuésemos la clase de buenos judíos que él quería que llegásemos a ser, podríamos llegar a escuchar de él, en un sueño, cosas muy grandes y tremendas. Lo más importante era no olvidar lo visto o escuchado en el sueño, porque hay veces en que uno ve o escucha algo en un sueño pero luego lo olvida. (Esto se debe a que lo que uno sueña le es quitado y retirado al despertar).[82]

498. El Rebe le dijo a la gente que no se preocupase en absoluto tratando de alcanzar una limpieza total con respecto a evacuar el vientre: él dijo que no había que preocuparse de esto en absoluto. Citó a prominentes médicos diciendo que era mejor para la salud física si uno está un poco constipado. Esto pese al hecho de que autoridades anteriores insistían en que era necesario estar más bien flojo de vientre. De manera similar, en todos los casos de

---

[81] Ver arriba: 269; *Likutey Moharán* I, 4:7.

[82] *Zohar* I, 199; *Ibid.* II, 264.

Devoción a Dios

enfermedades ellos siempre solían recomendar mover el vientre. Pero investigaciones posteriores llevaron a la conclusión opuesta, que es mejor para la salud física si la persona está algo constipada, en particular en caso de enfermedad. El Rebe citó a estos médicos que decían que incluso mover el vientre una vez cada veinticuatro horas no era lo ideal. Era mejor mover el vientre no más de una vez cada dos días. Sólo en casos en que la persona estuviera constipada varios días era necesario tratarla para que moviese el vientre. En general, mover el vientre una vez cada dos días era lo mejor para la salud corporal. El Rebe habló mucho sobre esto y dejó claro que él se inclinaba por esta última opinión. En última estancia, enfatizó que la gente no debía perder tiempo en el excusado tratando de alcanzar una limpieza total.[83]

499. Cierta vez el Rebe estaba hablando sobre la confianza en Dios. Dijo que hay Tzadikim que no guardan dinero de un día para otro. Se cuentan historias sobre grandes Tzadikim de épocas anteriores, tales como el Baal Shem Tov, el santo R. Elimelej de Lizhensk[84] y otros, que cada día distribuían todo el dinero que tenían y nunca guardaban nada de un día para otro. El Rebe dijo que uno debía ser un *beriá*, de fuerte voluntad, para tener la suficiente confianza como para vivir así. La mera alusión de titubear en esta práctica no era bueno. Pero existía un nivel muy superior, y eso es cuando el verdadero Tzadik mantiene el dinero con él. Ésta era una devoción muy superior y mucho más difícil.

El Rebe no seguía la otra práctica, y repitió varias veces que ésta última era más difícil y más onerosa. Nos dio pruebas concluyentes de que los patriarcas guardaban el dinero con ellos. Porque Abraham, Itzjak y Iaacov eran excepcionalmente ricos. Tan pronto como Iaacov llegó a Shejem compró inmediatamente una parcela de tierra (Génesis 33:19). ¿De dónde tenía tanto dinero? Lo mismo sucedió con Abraham cuando compró la cueva

---

[83] Ver arriba: 432; *Sabiduría y Enseñanzas del Rabí Najmán de Breslov*, 30.
[84] Rabí Elimelej de Lizhensk (m. 1787), hermano del Rabí Zusia de Anipoli. Fue autor del *Noam Elimelej* y del *Tzetel Katan*, ambos ampliamente aceptados entre los diferentes grupos Jasídicos. Ver *Until the Mashiach* p.237.

de Majpelá (Génesis 23:16). Queda claro a partir de otros pasajes de la Torá y de los Midrashim que ellos guardaban el dinero. El Rebe dijo que esta devoción era mucho más exaltada y onerosa y que era practicada por los más grandes Tzadikim, quienes se encuentran en un nivel superior.

500. Sin embargo, el Rebe habló mucho con nosotros sobre la primera práctica, enfatizando el gran mérito de dar todo el dinero para caridad o gastarlo en las necesidades básicas, sin dejar nada de un día para otro. Para la gente simple que desea crecer espiritualmente y seguir las sendas de los Tzadikim, esta primera práctica es ciertamente buena. El Rebe habló elogiosamente de ella y trató sobre el tema durante mucho tiempo. Era evidente que mucho deseaba ayudarnos a alcanzar ese sendero santo y lograr un grado tal de confianza en Dios que pudiésemos llegar a no dejar dinero de un día para otro.[85]

501. Antes de esto el Rebe había dicho que quería que tuviésemos una fuente segura de ingresos. Tener confianza es ciertamente muy bueno, pero también es muy bueno cuando uno tiene una fuente constante de ingresos. Entonces, en lugar de trabajar en desarrollar la confianza puede trabajar en un área diferente de devoción. La persona sin un ingreso firme siempre se siente ansiosa debido a su situación financiera y tiene que trabajar constantemente para fortalecer su confianza.[86] En lugar de esto podría estar trabajando en un área diferente de devoción. Comprende esto.

Sin embargo, el Rebe dijo que lo más importante es la confianza: "¡Sólo confianza!".[87]

---

[85] Arriba: 268.

[86] Cf. *Berajot* 35b. El Rabí Ishmael estudiaba Torá y se dedicaba a los negocios. El Rabí Shimón bar Iojai estudiaba todo el tiempo. Muchos trataron de emular al Rabí Shimón y no lo lograron. Muchos intentaron emular al Rabí Ishmael y sí lo lograron.

[87] *Likutey Halajot, Pikadon* 5:29; *Kojavey Or, Sijot VeSipurim* p.128; *Shearit Israel* #52, 93.

502. Él dijo: "No sé cómo la gente que *recibe* puede pedirle a Dios 'que no necesitemos los regalos de carne y hueso' (Bendición después de las Comidas), viendo que todo su sustento viene de lo que ellos reciben de otros".

Implícita en su afirmación está la idea de que uno tiene que trabajar sobre sí mismo y utilizar su inteligencia para saber cómo recibir dinero y usar lo que recibe para su sustento y no ser en absoluto un *receptor* y no depender de los regalos de carne y hueso de la manera que fuera, Dios no lo permita. Debemos pedirle a Dios que nos permita alcanzar la comprensión necesaria para esto y así no depender de los regalos de carne y hueso.[88]

503. Alguien me contó que el Rebe dijo cierta vez que la oposición que uno tiene es en verdad un gran beneficio, porque lo ayuda a crecer y prosperar. Cuando la semilla se planta en la tierra, si ésta es totalmente sólida, la semilla no puede crecer y transformarse en un árbol. La tierra tiene que abrirse un poco para hacer lugar y permitir que el árbol crezca. De la misma manera, las divisiones creadas por la oposición que uno enfrenta dejan lugar para crecer y florecer.[89]

504. El hombre es único en su grandeza. Dijo el Rebe: "Cuando un hombre hace *así* con su mano, un movimiento *así* tiene lugar en todos los mundos. Y cuando él hace *esto* con su mano, un movimiento como *este* tiene lugar en todos los mundos".

505. Él dijo: "Si dieran vuelta a un hombre de adentro hacia afuera verían que miles y miles de mundos dependen de cada tendón de su cuerpo".

506. Cierta vez yo estaba hablando con él sobre la confusión y la depresión que experimentaba cuando trataba de realizar ciertas mitzvot, tales como el lavado de las manos antes de comer pan. Me venían a la mente toda clase de dudas sobre si había cumplido con mi obligación de la manera adecuada.

---

[88] Ver arriba: 268.
[89] Arriba: 62.

"Ya te he dicho", replicó el Rebe, "que no debes prestarles atención alguna a tales pensamientos". Hablé durante largo tiempo con él sobre estos problemas y le dije que el hecho mismo de que *yo sabía* que no debía prestarles atención a tales pensamientos era en sí mismo una fuente de ansiedad. Él dijo: "¡No te pongas a pensar en absoluto!".

Éste es un notable consejo que se aplica a todas las áreas de la vida. Sucede muy a menudo que la gente se siente abrumada por pensamientos confusos, y que cuanto más trata de sacarlos de su mente más insistentes se vuelven. Lo mejor es no comenzar a pensar en ello: uno debe ignorarlos por completo y simplemente hacer su parte y continuar con lo que estaba haciendo.[90]

507. Cierta vez el Rebe estaba hablando sobre *guekreizelte peios*. No reveló nada explícitamente sobre esto, pero comprendí ciertas alusiones a partir de lo que él dijo. Recuerdo ahora que hubo un debate en ese momento sobre el versículo "sus cabellos ondulados" (Cantar de los Cantares 5:11) y él dijo que esto era el mismo concepto.

508. Él dijo: "Cuando te esfuerzas por orar apropiadamente pero aun así no lo logras, lo único que se puede hacer es decir las palabras en el sentido más simple y literal posible, incluso si ello implica recitarlas sin la mínima vitalidad o entusiasmo: 'Dios grande, poderoso y tremendo...' (*Amidá*). Sólo pronuncia las palabras. Continúa así un≠≠ tiempo. Probablemente verás que de pronto sientes un gran despertar y podrás continuar con un gran entusiasmo, todo por haber recitado las palabras simplemente. Es por esto que la gente común que quiere orar con concentración debe evitar decir las plegarias rápidamente, porque es muy común que experimenten diferentes estados de ánimo en una y la misma plegaria, elevándose por momentos y cayendo más tarde. Pueden comenzar con una gran concentración, sólo para encontrar más tarde que sus mentes han divagado hacia todas partes. Cuando sucede esto deben decir las palabras de la manera más simple

---

[90] Ver *Likutey Moharán* I, 72.

posible: 'Dios grande, poderoso y tremendo...'. Normalmente volverá el entusiasmo. Es posible que ocurra lo mismo varias veces a lo largo de una plegaria".

Cuando el Rebe dijo las palabras "Dios grande, poderoso y tremendo", fue como alguien que habla con muy poca energía, con frialdad y sin el mínimo entusiasmo. Aun así, sus pensamientos estaban unidos con las palabras de una manera que es imposible describir por escrito. Con un poco de inteligencia todos pueden encontrar aquí una guía sobre qué hacer cuando se ven incapaces de orar.

"Y si no puedes orar en absoluto", continuó el Rebe, "fíjate si no puedes al menos decir algunas palabras sinceras de una de las otras plegarias y súplicas. Y si no puedes lograr esto tampoco, ¿qué puedes hacer? Al menos puedes *esperar* que Dios te ayude".[91]

509. Antes de su viaje a la Tierra Santa [es decir, antes de alcanzar los niveles que logró más tarde], el Rebe le dijo al Rabí Aarón, el Rav de Breslov: "En verdad te quiero mucho, y mi bendición para ti es que en el próximo mundo seas digno de comprender mis conversaciones cotidianas".[92]

510. Mi amigo, el Rabí Naftalí, me contó que cierta vez el Rebe habló con él sobre la mitzvá de los tefilín. El Rebe enfatizó la gran santidad de los tefilín y dijo que por derecho uno debería sentir un tremendo entusiasmo al colocarse los tefilín. Los tefilín son tan tremendos y santos que uno debe sentirse presa de temor y

---

[91] Ver *Likutey Moharán* I, 112 - *Tzoar; Sabiduría y Enseñanzas del Rabí Najmán de Breslov*, 75.

Cierta vez alguien le preguntó al Rabí Natán si no era mejor orar rápidamente y evitar así que entren los pensamientos extraños. El Rabí Natán contestó, "Cuando oras rápidamente toda la plegaria puede ser recitada con pensamientos externos. Sin embargo, sí oras lentamente, también tendrás tiempo de concentrarte al menos en algunas pocas palabras de la plegaria" (*Aveneha Barzel* p.61 #65).

Otra vez, alguien se estaba quejando frente al Rabí Natán por el hecho de que debía repetir las palabras de la plegaria muchas veces antes de lograr decirlas con el sentimiento apropiado. El Rabí Natán dijo, "¿No hay nada más para decir sino sólo esas palabras? Dilas lo mejor que puedas, y si no eres capaz de orar apropiadamente entonces recita salmos o lee otras plegarias" (*Aveneha Barzel* p.90).

[92] Arriba: 376; *Tovot Zijronot* 7.

temblor al colocárselos.⁹³ El Rebe habló sobre esto durante largo tiempo.

También aprendí mucho sobre el carácter exaltado y la santidad de los tefilín a través de varias cosas que dijo el Rebe. Él dijo que muchas de sus lecciones tratan de la mitzvá de los tefilín. En algunas de estas lecciones los tefilín no son mencionados explícitamente, pero incluso estas lecciones están relacionadas con los tefilín.⁹⁴ Las lecciones del *Likutey Moharán* I, 4, 5, 33, 35, y 38, al igual que muchas otras enseñanzas del Rebe dadas alrededor de la misma época, tratan todas sobre los tefilín. A partir de esto uno puede formarse una pequeña idea de cuán lejos alcanza la grandeza y la santidad de los tefilín.

511. El Rebe dijo que conocía un cierto *sofer*, un escriba, que era un Tzadik oculto. El Rebe quería que nosotros tuviésemos tefilín escritos por él. Dijo que deseaba viajar para verlo personalmente y adquirir varios pares de tefilín. Había que ir a verlo con gran sutileza para que no se diese cuenta de que uno había ido por eso. De otra manera, se volvería un poco orgulloso. Era por eso que el Rebe quería ir personalmente y conseguir varios pares de tefilín para darles a sus seguidores, y que así pudiéramos utilizar sus tefilín santos.

Antes de decir esto, el Rebe nos había comentado varias veces que quería que tuviésemos buenos tefilín provenientes de un escriba verdaderamente piadoso. De la manera como lo dijo, parecía ser que no se estaba refiriendo a ninguno de los escribas conocidos de hoy en día. Lo más importante era que el escriba fuese genuina y completamente piadoso. El Rebe habló varias veces sobre el tema de los buenos tefilín antes de mencionar al escriba que era un Tzadik oculto. Pero, debido a nuestros muchos pecados, nada más volvió a salir a luz y el Rebe nunca nos reveló quién era ese escriba y dónde se lo podía encontrar.⁹⁵

---

⁹³ Ver *Likutey Moharán* I, 5:7.

⁹⁴ Ver arriba: 362.

⁹⁵ Cf. *Until The Mashiach* p.314, sobre este escriba y el Maguid de Terhovitza.

512. Él dijo: "El hecho mismo de que ustedes pequen es en sí mismo un pecado" (es decir, desde ahora en adelante).

513. Alguien me contó que el Rebe dijo: "Mediante la fe en los verdaderos Tzadikim uno puede alcanzar una gran riqueza. La canción de la mesa de la noche del Shabat, 'Todo aquél que santifica el séptimo día...' habla de esto. En ella se dice, 'su recompensa es *arbei meod*, muy grande'. La palabra *meod* se refiere a la riqueza. Esto lo aprendemos del hecho de que la misma palabra aparece en el segundo versículos del *Shemá*: "Y amarás al Señor tu Dios... con toda tu *fuerza* (*meod*eja)' (Deuteronomio 6:5). Los sabios comentan que 'con toda tu *fuerza*' significa 'con toda tu *riqueza*' (*Berajot* 54a).

"La canción dice 'Su recompensa es muy grande de acuerdo a su trabajo'. Las palabras hebreas aquí son *al pi poaló*, que también tiene el significado de 'de acuerdo a la boca, *al pi*, de su trabajador, *poaló*'. 'Su trabajador' hace referencia a los Tzadikim, los rectos, pues está escrito 'y a Mis trabajadores Yo les daré rectitud' (Job 36:3). Ahora bien: la fe depende de la boca de la persona, de lo que dice, como está escrito, 'Yo haré conocer Tu fe con mi *boca*' (Salmos 89:2).[96] Así, 'de acuerdo con la boca de sus trabajadores' hace referencia a la fe en los Tzadikim. Mediante esto 'su recompensa es muy grande', que significa que alcanza una gran riqueza".

514. Alguien me contó que el Rebe dijo de algunos Tzadikim muy grandes que mientras ellos tenían en cierta medida el poder de guiar al mundo, su falla consistía en que no provenían de un linaje de Tzadikim. Igualmente mencionó un número de Tzadikim de los cuales dijo que no tenían la capacidad de guiar al mundo. Él dijo que era como las letras en el momento de la creación del mundo, tal cual está descrito en el Midrash.[97] Allí se relata que

---

[96] Ver *Likutey Moharán* I, 162; *El Libro de los Atributos*, Fe, p.9. Ver también *Likutey Moharán* I, 44; *Sabiduría y Enseñanzas del Rabí Najmán de Breslov*, 142, sobre el versículo, "Yo haré conocer Tu fe, etcétera". El Rebe Najmán explica que uno debe repetir una y otra vez, "yo creo, yo creo", para reforzar su fe.

[97] *Ialkut Bereshit* 1; *Zohar*, Introducción.

las letras vinieron delante de Dios y que cada una quería que Dios crease el mundo a través de ella. Dios le respondió a cada una por vez: "Tú eres muy digna y hermosa, pero aun así Yo no quiero crear el mundo a través de ti...". Lo mismo se aplica a los Tzadikim. Algunos de ellos son muy dignos y hermosos, pero aun así no son capaces de guiar el mundo.

<Él dijo: "Cuando una vela se apaga todo se vuelve oscuro. Cuando muchas velas se apagan todo se vuelve muy oscuro. Cuanto más brillante es la luz, más grande es la oscuridad que sigue luego que la luz se ha ido. En verdad, cuando falleció el justo Rabí Guedalia de Linitz [1804], se extinguió la luz que él trajo al mundo. Pero la oscuridad que siguió no fue tan grande, pues el Rabí Guedalia era una vela pequeña. Él trajo luz sólo a aquellos dentro de la ciudad de Linitz, e incluso luego de que él partió los habitantes de la ciudad siguieron siendo buenos judíos. El Rabí Guedalia no era un líder tan eminente como el santo Rabí Shalom de Probisht, cuya luz tenía una influencia algo más amplia sobre el mundo. Cuando falleció el Rabí Shalom [1803], la oscuridad que ello trajo fue mucho mayor. No fue por nada que estuve enfermo durante tres días luego del fallecimiento del Rabí Shalom. Yo sabía que así debía ser".>

<"En verdad es como la comedia de Ajashveros [de la historia de Purim] en la cual uno de los personajes es Mordejai. Yo siempre me he preguntado por qué éste es Mordejai y el otro Hamán, etcétera. Pero así es como la comedia debe desarrollarse, y este tema no es diferente. Comprende bien esto".>

<El Rebe también agregó: "Es como tomar un mono y vestirlo con pantalones y otras prendas propias de un hombre. La gente le da dinero al mono y éste lo toma. Se transforma en una atracción en la cual todos vienen a darle dinero al mono para observar cómo lo toma y lo guarda en su bolsillo. ¿Qué sucede después? Los dueños del mono le sacan sus prendas distinguidas y dividen el dinero entre ellos. Comprende bien esta alegoría".>

<Sobre este mismo punto él dijo cierta vez: "Yo he sabido desde hace un tiempo que hoy en día es imposible traer *shefa*, es decir, una gran riqueza, si no es mediante el hecho de acceder a alguna posición de autoridad. Esto es fácil de ver".>

515. El Rebe nos advirtió que no debíamos engullir la comida de manera apurada, como un glotón, pues éste era el comportamiento de Esaú. Esaú dijo, "Dame algo de este guiso rojo para *tragarlo*" (Génesis 25:30). Debemos hacernos al hábito de comer sin apuro, de manera calma y con buenos modales. Siempre debemos comer con la misma dignidad que tendríamos si alguien importante estuviese sentado a la mesa. Esto se aplica incluso cuando uno come solo.[98]

516. El Rebe dijo que en el tiempo que viene los Tzadikim dirán, "Éste es Dios, en Él hemos esperado" (Isaías 25:9; *Taanit* 31a) - "*Éste*"- ¡literalmente! El Rebe dijo que cada Tzadik dirá, "Es en verdad *este* Dios en el cual pusimos nuestras esperanzas", en el sentido de que incluso en este mundo ellos habían sido dignos de percibirlo de la misma manera como Lo podrán ver en el próximo mundo. Ellos siempre esperaron verlo así, y entonces serán dignos de ello. Es por eso que dirán, "*Éste* es Dios, en Él hemos esperado". En *este* Dios hemos esperado.

517. Él dijo: "Yo tengo una fe completa en que cada niño que viene a mí antes de alcanzar la edad de siete años se mantendrá libre de pecado hasta el día de su casamiento".[99]

518. Alguien me contó que el Rebe dijo: "Entre mis seguidores hay algunos que a veces arden literalmente con devoción a Dios y se acercan verdaderamente a Él. En esos momentos alcanzan un nivel que incluso los Tzadikim perfectos no pueden alcanzar. Sin embargo, en otros momentos caen.... Si sólo se mantuviesen firmes en su devoción y aferrados siempre a este nivel...".[100]

Sobre el mismo tema escuché que dijo cierta vez que lo más importante es permanecer firmes en los sentimientos que uno

---

[98] Cf. *Sabiduría y Enseñanzas del Rabí Najmán de Breslov*, 143; ver *Consejo*, Comer 22.

[99] Ver *Kojavey Or*, p.68, esto parece haber sido dicho con respecto al pecado de la emisión en vano de semen y es aplicable incluso luego del fallecimiento del Rabí Najmán, visitando su tumba.

[100] Ver *Likutey Moharán* I, 79.

tuvo cuando comenzó a servir a Dios. Cuando la persona comienza por primera vez está plena de un tremendo entusiasmo. Uno debe hacer todos los esfuerzos para retener el entusiasmo inicial durante el mayor tiempo posible. El Rebe mencionó que el santo Rabí Zusia de Anipoli[101] era único en este respecto, comparado con muchos otros grandes Tzadikim él era capaz de retener su entusiasmo inicial durante un período muy largo de tiempo.

519. El Rebe me dijo cierta vez: "Todo lo que ves en el mundo sólo existe en aras de la libertad de elección. El mundo entero y todo lo que contiene fueron creados sólo en aras de la libertad de elección".[102]

520. El Rebe amaba las devociones simples. Él amaba a aquellos que podían recitar muchas plegarias y súplicas tal como están impresas en los libros de plegaria completos.[103] Él dijo: "Envidio al Rabí I., el yerno del Rabí I., quien puede recitar muchas plegarias". Este hombre vivía en Breslov y cada día recitaba un gran número de súplicas, de salmos y de otras lecturas adicionales. El Rebe envidiaba su capacidad de decir tantas plegarias. El Rebe mismo, antes de contraer la grave tuberculosis de la cual fallecería, siempre solía cantar muchas *zemirot* cada Shabat y a la partida del Shabat. Aquel que nunca escuchó la manera como cantaba *Azamer BiShvajin*[104] el viernes a la noche, *Asader liseudata*[105] el

---

[101] El Rabí Meshulam Zusia de Anipoli (m.1800), hermano mayor del Rabí Elimelej de Lizhensk. Ambos fueron discípulos del Maguid de Mezritch. Sus enseñanzas están recolectadas en el *Menorat Zahav*. Ver *Until The Mashiach* p.237.

[102] *Sabiduría y Enseñanzas del Rabí Najmán de Breslov*, 222, 300; *Alim LeTrufá* 37.

[103] Ver *Likutey Moharán* I, 104; *Sabiduría y Enseñanzas del Rabí Najmán de Breslov*, 155.

[104] "Cantaré con alabanzas", una canción para la mesa del viernes por la noche compuesta por el Ari. Esta canción, con la melodía de Breslov, puede encontrarse en el CD *Azamer BiShvajin* producido por el Breslov Research Institute.

[105] "Prepararé la comida", una canción para la mesa de la mañana del Shabat compuesta por el Ari.

Devoción a Dios 419

Shabat a la mañana, *Kol Mekadesh*,[106] *Menuja vesimja*,[107] y las otras *zemirot*, ¡nunca ha escuchado nada bueno en su vida! ¡Feliz del oído que escuchó esto! Feliz aquél que lo escuchará en el futuro, en el Mundo que Viene.[108]

521. Una manera muy importante de expiar los pensamientos impuros es desarrollar ideas originales de Torá.[109] Yo escuché personalmente al Rebe urgiéndonos muchas veces a desarrollar ideas originales de Torá. Él dijo que esto es un *tikún* muy grande por el pasado. Dijo que incluso una sola palabra original es también algo muy bueno, porque es un *tikún* muy grande. También dijo que es beneficioso para las almas de los padres fallecidos y de los antepasados.[110]

Él dijo: "Yo ya les he dado buenos y puros poderes de imaginación,[111] y ustedes están autorizados a desarrollar ideas

---

[106] "Todos los que santifican el Séptimo Día", una canción para la mesa de la noche del viernes. El texto pertenece probablemente al Rabí Moshé (ben Klonimus) de Mayence, del siglo X. Esta canción con la melodía de Breslov puede encontrarse en el CD *MeEin Olam HaBa* producido por el Breslov Research Institute.

[107] "Descanso y Alegría", una canción para la mesa de la noche del viernes sobre la alegría de Shabat, compuesta por un poeta medieval desconocido llamado Moshé, tal cual está indicado por las letras iniciales de las primeras tres frases. Esta canción con la melodía de Breslov también puede encontrarse en el CD *MeEin Olam HaBa*.

[108] Ver *Tovot Zijronot* 5, 10.

[109] Ver adelante: 569; *Likutey Moharán* II, 105; *Oneg Shabat* p.79; ver también *Sabiduría y Enseñanzas del Rabí Najmán de Breslov*, 245.

[110] El Rabí Akiva encontró un alma que estaba sufriendo tremendamente por los muchos pecados que había cometido. Para salvar esta alma, él buscó a su hijo y le enseñó a leer las bendiciones y las plegarias diarias. Luego siguió enseñándole Torá. El niño continuó estudiando y finalmente llegó a ser un Rabí.

El Rabí Akiva volvió a encontrar la misma alma años después. El alma le contó: "Cuando mi hijo dijo las bendiciones por primera vez, fui liberado del severo sufrimiento en Guehinom. Cuando comenzó a recitar las plegarias diarias fui retirado definitivamente de Guehinom. Cuando comenzó a estudiar Torá, fui elevado hacia el Gan Eden. Y cuando comenzó a enseñar Torá, fui llevado frente a la Cámara de Estudios Celestial y Dios Mismo me alabó por tener un hijo así (*Kala Rabati* 2; *Zohar Jadash*, p.60a; ver también *Likutey Halajot, Jadash*, 3:13).

[111] Ver *Likutey Moharán* I, 54:5,6.

originales de Torá". Y dijo: "Con sus poderes de imaginación ustedes pueden comprender lo que yo mismo puedo comprender a través de la sabiduría".

522. El Rebe me habló de un cierto Tzadik de Lituania[112] quien antes de su muerte chasqueó sus dedos [en señal de victoria] y dijo con alegría, *"uber gueshpringuen* - ¡salto al otro lado!". Estaba contento porque había logrado superar este mundo y sus vanidades. El Rebe alabó mucho a este Tzadik por haber sido capaz de decir tal cosa antes de su muerte. Todo aquel que logra saltar y superar las vanidades y los placeres de este mundo es afortunado en verdad.

El Rebe también citó un hermoso comentario que este Tzadik había hecho sobre el versículo, "Mi boca alabará a Dios y toda carne bendecirá Su santo nombre por siempre" (Salmos 145:21). Él dijo, " '*Mi* boca alabará a Dios'. En ese caso, ciertamente 'toda carne bendecirá Su santo nombre por siempre' ". Este Tzadik era muy humilde y poca cosa a sus ojos. Su idea era, "Si una criatura tan baja como yo es capaz de decir alabanzas a Dios, entonces ciertamente toda carne, todas las otras criaturas, tienen el derecho de 'bendecir Su santo nombre', porque ellas no pueden ser peores que yo. 'Mi boca alabará a Dios'. Si es así, entonces ciertamente 'toda carne alabará Su santo nombre por siempre' ".

523. Cierta vez yo estaba delante del Rebe mientras le estaban preparando su abrigo para el invierno - le estaban cosiendo un forro de piel de conejo. Él me dijo que cada vez que una persona utiliza ropa nueva y fina, algo le cambia por dentro: cuando cambia sus vestimentas, su rostro también cambia. Es posible que uno sea el más grande de los sabios; es posible que sea una persona de gran riqueza para la cual la vestimenta no sea un tema de tanta importancia; incluso si es un rey, cada vez que viste nuevas prendas algo inevitablemente cambia dentro de él. Como resultado cambian su rostro y sus movimientos.

---

[112] Hay una tradición oral que éste era el Rabí Alexander Ziskind (1735?-1794), autor de *Iesod veShoresh HaAvodá*. Vivió en Grodno, Lituania.

Devoción a Dios 421

524. Le escuché decir: "Si alguna vez sucedía que el Baal Shem Tov encontraba que sus ropas no estaban cosidas apropiadamente, debido a una falla en la hechura, daba instrucciones de que le hicieran un *pidion*, una redención".

525. El Rebe tenía un abrigo de color gris. Cierta vez que lo estaba usando durante un Shabat a la noche dijo: " 'Yo soy polvo y cenizas' " (Génesis 18:27).

526. Un hombre cercano al Rebe había estado tratando de estudiar obras Kabalistas, pero no poseía la pureza necesaria. El Rebe le dijo que no estudiase Kabalá y le comentó que la palabra *kabalá* tenía la misma *guematria* que *noef*, alguien culpable de pecado sexual.[113]

Kuf-100, *Bet*-2, *Lamed*-30, *hei*-5 = 137
Nun-50, *Vav*-6, *Alef*-1, *Pé*-80 = 137

Otra persona me dijo que el Rebe estaba hablando con cierto hombre que se quejaba de que no tenía corazón, es decir, su corazón no estaba en sus plegarias y devociones. El Rebe le dijo que era porque estaba estudiando Kabalá. Pues "Aquel que peca (*noef*) con una mujer carece de corazón" (Proverbios 6:32), y *kabalá* tiene la misma *guematria* que *noef*.

Todo esto se aplica a alguien que no es apto para estudiar Kabalá. Sin embargo, hubo varias personas a las cuales el Rebe mismo les dijo que estudiasen Kabalá.[114] Uno debe orar a Dios para que lo guíe por el verdadero sendero y lo ayude a saber si debe estudiar Kabalá o no.

527. Una cantidad de importantes estudiosos de la Torá han hecho el cálculo del momento de la llegada de Mashíaj.[115] En nuestra propia época, un número de personas ha hecho afirmaciones específicas sobre la llegada del Mesías. Lo mismo ha sucedido en generaciones anteriores. El Rebe estaba totalmente en desacuerdo.

---

[113] Cf. *Sabiduría y Enseñanzas del Rabí Najmán de Breslov*, 249.

[114] El Rabí Natán se contaba entre ellos. El Rabí Iudel ya era un conocido kabalista incluso antes de conocer al Rebe. Ver arriba: 435.

[115] Cf. *Sabiduría y Enseñanzas del Rabí Najmán de Breslov*, 126.

Él dijo que toda fecha que la gente pudiese dar para la venida del Mashíaj no sería ciertamente la fecha en la cual llegaría. Hay pasajes en el Santo *Zohar* y en otras partes maldiciendo a todos aquellos que hacen tales cálculos.[116] Pues "El Hijo de David sólo vendrá cuando nadie lo espere" (*Sanedrín* 97a). Ahora, la gente está diciendo que Mashíaj llegará en el año 5600 (1839-40) y afirman que el *Zohar* contiene alusiones al respecto. La verdad es que él no llegará en absoluto en esa fecha. Puede venir antes del 5600 o puede venir después. Pero en el 5600 mismo seguramente no vendrá:[117] no hay duda al respecto, viendo cómo la gente lo está esperando para ese entonces. Una cosa es segura: toda fecha que alguien dé, sobre la base de cálculos, diciendo que es el momento de su llegada, definitivamente no será el momento en el que él venga. El Mashíaj vendrá rápidamente y sin demoras en nuestros días, pero será cuando nadie esté prestando atención: nadie imaginará que ése será el momento de su llegada, y de pronto llegará, rápidamente y en nuestros días, Amén.[118]

528. Cierta vez la gente que estaba con el Rebe hablaba sobre la preocupación de ganarse el sustento. Él les dijo: "¿Por qué preocuparse por ganarse el sustento? ¿Acaso el pan y los encurtidos no son buena comida?".

529. Él dijo: "En un día de ayuno es bueno decir la porción de Torá que trata de los sacrificios" (Levítico 6-7).

530. Cierta vez el Rebe me estaba hablando de liberarse del deseo universal, es decir, el deseo sexual. Como era costumbre, el Rebe se burló de este deseo. Él dijo: "Siempre me resulta difícil comprender por qué los sabios dicen, 'Era a sus ojos como si un demonio lo estuviese forzando'.[119] ¿Quién te está forzando?". En

---

[116] *Zohar Jadash* 12a; *Sanedrín* 97b.

[117] Ver *Zohar* I, 117a, que en el año 5600, correspondiente al 1840, se abrirán las Puertas de la Sabiduría del Cielo permitiendo que el hombre invente objetos beneficiosos que le facilitarán la vida.

[118] Arriba: 275.

[119] *Nedarim* 20b; *Oraj Jaim* 240:8.

otras palabras, si la persona quiere conquistar completamente este deseo, no hay nadie que la puede detener. Comprende esto.[120]

531. El Rebe había estado hablando sobre cómo los seguidores del Tzadik deben ocuparse de todas sus necesidades y hacer todo por él.[121] Dijo que esto se encuentra aludido en el versículo de los Salmos (145:17), "Recto (*Tzadik*) es Dios en todos Sus caminos y bueno (*jasid*) en todos Sus actos". ¿Cuándo es que el Tzadik tiene a "Dios en todos sus caminos" en cumplimiento de la idea: "Conócelo en todos tus caminos" (Proverbios 3:6)? ¿Cuándo puede el Tzadik cumplir con esta idea y tener a Dios en todos sus caminos? Cuando el "jasid [está] en todos sus actos", cuando los seguidores del Tzadik, que son llamados Jasidim, se ocupan de todas sus necesidades. Entonces no hay necesidad de que él se distraiga por nada, pues sus seguidores hacen todo lo que él necesita.

532. "Muestra Tu misericordia sobre aquellos que Te conocen, Dios celoso y vengador" (*zemirot* del viernes a la noche). Le pedimos a Dios que muestre misericordia sobre aquellos que Lo conocen, para enfadar a sus enemigos. Éste es el significado de las palabras de la canción, "Muestra Tu misericordia sobre aquellos que Te conocen, Dios celoso y vengador", es decir, para vengarse de aquellos que los odian, de modo que los malvados vean y se enfaden (cf. Salmos 112:10). Otros versículos contienen el mismo pensamiento: "En aras de mis enemigos, redímeme" (Salmos 69:19) y "en aras de aquellos que están esperando mi caída, endereza Tu camino delante de mí" (*Ibid.* 5:9).

533. El Rebe dijo: "Cuando tu mente esté cansada de estudiar Torá, debes dejar de lado tus estudios y hablar con la gente sobre temas cotidianos.[122] Esto ayuda a descansar la mente. Las conversaciones de esta clase son como irse a dormir, lo cual relaja la mente. No son consideradas como hablar en vano, que es

---

[120] Ver arriba: 233.

[121] *Sefer HaMidot, Tzadik* 62.

[122] Ver *Likutey Moharán* I, 35:7; *Likutey Moharán* II, 78.

algo pecaminoso. Por el contrario, hablar entonces es una gran mitzvá. Esto es lo que quisieron decir los sabios (*Menajot* 99b) cuando dijeron que hay veces en las cuales 'descuidar la Torá es la manera de cumplirla, como está escrito (Salmos 119:126), "Es tiempo de actuar por Dios, han abandonado Tu Torá" '. Si la persona no descansa un poco para aclarar su mente mediante la conversación, puede terminar abandonando por completo la Torá".[123]

534. El Rabí Shimón logró hacer que el Rebe estuviese acuerdo en que él sería su asistente después de su muerte tal como fue en vida.[124]

535. Vale la pena registrar un episodio que tuvo lugar cuando el Rebe estaba de viaje. Él estaba durmiendo afuera, sobre una cama y comenzó a gritar durante su sueño. Todos llegaron corriendo y él se despertó. Fue a la casa y abrió un libro donde dijo que se encontraba una explicación para lo que había sucedido. La casa donde estaba parando, una taberna, estaba construida con madera de árboles que aún no habían madurado. El Rebe dijo que en la página que había abierto en el libro, que evidentemente era un Midrash, estaba escrito, "Cortar un árbol antes de su tiempo es como matar un alma".[125]

Lo que había sucedido es que mientras dormía soñó que estaba rodeado por los cuerpos de personas que habían sido asesinadas. Él tuvo mucho miedo... Comenzó a gritar hasta que todos se juntaron a su alrededor.

---

[123] Cf. *Likutey y Moharán* I, 16; arriba: 435.

[124] Es sabido que el Rabí Shimón instó al Rebe para que le hiciera esta promesa, pero que el Rebe originalmente se había negado. Cierta vez en que estaban viajando, al descender una colina el carruaje comenzó a moverse tan rápidamente que estuvo al borde de tumbarse. El Rabí Shimón saltó del vehículo y con un gran esfuerzo logró detenerlo. Luego de esto, nuevamente volvió a instar al Rebe para que le garantizase que lo serviría en el próximo mundo. El Rebe dijo: "En verdad tu acción fue muy buena, pero ¿es eso suficiente para hacerte semejante promesa?".

Finalmente intervino la madre del Rebe a favor del Rabí Shimón y el Rebe estuvo de acuerdo con su pedido (*Aveneha Barzel* p.36 #51). Cf. *Ketubot* 103a; ver arriba: 3; ver *Until The Mashiach* p.9, 298.

[125] Ver *Baba Kama* 92b; *Suká* 29a.

También dijo que uno debe ser muy cuidadoso con la cama sobre la cual dormirá, y contó una historia de cuando cierta vez había estado viajando con su madre y les habían dado dos camas para dormir. A la mañana siguiente él le dijo a su madre que había soñado que lo llevan por el camino del infierno. Su madre dijo, "Yo también tuve un sueño, pero en él, ellos me estaban llevando por el camino al Jardín del Edén". El posadero les dijo que la cama donde había dormido la madre del Rebe era una que guardaba para los huéspedes importantes, y que en el pasado muchos grandes Tzadikim habían dormido en ella. La otra cama era usada por el populacho. El significado del sueño era obvio.

536. Cierta vez los seguidores del Rebe estaban junto a él cuando un soldado gentil, de las tropas estacionadas en nuestra región, golpeó en la ventana y preguntó si había un soldado adentro. "No", le respondieron, "no hay aquí ningún soldado", y el soldado se fue. Luego de una hora retornó y volvió a golpear en la ventana, más fuerte aún, y preguntó nuevamente si no había un soldado dentro. El Rebe les dijo a sus seguidores, "Igual que el *ietzer hara*, la mala inclinación de ustedes. Cuando viene a golpear por primera vez ustedes le dan la espalda y dicen que ninguno de sus soldados está aquí. Se lo sacan de encima y él se va. Pero más tarde retorna y comienza a golpear una vez más. Aunque ustedes ya se lo han sacado de encima y le han dicho que ninguno de sus soldados está aquí, que no hay lugar aquí para el *ietzer hara* y sus fuerzas, esto no le impide retornar una y otra vez. Deben alejarlo cada vez que viene, y finalmente se irá para no volver. Es necesario que sean muy obstinados y luchen una y otra vez, incluso cien veces y más. Si se mantienen firmes, al final serán capaces de alejarlo por completo".[126]

La frase: "Y Tú nos has salvado de mucho mal y de enfermedades fieles"[127] (plegaria de *Nishmat* del Shabat por la mañana), debe

---

[126] Cf. *Likutey Moharán* II, 48.

[127] Ver *Avoda Zara* 55a, que las enfermedades son "malas y fieles". Ellas son malas en su misión, causando sufrimiento, y "fieles" en que parten cuando se les ordena hacerlo, así la persona se arrepienta o no. Cf. *Likutey Moharán* II, 3; *Ibid.*, 5:1.

ser dicha con un fervor especial, porque, Dios nos libre, si no fuéramos liberados de ellas....

537. Sobre el tema de los falsos líderes, el Rebe dijo que es muy difícil para el Malo ocuparse del mundo entero y sacar a todos del verdadero sendero. En lugar de ello coloca una celebridad aquí, a otra en otro lugar.... De uno de tales líderes el Rebe dijo que les había arrancado las cabezas [llevado por el mal camino] a miles de personas que ciertamente no se levantarán en el momento de la resurrección de los muertos.[128]

538. De sus seguidores, el Rebe dijo que era difícil para ellos presentarse y adoptar el papel de líder "porque yo he implantado en ellos mucha verdad, ¡más que suficiente!".

539. Él dijo que es muy bueno pedirles constantemente a los Tzadikim que nos hagan redenciones, y no sólo cuando tenemos un problema en particular. Habló sobre un número de personas en Hungría que habían tomado la costumbre de pedir redenciones todo el tiempo. Dijo que si él tuviese un Tzadik que estuviera en un nivel como para hacer redenciones para él, le pediría que le hiciera una redención cada día y a cada momento. Él habló mucho sobre esto, pues las redenciones son algo muy grande.[129]

540. Con respecto a las visiones percibidas por los grandes Tzadikim,[130] él dijo que en los mundos superiores, cuando ellos deseaban enviarle a alguien cierta clase de visión, lo vestían con ojos capaces de percibir lo que ellos querían que él viera - tanto el alma de una persona muerta, un ángel y demás. Está escrito, "Los ojos de Dios son para los Tzadikim" (Salmos 2.16). El Rebe

---

[128] Ver arriba: 455. El Rabí Najmán dijo: "Existen dos clases de personas a las que temo, una de las cuales es un falso líder. Él no sabe ni conoce su poder. Si lo hiciera, causaría mucho más daño todavía. Que Dios nos salve" (*Kojavey Or, Aveneha Barzel* p.44, #64).

[129] Ver *Sabiduría y Enseñanzas del Rabí Najmán de Breslov*, 214; cf. *Kritut* 25a, que el hombre puede traer un *asham talui*, una ofrenda de pecado condicional, cada día.

[130] Ver arriba: 10; cf. *Jaguiga* 14b, *Tosafot v.i. nijnasu lePardes*.

explicó que esto quería decir que los Tzadikim tenían los "ojos de Dios", si así puede decirse, y es por esto que ellos podían ver tales cosas, con los "ojos de Dios" que tenían.[131]

541. Le escuché decir al Rebe que las bendiciones que la gente recibe de hombres importantes son a veces muy valiosas. Es muy bueno tratar de recibir bendiciones de todos ellos.[132]

542. Él dijo: Es muy bueno ver el rostro de todos los Tzadikim de la generación, pues "los Tzadikim son el rostro de la *Shejiná*" (*Zohar* II, 163b).[133]

543. El Rebe nos habló muchas veces sobre la importancia de tratar de acercar a la gente a Dios.[134] Nos dijo que hiciéramos el esfuerzo de hablar con la gente para inspirarla y hacer que volvieran a Dios. Él quería incluso que hablásemos con la gente sobre temas cotidianos debido a la posibilidad de que la conversación pudiera derivar en algo que los inspiraría espiritualmente. Aun si podíamos generar la mínima respuesta, un vago pensamiento de arrepentimiento o un entusiasmo temporal, valdría la pena.[135] Cuánto más aún, entonces, considerando que si habláramos con ellos, una y otra vez, podríamos finalmente tener éxito e inspirarlos en verdad y acercarlos genuinamente a servir a Dios. No hay nada más grande que acercar a una persona al servicio a Dios. Esto está tratado en toda la literatura rabínica, y especialmente en el Santo *Zohar*, donde dice por ejemplo, "Feliz de aquel que toma al malvado de la mano; mediante él Dios es alabado en todos los mundos".[136]

---

[131] *Likutey Moharán* I, 98.

[132] Cf. *Jaiei Adam* 144:19.

[133] *Sefer HaMidot, Tzadik* 6.

[134] Arriba: 172, 373; *Sabiduría y Enseñanzas del Rabí Najmán de Breslov*, 209; *Iemei Moharnat*, Introducción.

[135] Ver *Los Cuentos del Rabí Najmán*, #12; cf. *Sabiduría y Enseñanzas del Rabí Najmán de Breslov*, 236.

[136] *Zohar* II, 128.

El Rebe nos habló mucho sobre esto, una y otra vez y de diferentes maneras. Nos instó a hablar con la gente y a acercarla a Dios. Varias veces nos reprochó por ser indolentes en esto, y una vez nos llamó "madera seca" porque no estábamos dando nacimiento a almas que podrían acercarse a Dios a través de nosotros. Cierta vez, luego del Shabat, varios de nosotros estábamos de pie a su alrededor, incluyendo algunos de sus seguidores más importantes, y él habló varias horas criticándonos debido a esto. Incluso quería que viajásemos con el expreso propósito de hablar con la gente.

Cuando él hablaba sobre tratar de acercar a la gente a Dios, le daba poca importancia a aquellos que sólo trataban de trabajar con gente simple, con los pobres y los necesitados, con los ignorantes y demás. El esfuerzo más importante debía ser puesto en trabajar con gente de influencia.[137] Tales personas son muy difíciles de acercar, y si uno tiene éxito con ellos, logra un gran mérito. Acercar a Dios a estas grandes almas es un logro mayor. La gente simple y común los seguirá automáticamente, porque ellos están inevitablemente influenciados por aquellos de un nivel superior al suyo y que han encontrado su camino hacia la verdad, hacia Dios.

Yo le pregunté quién se consideraba que estaba en un nivel superior. Él me contestó con impaciencia, como si yo hubiera preguntado algo obvio: "Quien sea más erudito es más importante; quien sea más rico es más importante; quien provenga de un mejor linaje es más importante". La implicancia era que todo aquel que se distingue así sea por su riqueza, su erudición o su linaje con seguridad tiene un alma más grande y más elevada, y al mismo tiempo un *ietzer hara* más fuerte.[138] A su vez también dependen de él una gran cantidad de almas. Es por esto que el principal esfuerzo debía ser puesto en trabajar con los líderes de la generación más joven de un lugar dado, con los hijos de los adinerados y aquellos poseedores de un alto nivel de erudición. Entonces la gente simple automáticamente se acercará a Dios.

---

[137] Ver *Los Cuentos del Rabí Najmán*, #12.

[138] Cf. *Suká* 52a.

El Rebe mismo no trataba de trabajar con gente mayor, sino sólo con los jóvenes; ver *Sefer HaMidot, Teshuvá* B4: "Es más fácil hacer que los jóvenes retornen a Dios, más que los ancianos". Un anciano[139] me contó que cierta vez estaba con el Rebe para Shavuot en Zaslov y le dijo, "Rebe, acérqueme a usted". El Rebe le respondió: "No puedo acercar a gente mayor". Entonces el Rebe sonrió y dijo: "Dime, ¿es verdad realmente que no puedo? ¡Por supuesto que también puedo acercar a la gente mayor!". Aun así este anciano nunca estuvo tan fuertemente unido al Rebe como la gente joven (ver *Likutey Moharán* I, 206 sobre la diferencia entre los jóvenes y los ancianos). Hemos visto y escuchado sobre varios casos que muestran las dificultades de acercar a la gente mayor.

544. Dijo el Rebe: Si la persona pasa muchos años cerca de un verdadero Tzadik y atiende a sus necesidades y escucha lo que él dice, oirá toda clase de frases y conversaciones e historias que parecen no tener relevancia para ella ni tampoco nada para ofrecerle en el camino de la guía espiritual.[140] Sin embargo, con el paso del tiempo, finalmente llegará a comprender cómo sacar la más valiosa guía espiritual de las diferentes cosas que escuchó mucho tiempo atrás. Verá entonces cómo cada palabra que escuchó, incluso muchos años antes, tiene la mayor relevancia para el presente y será capaz de recibir inspiración de cada una

---

[139] Ver *Until The Mashiach* p.142, este era R. Israel Shochet, el abuelo del Rabí Najmán de Tulchin.

El Rabí Najmán Jazan de Tulchin (1813-1884) nació luego del fallecimiento del Rabí Najmán y recibió el nombre del Rebe. Huérfano desde muy temprano, fue criado por su tío, el Rabí Iosef. Cuando el Rabí Natán, en su peregrinaje a la Tierra Santa (en el año 1822) se hospedó en la casa del Rabí Iosef, el joven Rabí Najmán lo sirvió. De ahí en adelante comenzó a seguir al Rabí Natán y más tarde llegó a ser su discípulo más cercano y devoto. Finalmente, llegó a ser el líder de los jasidim de Breslov.

En el año 1843, el Rabí Najmán viajó a Lemberg (Lvov) para imprimir el primer volumen del *magnum opus* del Rabí Natán, el *Likutey Halajot*. Luego del fallecimiento del Rabí Natán editó y publicó los siete volúmenes restantes. Fue el líder de la plegaria de *Musaf* en Umán para *Rosh HaShaná*, y en sus últimos años se mudó a Umán. Su hijo fue el Rabí Abraham Jazan.

[140] *Iemei Moharnat* 67.

de ellas. Finalmente comprenderá y dirá, "De modo que esto era lo que mi maestro me estaba insinuando en ese momento".[141] Con cada nueva situación en que se encuentre y con sólo pensar cuidadosamente sobre todo lo oído, reconocerá cómo lo que escuchó tiempo atrás contenía toda clase de maravillosas alusiones y guías.

El Rebe ilustró esta idea con una historia sobre un cierto Tzadik, muy famoso, entre cuyos sirvientes se encontraba una persona muy simple, a quien suelen llamar un *prustik*. Este hombre servía constantemente al Tzadik y pudo escuchar de él muchas cosas, pero no entendía nada y no les veía relevancia alguna. Sin embargo, tenía una gran fe en el Tzadik y en sus santas palabras aunque no comprendía su verdadero significado. Simplemente estaba allí y atendía a las necesidades del Tzadik con completa honestidad.

Luego de muchos años el Tzadik falleció. El hombre comenzó entonces a recordar toda clase de cosas que había escuchado. En cada situación recordaba algo que el Tzadik había dicho y se decía a sí mismo, "De modo que esto es lo que el Tzadik quería significar, aquello que dijo en tal y tal momento era una alusión". Con cada nueva situación comprendía en retrospectiva lo que había querido decir el Tzadik y a lo que estuvo aludiendo durante todos esos años. ¡Ahora comprendía! Este hombre llegó a ser profundamente piadoso y temeroso de Dios, y fue muy respetado en la ciudad del Tzadik. Finalmente terminó siendo el líder de todas las personas sinceramente religiosas de esa localidad.[142]

545. Cierta vez le estaba hablando al Rebe sobre mis problemas personales y le dije con amargura, " 'Cansado estoy de clamar, mi garganta está seca, desfallecen mis ojos esperando a mi Dios' (Salmos 69:4)". El Rebe levantó la mano y dijo con suavidad: "Si es así, ¿qué se puede hacer?", pues está prohibido cuestionar los caminos de Dios, y en verdad Dios es recto. Luego me dijo, "Si el

---

[141] *Kojavey Or* p.11; *Ibid., Aveneha Barzel* p.9.

[142] Ver Rashi, Números 27:16; *BaMidbar Rabah* 21:14. Ioshúa, y no uno de los hijos de Moisés, fue elegido como líder debido a su unión a Moisés

rey David dijo, 'Cansado estoy de clamar, mi garganta está seca', seguramente lo decía de manera literal: ya había llorado tanto que estaba físicamente exhausto y su garganta estaba literalmente seca. Pero en cuanto a ti, gracias a Dios, aún tienes fuerza....".

546. Sobre el tema de las guerras entre naciones y el derramamiento de sangre innecesario,[143] dijo el Rebe: "Muchas de las erradas locuras en las que creía la gente en eras pasadas, tales como los cultos primitivos del sacrificio de niños a Molej (Levítico 20:2) y demás, ya han desaparecido. Pero hasta ahora, la guerra y el tremendo error en que se basa, aún no ha sido abolida". El Rebe desdeñaba a los científicos que desarrollaban nuevas armas, diciendo: "¡Qué grandes sabios deben ser para imaginarse cómo hacer un arma maravillosa que pueda matar a miles de personas de una sola vez! ¡¿Hay algo más demencial que matar tanta gente por nada?!".

547. Cuando estallaron incendios aquí en Breslov, una vez durante el Shabat y otra vez en Iom Kipur,[144] el Rebe quiso que siguiésemos las reglas más permisivas con respecto al rescate de bienes, y que no adoptásemos, en absoluto, los puntos de vista más estrictos. (Está de más decir que la permisividad tiene que ser halájicamente aceptable: él quería que evitáramos restricciones innecesarias). Luego de Iom Kipur volvió sobre el tema y dijo que había muchas Responsas Halájicas que presentaban reglamentaciones muy permisivas a este respecto, y dijo que no era correcto adoptar los puntos de vista más estrictos. Él dijo: "Hace mucho que sé que hay ciertas personas que pueden llegar a abandonar muchas de sus devociones, prácticamente todas, debido a una estrictez. ¡Cuánto esfuerzo realiza la gente para adquirir riquezas y posesiones! Dejan de lado su estudio de Torá, sus plegarias y sus devociones y salen a viajar durante días con la finalidad de hacer dinero. ¿Acaso deberán abandonar todo lo ganado en aras de una estrictez y luego volver otra vez y dejar de lado totalmente sus devociones para recuperar la pérdida?".

---

[143] Cf. *Sabiduría y Enseñanzas del Rabí Najmán de Breslov*, 77.

[144] Arriba: 48, 83; *Iemei Moharnat* 44.

El Rebe dijo que cuando llevaba dinero en un viaje tomaba la precaución de guardarlo con cuidado en el bolsillo interior, directamente junto al corazón. Se aseguraba de que no hubiera ninguna rotura o agujero en el bolsillo.[145] Incluso después de todas estas precauciones continuaba palpando el bolsillo durante todo el viaje para cerciorarse de que el dinero aún estaba allí. Hubo ocasiones en que alguno de los seguidores del Rebe perdía dinero al viajar y venía a quejarse ante él. El Rebe lo reprendía por no haber sido suficientemente cuidadoso y no haber guardado el dinero de la manera apropiada.[146]

548. Cierta vez en que estaba a solas con el Rebe, él me dijo: "El corazón de Elías bullía dentro de él cuando denominó a Dios, 'Causa de todas las causas y Medio de todos los medios' ".[147] El Rebe agregó en *idish*, "Él es *der veiguenish*, el Sendero", pero no sé exactamente qué es lo que quiso decir.

549. Me relataron que en una ocasión el Rebe habló mucho sobre el versículo, "Compra la verdad pero no la vendas" (Proverbios 23:23). Él preguntó: Si el versículo dice que no hay que vender la verdad, entonces ¿de dónde uno puede comprarla? ¿Es lógico que el versículo diga primero, "Compra la verdad" y luego agregue "pero no la vendas"? Si el versículo dice que nadie debe vender la verdad, entonces ¿a quién se la podremos comprar? Él habló sobre esto un largo rato, pero yo no escuché lo que dijo.

550. Me contaron que el Rebe dijo: "Cuando alguien repite una mentira dos veces ésta se vuelve la verdad", es decir, se vuelve como la verdad para la persona que la repite, en virtud de haberla repetido dos veces.[148]

También dijo: "A veces la persona está en la cama, pensando cosas falsas sobre su amigo. Imagina que su amigo habló en contra de él o que, de alguna manera, le hizo un daño deliberado.

---

[145] Cf. *Baba Metzía* 21b, que un "hombre controla sus bolsillos de vez en cuando".

[146] *Sabiduría y Enseñanzas del Rabí Najmán de Breslov*, 13, 281.

[147] *Tikuney Zohar*, Introducción.

[148] Cf. *Ioma* 86b; *Moed Katan* 27b; *Sotá* 22a; *Kidushin* 40a.

Devoción a Dios

"Comienza a inquietarse y a enfadarse con su amigo. Al rato arde de ira en contra de él, sin ningún motivo, y todo es producto de su imaginación. En verdad su amigo es totalmente inocente".

551. Cierta vez él habló sobre el tema de por qué a veces los verdaderos Tzadikim son incapaces de lograr lo que quieren mediante sus plegarias, pues "Hay veces en que Él escucha y hay veces en que Él no escucha" (*Zohar* II, 105b).

552. La gente suele deprimirse, en especial cuando está orando, debido a las diferentes dudas y preocupaciones que les entran en la mente sobre algo que piensan que han hecho mal o debido a sus pecados. En conexión a esto el Rebe me contó una historia sobre el Baal Shem Tov. Cierta vez el Baal Shem Tov se levantó para orar, pero no pudo hacerlo debido a que estaba perturbado por sus pensamientos. Estaba preocupado por el hecho de que él solía encender su pipa con una vela hecha con grasa prohibida, lo que aparentemente quería decir que era culpable de transgredir la prohibición de la grasa prohibida. Debido a esto no podía orar. Cuanto más deseaba orar y empujar este pensamiento fuera de su mente, menos podía. Una y otra vez seguía preocupándose por el hecho de haber transgredido la prohibición de la grasa prohibida. Le era imposible siquiera comenzar a orar. ¿Qué hizo el Baal Shem Tov? Saltó e hizo el voto de que él *siempre* encendería su pipa con una vela hecha de grasa prohibida. Y así lo hizo, pues es sabido que el Baal Shem Tov solía encender su pipa con una vela hecha con grasa prohibida.[149]

<Escuché que el Rebe dijo: "Pero lo que ustedes no saben es que un jasid que ha caído es peor que un apóstata". Dijo esto durante una conversación que tuvimos cuando lo visitamos en Medvedevka. Estábamos hablando sobre un cierto amigo mío y yo hice notar que el Rebe le había hecho un favor a este hombre al acercarlo, pues de lo contrario de seguro que mi amigo habría caído, Dios no lo permita. "Él aún no ha superado esto", dijo el

---

[149] Se permite utilizar la grasa de los animales, pero está absolutamente prohibido comerla. Ver *Iore Dea* 64:1; *ShaJ, loc.cit* #2.

Rebe, y desafortunadamente esto es lo que finalmente sucedió. El Rabí Najmán concluyó entonces con lo antedicho.>

553. Cierta vez hablé con el Rebe sobre el Jasid de Amsterdam, una figura famosa en Brody, quien había hecho una peregrinación a la Tierra Santa.[150] Yo lo vi en Kremenetz luego de su retorno de Israel, y le dije al Rebe que lo había escuchado decir que él ya había aniquilado su *ietzer hara*. "¿Qué necesidad hay de hablar sobre el hecho de que aniquiló su *ietzer hara*", respondió el Rebe, "viendo que ayunó tanto como lo hizo?". El Jasid de Amsterdam había ayunado mucho. Yo escuché de mi suegro[151] que había ayunado de Shabat en Shabat ciento seis veces sucesivamente.

Nota del Editor: La implicancia de esto es que el Rebe quería infundir en sus seguidores una fe perfecta en nuestros sabios. Él quería que tuviesen una fe tan perfecta como para nunca tener duda alguna sobre ellos. Ellos debían saber y creer que todas las palabras de los sabios son "verdaderas, rectas y fidedignas".[152]

---

[150] Éste era el Rabí Abraham HaCohen Katz de Lask. Su capacidad para ayunar era famosa y despertaba una gran curiosidad. Entre sus obras se encuentran: *veShav HaCohen, Aien Panim LaTorá* y *Beit Iaacov*. Falleció al ser torturado por árabes en Jerusalén.

[151] El Rabí Natán se casó con Esther Shaindel, la hija del Rabí David Zvi (ben R. Arie Leib) Ohrbach (f.1808). Fue el Rabino Principal en el área de Sharograd y Kemenetz. El Rabí Najmán dijo de él que era un Tzadik.

Aunque el Rabí David Zvi era muy anti-Jasídico, respetaba a aquellos que eran muy diligentes en el estudio de la Torá. Cuando el Rabí Natán se volvió discípulo del Rabí Najmán, su esposa se quejó a su padre sobre el hecho de que el Rabí Natán se hiciera un jasid. El Rabí David Zvi preguntó si el Rabí Natán continuaba con sus estudios. Cuando ella le respondió que ahora era mucho más diligente que antes, el Rabí David Zvi exclamó: "Si así es el caso, aunque tengas que tomar una bolsa de sal y salir a venderla por las calles, hazlo, con tal de mantener a un marido así" (*Tovot Zijronot* 5).

Cierta vez que pasó un Shabat con su suegro, el Rabí Natán cantó el *Shalom Aleijem* y *Eshet Jail* en una habitación contigua. Otros visitantes hicieron notar, "¿Cómo es que usted, un rabino tan importante, se queda esperando a su yerno joven?". El Rabí David Zvi respondió, "¡Él [Rabí Natán] es totalmente sincero!" (*Rabí Eliahu Jaim Rosen*).

[152] Cf. *Sabiduría y Enseñanzas del Rabí Najmán de Breslov*, 170.

Devoción a Dios

Escuché que cierta vez hablaron con el Rebe sobre cómo el Rabí Levi Itzjak, el Rav de Berdichov, no quería ir a la mikve a la mañana de Shavuot hasta que no le fuese mostrada la Carroza que vio Ezequiel (Ezequiel 1). Esto sorprendía mucho a la gente. "¿Por qué les parece esto tan asombroso?", dijo el Rebe. "¿No era acaso Ezequiel también un ser humano?".[153] Hubo otras ocasiones en que el Rebe utilizó términos encomiosos en alabanza del Rabí Levi Itzjak.[154] Escuché que el Rebe dijo de él que de no ser por el hecho de que vivió en Berdichov, sus devociones lo habrían llevado al nivel del Maguid de Mezritch y, de acuerdo con otra versión, al del Baal Shem Tov. También escuché de uno de los seguidores más cercanos del Rebe que él le dijo poco después del fallecimiento del Rabí Levi Itzjak que éste había sido único en su generación.

Cierta vez le estaban contando al Rebe sobre cierto Tzadik que había dicho del Maguid de Mezritch que con su sola mirada podía ver a los Siete Pastores. El Rebe dijo: "Sobre el Maguid uno puede creer lo que sea". Éste no es el lugar para relatar las otras cosas que el Rebe dijo en alabanza al Maguid, muchas de las cuales sin embargo fueron olvidadas.

No hace falta decir que el Rebe también habló en términos singulares sobre los santos niveles alcanzados por el Baal Shem Tov. Cierta vez, el Rebe habló sobre cómo un líder debe ser muy santo y estar separado del mundo, al igual que Moisés.[155] En la misma ocasión dijo que así había sido el Baal Shem Tov. El Rabí Naftalí me contó que cierta vez el Rebe había estado conversando sobre el hecho de que Rashi y los Baalei Tosafot[156] estaban en

---

[153] Cf. *Kojavey Or* p.79 #31.

[154] Ver arriba: 270; *Sabiduría y Enseñanzas del Rabí Najmán de Breslov*, 196; *Iemei Moharnat* 39.

[155] *Likutey Moharán* II, 72.

[156] Los *Baalei Tosafot* fueron discípulos y descendientes de Rashi y líderes de las escuelas de Torá en Alemania y Francia. Dirigidos principalmente por el Rabí Iaacov Tam (el nieto de Rashi, c.1100-1171) y por el Rabí Itzjak HaZakén (bisnieto de Rashi), produjeron una colección de comentarios usando la metodología Talmúdica sobre el mismo Talmud.

su mayoría enterrados en Francia. Dijo el Rebe: "En cuanto a nosotros, tenemos el privilegio de tener al Baal Shem Tov enterrado en nuestra región". En esa ocasión dijo que el Baal Shem Tov era el señor de miles y decenas de miles de mundos. Cierta vez el Rabí Naftalí le escuchó decir: "Es a nosotros (es decir, los descendientes del Baal Shem Tov) a quienes hace referencia el versículo cuando dice "...y el fruto de la tierra será su orgullo y belleza..." (Isaías 4:2).

Hubo otra ocasión en que el Rebe habló en alabanza de los logros del Santo Rabí Pinjas de Koretz.[157] Dijo que hubo un período en que el Rabí Pinjas fue el Tzadik más importante de su generación. Y otra vez dijo el Rebe: "Felices los ojos que vieron al Rabí Pinjas".

Una vez el seguidor de cierto Tzadik pasó un Shabat en Breslov. El Rebe no estaba allí en ese momento. Cuando el Rebe volvió a su hogar le contaron sobre la visita del hombre y el Rebe preguntó si le habían mostrado el respeto apropiado (aunque este hombre no era muy conocido por el mundo en general). El Rebe entonces dijo: "Para un hombre piadoso como éste incluso todo el honor del mundo es insuficiente. Sobre esto está escrito, 'Y él honra a aquellos que Le temen a Dios' (Salmos 15:4)."

El Rebe también habló en los términos más elogiosos sobre el Rabí Iaacov Iosef de Polnoie. Él dijo: "Aunque el *Toldot* y sus otras obras son muy santas y maravillosas, como todos saben, la verdadera santidad del santo Rabí Iaacov Iosef alcanzada durante su vida es mucho más elevada de lo que surge a partir de sus libros". De manera similar, cuando él vio el *Noam Elimelej* se sintió muy sorprendido, y dijo que la santidad personal alcanzada por el Rabí Elimelej era mucho más elevada de lo que parecía a partir de este libro. El Rebe también habló en los términos más elevados sobre la santidad del Rabí Zusia, hermano del Rabí Elimelej.

---

[157] El Rabí Pinjas Shapiro de Koretz (1726-1791) fue un importante discípulo del Baal Shem Tov. Al hablar del "Remedio General" (*El Tikún del Rabí Najmán*), el Rabí Najmán dijo que el Rabí Pinjas había alcanzado el conocimiento de que había que recitar Diez Salmos, pero no sabía cuáles eran específicamente. Sus enseñanzas están recopiladas en *Midrash Pinjas*. Ver *Until The Mashiach* p.229-230.

Entre los otros Tzadikim elogiados por el Rebe se encontraban: R. Mijel [de Zlotchov], R. Abraham Kalisker, R. Menajem Mendel de Vitebsk, R. Najum de Chernobil,[158] R. Sholom de Probitch,[159] y los otros discípulos del Maguid, al igual que sus discípulos, tales como el Rav de Nezkhiz, el Rav de Alik, el Rav de Koznitz,[160] y el Rav de Lantz y de Lublin.[161]

También hubo muchos otros Tzadikim elogiados por él. Sobre cada uno tenía algo diferente para decir, cada uno de acuerdo con su nivel e importancia. No hay necesidad de mencionar los elogios que tuvo para con los Tzadikim que fueron descendientes del Baal Shem Tov, tales como el Rabí Aarón de Tetiev, el Rabí Efraim de Sudylkov y el Rabí Baruj de Medzeboz. Éste no es el lugar para entrar en detalles sobre lo que el Rebe dijo sobre cada Tzadik, la mayor parte de lo cual ha sido olvidado.

554. La sofisticación no es nada. Lo más importante es lo que está en tu corazón y en tus acciones prácticas. El corazón debe estar constantemente pleno de deseo y de anhelo por servir a Dios; debes esperar constantemente el momento en que puedas servir a Dios de la manera apropiada. Esto es algo muy grande. Debes orar por esto todo el tiempo y en tu propio idioma.[162] Día tras día y año tras año debes anhelar constantemente y orar a Dios para que te acerque a servirlo. Y debes llevar a cabo acciones prácticas con el máximo de tus capacidades. Mediante esto con seguridad podrás acercarte al servicio a Dios.

---

[158] El Rabí Menajem Najum de Chernobil (1730-1798) fue uno de los discípulos más grandes del Maguid de Mezritch. Fue autor del *Meor Einaim*, uno de los primeros trabajos Jasídicos en ser publicados. Ver *Until The Mashiach* p.236.

[159] El Rabí Sholom Shajne de Probitch (f. 1803) fue el hijo de "El Malaj" y nieto del Maguid de Mezritch. Ver *Until The Mashiach* p.288.

[160] El Rabí Israel Haupstein, Maguid de Koznitz (1737-1813). Autor del *Kedushat Israel* y de muchas otras obras. Ver *Until The Mashiach* p.241.

[161] El Rabí Iaacov Itzjak Horovitz, el "Jozé (Vidente) de Lublin" (1745-1815). Autor del *Zijaron Zot, Zot Zijaron* y *Divrei Emet*. La mayoría de los líderes Jasídicos de Polonia fueron sus discípulos. Ver *Until The Mashiach* p.240-241.

[162] *Likutey Moharán* II, 25; *Sabiduría y Enseñanzas del Rabí Najmán de Breslov*, 14, 51, 62, 68, 155, 185, 259-260; *Expansión del Alma* (en el volumen *Meditación, Fuerza Interior y Fe*); *Iemei Moharnat* 70.

555. Él me dijo: "¿No sabes lo que Dios quiere? Dios ama a los *guipreiguilte mentchen*, ¡a las persona bien curtidas!".

556. Estaban conversando sobre un importante rabino que estudiaba ciento diecinueve páginas del Talmud por día.[163] (No puedo recordar si decían que estudiaba ciento diecinueve páginas al día o que repasaba ciento diecinueve páginas al día). El Rebe comentó, "Esto es *meat*, un poco". El Rebe estaba aludiendo al hecho de que la palabra *meat* tiene la *gematria* de 119:

Mem-40, Ain-70, Tet-9 = 119

557. Se decía del Baal Shem Tov que había aprendido los nombres de todos los remedios en cada una de las setenta lenguas a partir de la sección bíblica que enumera los veinticuatro pájaros impuros (Levítico 11:13-21). Creo recordar que el Rebe también dijo esto del Baal Shem Tov.

558. Cierta vez escuché decir de los santos labios del Rebe algo sobre *marin*, pesadillas, que Dios nos salve. Él dijo: "Las *klipot* de la emisión en vano de la persona van hacia ella [Lilit] y esto produce las *marin*".[164]

Cierta vez le escuchamos decir que la devoción religiosa más grande es más fácil que los esfuerzos que implica ganarse la vida y adquirir posesiones mundanas. Podemos ver cuánto esfuerzo le dedica un mercader a viajar hacia una feria o un mercado en los días de mercado. Tan pronto como termina el Shabat se pone a trabajar. Primero debe encontrar una carreta. Luego debe poner un gran esfuerzo en cargar rápidamente sus mercaderías en el vehículo. Luego de esto tiene que viajar toda la noche, quitando el sueño de sus ojos y quebrando todo su cuerpo, además de tener que pasar toda la noche sentado arriba de la carreta cargada. Esto aparte de todos los otros rigores del viaje. Más tarde tiene que quedarse parado todo el día sufriendo de frío.... Todo este

---

[163] Algunos dicen que este era el *Shaagat Arié*, el Rabí Ari Leib Gunzberg (1695-1785), el Rabino Principal de Volozhin y Metz. Se dice que repasó todo el Talmud 1000 veces.

[164] Arriba: 535; cf. *Ketubot* 77b; *Sabiduría y Enseñanzas del Rabí Najmán de Breslov*, 106, donde esto también se aplica a *raason*, la lepra.

esfuerzo, incomodidad y dificultades por un *quizás*, quizás pueda ganar algo, o quizás pueda perderlo todo, incluidos sus gastos, cosa que es muy común. La gente llega a semejantes extremos, sufriendo tales dificultades para ganarse la vida, y todo por un quizás, por la posibilidad de una pequeña ganancia. Por otra parte, la devoción religiosa más grande es la plegaria. Y aun así, cuando nos ponemos de pie para orar, ¡oramos y [logramos] completar la plegaria![165]

559. Comprendí, a partir de un comentario del Rebe, que con cada paso que da la persona al ir de un lugar a otro pasa cada vez por mundos diferentes.[166]

560. Escuché del Rebe que cada individuo tiene "algo delante de él" y "algo detrás de él", cada uno de acuerdo con su nivel. [Está prohibido que uno especule sobre lo que está más allá de la Creación y lo que fue antes de la Creación (*Jaguigá* 11b). El Rebe Najmán está indicando que estos límites varían con cada individuo].[167]

561. Le escuché decir que cada día tiene su propia bendición.[168]

562. Escuché del Rebe que el momento para dar caridad por la Tierra de Israel es en el mes de Adar.[169]

El Rebe dijo que el orgullo es el motivo principal por el cual la gente cae. En verdad, no hay tal cosa como una caída, porque Dios está presente en cada lugar, pues "el mundo entero está lleno de Su gloria" (Isaías 6:3). Pero cuando la persona es orgullosa, Dios dice entonces, "Yo y él no podemos estar juntos en el mundo" (*Eruvin* 15b). Esto muestra que toda caída se produce debido al orgullo.[170]

---

[165] *Likutey Halajot, Arvit* 42:7.

[166] *Ibid., Tejumin* 2:2.

[167] *Likutey Halajot, Tejumin* 2:2; *Sabiduría y Enseñanzas del Rabí Najmán de Breslov*, 224; *Likutey Moharán* , 54:3; *Beibey HaNajal* 54:3.

[168] *Likutey Halajot, Netilat Iadaim* 1, *Rosh Jodesh* 6.

[169] *Ibid., Arba Parshiot* 1.

[170] *Ibid., Shejitá* 3.

563. Escuché del Rebe que en los días de Abraham la *Shejiná*, la Presencia Divina, era llamada con el nombre de Sara, en los días de Itzjak con el nombre de Rebeca, y en los días de Iaacov con los nombres de Raquel y Lea.[171]

564. La fe es la última en la cadena de todas las cualidades espirituales. Aun así es precisamente a través de la fe que uno alcanza todos los otros niveles, pues la fe es "la piedra que rechazaron los constructores", la cual "se transformó en piedra angular" (Salmos 118:22).[172] Sobre la misma idea, el Rebe dijo luego de enseñar la lección del *Likutey Moharán* II, 7, que la fe es el último nivel, pero mediante la fe uno puede elevarse a todos los niveles y alcanzar el Deseo, que es más elevado que todo lo demás.[173]

565. Hubo una ocasión extraordinaria en que el Rebe habló en términos tremendos sobre la grandeza del Creador. Habló de una manera que es imposible transmitir por escrito. Entonces, inmediatamente después, comenzó a darnos ánimo, diciendo que incluso si la persona experimenta una tremenda caída, cada uno a su propia manera, aun así debe fortalecerse y nunca perder la esperanza, porque la grandeza de Dios es incluso mucho más exaltada que la Torá,[174] y hay un lugar en donde todo puede ser corregido. Pues la *teshuvá*, el arrepentimiento, está más allá de la Torá. "Pero, ¿cómo podemos alcanzar esto?", pregunté. "*Es posible* llegar a esto", respondió, "mientras no pierdas la esperanza ni dejes de clamar, de orar y de rogar. La única manera es clamar, orar y rogar... sin cansarse nunca. Finalmente podrás elevarte desde el lugar al que has caído. La esencia de la *teshuvá* es clamar a Dios".[175]

---

[171] Ver *Zohar* I, 112a; *Ibid.*, III, 187a; *Likutey Halajot, Basar veJalav* 2.

[172] La Fe corresponde a *Maljut*, que es la más baja de las Diez Sefirot. Ver *Otzrot Jaim, Shaar Zeir Anpin* 2.

[173] Cf. *Sabiduría y Enseñanzas del Rabí Najmán de Breslov*, 33; *Likutey Halajot, Nedarim* 4:16.

[174] Ver *Likutey Moharán* II, 78.

[175] *Likutey Halajot, Nedarim* 4:27.

566. "La verdad perfecta y la fe son cosas que cada individuo comprende de acuerdo con su capacidad personal", así le escuché decir directamente a él.[176]

567. El Rebe dijo cierta vez algo que implicaba que el término básico para la acción santa es *tzedaka*, caridad.[177]

568. La fuente principal de esperanza surge del concepto de "por sobre el tiempo" que alcanzan los Tzadikim, quienes son la encarnación del Mashíaj. Esto lo comprendí a partir de lo que dijo poco antes de su fallecimiento, sobre cómo en ese momento estaba viviendo de acuerdo con su lección sobre el versículo, "Hoy les he dado nacimiento" (Salmos 2:7), que se refiere a este concepto.[178] Es imposible explicar esto por escrito. Sin embargo, por lo que él dijo, pude comprender que se refería al tremendo esfuerzo que estaba haciendo para llevar a un gran número de personas cerca de Dios. Por el momento él no había alcanzado el éxito que esperaba: la oposición y los obstáculos, físicos y espirituales, se estaban haciendo cada vez más poderosos y difundidos, tanto en general como en cada caso en particular. Las cosas habían llegado al punto en que estaba faltando la fuerza para resistir. Muchos habían tropezado y caído como resultado de ello. Ésta era la conexión sobre la cual él dijo que se había dado vida con el concepto de "Hoy les he dado nacimiento". La idea es que Dios nos ayudará a superar todo, y al final la verdad será revelada; todos retornaremos a Dios en verdad y los días pasados se desvanecerán. Pues el tiempo dejará de existir: todo se unirá en el concepto de "sobre el tiempo" y todo será ordenado correctamente.[179]

---

[176] Ver *Zohar* I, 103; *Sabiduría y Enseñanzas del Rabí Najmán de Breslov*, 1; *Alim LeTerufá* 16, 160, 393, 423; *Likutey Halajot, Ribit* 5:32.

[177] *Likutey Halajot, Tzedaka* 1. Explica el Rabí Natán que la afirmación del Rebe implica que cada mitzvá que uno hace está en la categoría de *tzedaka* porque es un acto de bondad a la propia alma, tal como la caridad beneficia al necesitado.

[178] Ver *Los Cuentos del Rabí Najmán*, #13, "El Tercer Día" y "El Quinto Día".

[179] Ver *Likutey Halajot, Milá* 4:17.

569. Escuché del Rebe que cuando uno formula ideas originales de Torá es muy beneficioso para los padres [fallecidos].[180]

El Rebe me dijo que había estado hablando con alguien que se quejaba amargamente sobre lo terrible que era su comportamiento. Este hombre quería mucho acercarse a Dios y cambiar su comportamiento para bien. Pero cada vez que lo intentaba, las tentaciones se hacían más fuertes aún. Los días se habían vuelto años y aún no había logrado liberarse de su mala conducta. Pero cada vez trataba de controlarse con más ahínco y siempre estaba luchando por acercarse a Dios. Ante la queja del hombre sobre su terrible comportamiento, el Rebe respondió con una gran sabiduría, diciendo con un tono de sinceridad y simpleza: "Entonces no tengo con quién hablar, porque todo es completamente malo". Ante esto el hombre se sintió golpeado y le dijo al Rebe, "Pero yo *sí trato* de luchar a veces y de acercarme a lo que debo ser como judío". "Sólo un poco", respondió el Rebe. Le dijo entonces que debía tomar la costumbre de vivir de acuerdo a la enseñanza de *Azamra*, *Likutey Moharán* I, 282.

Comprendí que el Rebe quería decir que así era precisamente como le había devuelto la vida a este hombre. Él había caído tan bajo ante su propia estima que ya no era posible revivirlo con nada. Sólo fue cuando el Rebe le dijo que era totalmente malo que se sintió asombrado y golpeado. Fue entonces que comenzó a sentir un poco de la santidad de los puntos buenos que aún había dentro de él. Entonces el Rebe le dijo que debía vivir de acuerdo con la lección de *Azamra*.[181]

570. Había gente joven que se quejaba con amargura ante el Rebe por su falta de éxito en tratar de santificarse y de servir a Dios apropiadamente. Yo le escuché decir una vez al Rebe que él tenía un consejo que ciertamente ayudaría, sólo que sería muy difícil de seguir.[182]

---

[180] Ver arriba: 521 nota 110; *Likutey Moharán* II, 105.

[181] *Likutey Halajot, Reshit HaGuez* 4:6.

[182] *Ibid., Tejumin* 5:25.

571. Escuché del Rebe que existe un balance[183] en el cual quedan atrapados algunos de los líderes de la generación, por lo cual a veces oran apropiadamente, a la manera de los grandes y logran mucho bien, pero otras veces todo lo contrario. Esto es debido a una cierta nación [es decir, Rusia] que ha atrapado y conquistado la región.... Sólo que ahora, dado que hay judíos en medio de ellos, las cosas no están tan mal como anteriormente. Que Dios nos proteja.[184]

572. Le escuché decir que hay mucha gente, en especial gente importante, que posee un impulso negativo muy grande que las hace abandonar todo en aras de algo que creen que es una mitzvá.[185] Esto puede llevar a un tremendo daño, especialmente cuando, debido a ello, disputan y entran en conflicto.[186]

573. El Rebe dijo cierta vez que tenía un gran anhelo por hacer que todos los judíos aceptasen como una obligación práctica el hecho de estudiar cada día una cantidad específica de Torá. En la misma ocasión el Rebe habló sobre el tremendo poder de la Torá.

Nota del Editor: Escuché que luego de que el Rebe dijo esto, el Rabí Natán le preguntó, "¿Qué sucede si el hombre es literalmente un pecador?". El Rebe le respondió: "¿Crees que conoces el verdadero poder de la Torá? ¿No se encuentra acaso el estudio de la Torá en un plano superior aún al de guardar el Pacto? El Pacto está en el nivel de la sefirá de *Iesod*, mientras que la Torá está en el de Tiferet, ¿cuál es más elevado?".[187]

574. Existe una tradición de que el *Sefer HaNisraf* incluía entre otras cosas una discusión sobre la grandeza y la santidad de la

---

[183] *Zohar* II, 95, en *Nitzutzei Orot* #2.
[184] Ver *Likutey Halajot, Toen veNitan* 1.
[185] Ver *Likutey Moharán* I, 1.
[186] *Likutey Halajot, Guezelá* 5:10; *Ibid., Ribit* 5.
[187] Ver *Tikuney Zohar* 3; *Zohar* I, 195b; *Likutey Halajot, Betziat haPat* 2.

mitzvá de la hospitalidad. También trataba sobre la grandeza de la mitzvá de preparar la cama para los huéspedes.[188]

575. He visto una transcripción preparada por miembros de nuestro grupo de una de las lecciones del Rebe en el Shabat, lectura de la Torá Ekev 5566 (1806). La idea principal era que cuando la persona necesita una guía debe pedir consejo a los Tzadikim o a sus discípulos o al menos a los hijos de ellos. Pedir su consejo suaviza todos los juicios severos y ésta es la manera de evitar el sufrimiento. Incluso si uno debe sufrir, encontrará una manera de aceptar el sufrimiento con amor y alegría, viendo en ello una revelación de Dios Mismo. Será capaz de comprender cómo Dios se restringe, si así pudiera decirse, y se enviste en este sufrimiento. El sufrimiento mismo le dará un gran beneficio y bendiciones de misericordia, mientras que la alegría que tiene lo ayudará a guardar el Pacto. Dios Mismo lo cuidará.[189]

576. Incluso si alguien fallece a la edad de ochenta años, aun así puede ser que su vida le hubiera sido cortada, en el sentido de que no llegó a mejorarse a sí mismo, y todos sus años fueron vanidad. Sólo necesitamos vivir un poco, en la medida en que vivamos *correctamente*.[190]

577. El Rebe le dijo cierta vez a alguien que debía hacer un esfuerzo especial y usar una copa hermosa y valiosa para el *kidush*, siendo ésta una *segulá* para la riqueza. El Rebe le dijo que la palabra para copa, *kos* (כוס), tiene la *guematria* de *Elohim* (אלהים) Dios.

Kaf-20, *Vav*-6, *Samej*-60 = 86
Alef-1, *Lamed*-30, *Hei*-5, *Iud*-10, *Mem*-40 = 86

Este Nombre Divino tiene la connotación de temor, y el concepto de temor está unido al concepto de *isha*, una mujer.[191] Dijeron los sabios, "Honren a sus *esposas* para que puedan llegar a ser *ricos*" (*Baba Metzía* 59a).

---

[188] *Likutey Moharán* II, 83, se dice que proviene del *Sefer HaNisraf*.
[189] Ver *Likutey Moharán* I, 169.
[190] Ver arriba: 468.
[191] *Likutey Moharán* I, 15:2; *Ibid*., 19:3, 5.

578. "Y Dios le dijo a Moisés, 'Talla para ti, *psal lejá*, dos tablas de piedra como las primeras' " (Éxodo 34:1).

Dijeron los sabios: "Las palabras *psal lejá* implican, 'que los residuos, los *psolet*, sean para ti'. A partir de estos residuos Moisés se hizo rico" (*Nedarim* 38a).

El Rebe comentó que la lección implícita aquí es que cada vez que veas material de desecho y restos, deben ser tuyos, en el sentido de que debes atribuir las deficiencias a ti mismo. ¿Cómo es que continúa diciendo que "a partir de estos restos Moisés se hizo rico"? El significado es que así fue como él adquirió sabiduría (quizás en la misma línea que la afirmación de los sabios: "Si has adquirido sabiduría, ¿qué es lo que te falta?", *Vaikrá Rabah* 1:6), pues "La sabiduría proviene de la nada" (Job 28:12). Moisés tenía la virtud de la humildad en grado tal que todo el material de desecho era solamente suyo, y a través de esto fue digno de alcanzar la sabiduría.

579. El Rebe le dijo a uno de sus seguidores más importantes que durante su estadía en Lemberg también estuvo allí el santo Rabí Zvi Arie de Alik. Cierta vez ambos fueron juntos a los bosques y conversaron sobre todos los Tzadikim y cuál era la misión de cada uno de ellos. Al final el Rebe levantó los ojos y dijo: "Pero en cuanto a cuál es *mí* propósito, esto no lo sabe nadie".

El Rebe le dijo entonces a la persona a la cual le estaba contando esto: "Te hablaré sobre mi enfermedad. El mérito de mis ancestros no será suficiente para curar esta enfermedad.[192] Sólo hay una cosa en la cual tengo algo de confianza: que yo he ayudado a mejorar a mucha gente". El hombre respondió, "Esto es verdad. Pues yo sé que el Rabí Natán llegará ciertamente a ser un Tzadik". "Puedes ir más lejos aún", respondió el Rebe. "Yo te digo que él *ya es* un Tzadik".[193]

---

[192] Ver *Likutey Moharán* II, 5:1.
[193] Arriba: 333.

580. Alguien me contó que el hombre que era el asistente del Rabí Zvi Arie en ese momento le dijo que cuando el Rabí Zvi Arie volvió a su casa luego de su paseo por los bosques, dijo, "Yo lo vi (es decir, al Rebe) hace muchos años cuando él estuvo en mi casa.[194] Incluso entonces no tenía ninguna comprensión de quién era él. Sólo que ahora no sé nada en absoluto. Es como si todos tuviéramos que sentir vergüenza en su presencia".

581. Escuché que cierta vez el Rebe le escribió una carta a su hija Sara expresando un gran amor y afecto, y diciéndole cómo anhelaba tenerla a su mesa, de modo que él pudiera deleitarse con ella cada día y recibir sabiduría y temor al Cielo de sus palabras. "Tú eres como el mirto en el desierto en donde nadie aprecia su hermoso aroma".

582. Algunos de los seguidores del Rebe estaban presentes cuando la hija del Rebe recibió esta carta. Uno de ellos me contó que luego de abrirla y de leerla ella se puso a llorar delante de ellos, diciendo, "Ahora debo encontrarme en un nivel muy bajo dado que mi padre me alaba tanto. Pues yo le escuché decir al Rabí Natán que a veces él elogiaba a una persona en su presencia cuando veía que esta persona había caído de su nivel y necesitaba ser alentada".

583. También escuché que el Rebe dijo: "Mis hijos (es decir, sus hijas) tienen *ruaj hakodesh*, que es cercana a la profecía. Y no hablo para nada de Sara".

Sobre el tema de los hijos del Rebe, no alcanzarían muchos volúmenes para registrar incluso una porción de su grandeza, de su santidad, piedad, pureza y extrema humildad, sin hablar de la profunda raíz de su santidad, la cual no podemos comprender en absoluto. Si el mundo hubiera sido digno de que alguno de los hijos del Rebe hubiera sobrevivido y ocupado su lugar, hace tiempo que habría alcanzado su *tikún*.

---

[194] La ocasión anterior mencionada aquí fue durante la primavera del año 1800, luego del viaje del Rabí Najmán a la Tierra Santa. *Until The Mashiach* p.57.

Nota del Editor: Escuché cierta vez al Rabí Natán hablar sobre esto, y lo que dijo haría erizar los cabellos de todo aquel que lo escuchara. Pero es imposible explicar por escrito lo que dijo.[195]

584. Alguien me contó que el Rebe dijo que cada uno de los aforismos de su *Sefer HaMidot* tenía una fuente de la cual él la había tomado y también un motivo. Sin embargo, dijo de uno de los aforismos en la parte B de la obra: "Conozco la fuente, pero hasta ahora no conozco el motivo".[196]

Nota del Editor: Esto nos puede ayudar a comprender las elevadas palabras utilizadas por el Rebe para hablar de la segunda sección del *Sefer HaMidot*, diciendo que su principal propósito era el motivo, es decir la percepción interna detrás de cada uno de los aforismos que allí se encuentran. En cuanto a la fuente de los aforismos, es posible hallar las fuentes para muchos de ellos incluso en la segunda parte de la obra, y en verdad los seguidores del Rebe ya han encontrado las fuentes en la literatura de la Torá para muchas de las afirmaciones del Rebe.[197]

585. Cierta vez, durante una conversación en presencia del Rebe, surgió el tema del viaje del Rav de Berdichov, y se hizo mención del hecho de que había recolectado una considerable suma de dinero. El Rebe dijo: "Una canción es mejor que esto. ¡Ciertamente una canción de la Tierra de Israel! Si toman a alguien con un verdadero deseo de dinero, alguien como aquél del cual hablan los sabios, cuyo dinero es más precioso para él que su propio cuerpo (ver *Berajot* 54a, sobre Deuteronomio 5:5, "con toda tu *fuerza*"), incluso así, si ellos le mostraran una canción de Eretz Israel, desaparecería todo su deseo de dinero".

Nota del Editor: Ver *Likutey Moharán* II, 40, "Aquel que sabe de la Tierra de Israel". A partir del final de la lección es evidente que

---

[195] Ver arriba: 274; *Iemei Moharnat* 5.
[196] *Iemei Moharnat* 30.
[197] Ver *The Aleph-Bet Book*, p. 256-266.

la influencia de Eretz Israel es una "influencia doble" a través de la cual se corrige el deseo de dinero.[198]

586. El Rebe le dijo a alguien que estaba por contraer matrimonio: "'¿Cómo es que uno baila ante la novia?' (*Ketubot* 16b), aludiendo a la manera en que uno baila y salta sobre lo que estaba "antes de la novia", es decir, antes del casamiento.

587. Hay una historia sobre un niño que solía dormir en la habitación del Rebe. Cierta vez, fue adonde estaba el Rebe y se puso a llorar, diciéndole que quería ser un buen judío. El Rebe ya estaba acostado en su cama. Entonces se levantó, se sentó en la cama y comenzó a hablarle al niño. Le mostró el sendero que debía seguir y le prescribió un cierto programa de estudio. También le dijo que debía ser un "especialista en cuentas", significando que cada noche, antes de irse a dormir, debía repasar su día. Si ese día había estudiado y orado apropiadamente debía agradecerle a Dios y decirle, "Te alabo y agradezco Tu grande y santo Nombre por ayudarme a estudiar y a orar en este día que pasó al menos un poco de la manera en que Tú deseas. Te ruego, Dios: ayúdame mañana a ir más lejos aún en el estudio y en la oración. Pueda estudiar y orar más, y con una mayor concentración". Sin embargo, si ese día no había estudiado y orado apropiadamente debería rogarle a Dios diciendo, "Señor del Mundo, yo sé que hoy he pecado y no Te serví apropiadamente, ni con mi estudio ni con mis plegarias. Ahora Te pido que me perdones por aquello que está hecho y me ayudes a servirte con mi estudio y mis plegarias de mañana, con una completa concentración, exactamente de acuerdo con Tu deseo".

588. Uno de los seguidores del Rebe se estaba quejando sobre las dificultades que pasaba debido a que no tenía un lugar privado para sus devociones. Su casa era muy pequeña y atiborrada, pues

---

[198] *Likutey Halajot, Birkat HaMazon* 4:16; ver *Likutey Moharán* II, 63, donde el Rebe habla sobre el poder de la canción, especialmente *zimrat haAretz*, la canción de la Tierra.

dado que tenía una taberna, siempre había gentiles sentados allí. Dijo que todo esto lo distraía mucho.

El Rebe le respondió: "Presumiblemente si Dios sabe que tu única posibilidad de ejercer tu libertad de elección y de servirlo depende de que tengas un lugar privado, Él te habría dado un lugar privado. El hecho de que no es así, muestra con seguridad que puedes llegar a ser un buen judío incluso en donde vives ahora".

589. Cierta vez, uno de los seguidores del Rebe le estaba diciendo cómo hay veces en que uno siente que las palabras surgen desde detrás de la garganta como opuesto al corazón.[199] El Rebe respondió: "¿Tú sabes lo que es un corazón y lo que es una garganta?".

590. Cierta vez, alguien se estaba quejando al Rebe sobre lo difícil que le era orar, debido a todos los pensamientos impuros que solía tener. El Rebe le dijo: "Uno debe aceptar esto como una expiación por sus pecados".[200] Entonces esbozó una sonrisa.

Lo que el Rebe quiso decir con esto es bastante evidente, pues la verdad del tema es que estos pensamientos impuros son realmente pecados en sí mismos, por lo cual el Rebe esbozó una sonrisa. Por otro lado, sus palabras deben ser tomadas tal como se presentan, como verdaderas y correctas. ¿En qué sentido son tales pensamientos una expiación por el pecado? Ellos son una expiación en el sentido de que uno se mantiene firme pese a ellos y no cuestiona las maneras de Dios al enviárselos. Es necesario confiar en que Dios ciertamente quiere acercarlo a Él y acepta sus plegarias, pero que son sólo sus anteriores pecados los que hacen que vengan estos pensamientos y lo distraigan. El hecho mismo de que sufre tanto debido a ellos y que hace lo posible para escapar puede ser en sí mismo su expiación por los pecados. Si la persona se mantiene firme e intenta sinceramente tratar con esos

---

[199] Cf. *Sabiduría y Enseñanzas del Rabí Najmán de Breslov*, 16; ver también *Likutey Moharán*, 62:5.

[200] Cf. *Sabiduría y Enseñanzas del Rabí Najmán de Breslov*, 72; *Likutey Moharán* I, 26.

pensamientos de la manera en que hemos descrito, sus pecados pronto serán perdonados y estos pensamientos no deseados simplemente desaparecerán. Así dijeron los sabios, "El pecador que se avergüenza de sus pecados es perdonado" (*Berajot* 12b).[201]

Uno de los seguidores del Rebe estaba en Petersburgo; desde allí le escribió muchas cartas al Rebe expresando la gran angustia que sentía por haber sido arrojado a tal lugar. El Rebe mismo había dicho varias veces que era muy difícil mantenerse firme allí, en el servicio a Dios, pues era un lugar muy peligroso.

Cierta vez el Rebe se refirió a las dificultades de este hombre y dijo: "El hecho mismo de que siente tanto temor de no ser capaz de mantenerse firme le dará la fortaleza y el sustento que necesita para mantenerse firme y no caer".

591. Alguien le preguntó cierta vez al Rebe si debía ser maestro de escuela. El Rebe le dijo: "¡No!"[202] (pues él dijo que había tres situaciones que consideraba no deseables: la de un carnicero, la de un maestro de escuela y la de un jasid en un pequeño pueblo, pues uno podía caer fácilmente en el orgullo). "Es mejor para ti llegar a ser un mercader o un hombre de negocios. Sólo que al caminar por la calle, debes mostrar cuánto desprecio sientes por este mundo".

592. Uno de los jóvenes estaba hablando con el Rebe y dijo, "Yo quiero ser un buen judío". "¿Realmente *quieres* querer?" replicó el Rebe. Alguien con sentido verá que estas pocas palabras contienen mucho, como queda claro para todo aquel que esté familiarizado con las santas enseñanzas del Rebe. ¡Podamos ser dignos de cumplirlas! Amén.

593. El Rebe estaba en su casa aquí en Breslov. Caminaba de un lado para otro, diciendo que cuando alguien está tratando de servir a Dios debe pasar normalmente por grandes dificultades y

---

[201] *Likutey Moharán* II, 46; *Sabiduría y Enseñanzas del Rabí Najmán de Breslov*, 12; *Alim LeTrufá* 15.

[202] Arriba: 465; *Sabiduría y Enseñanzas del Rabí Najmán de Breslov*, 240; *Alim LeTrufá* 163.

por mucho sufrimiento antes de llegar a un período más tranquilo en que las cosas son más fáciles durante un tiempo. Todo aquel que tenga alguna experiencia en tratar de servir a Dios estará familiarizado con esto. "¡No debemos ceder ante Dios!", dijo el Rebe. El hecho de que luego de tanto sufrimiento y de tantos obstáculos tengamos un momento de tranquilidad no debe hacernos ceder y decir que Dios ya ha cumplido con nuestros pedidos de modo que ya no hay más necesidad de instarlo. Hasta ahora Dios no ha enviado la salvación final. Aún tenemos que esperar por ella y rogar ante Él "como un niño pidiéndole a su padre",[203] rogando e instándolo a que nos ayude más y más.

El Rebe dijo entonces: "Pero nada de esto se aplica ustedes. En lo que a ustedes respecta, deben estar felices todo el tiempo". En otras palabras, si cada vez que Dios hace las cosas un poco más fáciles para nosotros nuestro único pensamiento es cuán lejos estamos de la salvación completa, sólo lograremos deprimirnos, lo que es más dañino que toda otra cosa en el servicio a Dios. Uno tiene que hacer el esfuerzo de mantenerse alegre sin importar la situación. Incluso en momentos de grandes dificultades y sufrimiento, cuando nos sentimos muy lejos de Dios, aun así debemos estar contentos todo el tiempo y alegrarnos lo más que podamos, encontrando algún punto bueno y recordando que "Él no me hizo un gentil", etcétera. Incluso debemos tratar de transformar la tristeza, la depresión y las dificultades mismas en un motivo para estar alegres. Debemos decir, "Aunque soy como soy, todavía tengo el mérito de ser judío. ¡Cuántas mitzvot cumplo cada día! Con los tzitzit, los tefilín, diciendo el *Shemá*, dando caridad, etc. Quizás la manera como las hago deja mucho que desear. Aun así, contienen muchos puntos buenos y dan alegría a los mundos superiores. Esto se aplica incluso a las mitzvot hechas por judíos pecadores, pues mientras sigan llevando el nombre de judíos, Dios se enorgullece en ellos, como está escrito, 'Israel en quien Yo me enorgullezco' (Isaías 49:3)".[204]

---

[203] *Taanit* 19a.

[204] Cf. *Eruvin* 19a.

A lo largo de las obras del Rebe podrás encontrar "montañas de preceptos" y toda clase de consejos para mantenerte constantemente alegre sin importar cuál sea la situación.[205] Normalmente el único modo es mediante la alegría y la risa. La depresión es lo peor de todo, y una vez que se presenta es más difícil de quebrar que cualquier otra cosa. La depresión es el motivo esencial por el cual la gente se encuentra lejos de Dios. Es por esto que es necesario hacer todo lo posible por estar contentos, incluso bajo gran presión, material o espiritual. Aun cuando las cosas estén de la peor manera, aun así uno debe mantener una inquebrantable fe en Dios, recordando que al final Dios nunca lo abandonará. Es necesario tratar de ser lo más feliz posible. Y esto ciertamente se aplica cuando Dios nos envía un pequeño descanso de las presiones y sufrimientos, cuando las cosas mejoran por un tiempo. Entonces uno debe estar más contento que nunca.[206]

Comprende bien esto, pues las palabras del Rebe son muy profundas, y la manera más esencial de comprenderlas es tomarlas de manera completamente literal y seguir su significado simple. Puede parecer que al decir que siempre debemos estar contentos el Rebe contradice sus afirmaciones anteriores sobre no ceder ante Dios. Pero tú y yo, y la gente como nosotros, necesitamos recordar constantemente que siempre debemos estar contentos. El Rebe no quería que cayésemos en la depresión al pensar que aunque las cosas estuvieran algo mejor estamos lejos de la solución completa. Incluso cuando la presión está en su punto más álgido y nos sentimos muy lejos de Dios, aún con otros sufrimientos, es decir, relativos al sustento u otras dificultades, siempre debemos estar contentos. Y en especial cuando Dios en Su bondad nos envía un pequeño respiro. Por otro lado, nunca debemos imaginar que todo lo que necesitamos ya nos ha sido otorgado y que nada nos falta ahora en nuestra devoción a Dios. La salvación completa aún está por llegar, y "¡No debemos ceder ante Dios!". Al mismo tiempo siempre debemos estar contentos, no importa lo que

---

[205] Ver *Los Cuentos del Rabí Najmán*, #16: *Azamra*.
[206] Ver *Likutey Moharán* I, 195.

suceda. Aquel que sea sincero podrá comprender sin dificultad todo lo que hemos dicho.[207]

594. Aquí he de registrar lo que el Rebe me dijo cierta vez que estuvimos solos, poco después de encontrarme por primera vez con él, cuando vine de Nemirov con mi amigo R. Naftalí. Era antes de Shavuot. En ese momento tenía la sensación de que el Rebe estaba algo disgustado por el hecho de que yo andaba rondando demasiado por su puerta, pues le había hecho varias visitas seguidas. Esta vez lo encontré en su casa grande próxima al Beit Midrash. Tan pronto como entré me saludó diciendo: "Hola y adiós", y sonrió. Siguió sentado donde estaba, cerca de la puerta que daba hacia fuera, hacia el viejo Beit Midrash, y entonces comenzó a hablarme y a confortarme diciendo: "¿Cómo sabes qué es lo que el Dios Todopoderoso quiere hacer de ti? Hoy eres esto y luego serás... Lo que pasará contigo es que serás...", y me hizo entender que me encontraría muchas veces en situaciones de mucho peligro, "...y casi, casi... Pero yo abriré para ti los caminos de la mente y tú irás a través de los senderos de mis lecciones como aquel que viaja a través de maravillosos y tremendos palacios y construcciones...".

Explicó algo más diciendo que sus lecciones son como entrar a un palacio que contiene toda clase de salas y habitaciones, de columnatas y portales de tremenda maravilla y belleza, con un piso sobre otro, todos diferentes, todos originales, todos únicos. Tan pronto como uno entra a una de las habitaciones y comienza a mirar alrededor y a maravillarse de la asombrosa y única originalidad que contiene, de pronto percibe un extraordinario portal que se ha abierto, que conduce a otra habitación, y de allí a otra más, y así de cuarto en cuarto y de un piso a otro. En cada lugar se abren entradas y ventanas hacia la próxima habitación y todo está conectado con todo lo demás con el más asombroso planeamiento, con la sabiduría más profunda y la belleza más

---

[207] Ver *Likutey Moharán* II, 24; *Sabiduría y Enseñanzas del Rabí Najmán de Breslov*, 20; *Iemei Moharnat* II:37.

absoluta....²⁰⁸ (Pero es imposible explicar nada de esto a aquel que no tenga al menos una pequeña comprensión de la profundidad de las enseñanzas del Rebe. Felices de aquellos que han tenido el mérito de saborear la incomparable dulzura y profundidad sus enseñanzas).

"Pero aun así", continuó el Rebe, "todavía no es tuyo. Tú eres como alguien que visita lo que les pertenece a los otros. Lo que yo quiero es que sea tuyo completamente. Y esto también sucederá. Tú piensas que es debido a tus buenas acciones. No. Es sólo porque yo así lo deseo".

Entonces me contó la historia de un gran Tzadik que muchas veces pensó, "Aunque termine siendo cenizas bajo los pies de los Tzadikim (como dicen los sabios de las almas de los malvados, *Rosh HaShaná* 17a) aun así, ¡al menos *seré algo y no nada*!". El Rebe dijo esto para darme ánimos. Este gran Tzadik se deprimía una y otra vez, llegando al punto en que pensó que ya no había más esperanzas. Entonces se dio vida con el pensamiento de que al menos nunca llegaría a ser absolutamente nada. Si los sabios dijeron que los malvados se volverían ceniza, al menos esta ceniza tiene una pequeña vida en sí, y esto también es bueno, pues "¡*seré algo y no nada*!".²⁰⁹

A partir de lo que dijo el Rebe parecería ser que hubo muchos momentos en los que así fue como se dio vida a sí mismo. Estaba contento de servir a Dios cada día con lo mejor de sus capacidades aunque sólo llegase a esto. Confiaba en que Dios en Su bondad lo trataría bien.

595. Escuché que cuando el Rebe volvió a Breslov luego de su viaje a Novorich, a Zaslov (donde falleció su primera esposa)²¹⁰ y a Brody (donde le presentaron a su segunda esposa), habló mucho sobre el tema de *shidujim*, los arreglos matrimoniales. Dijo: "No hay nadie que comprenda este tema de los arreglos

---

²⁰⁸ Ver arriba: 389.

²⁰⁹ *Los Cuentos del Rabí Najmán*, #16, "El Santo Melancólico".

²¹⁰ Ver arriba: 48-63; *Until The Mashiach* p.132-146.

matrimoniales".[211] Continuó diciendo que cuando él había estado en Radvil para formalizar con su segunda esposa, quien era de Brody, llegaron varios carruajes con mujeres que habían venido para hacer un compromiso matrimonial con él. Él dijo que todas ellas eran sus *zivuguim*, sus posibles parejas.

Dijo que cada hombre tiene muchos *zivuguim*, pero que existen toda clase de niveles y variaciones y en ello hay incluidos muchos conceptos profundos. Las charlas mismas que la gente tiene sobre posibles parejas, incluso si éstas nunca se materializan, son contadas en un cierto nivel como *shiduj* y *zivug*. A veces la gente se sienta en sus casas diciendo que cierto hombre debería casarse con cierta mujer, y con esto finaliza el compromiso que este hombre debe hacer con esta mujer en particular. A veces las personas encargadas de realizar los compromisos matrimoniales vienen y conversan sobre una posible pareja pero ésta nunca se materializa. Esto también es un nivel de *shiduj* y *zivug*. En este caso se trata de una pareja más específica que en la instancia anterior. A veces las dos partes viajan para hacer un compromiso y entonces, cuando las cosas están por concretarse, se separan por algún motivo. Otras veces el compromiso se realiza pero más tarde se rompe. A veces el matrimonio se lleva a cabo, sólo para terminar inmediatamente en un divorcio. Otras veces el divorcio sucede luego de algún tiempo. Hay muchos otros niveles de *shiduj* y *zivug* que nunca se materializan pero que son considerados como los *zivuguim* de una persona. Pues cada persona tiene varios *zivuguim*, sólo que en algunos el *shiduj* implica sólo la posibilidad del compromiso mencionado. En otros casos, el *shiduj* implica más conversaciones, un lazo de alguna clase, un viaje o alguna otra acción, aunque nada surja de ello.

La idea de que incluso una mera charla sobre una posible pareja es en sí misma un nivel de *shiduj* es completamente original y muy profunda. Encontramos la misma idea en el *Sefer HaMidot* (*Jitun* B7), donde está escrito que incluso el sólo hecho de hablar sobre una posible pareja deja una marca en él y

---

[211] Arriba: 210.

en ella. Claramente, el Rebe conocía tremendos secretos sobre el concepto de los *shidujim* y *zivuguim* que nunca habían sido revelados en el mundo. En la misma ocasión el Rebe se vanaglorió de conocer secretos sobre estos conceptos de los cuales ninguno de los otros líderes de la generación sabía nada en absoluto.[212]

596. "El hombre necio no sabe y el insensato no entiende esto: Cuando los malvados brotan como la hierba y florecen todos los obradores de iniquidad, es para que sean destruidos para siempre" (Salmos 92:7-8).

El Rebe dijo: "Los insensatos y los necios no saben ni comprenden qué es lo que Dios está haciendo al permitir que los malvados broten como la hierba y los obradores de iniquidad florezcan, de modo que sean destruidos para siempre. ¿Por qué hace que ellos crezcan sólo para luego destruirlos para siempre? Pero la verdad es que los caminos de Dios son rectos 'y no hay injusticia en Él' (*Ibid*. 16), lo que sucede es que es imposible entender esta paradoja mediante la comprensión humana".

---

[212] Una princesa le preguntó cierta vez al Rabí Iosi ben Jalafta, "Dios creó el mundo en seis días. ¿Qué ha estado haciendo desde entonces?". El Rabí Iosi respondió: "Él se sienta y hace *zivuguim*. Él eleva la posición de una persona y hace descender a otra... y de esta manera junta a la gente" (*Bereshit Rabah* 6:4).

Es importante notar que toda clase de conexión entre dos personas puede ser considerada un *zivug*, tal como una sociedad comercial, una relación entre maestro y alumno, etc. Otro tipo de *zivug* es aquel que existe entre el hombre y su entorno, es decir, su interacción con el lugar en donde nació, donde fue educado, hacia donde viajó, etc., o su conexión con objetos inanimados tales como una casa, un automóvil, etcétera.

El Talmud enseña (*Makot* 10b), "La persona es llevada en la dirección en que desea ir". Así, si uno desea espiritualidad, dado que éste su deseo, los *zivuguim* que Dios arregla para ese día lo llevarán por el sendero espiritual. Si uno tiene otra clase de deseos, entonces será llevado de acuerdo con ello (ver *Likutey Moharán* I, 31; *Ibid*., 66). Por lo tanto, todo lo que la persona experimente es en verdad un resultado de sus propios sentimientos.

Ésta es también una de las maneras en que Dios prueba a las personas. Al presentarle estos "encuentros casuales", Dios permite que la persona busque y conozca a Dios a partir de cada situación. De esta manera, uno siempre tiene la oportunidad de arrepentirse. Debido a que uno puede diseñar los *zivuguim*, los encuentros del día, tiene la libertad de hacer de ellos una ayuda en su deseo a retornar a Dios (*Jaim Kramer*).

597. Escuché que él dijo que el Mashíaj llegará de pronto y que habrá mucho ruido y agitación diciendo que el Mashíaj ha llegado. Todos dejarán sus negocios de lado. El banquero dejará de lado su mostrador; los fabricantes de velas, su cera, como escribe Isaías, "Cada uno arrojará sus dioses de plata y de oro" (2:20). La gente piensa que cuando venga Mashíaj el mundo será diferente de lo que es hoy en día. No es así. Las cosas serán como están descriptas aquí, y todos sentirán vergüenza de la locura de su comportamiento, cada uno de acuerdo con sus acciones[213] (es necesario investigar más con respecto a quién escuchó decir esto al Rebe).

598. Cierta vez estábamos con él poco antes de la cena. El Rebe quería comer con nosotros. Yo no había recitado aún la plegaria de la noche y estaba a punto de salir y orar. El Rebe me vio y me dijo: "¿Qué es esto?". Ellos le dijeron, "Él no ha orado aún el servicio de la noche". El Rebe dijo entonces: "¿Cómo podemos esperarlo hasta que termine sus plegarias? Quién sabe lo que será de él al orar. Uno debe entregarse con alma y corazón a sus plegarias, de modo que ¡quién sabe lo que será de él!". Comprende esto. Debemos orar con total entrega y auto anulación para que a través de la plegaria surja algo completamente nuevo y diferente.

599. Cierta vez me dijo: "Esto es algo que tú no sabes: cuando el Rav de Berdichov dice, 'El Creador', surge fuego de sus ojos". El Rebe enfatizó las palabras "el Creador" pronunciándolas con reverencia y temor, y las palabras resonaron al surgir de su santa boca.

600. Escuché que alguien le dijo cierta vez al Rebe que había visto fuego en un sueño. El Rebe dijo: "¿Y cómo interpretas tú esto?". El hombre dijo que su interpretación era que le iría bien en la feria y que ganaría dinero. "Estás en lo cierto", dijo el Rebe, "porque fuego, *esh* (אש) alude al dinero. Las letras de la palabra

---

[213] Cf. *Berajot* 34b; *Sanedrín* 91b; *Zohar* I, 139a; Ibid. III, 125a. Ver también *Los Cuentos del Rabí Najmán*, #12.

kesef (כסף), plata o dinero, cuando se deletrean plenamente tienen la *guematria* de *esh*.

> Alef-1, Shin-300 = 301
> (כף) Kaf-20, Pé-80; (סמך) Samej-60, Mem-40, Jaf-20; (פא) Pé-80, Alef-1 = 301

601. El Rebe estaba hablando con alguien sobre un Tzadik muy conocido. El hombre estaba alabando al Tzadik, diciendo que había quebrado todos sus deseos, es decir el comer y el beber. El Rebe preguntó: "Pero, ¿qué sucede con el deseo [de la lujuria]?". "¿Quién sabe?" respondió el hombre. "Pero", dijo el Rebe, "la verdad es que lo más importante es este deseo y sólo éste. Los otros pueden ser fáciles de quebrar, pero el nivel esencial del Tzadik reside en el grado en el cual se santifica en *este* deseo y logra quebrarlo por completo".[214]

602. El Rebe habló cierta vez sobre las últimas palabras del Rabí Iojanan ben Zakai tal como están registradas en el Talmud (*Berajot* 38b): "...y no sólo eso, sino que hay dos senderos delante de mí, uno hacia el Jardín del Edén y uno hacia el Guehinom, y no sé por cuál sendero me están llevando".

El Rebe dijo: "¿Cómo es posible que el Rabí Iojanan ben Zakai tuviese dudas sobre si lo estaban llevando al Guehinom? En verdad, luego de su muerte, el gran Tzadik es llevado por el sendero del Guehinom para que pueda elevar almas desde allí.[215] Así es como el gran Tzadik sirve a Dios incluso luego de su muerte, pues incluso entonces trabaja para elevar las almas caídas desde el lugar en que hayan caído y devolverlas a Dios. Esto explica el versículo, 'Y fue luego de la muerte de Moisés el siervo de Dios' (Ioshúa 1:1).[216] Incluso luego de fallecer, Moisés era 'el siervo de Dios', pues aún servía a Dios luego de su muerte y continúa haciéndolo hasta el día de hoy. Está ocupado elevando hacia Dios las almas caídas. Incluso ahora, luego de su muerte,

---

[214] Ver *Likutey Moharán* II, 11, 31.
[215] *Zohar* III, 220b; *Tikuney Zohar* 32.
[216] Ver *Likutey Moharán* I, 215; *Parparaot LeJojmá ad. loc.*

Moisés se dedica a elevar y devolver las almas, llevándolas hacia el arrepentimiento y haciendo conversos. Esto explica los temores y dudas del Rabí Iojanan ben Zakai con respecto a ser llevado hacia el Jardín del Edén o hacia el Guehinom. Él sospechaba que lo estaban llevando hacia el sendero del Guehinom para elevar las almas".[217]

Escribe el Rabí Natán: Todo esto lo escuché en nombre del Rebe, pero con relación al Rabí Iojanan ben Zakai, aquellos que escucharon al Rebe en persona estaban en duda con respecto a lo que él quería decir. ¿Estaba indicando que el Rabí Iojanan lloraba de temor, por el hecho de que estuvieran llevándolo hacia el Jardín del Edén, lo que indicaba que no era lo suficientemente grande como para ser capaz de ir al Guehinom y elevar las almas desde allí? Esta interpretación parece ser lo opuesto del significado aparente del Talmud. Alternativamente, es posible que el Rebe interpretara el Talmud de acuerdo con su significado simple, que el Rabí Iojanan tenía temor de que pudieran llevarlo al Guehinom para elevar almas. Incluso aunque era un gran Tzadik aún tenía mucho miedo, y por ello estaba llorando, porque hace falta un tremendo trabajo, esfuerzo y peligro para que el Tzadik descienda al Guehinom a elevar almas.

603. Me contaron sobre una parábola que el Rebe relató concerniente a sus seguidores. Existe un pájaro que pone un fenomenal número de huevos, tantos que es incapaz de sentarse sobre ellos para empollarlos. Dios puso en la naturaleza de este pájaro el poner sus huevos en los nidos de otras aves.[218] Pero los otros pájaros no saben que los huevos no son de ellos y se sientan a empollarlos hasta que nacen las crías. Entonces el pájaro madre levanta vuelo y comienza a cantar. Todas las crías provenientes de los huevos de este pájaro que fueron empollados en los nidos de otras aves reconocen la voz de la madre y al instante son atraídos hacia ella. Porque la verdad es que ellos realmente provienen de

---

[217] Cf. *Ein Iaacov, Berajot, loc. cit.*, y *Rif* por una explicación similar.
[218] Se sabe de algunas especies de cuclillos que tienen esta costumbre.

esta madre y ahora están retornando a ella. El significado de esta parábola debe ser al menos parcialmente claro para todo aquel que comprende algo de la manera en que el Rebe trabajaba con la gente y el gran significado de su obra.

604. Dijo que para él los hombres y las mujeres eran iguales. Cuando veía una mujer nunca tenía la mínima insinuación de un pensamiento impropio. Para él era exactamente lo mismo que estar mirando a un hombre. Él dijo que no tenía temor alguno de mujer o de ángel, una afirmación que requiere de cierta explicación. Incluso un Tzadik verdaderamente grande no llega a alcanzar absoluta pureza y siente temor de los pensamientos impropios sobre las mujeres, por lo que, pese a su santidad, tal Tzadik aún tiene motivos para temerle a un ángel. Sin embargo, el Rebe se enorgullecía del hecho de que él no tenía temor alguno de los pensamientos impropios sobre las mujeres, y por esto no tenía temor de un ángel. Este nivel se encuentra aludido en lo que le dijo el Rav Amram Jasida al ángel (*Kidushin* 81a): "Yo soy carne y tú eres fuego, y yo soy mejor que tú".[219]

605. El Rebe dijo: "Incluso aunque no seas un buen judío, es muy bueno seguir a un Tzadik. Esto es lo que el Rabí Shimón [ben Nataniel] quiso decir cuando afirmó, 'Y no seas un malvado por ti mismo' (*Avot* 2:13). En otras palabras, aunque seas un malvado, Dios no lo permita, 'no seas un malvado *por ti mismo*', también tú debes tratar de acercarte al Tzadik de modo que al menos exista alguna esperanza para ti al final".[220]

---

[219] Una hermosa muchacha había sido rescatada del cautiverio. Fue dejada en la casa del Rabí Amram Jasida para pasar la noche, porque se pensó que allí estaría segura. El Malo (que es un ángel, ver *Likutey Moharán* I, 72) trató de tentar al Rabí Amram para que cometiera un pecado con ella, pero él pasó la prueba. Más tarde se encontró con este ángel y le dijo, "Yo soy carne..."; ver también arriba: 233; ver *Likutey Moharán* II, 1:2.

[220] Esta Mishná se traduce normalmente: "No te consideres un malvado en tu propia estimación", pero las palabras *bifnei atzmeja* se traducen más exactamente como "en tu presencia", es decir, por ti mismo.

606. Como registro, hubo un episodio de "alcanzar y no alcanzar" (*Likutey Moharán* I, 24:8). El Rebe estaba bailando y Sh. estaba haciendo música. El Rebe sintió al Rabí Shimón bar Iojai durante el tiempo en el que estaba "alcanzando", y no escuchó en absoluto a Sh. Pero luego, cuando el Rebe retornó al nivel de "no alcanzar" escuchó un poco.[221]

607. La lección del *Likutey Moharán* II, 32, fue dada en respuesta a una pregunta.[222]

El Maguid de Terhovitza le preguntó al Rebe: Dado que los patriarcas y otros Tzadikim anteriores escribieron muchos libros, ¿dónde están todos esos libros? El Rebe le respondió con la lección mencionada, donde la pregunta se resuelve plenamente. Luego, el Maguid fue a visitar a su yerno el Rabí Itzjak (que era maestro de escuela). El Rabí Itzjak le preguntó a su suegro cómo estaban su esposa y sus hijos. El Maguid le respondió:

"Antes de preguntar cómo están, pregúntame de dónde vengo... Acabo de llegar de Breslov. Estuve allí con nuestro Rebe, el Rabí Najmán de Breslov. Le pregunté algo que ya les había preguntado a muchos Tzadikim y nunca me habían dado la respuesta adecuada. Pero él me dio la respuesta clara y correctamente. Reveló una enseñanza maravillosa sobre esto, y mientras estaba hablando vi llamas de fuego que surgían de su boca. Pensé que sería casi imposible registrar por escrito lo que él dijo. Entonces, a la mañana siguiente, ese joven Rabí Natán trajo la lección escrita con tinta sobre papel".

608. Relató el Rabí Najmán:

En tiempos del Baal Shem Tov había un cierto joven que era un notable erudito, extremadamente sagaz. Se oponía fuertemente al Baal Shem Tov. El Baal Shem Tov les dijo a sus seguidores que intentaran acercarlo. Ellos trataron de hacerlo, y luego de considerables esfuerzos, lograron llevarlo al Baal Shem Tov.

---

[221] No se sabe nada más de este episodio, ni de la identidad de Sh. el músico.
[222] Arriba: 178.

Al comienzo, el Baal Shem Tov rechazó al joven y no le dijo ni una palabra ni le respondió el saludo. Cuando el joven vio que el Baal Shem Tov lo estaba rechazando se sintió muy descorazonado. Hizo muchos esfuerzos por acercarse a él. Y cada vez era rechazado por el Baal Shem Tov. Cierta vez, el joven tuvo una nueva inspiración y fue a ver al Baal Shem Tov con gran humildad, llorando profusamente. Entonces el Baal Shem Tov aceptó su acercamiento. Le dijo al joven que se vería enfrentado por una gran oposición, primero debido a los miembros de su casa, luego por sus vecinos, y finalmente por todo el pueblo y el mundo entero. Incluso los pájaros se le opondrían.

El joven volvió a su hogar y eso fue exactamente lo que sucedió. Primero, los miembros de su casa comenzaron a discutir con él y a ponerse en su contra, aunque previamente le habían mostrado un gran respeto, y en verdad todos lo querían porque era un muy buen judío. Sin embargo, ahora todos comenzaron a oponérsele, primero su familia, luego los vecinos, finalmente toda la ciudad y toda la gente de las regiones circundantes.

Cierta vez estaba de pie, orando con gran intensidad y alegría, cuando un pavo voló hacia él y lo distrajo en mitad de su trance. Muy enojado espantó al pájaro. Luego continuó con sus plegarias y su éxtasis. El pájaro retornó volando y lo distrajo por segunda vez en medio de su concentración. Enojado sobremanera, volvió a echar al pájaro y continuó con su plegaria. Justo en la mitad el pájaro volvió a entrar y lo distrajo una vez más. Entonces se enojó tanto que salió corriendo a buscar un hacha para cortarle la cabeza al pájaro que lo había distraído tanto. Pero, de pronto, recordó que el Baal Shem Tov le había dicho que incluso los pájaros se le opondrían. Esto calmó su ira, dejó al pájaro y no trató de cortarle la cabeza.

Esta historia viene a demostrarnos cuántas pruebas diferentes debe soportar la persona si quiere acercarse a Dios y andar en Sus caminos. Este joven necesitaba una prueba del Baal Shem Tov mismo: tuvo que soportar los repetidos rechazos, negaciones e insultos del Baal Shem Tov sin dejarse amedrentar. Por el contrario, tuvo que humillarse delante de él y seguirlo. Luego tuvo que soportar todos los sufrimientos y oposiciones que siguieron. Y al superar todo con paciencia llegó a ser un gran Tzadik.[223]

También comprendí del Rebe que uno de los actos más importantes del joven fue el hecho de suprimir su ira y no matar al pájaro cuando recordó que le había dicho el Baal Shem Tov que incluso los pájaros se le opondrían. Si hubiera matado al pájaro ello habría dañado grandemente sus devociones. Pero el Baal Shem Tov le había dado el remedio de antemano al aludir que tal cosa podía suceder, diciendo que los pájaros estarían en su contra. El joven casi llegó a matar al pájaro, pero a través de la misericordia de Dios recordó lo que el Baal Shem Tov le había dicho y esto enfrió su ira. Fue salvado y más tarde alcanzó lo que alcanzó.

609. Escuché lo siguiente:

Un invierno el Rebe fue a visitar al Maguid de Terhovitza.. El Maguid no estaba en casa, pero sus seguidores estaban con el Rebe. Parado junto a la estufa, les dijo: "Envíenle saludos al Maguid de mi parte y díganle: 'Y Dios hizo que el pueblo diese vuelta por el camino del desierto hacia el mar Rojo. Y los hijos de Israel subieron armados de la tierra de Egipto' (Éxodo 13:18). 'Y Dios hizo que el pueblo diese vuelta' - *va-iasev Elokim*: esto implica una situación donde la persona está rodeada por juicios severos, [porque *Elokim* es el Nombre Divino que significa la severidad de Dios]. 'El camino' - ¿cuál es el camino? ¿Qué debe hacer? El camino es el del 'desierto del mar Rojo' - *MiDBaR IaM SuF*, que si las letras se reordenan forman *MeDaBeR MiIoSeF* - hablar sobre Iosef. El Tzadik es llamado Iosef, y la manera de endulzar los decretos severos es hablando sobre el Tzadik.[224] 'Los hijos de Israel subieron armados - *jamushim*, de Egipto'. Rashi nos dice que la palabra *jamushim* puede significar 'de cinco' [es decir, uno de cada cinco pudo subir]. 'Uno de cinco' - esto se refiere a

---

[223] Ver *Restaura Mi Alma*.

[224] El Iosef bíblico, debido a que superó una prueba moral (Génesis 39), es llamado "Tzadik". Ver *Zohar* (I, 59), que todo aquel que guarda el Pacto, la pureza moral, merece ser llamado "Tzadik".

los cinco articulantes de la boca donde se forman las letras.[225] En otras palabras, es a través del poder del *habla* que los hijos de Israel 'subieron de Egipto'. Egipto en hebreo es *MiTzRaim*. Esta palabra está relacionada con la palabra *MeTzaR*, que significa estrecho y dificultad".[226]

610. Uno de los seguidores más cercanos al Rebe era el Rabí Iudel, yerno del Rabí Leib de Trastenitz, que era seguidor del Rabí Pinjas de Koretz. Cierta vez el Rebe le dijo al Rabí Iudel, "Dime algo que haya dicho el santo Rabí Pinjas". El Rabí Iudel respondió, "El Rabí Pinjas dijo lo siguiente: En la confesión cada uno de nosotros dice, '*Hemos* pecado, *hemos* actuado traicioneramente, *hemos* robado', todo en plural. ¿No deberíamos decir '*Yo he*' pecado, etcétera? El uso del plural es utilizado como un argumento en nuestra defensa ante Dios. Decimos '*Hemos* pecado' como sugiriendo que, 'si Tú no nos hubieras dado la capacidad y la libertad, nosotros no habríamos podido pecar' ".[227]

El Rebe dijo: "Yo tengo una explicación similar para el versículo, 'Y Iehudá se acercó a él y le dijo, "Por favor mi señor (*bi adoni*, literalmente 'en mí, mi señor'), deja que tu siervo hable una palabra en los oídos de mi señor y no dejes que tu ira se encienda en contra de tu siervo" ' (Génesis 44:18). 'Y Iehudá se acercó' - cuando un judío se acerca a Dios para pedir perdón por sus pecados, 'y le dijo, "En mí, mi Señor..." ' - ¡*Tu* fuerza está en mí'! El argumento es, si Tú hubieras retirado Tu poder que está en mí, yo no habría podido pecar. La gente piensa que usando este argumento se pueden librar. Es por esto que la Torá continúa,

---

[225] El alfabeto hebreo se divide en cinco grupos de acuerdo con los cinco lugares diferentes desde los cuales se pronuncian las letras: la garganta, el paladar, la lengua, los dientes y los labios (*Sefer Ietzirá* 2:3).

[226] Ver *Likutey Moharán* I, 163. El habla pasa a través de la garganta, que es el *metzar*, la parte más estrecha del cuerpo. En Egipto, el poder del habla estaba en el exilio, atrapada en la garganta, y sólo cuando los judíos clamaron a Dios fueron redimidos. Ver también *Likutey Moharán* I, 9; *Ibid.* 62; *Tsohar*.

[227] Ver *Berajot* 32a. Cuando los judíos hicieron el becerro de oro, Moisés rogó por ellos: "Si Tú no les hubieras dado el botín de Egipto, ellos no habrían tenido el oro para hacer el ídolo".

'deja que tu siervo hable una palabra en los oídos de mi Señor' - aquí estoy diciendo estas palabras para que mi plegaria pueda entrar en Tu oído. Pero, 'no dejes que Tu ira se encienda en contra de Tu siervo' - pues sé que *yo soy* el culpable".

611. El Rabí Leib de Trastenitz, suegro del Rabí Iudel, falleció en alta mar en camino hacia la Tierra Santa. Él dijo, "Si mi yerno, el Rabí Iudel, estuviera conmigo, no me dejarían morir aquí". Escuché que cuando el Rabí Leib estaba en su viaje, una criatura marina sacó la cabeza del agua y enfrentó el barco. La gente a bordo fue sobrecogida de temor y terror. Temían que la criatura diese vuelta al barco. El Rabí Leib se puso el talet y los tefilín, fue a donde estaba la criatura y se sumergió en el mar. Luego de su muerte lo colocaron en una planchada de madera que pusieron sobre el agua. La plancha flotó hasta el puerto, y sobre ella había una columna de fuego. Toda la gente de la ciudad salió y llevó el cuerpo a la orilla. Es de saber que muchos años antes, en la misma ciudad, había vivido un sabio que dejó como testamento que nadie debía ser enterrado a su lado hasta que llegara un sabio de Polonia, sobre el cual habría una columna de fuego. Él debía ser enterrado a su lado.

El Rabí Iudel, el yerno del Rabí Leib, ya era un gran erudito y místico, y considerablemente mayor que el Rebe cuando comenzó a seguirlo. El Rebe era entonces un hombre joven y en esa época estaba en Medvedevka. El Rabí Iudel vivía en la ciudad de Dashev, que se encuentra a unas 80 millas de Medvedevka. Él dijo, "¿Cómo es posible vivir lejos de tal Rabí?". De modo que se mudó y fue a vivir cerca de Medvedevka.[228]

612. El Rabí Natán escribió en el manuscrito del *Jaiei Moharán*:

¿Quién puede ensalzar la belleza de las palabras del Rebe? - la forma en que salían de sus labios en santidad y pureza, con una claridad tan límpida que incluso su habla física poseía todas las

---

[228] Ver *Until The Mashiach* p.19-20. *Sabiduría y Enseñanzas del Rabí Najmán de Breslov*, 296; *Kojavey Or*, p. 26-29.

clases de gracia y encanto del mundo.[229] Incluso la gente simple se sentía inspirada poderosamente por sus palabras y anhelaba escucharlo hablar. Todo aquel a quien le hablaba se sentía atraído hacia él y se le unía con gran anhelo. Incluso las personas malas de Umán estaban unidas a él, pues él las inspiraba al punto en que albergaban pensamientos de remordimiento como nunca antes habían tenido. Ellos dijeron de manera bien explícita que ya habían abandonado toda esperanza y habían jurado firmemente nunca tener pensamientos de arrepentimiento. Lejos estaban siquiera de una mera alusión a tal pensamiento, como era claro para todo aquel que los conoció. Aun así, las palabras del Rebe los llevaron al arrepentimiento, aunque él nunca habló con ellos sobre el arrepentimiento ni otros temas religiosos. Siempre hablaba con ellos sobre temas mundanos o les contaba cuentos. Aun así, fueron llevados a la santidad a través del solo poder de sus palabras. Alcanzaron un punto en el que estuvieron a punto de retornar a Dios, y así lo habrían hecho si la hora no hubiera sido arrebatada y la acusación no se hubiera vuelto excesivamente fuerte, y el Rebe no se hubiera ido en el medio. De no ser por eso, ciertamente habrían retornado a Dios.[230]

Pero todo lo que podemos decir de él es un insulto en relación con su verdadero nivel. "Si todos los mares fueran tinta, etcétera", sería imposible comenzar siquiera a describir su tremendo nivel, su santidad, la grandeza de sus enseñanzas conocidas y la grandeza de todo lo que fue ocultado. El mejor condimento es el silencio,[231] "hasta que venga Shiló" (Génesis 49:10), y entonces podrá conocerse la verdadera grandeza de nuestro santo y tremendo Rebe. Porque se hablará mucho sobre él cuando llegue el Mesías - su descendiente, tal como el Rebe dijo en público: "Esto he logrado de Dios, que el justo Redentor sea uno de mis descendientes".[232] Sea la voluntad de Dios que el Redentor venga pronto y en nuestros días. Amén.

---

[229] Ver *Likutey Moharán* I, 1; *Ibid.*, 129.

[230] Ver *Kojavey Or, Sipurim Niflaim* p.3-7.

[231] Rashi, *Meguila* 18a.

[232] Arriba: 13, 274.

613. En este libro han sido escritas muchas cosas que escuchamos de sus santos labios, incluyendo muchas conversaciones e historias, pues todo lo que él dijo era todo Torá. También hemos registrado una cantidad de incidentes de sus seguidores. Aquel que tenga inteligencia será capaz de obtener algo de comprensión de su tremenda grandeza y santidad, algo que la boca no puede expresar ni el corazón concebir. Porque ahora es sabio mantener silencio. Cada uno debe tratar de formarse su propia concepción de lo que era el Rebe, aunque esto no sea más que una pequeña gota en el gran océano... Incluso de lo que hemos escuchado y visto sólo hemos presentado aquí una fracción, y no de manera directa. Debido a la formidable oposición que ha crecido en contra de nosotros nos hemos visto forzados a poner un freno en la boca y a no expresar sus alabanzas. Su verdadera grandeza y santidad se encuentran muy por encima de nuestra comprensión. Hasta lo poco que hemos sido dignos de conocer y comprender, incluso parcialmente, es algo imposible de relatar debido a la gran oposición, aunque eso sería de enorme beneficio para el mundo entero. Sólo he registrado todo esto para las generaciones venideras y para los tiempos que vienen - que lleguen en paz - para que no sean olvidadas de nuestros labios y de los labios de nuestra simiente; para que las generaciones que vengan puedan conocer cuán amado es Israel por Dios, pues fueron dignos en estas últimas generaciones de una luz clara y brillante como ésta, la atesorada luz oculta. Feliz el ojo que vio esto, feliz el oído que escuchó de sus labios tales palabras santas. Profundiza el estudio de sus obras y comprenderás un poco de su tremenda santidad.

Terminado y completado. Gracias a Dios, Creador del Mundo.

www.ingramcontent.com/pod-product-compliance
Lightning Source LLC
Chambersburg PA
CBHW071233160426
43196CB00009B/1038